U0529381

李安山 著

我的非洲情缘
—— 中非关系的话语、政策与现实

"中国战略家"丛书

中国社会科学出版社

图书在版编目（CIP）数据

我的非洲情缘：中非关系的话语、政策与现实 / 李安山著. —北京：中国社会科学出版社，2022.11

（"中国战略家"丛书）

ISBN 978-7-5203-7023-3

Ⅰ.①我… Ⅱ.①李… Ⅲ.①中外关系—研究—非洲 Ⅳ.①D822.34

中国版本图书馆 CIP 数据核字（2022）第 175305 号

出 版 人	赵剑英
责任编辑	张　林
特约编辑	张　虎
责任校对	夏慧萍
责任印制	戴　宽

出　　版	中国社会科学出版社
社　　址	北京鼓楼西大街甲 158 号
邮　　编	100720
网　　址	http://www.csspw.cn
发 行 部	010-84083685
门 市 部	010-84029450
经　　销	新华书店及其他书店
印刷装订	北京君升印刷有限公司
版　　次	2022 年 11 月第 1 版
印　　次	2022 年 11 月第 1 次印刷
开　　本	710×1000　1/16
印　　张	24.5
字　　数	381 千字
定　　价	148.00 元

凡购买中国社会科学出版社图书，如有质量问题请与本社营销中心联系调换
电话：010-84083683
版权所有　侵权必究

目　　录

序言　中国非洲研究和我的探索之路（代序） …………………（1）

第一部分　研究与话语

20世纪中国的非洲研究 ……………………………………（3）
中非关系研究三十年 …………………………………………（34）
中非关系研究的国际话语 ……………………………………（53）

第二部分　政策与战略

中国对非政策的调适与转变 …………………………………（89）
"中国崛起"语境与中非关系 ………………………………（106）
为中国的国际形象正名 ……………………………………（125）
中非合作论坛的起源 ………………………………………（141）
中国对非援助与国际合作 …………………………………（165）

第三部分　历史与现实

古代中非交往：史料与推论 ………………………………（187）
中国援非医疗队的影响 ……………………………………（219）
中国—非洲的民间交往 ……………………………………（247）
中国—非洲政治合作的可持续性 …………………………（272）
中国与非洲的文化相似性 …………………………………（282）

中国—非洲合作中的技术转移 …………………………………（298）
中国—非洲教育合作 ……………………………………………（321）
在非洲的华侨华人：人数、职业及影响 …………………………（352）

后　记 ……………………………………………………………（375）

序　言

中国非洲研究和我的探索之路（代序）[*]

我与许多七七级大学生一样，在读大学之前有过各种人生经历，上大学机会难得，格外珍惜。父亲在新中国成立前也是热血青年，因为替地下党张贴新四军的传单受到国民党特务盯梢，被迫从厦门大学转到中山大学，毕业论文是关于孙中山的民生主义。后来，他命运多舛，但十分重视对子女道德和学识方面的教育。有意思的是，虽然父亲在"文化大革命"期间被冠以"反动学术权威"之名，但订的《参考消息》从未中断，我因此有机会接触国际时事。我考上大学，他对我勉励督促有加。我在寝室的书桌上贴了一张条幅——"士不可以不弘毅，任重而道远。忧国忧民，以为己任，不亦重乎；鞠躬尽瘁，死而后已，不亦远乎"。我报考的第一志愿是中山大学哲学专业，后来却被录取在湖南师范学院（今湖南师范大学）的英语系。

入学后，父亲建议我以英语为工具，选一门自己喜欢的专业。作为"文化大革命"后第一批大学生，我对中华民族的多灾多难颇觉茫然，觉得民族主义值得研究，而非洲可作为这一研究的起点。后来，父亲带着我去见当时在湖南社科院工作的远房舅舅何光岳先生，他也鼓励我从非洲入手。这样，我就开始学习研究非洲。当时长沙旧书店正好有各种关于非洲问题的黄皮书，这是为了响应中央鼓励学习世界史的号召而翻译

---

[*] 本序言是在《中国社会科学报》对笔者的采访《中国非洲研究与我的探索之路》（2017年11月9日）的基础上补充修改而成。原文链接，http://ex.cssn.cn/zx/201711/t20171109_3736693.shtml. 2019/7/15。

出来的，我就省下钱来买了一大批这种书，其中不乏非洲史名家的著作，自己开始钻研起来。我有时间就去历史系听课，记忆中有林增平和莫任南二位先生的课。我的中学同学聂乐和先生与吕锡琛女士二位也在历史系，他们给了我诸多帮助。

当时我对研究生一无所知，颇有点只管耕耘不管收获的意思，又花钱订了《西亚非洲》杂志，引起同学的好奇。未料到，后来中国社会科学院研究生院招收非洲史研究生，我就报名并有幸成为世界史所研究员吴秉真先生的弟子。真应了那句话：机会总是眷顾有准备之人。吴先生长期从事国际事务的报道和研究，是国内少数几位熟悉非洲的学者。她为了对我进行强化教育，专门请了当时国内几位研究非洲方面的专家给我开课，例如西亚非洲研究所的葛佶和屠尔康老师给我讲非洲古代史，世界史所的彭坤元和秦晓鹰老师讲非洲史和民族主义，北京大学的郑家馨和陆庭恩老师讲南非史和帝国主义瓜分非洲，中央民族学院的顾章义老师讲非洲民族，外交学院的潘蓓英老师讲民族独立运动等课程。当时，中国社会科学院研究生院位于京西玉泉路，远离市区。虽然我上课需要到处跑，比较累，但这种"百家宴"式的单独授课使我受益匪浅，不仅认识了各位专家，也从他们那里吸收了各种营养。

吴老师给我上课是在世界史所。她对我关爱有加，不时邀请我去她家吃饭。我爱人考上北师大心理系的研究生后，吴老师多次邀请我俩去她家补充营养。1982年硕士毕业后，我打算去北美继续攻读博士学位，她介绍我直接找原世界史所所长陈翰笙先生写推荐信，我就直接拜访了陈先生。他家在木樨地的部长楼。当他听说我是搞非洲史时，很高兴，建议我参加他为一些青年人开的英语讲习班。每次去，他总在下课结束后留我下来长谈。陈先生善谈，给我讲了很多有意思的掌故。他有次问我："你知道怎么写'社会主义'吗？"我有些诧异，就写给他看，他提笔在"主义"二字前均加上"虫"字，成了"社会蛙蚁"，表达了他对当时社会不良状况的义愤。

吴老师逝世时，我参加了她的追悼会，听说她是三位赴朝鲜战场的女记者之一，我感触良多。正是这位慈祥又严格的导师将我引上了非洲的研习之路。中国社会科学院研究生院早期借居在北京市十一学校，历史系81级的同学互相帮助，大都成为国内历史界的行家，如研究苏联史的吴恩远和郑羽、研究唐史的吴玉贵、研究古代史的王震中、研究近代史的汪朝光等。世界史研究生班的班主任廖学盛先生和张椿年所长对我们关怀备至,我从亚非拉研究室万峰、萨那、朱克柔、黄思骏、杨灏城等老一辈学者身上受益颇多。在中国社会科学院研究生院的知识积累为我后来在多伦多大学的博士课程打下了良好的基础。

我研究生毕业后,在社科院世界史所工作了两年。当时,两项关于研究生出国深造的政策涉及我们这种人。一项是研究生毕业需服务两年后才能出国。另一项是中国社会科学院毕业的研究生只能以公派的形式出国深造。我当时同时收到美国西北大学和加拿大多伦多大学的回函。西北大学表示1986—1987年度的奖学金已审批完,建议我第二年去就读。多伦多大学直接给予我攻读博士学位的奖学金。社科院科研局的负责同志建议我赴加拿大就读,我也有此意。因为此前,多伦多大学历史系的格尔森教授与我相识,我曾通过他与其同事、非洲史研究权威马丁·克莱因教授(Martin A. Klein)建立了联系。如果有幸师从马丁·克莱因教授是我的荣幸。

克莱因教授是一位资深的非洲历史学家,曾任美国非洲研究学会主席,培养了众多非洲史学方面的研究专家,可谓桃李满天下。克莱因教授是犹太学者,20世纪60年代曾在加州大学读书期间参加左翼学生运动,后来选择非洲史研究。他的主要研究领域是法语非洲的奴隶贸易与奴隶制,著作等身。他对我爱护备至,又极其严格。我刚抵达多伦多时他派博士生即我的师兄菲利普(Philip Zachnuck)到机场接我。我出机场时,看到菲利普举着我的名字,很是亲切。他直接将我送到了马丁教授家。

多伦多大学历史系的博士教育抓得紧,除主科外,需选两门副科。我主攻非洲史,选的副科是史学理论/史学史(由邓特教授和麦肯泰尔教授讲授)和英帝国史(由以色列教授讲授)。学生的阅读量很大,主科为70本书、副科各35本书,三门课共140本书。导师觉得你达标即可进行综合考试。每门课的考试时间是半天,关起门来答题。一般是10个题目中自选三个。相当于写三篇论文。笔试通过后,再由博士指导委员会的老师统一进行口试。

克莱因教授一生从事非洲历史教学研究。他带出的非洲史专家很多,如斯坦福大学非洲研究中心主任、乌干达麦克雷大学社会研究所前主任、加州大学伯克利分校非洲研究中心主任等都是他的学生。这些学者在非洲史研究领域多有建树。由于克莱因教授对非洲史研究贡献卓著，他的学生专门为他设立了一个奖学金，这也与他宽厚的人文情怀与特殊的教学方法有直接关系。他招收的学生多来自非洲，而他对学生体贴备至，将自己的家作为他们抵达多伦多后的驿站。更重要的是，克莱因教授教学非常严格，我上他的课时较为紧张。有时我到他办公室单独由他授课，或我向他谈自己的读书体会；有时则与其他研究生一起上课。

我选了三门课，老师布置的阅读书籍往往一周三本，有时确实读不过来。有一件事让我记忆犹新：一次在克莱因教授办公室上课，他就艾利夫的《坦噶尼喀的德国统治》一书问我一个问题："为什么坦噶尼喀的棉农要进行反抗？"我那周因史学理论和英帝国史都要阅读，对这本书确实没有时间细读，只能粗略浏览，因此答非所问。他和蔼的面容立即沉了下来，说这样不行，回去认真读，下周再谈。我当时恨不得地下有个洞可以钻进去。以后，他布置的阅读任务我再也不敢敷衍了。

我从克莱因教授的身上学到了很多知识和治学的方法。在选择博士论文题目时，我和他商量。我当时对农民问题和非洲史学史两个题目均比较感兴趣，经过斟酌，我觉得非洲史学史可以回国后再做，农民问题在非洲和中国有相似性，应趁国外有机会实地考察时认真研究。他十分赞同，这样，我选择了殖民主义时期的农村社会反抗这一题目，案例确定为加纳（黄金海岸）。我先后到英国殖民档案馆和加纳档案馆查档案，还在加纳实地考察，最终完成了博士论文。论文经修改后分别在中国和美国出版。2015年，联合国前秘书长科菲·安南先生应邀访问北京大学，学校决定将我的博士论文（中英文版）作为礼物送给他。他很惊讶，说没想到还有中国学者研究他的祖国。

我之所以回国后选择到北大工作，中间有个小故事。克莱因教授应邀到中国讲学回国后，兴奋地说他在中国为我找了两份工作：中国社会科学院世界史所和北京大学。实际上，我出国后一直与中国社会科学院世界史所长期保持联络。当我就回国问题与世界史所联系时，世界史所承诺我回国后肯定给我房子。我说，一定得有了房子我才能回国，因为一家四口不可能搬来搬去。当我与北京大学联系时，北大的动作比较快，亚非所陆庭恩所长找了学校，时任校长吴树青先生特批了蔚秀园一个小套间。这样，我于1994年3月底到北大亚非所工作。

来北大亚非所后，在我建议下开设了一门"亚非研究中的若干理论问题"的课程。这门课一直延续下来，为学生提供相关的知识背景。此外，我还开过非洲历史与文化、非洲民族主义、第三世界发展学、中非关系史等中英文课程。除了一些中国的研究生外，我还有机会指导了多位来自非洲国家（如马达加斯加、莱索托、肯尼亚、南非、津巴布韦等）的研究生。此外，我还指导了三位非洲的博士生：突尼斯的伊美娜（Imen Belhadj）、摩洛哥的李杉（Erfiki Hicham）和刚果（金）的龙刚（Antoine Roger Lokongo），三人各有特点。

伊美娜的中国官话远比我带湖南腔的普通话要好，她拿了博士学位后又在北京大学外国语学院阿拉伯语系完成了博士后学习。李杉为写好有关西撒哈拉的博士学位论文，主动延期一年学习西班牙语，其博士学位论文获得好评。他最近来信告知已经成为摩洛哥外交部的公务员。龙刚自幼被带到伦敦接受教育，在雷丁大学读博士一年级时与我联系，表示希望读我的博士。我当时给他回电邮时说明：北大留学生必须上中文课，完成中文讲授的专业课，最后须用中文写毕业论文。他后来就到了中国学习汉语，最后用中文写的博士学位论文，目前一家出版社有意出版他的论文。最近，他成为刚果（金）副总理、外交和区域一体化部长伦纳德·切·奥基通杜阁下（His Excellency Leonard She Okitundu）的顾问。

这些年来，我在中非关系、非洲华人华侨和非洲民族问题、非洲历史研究领域有一些研究成果。我的博士学位论文从个案着手，探讨了殖民时期农村反抗问题，并提出了传统政治权威与间接统治之间的矛盾或悖论，具体表现在酋长的权力。他越受到殖民政府的信任，其权力的合法性就越受质疑；殖民政府越赋予酋长更多权力，酋长的权力就越遭到削弱；酋长不愿殖民官员干预其权力运作，又不得不向殖民官员请求帮助。这就是殖民政府企图维护传统政治权威与直接干预破坏酋长权威的矛盾。可以这样说，间接统治制度从本质上削弱了传统政治制度，却并未找到可取代它的有效制度。加纳前任驻华大使科乔·阿穆—戈特弗里德（Kodjo Amoo-Gottfried）在为本书所作序言中云："不管这部著作的学术性多么重要，有必要强调一个与此相关的问题，在这部著作中的所有重要部分、用词、语气、立场及精神上,李安山表现出他自己至少是以人为中心,更多则是以非洲人为中心的。他的著作并非致力于自我陶醉之爱的结晶,而是为了整个人类的利益,寻找、发现、确定并传播关于世界上的受苦人中间的非洲民族解放的真理。"马丁·克莱因对我赞赏有加:"从一开始,他就是一位治学严谨的学者,他坦诚地与加拿大学者和非洲学者交流各种思想和看法。到选择博士论文时,他选择了'农民反抗',对于来自富有深厚的农民传统特别是农民反抗历史的中国的他,这一选题似乎使得他可以从对中国农民历史的理解来探究非洲农民的经历。中国历史的这种相关性对加纳更为突出,因为这里已存着一个具有广泛基础的农民阶级。"

非洲华人华侨史研究是在周南京教授的启发和帮助下进行的,他在道德文章上给我树立了楷模,正是在他的指引下,我将此作为自己的研究方向之一,并取得了一点成绩。《非洲华侨华人史》(北京,2000)因下的功夫较多,被齐世荣先生在北京大学召开的"二十世纪中国的世界史研究"学术研讨会的主题报告中列为"填补空白之作"。我后来又出版了《非洲华侨华人社会史资料选辑(1800—2005)》(香港,2006)和《1911年前的非洲海外华人史》(英文版纽约,2012)。《非洲华人社会经济史》(三卷)则是在《非洲华侨华人史》基础上增加篇幅,已由江苏人民出版社出版。

非洲民族是研究非洲社会一个无法回避的课题,我的研究只是一个起步。在《非洲民族主义》一书中,我通过对非洲民族主义的多个层次以及民族主义与农民、知识分子和宗教领袖等方面的关联,分析了非洲民族主义的表现形式,并指出了中国学术界习惯用法"部族"的误译、误传以及国际学术界的普遍看法,并提出了自己的观点。"我族中心主义"是一种普遍现象,每个民族都认为自己是最优秀的民族,概莫能外。欧洲各民族如此,亚洲、非洲等地方的各民族也如此。曼德拉总统的前妻温妮曾说过,她出世后见到的第一个种族主义者就是她奶奶。奶奶告诉她:你看那些白人,蓝眼睛、白皮肤,肯定有病。在缺乏交流的古代,这种意识可以理解,但如果将这种意识扩展为压迫和剥削他人的借口,则又当别论。我在对依附理论与历史研究之关联、大英帝国的崩溃和非殖民化的研究中,试图提出一些自己的观点,也引发了学术界的讨论。

非洲文明是世界文明之林中的一支，根源深远，枝繁叶茂。虽然我们都知道非洲是人类的起源地，但我们对非洲的知识仍然是如此贫乏。然而，中国人总认为非洲是蛮荒之地，殊不知：非洲有世界上最古老的岩画；黑人国王曾统治过古埃及；埃塞俄比亚是世界上最古老的基督教国家之一，与同时代的古罗马、波斯和中国一起成为一种世界力量；以诺克文化为代表的非洲古代赤陶雕像和头像雕刻早于秦兵马俑；古代加纳、马里和桑海辉煌了数个世纪，马里国王访问开罗时曾因大量施舍而使当地金价下跌；津巴布韦有着被称为"撒哈拉以南非洲最大的史前建筑"的巨大遗址，它很早即被卷入印度洋贸易圈；在刚果河流域曾兴起过刚果文明，荷兰使团曾于1642年访问刚果并跪拜刚果国王；世界最早的大学中，非洲就占了三所，其中两所位于北部，一所位于撒哈拉以南非洲；非洲在14世纪为世界奉献了伊本·赫尔敦这样伟大的历史学家和社会学家，他先于马克思提出了历史唯物主义的命题；非洲旅行家伊本·白图泰访问的国家远比马可·波罗要多。非洲史研究者不应该为普及非洲的相关知识做出自己的努力吗？

非洲众多国家，国情各异。不仅中国民众对非洲缺乏了解，非洲民众也对中国误解颇多。中国有关非洲的知识与报道多是来自西方媒体，为了改变这一状况，我于2010年7月20日创办《北大非洲电讯》（*PKU-Tele-Info*）电子周刊。这一周刊以网络形式发行，内容涵盖非洲各个方面以及北京大学非洲研究中心的相关活动。该刊向国内非洲研究同行们定期发送，后来又有了微信客户端，为国内非洲学界同人间的联络提供了便利。作为这一刊物的创办者和牵头人，我的主要目的是为国内外同人提供一个客观介绍非洲文化和现状的知识平台，向大家传送非洲知识和非洲本土新闻。目前，这一周刊已发行400多期，除了中国关注非洲的学者及各相关部委外，周刊还发送给世界相关机构和学者。作为非洲消息的收集和编辑者，我给自己确定了一些原则：一是大通讯社的新闻不采用，理由是其传播渠道广泛，不用我做宣传。二是非洲新闻要多来自非洲本土的媒体。三是多介绍非洲自立自强的动态和新闻。由此，作为国内较早成立的非洲研究机构，北京大学非洲研究中心在国内有一定的公信度。我们对适时的国际事务比较关注，例如，当北约轰炸利比亚时，我们的电讯赶在中国外交部之前表态，严厉谴责这一野蛮行径。事后，一些中国学者来电话激动地表示：北京大学非洲研究中心代表了中国知识分子的良心。又如曼德拉先生逝世后，《北大非洲电讯》临时发表专刊表示哀悼，先于国家相关机构的表态。

从20世纪60年代起，非洲国家独立浪潮汹涌澎湃。为了对非洲历史进行非殖民化，摒弃《剑桥非洲史》等西方学者为主的研究著作中的殖民主义偏见，联合国教科文组织决定通过非洲学者自身的努力，来编写更为客观的非洲通史。于是，8卷本《非洲通史》应运而生，并在1996年出齐（已有中文版）。当时担任主编的为非洲学者，参与编撰工作的国际科学委员会中也主要是非洲学者，同时包括美、俄、苏（俄）、法等国的学者，中国学者当时无人参与。2013年，联合国教科文组织决定启动《非洲通史》第九卷的编撰工作。我有幸收到联合国教科文组织总干事伊琳娜·波科娃女士的来函，邀请我参加联合国教科文总部于2013年在埃塞俄比亚首都亚的斯亚贝巴召开的非洲通史编撰会议专家会议。后来，笔者又有幸成为联合国教科文组织《非洲通史》第九卷国际科学委员会的成员。该委员会成员除9位来自非洲外，还有来自7个国家的8位成员，亚洲只有我一个代表。2013年11月在巴西举办的该委员会第一次会议上，笔者又有幸当选为副主席。通过这几年参与委员会的工作，我对非洲文明的博大精深有更深的理解，也深深认识到中国的非洲历史研究还有很长的路要走。

2017年联合国教科文组织《非洲通史》第九卷国际科学委员会在厦门大学开会。鉴于第九卷的内容太多，会议决定将第九卷的三册换成三卷，即第九、十和十一卷，侧重三个主题：第一册是人类起源和人类早期文明，包括对前八卷内容的反思、1996年以来的考古新成果以及对非洲历史研究中概念、观点和研究模式的解构和创新；第二册强调全球非洲的形成。非洲联盟将海外非洲人作为除东、西、南、北、中部非洲之外的第六个组成部分。此册将研究非洲人在全球范围内移民和定居过程及其后裔的历史与现实，着重强调他们的反抗和对当地发展的贡献。第三册着重全球非洲面临的新挑战和非洲在当代世界中的位置，这包括一系列因素，如新的国际关系和非洲的自主性、非洲哲学及文化遗产的保存和持续、非洲资源的掌控、宗教的原教旨主义以及非洲宗教的地位、泛非主义的表达、非洲发展和治理新模式的建构等。

现在，越来越多非洲研究领域的中国学者在国际学术会议上或国际期刊上发表自己的见解，也逐步走出国门，深入非洲参与实地调研。很多非洲学者也通过参与国际学术会议、开展中非合作课题研究，同中国学者进行学术交流，结下了深厚友谊。中国的非洲研究者走向世界，可以更多地向国际学术界发出自己的声音。成立于1980年的中国非洲史研究会（Chinese Society of African Historical Studies）历经近40年的辉煌历史，为中国非洲史研究、人才培养和学科建设做出了重要贡献。学会挂靠中国社会科学院世界历史研究所，多次举办全国性学术会议，设置了多项学术议题并引发学界激烈讨论，为促进非洲问题研究的深入、推动中非关系发展、促进国际学术交流发挥了重要作用。全国高校现有多个非洲研究机构，为中国的非洲研究和教学培养了不少人才。学会骨干成员还给中央提出加强非洲研究的合理化建议，给国家领导人江泽民主席作非洲历史的讲座，为国家领导人胡锦涛主席和李克强总理在非洲访问和相关讲稿提出咨询意见。中非合作论坛设置的中非联合研究交流计划，为学者提供了学习非洲和研究非洲的平台，中非智库论坛使学者能更好地参与公共外交和国际交流。

目前，学会每年举办一次较大型的全国性会议，骨干成员正在进行三个与非洲相关的国家重大课题的研究。各高校与非洲学者的交流日益频繁，有的高校直接邀请非洲学者承担教学任务。外国政府部门或研究机构邀请中国学者参与课题研究和研讨会的情况日益增多，有的中文学术著作还被国外译成英文。一批中青年学者正在崛起，他们有一定专业基础，热爱非洲，有实地调研的经验，有的还掌握了当地外语，与国外同行交流广泛，具有较强的学术功底。不过，有一个不好的现象是，大部分青年学者乐于申请有关中非关系的课题，因为这样较容易拿到项目。我希望，中非关系的研究能够更好地促进非洲研究，而不是削弱非洲研究。

我曾经说过，一个人的研究生涯只有与人类前途和国家命运紧密相连时，其研究才能立意更高、角度更宽、视野更远。中国的崛起与中非合作的快速发展为非洲研究提供了良好的学术氛围，我们应该倍加珍惜，充分利用。只要中国学者能以人文关怀和国家需要为宗旨，以学术研究为指导，坚持基础研究与政策研究并重，非洲研究与中非关系研究并重，历史研究与现实研究并重,形成自己的研究特色,中国的非洲研究将取得更大成绩。在新的时代背景下,年轻学者的学术前景更有希望。

我想向致力于非洲研究的青年学者提几点希望。一是应有持之以恒的思想准备。非洲研究在我国起点较低,研究出能经受历史考验的成果不容易,需要长期对学术的关注与钻研和对现实的观察与分析。二是应将人文关怀、国家需求与自己的研究兴趣相结合。研究一定要客观,国家的需求不是要我们作政策诠释,而是有针对性地提供历史背景和真实现状。三是树立认真踏实的研究精神,"咬定青山不放松"。现在的研究条件远比以前好,但诱惑也很多。扎实的功夫来自对材料的阅读与消化以及实地调研。非洲人民需要的不是同情,是尊重;不是施舍般的援助,是平等的贸易、投资和文化交流。作为学者而言,人类情怀、中国立场和对非洲的关切是做好非洲研究的根本条件。

是为序。

李安山

2020年4月于京西博雅西苑

第一部分

研究与话语

20 世纪中国的非洲研究*

内容提要：本文原是英文，发表于美国非洲学会杂志《非洲研究评论》，后征得同意在《国际政治研究》发表。作者将中国的非洲研究分为四个阶段，即感受非洲（1900—1949 年）、支持非洲（1950—1965 年）、了解非洲（1966—1977 年）、研究非洲（1978 年至今），对涉及历史学、政治学、文化研究以及相关领域的研究状况进行了梳理，并对影响中国非洲研究的历史环境和客观因素进行了分析。作者认为，20 世纪中国的非洲研究颇有成就。非洲研究正逐步由政治取向转为学术取向，研究领域由窄到宽，研究水平逐步提高，与实际部门的交流有所加强。中国的非洲研究也存在缺陷，如研究者集中在大城市，研究主题过于宽泛，少有国别或个案研究，与国外交流不多，研究成果少以外文出版。作者认为，中国国力的提升和对外交往的需要将大大推动非洲研究。

对于世界其他地区的非洲学家而言，中国的非洲研究或多或少是一个谜。1981 年，一位研究中国对非政策的美国学者于子桥博士（George T. Yu）[①]访问了中国。1984 年，他率领美国非洲学家代表团再次访问中

---

* 本文译自作者发表在美国非洲学会杂志《非洲研究评论》（2005 年第 1 期）的论文。参见 Li Anshan, "African Studies in China in the Twentieth Century: A Historiographical Survey", *African Studies Review*, Vol. 48, No. 1, 2005, pp. 59 – 87。中文版发表于《国际政治研究》2006 年第 4 期，略有增补和改动。由于原文所附书目篇幅太长，而这些书目在其他论文中有所论述，故此文有所删减。作者在此向翻译此文的沈晓雷和王锦表示感谢。文中的错误由本人负责。

① 于子桥教授是中国现代书法家与政治家于右任先生的后裔，现任伊利诺斯大学东亚与太平洋研究中心主任。

国。这两次访问开启了中美非洲学者之间的交流。[1] 然而，由于语言不同以及中国的非洲学家以前很少有机会参与国际学术界的交流，国外非洲学家对中国的非洲研究仍然感到十分陌生。[2] 本文试图对中国的非洲学进行概述。文章按时间顺序分为四个部分，内容将涉及历史学、政治学、文化研究以及相关领域。作者还将对影响中国非洲研究的历史环境和客观因素进行分析。

感受非洲（1900—1949 年）

国内外的证据均表明中非之间的交往源远流长。早在汉朝（前206—220 年），中国与埃及之间即存在文化交流。[3] 在唐代（618—907 年），一位名叫杜环（762—?）的中国人在 8 世纪时到过非洲，他或许是第一个

---

[1] 1983 年，福特基金会为中国非洲学家代表团访美提供了资助。1985 年，福特基金会又提供资金设立了美—中非洲研究交流委员会，由于子桥担任美方主席，葛佶担任中方主席。根据乔治·布鲁克斯（George Brooks）教授在其关于亚洲国家的非洲研究与教学的报告中提出的建议，美国非洲学会于 1986 年邀请了中国南开大学的张象教授、日本的 Hideo Yamada 教授和韩国的 Har 教授参加了美国非洲学会的年会，并访问了美国有关学校的非洲研究项目。

[2] 只有极少数中国学者用英文在国外正式发表过自己的研究成果。Gao Jinyuan, "China and Africa: The Development of Relations over Many Centuries", *African Affairs*, 83: 331（April 1984）; He Fangchuan, "The Relationship between China and African History", *UCLA African Studies Center Newsletter*, 1987 Fall; Ge Jie（葛佶）（1997）, "China", in John Middleton, ed., *Encyclopedia of Africa, South of the Sahara*, Vol. 4, Charles Scribner's Sons; Li Anshan, "Book Review of *African Eldorado: Gold Coast to Ghana*", *The Journal of Modern African Studies*, Vol. 32, No. 3, pp. 539 – 541; Li Anshan, "Asafo and Destoolment in Colonial Southern Ghana", *The International Journal of African Historical Studies*, Vol. 28, No. 2, pp. 327 – 357; Li Anshan, "Abirewa: A Religious Movement in the Gold Coast, 1906 – 8", *The Journal of Religious History*, Vol. 20, No. 1, pp. 32 – 52; Li Anshan, *British Rule and Rural Protest in Southern Ghana*, New York: Peter Lang. 中国社会科学院西亚非洲所的张宏明研究员曾在法文杂志上发表过文章。本文作者曾于 1996 年和 1997 年在北京大学分别接待过来自英国和法国的非洲学家代表团，还接待过来自美国的非洲学家 Goran Hyden、Joel D. Barkan、Geroge Brooks 等人。他们都希望了解中国的非洲研究情况。

[3] 1993 年，奥地利考古学家在研究埃及第二十一王朝时期（前 1070—前 945 年）的一具女尸的头发时发现异物，经分析是蚕丝的纤维。当时只有中国能生产丝绸，"可以认定这是中国的产品"。这说明中国的特产已运至埃及。参见《三千年前埃及已用中国丝绸》，《人民日报》1993 年 4 月 2 日。有关中国与埃及的早期交往，参见孙毓棠《汉代的中国与埃及》，《中国史研究》1979 年第 2 期。

留下有关非洲的文字记载的中国人。① 非洲的伟大旅行家伊本·白图泰曾在 14 世纪访问过中国,并留下了关于元朝都市生活的生动描绘。② 在 15 世纪,郑和曾率领中国船队先后数次访问过非洲东海岸。更有意思的是,非洲特有的动物长颈鹿和斑马曾出现在明朝的文献中。③ 在考古学方面也有类似的发现。中国的考古学家曾在唐朝的裴娘子墓中发现了一个黑人陶俑。此外,在东非沿岸及马达加斯加等地都发现了产自中国唐朝到明朝的各种瓷器。在非洲还发现了五枚唐朝的钱币。④ 自 18 世纪以来,中国与非洲之间的联系与交往逐步增加。

虽然中非之间的交往由来已久,但是中国对非洲的了解始于近代。欧洲人特别是一些传教士带来了关于世界其他国家的地理知识,中国的知识分子和朝廷官员开始听到更多有关外界的传闻。晚清可谓中国历史上最为屈辱的一页。19 世纪后期,帝国主义列强掀起了瓜分非洲的狂潮,他们对中国的"势力范围"进行争夺。一波新的警报传遍中国,知识分子尤其警醒。他们中的杰出人物之一林则徐在虎门销烟,英国以此为借口发动鸦片战争。林则徐曾命令手下收集关于西方的各种信息,他的不懈努力致使重要著作《四洲志》得以出版。此书介绍了世界地理以及人种学的有关知识,涉及非洲不同国家、城市、领导人和民族。⑤ 在欧洲入侵者的压力下,林则徐最终成为清政府的替罪羊。在被放逐到西北地区的前夕,林则徐将他所收集的资料都送给好友、另一位著名改革家魏源。在

---

① 杜环在怛逻斯河(Talas,今译为"塔拉斯河")战役(751 年)中被大食人所俘。十余年后,他从海路回到中国,后著《经行记》,有"摩邻国"一节。学者普遍认为"摩邻"地处非洲,但对其究属何地尚存争论,大致有马格里布、马林迪、曼迪、麦罗埃、阿克苏姆之说。李安山:《非洲华侨华人史》,中国华侨出版社 2000 年版,第 49—50 页。

② 伊本·白图泰于 1346 年曾到过中国并留下关于中国的各种记载,如中国的政治与法律制度、建筑、风俗习惯、经济生活、货币系统、交通、地区特产,特别是宫廷政治争斗。Ibn Battuta, *Ibn Battuta Travels in Asia and Africa 1325 – 1354*, Translated and selected by H. A. R. Gibb, London: George Routledge & Sons, 1929, pp. 282 – 300.

③ 斑马曾出现在明代出版的《异物图志》一书中,长颈鹿则由明代画家沈度描绘,此画现存费城艺术博物馆。

④ 马文宽、孟凡人:《中国古瓷在非洲的发现》,紫禁城出版社 1987 年版。

⑤ 书中提及尼日尔河、乍得湖、达荷美、图克鲁尔、扎里亚、索科托等地,还有阿克拉、拉各斯、基达、卡奔达等城市以及乌斯曼·丹·福迪奥、阿赫马杜、巴雷、毛拉·阿赫马德·阿尔—曼苏尔等非洲领袖。

这些资料的基础上,魏源加入了一些新的资料以及自己的评论,编纂了巨著《海国图志》。该书被称作中西关系的里程碑,它"标志着向有知识之人展示外部世界真实图画的第一次系统的尝试"。① 魏源在书中也提到了非洲。② 同时代的另一位学者徐继畬也对非洲进行了详尽的探讨,对北非、西非、中非、东非和南非的不同地区以及西印度洋中的岛屿进行了描述③。

一般而言,早期关于非洲的出版物大致可分为三类:涉及非洲某些地方的世界地理的翻译和编译、中国人的游记和关于埃及的书籍。④ 国人当时乐于撰写和翻译关于埃及的书籍是可以理解的。埃及像中国一样是伟大的文明古国,它有着悠久的历史和灿烂的过去。中国的穆斯林每年都要到中东朝圣,这样中国人对埃及的熟悉程度远远超过非洲其他地区。那些经陆路去欧洲的中国人通常从埃及路过,在苏伊士运河开通后则可经海路穿过埃及访问欧洲。最为重要的因素是两国都有一段相同的屈辱经历。中国的知识分子总是将埃及作为一个例子来说明:一个羸弱的国家总是会被强国欺凌。除了关于埃及的一些译著之外,最早在中国出版的关于非洲的书籍很可能是英国人施登莱所著的《斐洲游记》(1900)。

在清朝末年,中国的改革者和革命先驱陈天华、梁启超、孙中山等尝试用各种方法来动员中国人民。他们仔细观察帝国主义列强与非洲之间的关系。19 世纪末,布尔人对英国人的反抗吸引了中国知识分子的注意力。陈天华和梁启超均热情赞扬了布尔人的勇敢精神。陈天华比较了德兰士瓦与英国的军事实力,赞美了布尔人的伟大精神,将他们称之为"挺天立地的大国民"。他问道:"中国的人比杜国(即德兰士瓦)多一千倍,英国要灭我中国,照杜国的比例算起来,英国须调兵至三万万,相战至三千年,才可与他言和。杜国既然如此,难道我就当不得杜国吗?"梁启超也强调英

---

① Wm. Theodore De Bary, Wing-Tsit Chan and Chester Tan, compiled (1960), *Sources of Chinese Tradition*, Vol. 2, Columbia University Press, 1960.

② 此书第一版共有 50 卷,1852 年版增至 100 卷。具有讽刺意味的是,此书在中国朝廷无人问津,却受到日本政府的重视。

③ 艾周昌编注:《中非关系史文选(1500—1918)》,华东师范大学出版社 1986 年版,第 167—188 页。

④ 例如,[日]柴四郎:《埃及近世史》,章起渭译,上海商务印书馆 1904 年版;[英]密里纳:《埃及变政史略》,任保罗译,上海商务印书馆 1907 年版。关于早期中国出版的有关非洲与埃及的著述,参见李安山《非洲华侨华人史》,第 76 页。

布战争与中国问题具有很大的关联性,孙中山则以摩洛哥遭瓜分作例证,试图展示"改革与灭亡"的基本道理。① 换言之,他们希望利用非洲的经验和教训来唤醒中国人民。中国也有几家报纸在传播非洲信息的过程中发挥了一定的作用,比如《外交报》和《清议报》等。这些媒体刊出一些文章,提醒国人非洲正在发生的事情。

中华民国建立之后,只有很少关于非洲的著述得以出版。第一部由中国学者所著的关于非洲的著作于1936年出版。虽然这是一本研究埃塞俄比亚历史、地理、民族、政治、经济、宗教和文化的书,但作者的立场却非常清晰。该书一开始就列举了中国与非洲之间的四个相同点:二者都拥有古代文明;二者的政治体制都正在经历从封建社会向现代社会的转变;二者都遭受了资本主义的入侵和手工业的衰落;二者都是帝国主义的受害者。作者对埃塞俄比亚人民反抗意大利入侵的斗争表示了强烈的同情。② 1935年,一本苏联学者所著关于埃塞俄比亚的著作被翻译出版。夏鼐先生在英国伦敦大学获埃及考古学博士学位,成为中国"埃及学之父"。20世纪40年代早期,两本有关埃及的著作出版。一本是关于埃及历史的,另一本描述苏伊士运河。③ 民国时期,中国学者对非洲的介绍和研究非常有限。④ 非洲绝大部分地区处于殖民主义统治下,在国际舞台上没有任何政治地位。中国战乱不断,很少有人对非洲感兴趣。然而,报纸杂志上仍有关于非洲政治及非洲华工的报道。《东方杂志》是一份创刊于1904年且发行了40多年的杂志。该杂志作为国际问题的重镇,发表了各种关于非洲的文章,如非洲和欧洲国家的关系、殖民瓜分、非洲人民及其风俗习惯等。⑤ 学

---

① 艾周昌编注:《中非关系史文选(1500—1918)》,第192—195、201—202页。
② 吴遵存、谢德风:《阿比西尼亚国》,正中书局1936年版。
③ 黄曾樾:《埃及钩沉》,商务印书馆1940年版;任美锷、严钦尚:《苏伊士大运河》,上海道中书局1941年版。
④ 民国时期共出版有关非洲的著作19种,含译作14种,通俗读物5种。参见张毓熙编《非洲问题研究中文文献目录,1990—1996》,中国社会科学院西亚非洲所、北京大学亚非研究所、中国非洲史研究会,1997年,第258—259页。
⑤ 《东方杂志》在1911—1912年曾刊载多篇文章,报道分析了列强瓜分摩洛哥的局势。参见伧父《摩洛哥事件》,《东方杂志》第8卷第3号,第46页;伧父《摩洛哥与列强》,《东方杂志》第8卷第6号,第31页;许家庆《摩洛哥问题之解决》,《东方杂志》第8卷第10号,第55页;许家庆《法西摩洛哥谈判》,《东方杂志》第9卷第3号,第38页。关于埃塞俄比亚(时称"阿比西尼亚")与意大利的冲突,参见吴颂皋《意阿问题之剖析》,《东方杂志》第32卷第19号,第33页;胡庆育《意阿争执与第二次世界大战》,《东方杂志》第32卷第19号,第53页。该卷及随后各号均刊载多篇关于埃意冲突的文章。

者们也分析非洲的政治形势，特别是当时的热点问题，如摩洛哥危机或意大利入侵埃塞俄比亚。

支持非洲(1950—1965 年)

  1949 年中华人民共和国的成立构成了战后民族解放运动的重要组成部分。中华人民共和国成立后的非洲研究始于 20 世纪 50 年代晚期，主要集中在民族独立运动上。这一时期，各种小册子得以出版，其中绝大部分都是关于北非独立运动的。① 为数不多的学术期刊也刊登一些关于不同的非洲国家反抗殖民统治的斗争或非洲民族主义运动发展的文章。南开大学开始研究北部非洲，华南师范学院则开始了对中部非洲的研究。

  国家领导人十分鼓励非洲研究。1961 年 4 月 27 日，毛泽东主席会见了一群来自非洲的朋友。他承认自己并不了解非洲。"我们对于非洲的情况，就我来说，不算清楚。应该搞个非洲研究所，研究非洲的历史、地理、社会经济情况。我们对于非洲的历史、地理和当前情况都不清楚，所以很需要出一本简单明了的书，不要太厚，有一两百页就好。可以请非洲朋友帮忙，在一两年内就出书。内容要有帝国主义怎么来的，怎样压迫人民，怎样遇到人民的抵抗，抵抗如何失败了，现在又怎么起来了。"② 1961 年 7 月 4 日，中联部直属管辖下的亚非研究所正式成立。研究中非关系的专家张铁生被任命为研究所的第一任所长。

  1963 年 12 月 30 日，中国共产党中央委员会外事小组发布一项报告，旨在加强对国际事务的研究力度。为此在三所大学专门成立了研究外国的院系。考虑到在人文科学和社会科学方面的坚实基础，北京大学也设立了亚非研究所，因为北京大学拥有东方学系这一优势，该系教授亚非

---

  ① 吴秉真：《从黑夜走向黎明的非洲》，新知识出版社 1956 年版；吴休编著：《埃及人民争取独立和平的斗争》，通俗读物出版社 1956 年版；范侗编著：《摩洛哥、突尼斯、阿尔及利亚的民族独立运动》，上海人民出版社 1957 年版；言金：《阿尔及利亚人民的民族解放斗争》，世界知识出版社 1958 年版；陈力编著：《喀麦隆人民反对殖民主义的斗争》，河北人民出版社 1959 年版。

  ② 中华人民共和国外交部、中共中央文献研究室编：《毛泽东文选》，中央文献出版社、世界知识出版社 1994 年版，第 465 页。

国家所用的一些小语种。20世纪40年代在德国获得博士学位的梵语专家季羡林先生被任命为亚非研究所所长。历史系在法国获得学位的杨人楩教授将其研究方向从法国史转向非洲史，并开始培养非洲历史专业的研究生。

除了大学之外，各种不同类型的研究机构也涉及非洲研究，最重要的是中共中央对外联络部和中国科学院双重领导下的亚非研究所（1981年，它成为中国社会科学院属下的研究所）。例如，专门为周恩来总理出访非洲准备的《非洲概况》（1962年）一书即在该所出版并在内部发行。亚非研究所还拥有两份内部刊物，即《亚非译丛》（始于1959年，主要翻译亚洲和非洲的著述）和《亚非资料》（始于1963年，主要刊登亚非的资料）。非洲研究给人印象最深的是对国际学术成就的推介，其中包括著作、会议、机构和论文等。这些信息都被刊登在上面所提到的两份刊物中，成为中国学者了解国外非洲研究的一条主要渠道。①

翻译的书籍通常包括四种类型：非洲民族主义领导人的著作、西方学者或苏联学者的重要著作、政府报告和大众读物。第一种类型包括纳赛尔（1954）、克瓦米·恩克鲁玛（1957，1965）、本·贝拉、布迈丁等人的传记或言论集以及塞内加尔非洲独立党领导人马杰蒙·迪奥普（迪奥普，1958）等人的著作。② 第二种类型指一些治学严谨的学者的著作也得到了翻译，如法国学者徐雷—卡纳尔的《黑非洲：地理、文化、历史》（1958）、英国学者菲兹杰腊的《非洲地理》以及著名英国非洲学者戴维逊的著作（戴维逊，1955，1961）。有些著作是为了了解当时局势而专门选译的。很多苏联学者的著作被翻译出版，其中最为著名的是著名非洲学家奥尔德罗格和波铁辛主编的《非洲各族人民》（1960），它是一本由多位苏联学者所著的关于非洲民族的大部头著作。甚至美国学者的一些

---

① 有关亚非研究所及后来的西亚非洲所的情况，参见《所史》编写组《西亚非洲研究所40年（1961—2001）》（征求意见稿），2001年6月，第6—28页。

② ［埃及］加迈尔·阿卜杜勒·纳赛尔：《革命哲学》，张一民译，世界知识出版社1956年版；［加纳］克瓦姆·恩克鲁玛：《恩克鲁玛自传》，国际关系研究所翻译组译，世界知识出版社1960年版；［加纳］克瓦姆·恩克鲁玛：《新殖民主义》，世界知识出版社1966年版；［塞内加尔］马杰蒙·迪奥普：《黑非洲政治问题》，世界知识出版社1961年版。

著作也译自俄文（杜波伊斯，1961）。① 第三种类型是为政府准备的报告，如美国西北大学非洲研究计划处的研究报告《美国对非洲的外交政策》（1959）。第四类为大众读物，如约翰·根室的《非洲内幕》（1957）和杰·汗泽尔卡与米·席克蒙德的《非洲：梦想与现实》（1958）。

这里有必要提及两本中国学者的重要著作，即《中非关系史初探》（张铁生，1963）和《现代埃及简史》（纳忠，1963）。张铁生的著作编纂了五篇从唐朝到明朝时期中非关系的论文，其涵盖面包括中国与东非、北非的关系以及海上交通史等。纳忠20世纪40年代毕业于埃及的爱兹哈尔大学。这本关于埃及现代史的著作是中国对非洲进行学术研究的重要开端。除了第一章是关于埃及的古代历史之外，其余章节论述了从拿破仑入侵到第二次世界大战后埃及的民族解放运动的历史。除此之外，国内还出版了一些对非洲单个国家、殖民地或地区的一般介绍性的作品，如《乍得、中非》（1965）、《刚果（布）、加蓬》（1964）等，这些小册子都是作为"非洲列国志"丛书内部发行的。

这段时期的非洲研究具有鲜明的政治倾向，其性质基本上是实用主义的而非学术性的。中国坚决支持民族解放运动，并希望从非洲国家中获得新朋友。当时，处于研究主导地位的是各大学的历史系。产生这种局面的原因在于，人类学和政治学在当时还不被承认是单独的学科。研究通常由集体进行，人们将注意力集中在民族解放运动或反对殖民主义的斗争。显而易见，对国外非洲研究的介绍所占比重很大，世界上绝大多数重要的非洲研究中心都给予介绍，一些著作被翻译出版。对翻译著作的挑选虽然力争做到客观准确，但带有明显的政治偏向性。

了解非洲(1966—1976年)

在"文化大革命"期间，中国的学术研究出现倒退。大学关闭了几

---

① ［英］戴维逊：《非洲的觉醒》，施仁译，世界知识出版社1957年版；［英］戴维逊：《黑母亲　买卖非洲奴隶的年代》，何瑞丰译，三联书店1965年版；［美］杜波依斯：《非洲大陆及其居民的历史概述》，秦文允译，世界知识出版社1964年版。

年,然后以"政治表现"为标准来招收学生。只有很少几所大学在研究国外问题。社会科学和人文科学的研究几乎停滞。

你或许会因为中国仍然存在非洲研究而感到惊奇。中联部拥有自己的研究非洲形势和向非洲解放运动提供援助的部门。中联部领导下的亚非研究所开展了对非洲的研究工作,其研究成果对高层决策做出了很大的贡献。然而,他们的注意力更多放在收集信息和分析资料上,而不是放在学术研究上。

1971年见证了两件标志着中国打破封锁和重新进入国际社会的重大历史事件:以亨利·基辛格秘密访问中国为标志的中美关系正常化的开端,中华人民共和国进入联合国。为了加强对世界文化和中国历史的了解和认识,1971年,在国务院的组织下,全国范围的出版界会议得以召开。这次会议决定出版一些重要的历史类书籍,比如二十四史、中华民国史等,主要供内部阅读。

为了使各级领导了解国外事务,不同国家的历史类书籍或概述性著作被挑选出来翻译出版。这项巨大的工程几乎涵盖了世界上所有的国家并且一直持续到20世纪80年代。翻译的著作包括历史、政治和地理等方面。至于非洲方面的书籍,不同地区的历史书被翻译了过来,比如撒哈拉以南非洲、北非、中非、东非、西非、南非和马斯克林群岛等。单个国家的历史也有选择性地进行了翻译,比如埃塞俄比亚、索马里、苏丹、乌干达、坦桑尼亚、中非、尼日利亚、尼日尔、塞拉利昂、加纳、冈比亚、达荷美、多哥、刚果(金)、利比里亚、毛里塔尼亚、摩洛哥、突尼斯、毛里求斯、马拉维等。对于那些缺乏历史类书籍的国家,概述性的著作也被翻译出版,如西南非洲、莱索托、博茨瓦纳、斯威士兰、赞比亚、吉布提、非洲之角、中非共和国、罗安达、布隆迪、马里、上沃尔特、安哥拉、罗得西亚、利比亚和刚果等。众多的地理类书籍也得以翻译出版。

对非洲学者的著作也进行了挑选和翻译,例如《独立的苏丹:一个国家的历史》《坦桑尼亚史》《罗得西亚:冲突的背景》等。有一些是非洲研究领域的经典著作,比如戴维逊的《古老非洲的再发现》(1960)和费奇的《西非简史》(1969)等,另外一些则包含了丰富的文献和档案,比如克里斯托夫·法伊夫的《塞拉利昂史》,科纳万的《多哥史》、《达荷美史》和《刚果史》等。一些苏联和东欧学者的著作也被翻译出版。苏联科学院非洲研究所编纂的两卷本《非洲史》和匈牙利历史学家西克·安德列撰写的四卷本《黑非洲史》是其中最著名的作品。

因为这项工程的初衷并非为了学术研究，所以不难理解为什么所有翻译的著作都没有被投入市场，而只是内部发行。然而，随着改革开放的进行，所有这些著作都被公开发行。作为一种模式，每一本翻译的著作都有翻译者从政治角度对内容所作的批判性的序言，以作为保护翻译者的措施和对读者的提醒。与此相对应的是，翻译工作通常由团体、而不是由个人来做，万一出现什么错误，责任将会由集体来承担。人们会注意到这些书的选择标准既不是基于它的内容，也不是基于它的学术价值，而是基于它的标题。在每一个可能存在的例子中，它们通常是历史书，而不是专著。那些被选中的书之所以在质量上会出现良莠不齐的现象（有些根本就没有学术价值），主要是由以下两个原因造成的：一是学者缺乏关于非洲和国外非洲研究的知识；二是国内的图书馆缺乏非洲方面图书的收藏。

根据统计数据，1967—1978年间共有117种关于非洲的著作得以出版，其中111种是译著，5种是大众读物，1种为参考书（见表1）。换句话说，这些书有95%是从其他文字翻译过来的。[1]

表1　　　　　中国出版的关于非洲研究方面的著作　　　（单位：种）

	专著	译著	大众读物	参考书	总数
1949年以前	—	14	5	—	19
1949—1966	10	60	35	6	111
1967—1978	—	111	5	1	117
1979—1994	41	68	48	9	166

这些译著涵盖了世界上几乎所有国家，我们决不应该低估其重要性。在中国，通过对这些翻译出版的非洲研究成果的学习，学生们获得了关

---

[1] 张毓熙编：《非洲问题研究中文文献目录，1990—1996》，中国社会科学院西亚非洲所、北京大学亚非研究所、中国非洲史研究会，1997年，第272—273页。

于一个远离中国的大陆的知识,并开始了解一些非洲研究领域的著名学者的名字。他们逐渐对非洲研究的主题、兴趣和倾向变得熟悉起来。这一切为"文化大革命"之后的非洲研究奠定了坚实的基础。

研究非洲(1977—2000年)

随着"四人帮"的倒台,大学院校中的教学和科研得以恢复。对于中国的非洲研究而言,1977年到2000年是一段硕果累累的时间。这一阶段的非洲研究主要集中在三支队伍:大学、学术机构和政府各部直属机构。中国的非洲研究领域主要有两个全国性的组织:中国非洲问题研究会(1979年)和中国非洲史研究会(1980年)。虽然这两个协会之间有诸多重叠,但前者的研究重点放在当前问题上,后者则侧重于非洲历史。任何对非洲研究感兴趣的人都可以申请加入这两个组织。在这两个学术组织的共同努力下,中国的非洲研究取得了巨大的进步。20世纪90年代是非洲研究中心大发展的年代。1995年,中国社会科学院西亚非洲研究所成立了南非研究中心,北京大学亚非研究所1998年成立了非洲研究中心。1998年,湘潭大学也成立了非洲法研究中心。[1] 南京大学地理系拥有一支专门研究非洲经济地理学的队伍,云南大学拥有一支专门进行非洲研究的队伍,浙江师范大学最近也建立了一个研究非洲教育的中心。

从20世纪70年代末开始,学术期刊上非洲研究的文章主要包括三个主题。第一,殖民统治时期的初期抵抗和抵抗运动,如苏丹的马赫迪运动,埃塞俄比亚与意大利侵略者的战争,坦噶尼喀的马吉马吉起义和肯尼亚的茅茅运动等。第二,第一次世界大战以来的民族主义运动,如泛非运动、非洲民族主义运动或某一地区的民族解放运动。第三,重要人物,其中既包括第一代民族主义者如博瓦尼、恩克鲁玛、埃亚德马、罗伯特·穆加贝、卡翁达、桑戈尔、卡扎菲、塞古·杜尔、布尔吉巴等,也包括那些在非洲民族解放运动中发挥了重要作用并具有一定影响力的人物,如加维、杜波伊斯、法农等。对非洲民族主义领袖的研究在80年代及其后来的时间里不断加深。

---

[1] 洪永红、夏新华:《非洲法导论》,湖南人民出版社2000年版。

1981 年，中国社会科学院研究生院招收了"文化大革命"后的第一名非洲史方向的硕士研究生，北京大学也于次年开始招收硕士生。20 世纪 80 年代，中国学者开始将他们的兴趣转向更加特定的主题。陆庭恩运用多方面的资料展示了大卫·利维斯通在非洲的探险过程中所扮演的双重角色，他既是奴隶贸易的反对者，也是殖民扩张的工具。吴秉真、徐济明以及其他人对奴隶贸易及其与非洲早期资本主义发展的关系进行了研究。吴秉真还批评了费奇关于奴隶贸易的观点。① 秦晓鹰接触了一个敏感的主题——资产阶级在民族解放运动中的作用。中国学术界因受极"左"思潮的影响，一般否认资产阶级在民族主义运动中所发挥的积极作用。以肯尼亚为例证，秦晓鹰认为在反抗殖民主义的斗争中，资产阶级可以扮演一个积极的角色。王春良在对扎伊尔民族主义运动的研究中也得出了相同的结论。李安山则试图分析西非知识分子的形成、特点及其作用。②

1982 年，中国非洲史研究会出版了一本论文集。何芳川的论文探讨了古代阿克苏姆王国的政治、经济和文化状况。郑家馨则在探究南非早期的社会经济结构。顾章义研究了非洲各民族的起源和发展。宁骚的论文讨论了"含米特假设"或"含米特理论"问题，他指出非洲人民是非洲文明的创造者，并批评了这个假设的种族主义论调。陆庭恩研究了现代非洲的历史分期。艾周昌研究了现代非洲历史的几个重大问题，比如葡萄牙人对非洲的早期入侵，奴隶贸易和占领非洲等。以尼日利亚为例证，秦晓鹰研究了改良在非洲独立运动中所起的作用（1982）。

20 世纪 80 年代还出现了更多的学术成果，一些重要的著作得以出版

---

① 陆庭恩：《评戴维·利文斯敦》，《北京大学学报》1981 年第 5 期；吴秉真：《评当代西方学者对奴隶贸易的一些看法》，《世界历史》1983 年第 1 期；吴秉真：《非洲奴隶贸易 400 年始末》，《世界历史》1984 年第 4 期；吴秉真：《关于奴隶贸易对黑非洲影响问题的探讨》，《西亚非洲》1984 年第 5 期；徐济明：《奴隶贸易与早期资本主义的发展》，《世界历史》1983 年第 1 期；徐济明：《奴隶贸易是造成非洲落后的重要原因》，《西亚非洲》1983 年第 4 期；李继东：《论奴隶贸易终止的原因》，《非洲问题参考资料》1983 年第 7 期。

② 秦晓鹰：《民族资产阶级能不能领导当代民族解放运动？浅析肯尼亚无产阶级和民族资产阶级的典型特点及历史作用》，《世界史研究动态》1980 年第 2 期；秦晓鹰：《尼日利亚现代民族主义的兴起和特点》，《世界历史》1981 年第 2 期；王春良：《扎伊尔人民争取独立的斗争——兼谈民族资产阶级的历史作用》，《山东师范学院学报》1981 年第 4 期；李安山：《论西非民族知识分子的形成及其发展》，《西亚非洲》1985 年第 6 期；李安山：《论西非民族知识分子的特点及其在民族独立运动中的作用》，《世界历史》1986 年第 3 期。

（杨人楩，1984；中国非洲史研究会，1984；陆庭恩，1987；陈宗德、吴兆契，1987；唐大盾，1988；葛佶，1989）。①《在神秘的酋长国度里》是第一本由一位亲临黑非洲内陆的中国人所写的关于非洲国家的书。作者杨荣甲逼真地描述了喀麦隆的酋长体系（1986）。这一时期也出版了一些关于埃及、尼日尔、扎伊尔等国的国别史。② 陈公元的著作研究了中国与非洲在古代交往的历史。③ 与此同时，国内对非洲反殖民主义斗争的研究也越来越系统化，并开始涉及与意识形态、知识分子、反殖民主义宗教运动等方面的非洲民族主义以及与种族问题、经济和发展、文化和国际关系等相关的问题。

关于非洲地理，南京大学地理系的学者所著的两本著作非常重要。④ 后者属于"世界农业地理丛书"系列，这套丛书一共有11本，分别按照国家（日本、印度、澳大利亚和新西兰、苏联、美国、英国和法国）、地区（东南亚）、大陆（非洲、拉丁美洲）以及对世界农业地理的综合性考察等角度撰写。其他国家的一些地理方面的著作也被翻译过来。1985年，在中国印刷的最大型的非洲地图集——《非洲地图集》得以出版发行，它全方位地收入了有关非洲的大量图片，包括非洲大陆的历史、民族、经济和地理等。人们对非洲艺术、文学和音乐的兴趣也越来越高。

对重要著作的翻译工作仍在继续进行。前联合国秘书长加利关于非洲边界的权威著作（1979）和西非的重要史诗《松迪亚塔》（1983）均被翻译出版。塞利格曼的《非洲的种族》一书在1966年曾被他的中国学生费孝通翻译过来，由于"文化大革命"的缘故，这本书直到1982年才

---

① 杨人楩：《非洲通史简编》，人民出版社1984年版；中国非洲史研究会《非洲通史》编写组编：《非洲通史》，北京师范大学出版社1984年版；陆庭恩：《非洲与帝国主义》，北京大学出版社1987年版；陈宗德、吴兆契编著：《撒哈拉以南非洲经济发展战略研究》，北京大学出版社1987年版；唐大盾、张士智、庄慧君、汤平山、赵慧杰：《非洲社会主义：历史・理论・实践》，世界知识出版社1988年版；葛佶、何丽儿、杨立华、孙耀楣：《南部非洲，动乱的根源》，世界知识出版社1989年版。

② 杨灏城：《埃及近代史》，中国社会科学出版社1985年版；郁心强：《尼日尔简史》，世界知识出版社1983年版；赵淑慧：《扎伊尔简史》，商务印书馆1981年版。

③ 陈公元：《古代中国与非洲的友好交往》，商务印书馆1985年版。

④ 苏世荣等编著：《非洲自然地理》，商务印书馆1983年版；曾尊固等编著：《非洲农业地理》，商务印书馆1983年版。

得以出版。① 在这些翻译的著作中有两本关于奴隶贸易的著述较为重要。一本是苏联学者阿勃拉莫娃的《非洲——四百年的奴隶贸易》（1983），另一本是联合国教科文组织的《15—19世纪的奴隶贸易：专家会议的报告和论文》（1984）。巴兹尔·戴维逊的著作《现代非洲史》（1978）以及非洲领导人的传记或自传也被翻译过来。另一项巨大工程即对联合国教科文组织编纂的8卷本《非洲通史》的翻译工作也于20世纪80年代早期开始。1984年出版了这套书的第一卷和第二卷，在接下来的时间里剩下的几卷也陆续得以出版，目前已经全部出齐。

1981年，国内第一本全面介绍非洲的著作《非洲概况》公开出版发行，它涵盖了地理、历史、民族、政治体制、经济发展和中非关系等方面的内容。方积根选编的资料集（1986）挑选了有关华人在非洲的报道、文章或专著中的章节。②《当代非洲名人录》（1987）收录了1000多个非洲重要的人物。在中国非洲史研究会的帮助下，有关非洲研究的参考书目得以编纂并发行。③ 从1982年到1989年，一共有105篇介绍世界其他国家的非洲研究的文章在中国发表。值得一提的是，几本关于非洲民族的著作被翻译或编译出来（葛公尚、曹枫，1980；葛公尚、李一夫，1981；葛公尚、曹枫，1982）。④ 虽然这些著作没有正式出版，但它们为当时研究非洲民族问题提供了极大的方便。

20世纪90年代，非洲方面的出版物有了大幅度的增加。华东师范大学出版社出版了"非洲研究丛书"，包括六本专著（舒运国，1996；艾周昌、沐涛，1996；罗建国，1996；夏吉生，1996；陆庭恩、刘静，1997；

---

① 此书的翻译者、北京大学教授费孝通于20世纪30年代毕业于伦敦经济学院。在"译后记"中，他将这一充满种族偏见并早已受到学界批判的著作称为"有关非洲民族的标准读物"。这一事实表明，由于"文化大革命"期间中国学者长期与国际学术界缺乏交流从而对国际学术界了解甚微。

② 方积根：《非洲华侨史资料选编》，新华出版社1986年版。

③ 张毓熙编：《非洲问题研究中文文献目录，1982—1989》，北京大学亚非研究所、中国非洲史研究会、中国非洲问题研究会，1990年；张毓熙编：《非洲问题研究中文文献目录，1990—1996》，1997年。

④ 葛公尚、曹枫编译：《非洲民族概况》，中国社会科学院民族所，1980年；葛公尚、李一夫编译：《非洲民族人口与分布》，中国社会科学院民族所，1981年；葛公尚、曹枫编译：《非洲狩猎民族与游牧民族》，中国社会科学院民族所，1982年。

刘鸿武，1997）和三本史料汇编（艾周昌，1989；潘光、朱威烈，1992；唐大盾，1995）。① 其中，艾周昌的《中非关系史文选（1500—1918）》（1989）是作者经过爬梳整理各种史料选辑而成，它包含了游记、报刊文章、信件和回忆录等。有些关于非洲的著作成了系列丛书中的一部分，如"英联邦国家现代化研究丛书"包括加纳（陈仲丹，2000）等国。在"殖民主义史"研究项目的成果中，非洲卷论述了非洲殖民主义的起源、发展和衰落。②

作为中国非洲史研究会集体努力的结果，《非洲通史》于1995年出版。这套《非洲通史》分为三卷，涵盖了非洲的古代史（何芳川、宁骚，1996）、近代史（艾周昌、郑家馨，1996）和现代史（陆庭恩、彭坤元，1996）。③ 三卷本总结了这些学者在过去十年中的研究成果。《非洲民族独立简史》是第一本系统研究非洲民族主义运动的著作，且涵盖了20世纪80年代葡属殖民地人民的独立解放运动。④ 李安山在多伦多大学博士论文基础上修改出版的专著《殖民主义统治与农村社会反抗——对殖民时期加纳东部省的研究》，是中国第一本较系统研究非洲国家历史的个案研究著作。以其在伦敦的英国档案馆、阿克拉的加纳国家档案馆收集的资料以及在加纳进行的实地考察为基础，李安山探究了四种不同类型的冲突，指出殖民主义是一个矛盾的结合体，反抗在当地政治中起到了非常重要的作用，在大多数情况下它导致了殖民政策的变化。⑤

---

① 舒运国：《非洲人口增长与经济发展研究》，华东师范大学出版社1996年版；艾周昌、沐涛：《中非关系史》，华东师范大学出版社1996年版；罗建国：《非洲民族资产阶级研究》，华东师范大学出版社1996年版；夏吉生主编：《南非种族关系探析》，华东师范大学出版社1996年版；陆庭恩、刘静：《非洲民族主义政党和政党制度》，华东师范大学出版社1997年版；刘鸿武：《黑非洲文化研究》，华东师范大学1997年版；艾周昌编注：《中非关系史文选（1500—1918）》，华东师范大学出版社1986年版；潘光、朱威烈编：《阿拉伯非洲历史文献》，华东师范大学出版社1992年版；唐大盾选编：《泛非主义与非洲统一组织文选，1900—1990》，华东师范大学出版社1995年版。

② 郑家馨主编：《殖民主义史·非洲卷》，北京大学出版社2000年版。

③ 何芳川、宁骚主编：《非洲通史·古代卷》，华东师范大学出版社1995年版；艾周昌、郑家馨主编：《非洲通史·近代卷》，华东师范大学出版社1995年版；陆庭恩、彭坤元主编：《非洲通史·现代卷》，华东师范大学出版社1995年版。

④ 吴秉真、高晋元主编：《非洲民族独立简史》，世界知识出版社1993年版。

⑤ 李安山：《殖民主义统治与农村社会反抗——对殖民时期加纳东部省的研究》，湖南教育出版社1999年版。

在20世纪90年代,以下主题变成了热门话题,其中包括社会主义、民主化、种族问题、国际关系、南非、文化研究、经济研究、中非关系等。非洲政治吸引了相当多的注意力。随着民主浪潮的到来,非洲社会主义一直是中国学者关注的重点。[1] 作为一项集体研究项目,《非洲社会主义新论》的编写工作于1989年正式开始,一共有16位来自不同单位的学者参加了编写。这本书讨论了非洲社会主义的起源、发展和类型,并且对非洲不同国家的社会主义以及社会主义与资本主义进行了对比。作者指出,非洲社会主义在巩固民族独立、建立民族文化和控制民族经济的过程中发挥了重大作用。除此之外,它还极大地提高了非洲国家在世界政治舞台上的地位。然而,社会主义运动在非洲并没有成功,这项运动在非洲之所以会出现衰落,原因在于:内部因素(产生的暴力、国内政策),苏联和东欧社会主义阵营瓦解的影响,还有来自西方国家的压力。非洲的社会主义国家面临着三种不同的选择:脱离社会主义、自我调整和民主社会主义。按照作者的看法,非洲民主社会主义的兴起是必然的。[2]

在关于非洲民主化进程的问题上存在争论。大致而言,在非洲民主浪潮问题上有两种主要观点。一种观点认为,非洲国内对建立民主社会的要求是民主化进程的主要原因,在民主化过程和民主化浪潮之后出现的动乱既是长期遭受压迫和不良政府导致的自然结果,又是民主化进程带来的新的冲突。[3] 另一种观点则认为,非洲的民主化是苏联集团瓦解和西方国家施加压力的结果,然而西方的多党制不适合非洲。[4]

中国的非洲研究者在非洲的种族(民族)问题上也投入了很多精力。在关于"tribe"和"tribalism"的用法问题上,中国学者展开了激烈的争论。有些学者认为使用"部族"一词更为恰当。[5] 另外一些学者

---

[1] 唐大盾、张士智、庄慧君等:《非洲社会主义:历史·理论·实践》,世界知识出版社1988年版。

[2] 唐大盾、徐济明、陈公元主编:《非洲社会主义新论》,教育科学出版社1994年版。

[3] 徐济明、谈世中主编:《当代非洲政治变革》,经济科学出版社1998年版;张宏明:《多维视野中的非洲政治发展》,社会科学文献出版社1999年版。

[4] 陆庭恩:《西方国家的多党制不适合非洲》,《国际社会与经济》1995年第3、4期。

[5] 宁骚:《试论当代非洲的部族问题》,《世界历史》1983年第4期;葛公尚:《非洲的民族主义与部族主义探析》,《西亚非洲》1994年第5期;张宏明:《论黑非洲国家部族问题和部族主义的历史渊源》,《西亚非洲》1995年第5期。

则认为这是一个贬义词,而更喜欢用"族体性"或"地方民族主义"来代替"部族主义"。① 虽然在用词上有所不同,但是所有学者都承认族际冲突已经成为非洲国家建设的障碍。李继东、张宏明和徐济明均认为族际冲突已经对民族国家的合法性形成了挑战,威胁到了政治的稳定和民族国家的团结。② 李安山分析了"地方民族主义"的起源及其与民族主义和国际政治的关系,指出地方民族主义扎根于殖民统治之前的社会历史之中,受到了殖民统治(特别是"间接统治")的极大影响,与此同时国内因素如政府管理不善和外部势力的直接加剧了这种趋势。③

在国际关系方面,梁根成的著作给人留下了深刻的印象。《美国与非洲》(1991) 按照时间顺序分为8个不同章节,主要研究了从第二次世界大战到20世纪80年代美国的对非政策。作者对美国在非洲的政策基本上持否定观点。另外还有一些关于国际关系特别是法国对非政策的文章。从1990年到1996年,有超过13篇文章对法国对非政策进行了研究。可以理解的是,人们在中非关系,特别是中非之间的经济关系研究上投入了更多的精力。

近几年来,特别是中国和南非外交关系正常化之后,南非成了国内学术界的一个热门话题。正在发生的"非洲复兴运动"也引起了中国学者的广泛兴趣。甚至早在中国、南非关系正常化之前,两国就在对方的首都建立了研究中心,它不但扮演了一个半外交部门的角色,而且促进了中国与南非之间的学术交流。纳尔逊·曼德拉和他的前妻温妮·曼德拉的传记和自传也被写作或翻译出来。④ 20世纪90年代末期出版了好几

---

① 顾章义:《评非洲"部族"说——兼评斯大林的民族定义》,《中央民族学院学报》1983年第4期;顾章义:《"部族"还是"民族"?评人们共同体的"部族"说》,《世界民族》1997年第2期;阮西湖:《关于术语"部族"》,《世界民族》1998年第4期;李安山:《论中国非洲学中的"部族"问题》,《西亚非洲》1998年第4期。

② 李继东:《现代化的延误:对独立后的"非洲病"的初步分析》,中国经济出版社1997年版;张宏明:《多维视野中的非洲政治发展》,社会科学文献出版社1999年版;徐济明、谈世中主编:《当代非洲政治变革》,经济科学出版社1998年版。

③ 李安山:《非洲民族主义研究》,中国国际广播出版社2004年版。

④ 杨立华:《曼德拉——南非民族团结之父》,长春出版社1995年版;温宪:《黑人骄子——曼德拉》,当代世界出版社1995年版。

本关于南非的著作,涵盖了政治、经济、种族关系和现代化等各个方面。[1] 1996年6月,中国社会科学院西亚非所在福特基金会的资助下举办了主题为"南非政治与经济发展前景"的国际研讨会。这次研讨会既是为了庆祝和总结中国和美国非洲研究机构在福特基金会的资助下15年的合作,也是该基金会资助的这一项目的最后一次活动。这次研讨会具有特殊的意义,因为它的召开正好处于江泽民主席第一次访问非洲之后和中国与南非外交关系正常化的前夕。此次研讨会上提交的论文主要围绕以下三个主题:南非的政治转型及其前景,南非的重建和发展以及新南非的外交关系。

宁骚关于非洲文化研究的专著是第一本涉及这一专题的研究成果。作者通过一个更广的视角来研究非洲文化,涉及社会规范和节日、崇拜和宗教、科技和意识形态等问题以及非洲人在艺术、文学和表演艺术方面美的追求。[2] 李保平和刘鸿武试图从一种历史的视角来分析非洲传统与现代化的关联性。[3] 作为"世界文明大系"中的一个部分,艾周昌的著作探讨了"非洲黑人文明的形成"中涵盖的主题,如上尼罗河文明(努比亚、库施、阿克苏姆),西非的铁器文明,班图人的迁徙,伊斯兰、斯瓦西里和豪萨文明等。作者还列举了不同种类和表现形式的非洲文明,如艺术和文学,宗教和风俗,意识形态和科学等。第三章"非洲黑人文明的未来"则试图将非洲与外部世界、传统与现代性联系起来。[4]

冯建伟的著作具有一定的独特性。作为一名新闻记者,作者亲自到非洲内地进行了考察。他历时半年走遍了5个非洲国家(几内亚、马里、

---

[1] 杨立华等:《正在发生划时代变革的国度:南非政治经济的发展》,社会科学文献出版社1994年版;葛佶:《南非——富饶而多难的土地》,世界知识出版社1994年版;陈一飞主编:《开拓南非市场:环境与机遇》,中国社会科学出版社1994年版;夏吉生等著:《当代各国政治体制——南非》,兰州大学出版社1998年版;夏吉生主编(1996):《南非种族关系探析》,华东师范大学出版社1996年版;张象主编:《彩虹之邦新南非》,当代世界出版社1998年版;艾周昌、舒运国、沐涛、张忠祥:《南非现代化研究》,华东师范大学出版社2000年版;现代国际关系研究所南非问题研究中心编著:《南非——贸易与投资指南》,时事出版社1994年版。

[2] 宁骚主编:《非洲黑人文化》,浙江人民出版社1993年版。

[3] 李保平:《非洲传统文化与现代化》,北京大学出版社1997年版;刘鸿武:《黑非洲文化研究》,华东师范大学出版社1997年版。

[4] 艾周昌主编:《非洲黑人文明》,中国社会科学出版社1999年版。

尼日尔、尼日利亚、加纳），参观了 150 个城市、农村、单位和学校，研究了社会组织、经济模式、阶级结构、政治制度和历史分期。在单一制经济问题上，与国内学者所持的消极观点不同，他认为单一经济制有利有弊。① 自 20 世纪 80 年代后期以来，国内对非洲现代化的研究非常普遍。李继东在其博士论文的基础上修改出版的专著分析了导致非洲迟到的现代化的原因，他认为统治方式和"部族主义"是其中的消极因素。何丽儿关于津巴布韦的著作是对这个新独立国家进行研究的第一本专著。②

在非洲独立后的经济问题方面，《非洲经济社会发展战略问题研究》是第一本全面研究这一课题的著作，它也是中国非洲问题研究会集体智慧的结晶。由于研究这一课题的学者来自不同学科，这本书涉及的问题相当广泛，如发展与人口增长的关系、城市化、生态学、环境和农业、私有化和国有化、战略选择等问题。有的作者指出，战略选择与每个国家的自然和社会环境紧密相关。非洲国家应该在自力更生的基础上，通过寻求尽可能无条件的外援来发展自己的经济。③ 除此之外，还有一些关于非洲经济的著作，其中有些是研究市场经济方面的著作（杨德贞、苏泽玉，1994；陈沫，1995），而另外一些则是关于改革与经济关系的著作。④ 为了满足 2000 年在北京召开的中非合作论坛部长级会议的需要，农业部组织研究队伍编写了一套关于非洲农业的丛书。⑤《人民日报》资深记者黄泽全的《非洲投资指南》（2003）为有志于到非洲投资的企业与个人提供了相当全面的信息。

在中非关系方面，国际学术界更熟悉戴闻达、费勒西或菲利普·斯

---

① 冯建伟：《横跨黑非洲》，新华出版社 1990 年版。
② 李继东：《现代化的延误：对独立后的"非洲病"的初步分析》；何丽儿：《南部非洲的一颗明珠：津巴布韦》，当代世界出版社 1995 年版。
③ 张同铸主编：《非洲经济社会发展战略研究》，人民出版社 1992 年版；陈宗德：《探索非洲国家经济发展的经验教训——〈非洲经济社会发展战略问题研究〉评介》，《西亚非洲》1994 年第 3 期。
④ 谈世中：《反思与发展：非洲经济调整与可持续性》，社会科学文献出版社 1998 年版。
⑤ 陈宗德、姚桂梅主编：《非洲各国农业概况（1）》，中国财政经济出版社 2000 年版；陈宗德、姚桂梅、范志书主编：《非洲各国农业概况（2）》，中国财政经济出版社 2000 年版；陆庭恩主编：《非洲农业发展简史》，中国财政经济出版社 2000 年版；文云朝主编：《非洲农业资源开发利用》，中国财政经济出版社 2000 年版；何秀荣、王秀清、李平主编：《非洲农产品市场和贸易》，中国财政经济出版社 2000 年版。

诺等人的名字，而不是中国学者的名字，虽然中国学者对这一主题的研究要比国外早得多。[①] 例如，岑仲勉曾于1935年写有一篇关于唐朝时期中非交往的文章。在这篇文章里，他列举了波斯湾到东非的海上航线。张星烺通过对资料的出色收集工作指出，中国与非洲之间的交往源远流长。张铁生从历史的角度涉及中非交流这一主题。[②]

张俊彦研究了从14世纪到20世纪初中国通过海上航线与西亚非洲国家之间的交往，并讨论了杜环以及其他学者在著作中对不同非洲地方的描述。关于"摩邻"现在所处的位置，学者有多种不同观点。戴闻达认为它指的是肯尼亚的马林迪，《非洲概况》一书的作者认为它指的是曼迪，另有学者则认为它指的是麦罗埃、摩洛哥、阿克苏姆等。张俊彦支持"摩洛哥"一派的观点，主要基于以下三个原因。其一，杜环提到摩邻位于"秋萨罗"，即卡斯蒂利亚的西南；其二，杜环还说要穿过大沙漠才能到达摩邻，"大沙漠"指的是利比亚沙漠和阿尔及利亚周围的沙漠；其三，唐朝其他著作也提到了"摩邻"以及位于摩洛哥东部的邻国。艾周昌也赞成这一观点。[③]

在经过很长时间的研究之后，沈福伟出版了关于中非关系的长篇著作。该书时间跨度大，涉及范围广。很多学者认为中国与埃及之间的交往已经有了一段很长的历史，但是中国与撒哈拉以南非洲之间的交往则相对较晚。沈福伟则认为中国与撒哈拉以南非洲的直接交往始于汉朝（前206—公元220）。两者之间除了各种各样的商业活动外，到中国出访的第一个黑非洲使团来自埃塞俄比亚的港口城市阿杜利斯（Adulis，位于今天的厄立特里亚境内），他们于公元100年到达洛阳。这样，埃塞俄比亚就成了非洲第一个与中国建立外交关系的国家。其他学者也在这个问

---

① J. J. L. Duyvendak, *China's Discovery of Africa*, Stephen Austin and Sons, 1947; Teobaldo Filesi, *China and Africa in the Middle Ages*, translated by David L. Morison, London: Frank Cass, 1972; Philip Snow, *The Star Raft: China's Encounter with Africa*, London: Weidenfeld and Nicolson, 1988.

② 岑仲勉：《自波斯湾头至东非中部之唐人航线》，《东方杂志》1935年第41卷第18期；张星烺：《中西交通史料汇编》，辅仁大学出版社1930年版；张铁生：《中非交通史初探》，三联书店1965年版。

③ 张俊彦：《古代中国与西亚、非洲的海上往来》，海洋出版社1986年版；艾周昌：《杜环非洲之行考辨》，《西亚非洲》1995年第3期。

题上表达了各自的观点。①

有一种观点认为，中非关系从 15 世纪中期直到 20 世纪 50 年代一直处于隔绝状态，也就是说中非关系中断了 500 年（Hutchison，1975：2）。通过对中文史料的发掘，艾周昌在著作中对这种观点进行了纠正，指出在这段历史时期里中非交往仍在进行。艾周昌和沐涛在他们的著作中指出，早在公元前 200 年至公元 600 年，中国与非洲就通过"丝绸之路"进行了交往。② 北京大学非洲研究中心出版了一本论文集《中国与非洲》，这本论文集共收入 22 篇论文，涵盖了中非关系从古到今的历史，还收录了有关这个主题的参考书目（2000）。

至于对中国人在非洲的研究，一共出版了三本相关的著作。早在 1984 年，陈翰笙先生就以"非洲华工"为题对有关资料进行了编撰，编入《华工出国史料汇编》第九辑。他收入了政府档案、文献、信件及各种关于非洲华工的原始资料（1984）。方积根编撰了有关中国人在非洲的研究资料，其中主要是从西方学者的著作中翻译过来的资料。③《非洲华侨华人史》较全面地研究了非洲华侨华人的起源、适应和融合等问题。由于该书是有关这一题目的第一部专著，因此它的出版引起了国际学术界的注意。法国国际广播电台马上在其中国栏目中报道了这一新闻，美国非洲学会的《非洲研究评论》和加拿大非洲学会的杂志《加拿大非洲研究杂志》还对这本书进行了评论。④

---

① 沈福伟：《中国与非洲：中非关系二千年》，商务印书馆 1990 年版；孙毓棠：《汉代的中国与埃及》，《中国史研究》1979 年第 2 期；陈公元：《中非历史上最早的外交关系》，《西亚非洲》1980 年第 2 期；杨人楩：《非洲通史简编》，人民出版社 1984 年版；许永璋：《"二十四史"中记载的非洲》，《河南大学学报》1984 年第 4 期；许永璋：《古代中非关系史若干问题探讨》，《西亚非洲》1993 年第 5 期；张象：《古代中国与非洲交往的四次高潮》，《南开史学》1987 年第 2 期；张象：《古代中非关系研究中的几个问题》，《西亚非洲》1993 年第 5 期。

② 艾周昌、沐涛：《中非关系史》，华东师范大学出版社 1996 年版。

③ 方积根编：《非洲华侨史资料选辑》，新华出版社 1986 年版。

④ 李安山：《非洲华侨华人史》，中国华侨出版社 2000 年版；Michael C. Brose, "Book Review: *A History of Chinese Overseas in Africa*", *Canadian Journal of African Studies*, Vol. 36, No. 1, 2002, pp. 157 – 159; James Gao, "Book Review: *A History of Chinese Overseas in Africa*", *African Studies Review*, Vol. 44, No. 1, pp. 164 – 165. 2000 年 4 月，在北京大学举行的"二十世纪中国世界史研究"学术研讨会的主题发言中，中国史学会副会长齐世荣教授高度评价了这一著作，将其列为"填补空白之作"。

中国社会科学院西亚非洲研究所组织编纂的三种参考书具有重大的参考价值。《国际形势黄皮书：中东非洲发展报告》包含了以下几个方面的主题：总论、政治评论、经济调查、国际关系和资料选读。① 黄皮书的编纂工作从1998年开始每年出版。《简明非洲百科全书——撒哈拉以南》和《简明西亚北非百科全书》是另外两部重要的工具书。其内容涵盖面广，结构严密，各自分为三个部分：全面研究，单个国家，档案和附录。第一部分包括五个主题：概览、历史、政治发展、国际关系和经济发展，第二部分列举了这一地区的单个国家，第三部分包括文件、非洲的地区组织、统计数据和资料以及中非关系纪年（1949—1999）。② 绝大部分作者是这一领域的专家，而且所用的材料相对较新。

20世纪90年代，由于中国与外部世界的交流增多，中国学者对国外的非洲研究进行了更为详细的介绍。这一时期发表了一些关于非洲历史研究的不同学派的文章，如伊巴丹学派、达累斯萨拉姆学派和早期南非自由主义学派，也介绍了一些对特定主题的研究，如舒运国对奴隶贸易研究的介绍，李安山对撒哈拉以南非洲古代史研究的介绍，李继东对班图大迁移的研究概述以及张象、周慕红等人对有关非洲研究的介绍。一些重要的著作也被翻译过来，如罗兰·奥里弗和安东尼·阿特莫尔的《1800年以后的非洲》、帕林德的《非洲原始宗教》和理查德的《东非酋长》等著作。

总之，整个20世纪，中国在非洲方面的研究成果是令人难忘的。中国学术界对非洲的态度要远比对其他地方更富同情心，这可能是由于历史上的相似性（都遭受了殖民主义和帝国主义的压迫）和文化上的相连性（都是文明的发源地，都强调集体主义）所致。中国的非洲研究正在逐步由政治取向向学术取向转变。这是一个相当大的改变，它也预示着中国学者未来将会在这一领域做出更多原创性的贡献。这一领域所涉及

---

① 赵国忠等主编：《国际形势黄皮书：中东非洲发展报告》，社会科学文献出版社1998—2001年版；杨光、温伯友主编：《中东非洲发展报告，2001—2002》，社会科学文献出版社2002年版；杨光、温伯友主编：《中东非洲发展报告，2002—2003》，社会科学文献出版社2003年版；杨光主编：《中东非洲发展报告，2003—2004》，社会科学文献出版社2004年版。

② 葛佶主编：《简明非洲百科全书》，中国社会科学出版社2000年版；赵国忠主编：《简明西亚非洲百科全书》，中国社会科学出版社2000年版。

的内容也由窄到宽,从政治领域扩展到其他领域,比如历史、地理、经济、文学、民族研究、文化研究等。研究水平也正在提高,从概览和介绍变为更为具体和详细的研究。人们越来越认识到,在实践工作和学术研究之间应该有更多的接触和交流。政府各部门需要信息、分析和评估,学术界则需要研究资金、推动和反馈。[1] 中国和外部世界之间正在进行更多的学术交流,这无疑会使中国更充分地进入国际学术界。随着中国改革开放的进一步扩大以及个人(或公司)与非洲人民交流的不断增进,非洲对中国人将不再是一块神秘之地。了解非洲这块大陆的要求正在不断上升,这可能会促进中国的非洲研究。

当然也存在着一些问题。非洲研究主要集中在大城市,尤其是北京和上海。从参考书目中我们也可以看出原创性研究很少。大多数著作利用的都是英文著作的二手资料。很少有学者去非洲从事教学或研究工作。至今没有一位中国人类学家或民族学家到非洲做过实地考察,因此根本谈不上对非洲的人类学研究或是任何关于口头传说的研究。目前中国的考古学家主要致力于国内的考古工作,还没有涉及对非洲的考古探索或研究。中国的高校除了培训目的之外,还没有对非洲语言的研究。尽管《西亚非洲》对非洲研究做出了突出的贡献,[2] 但非洲研究组织尚无自己的刊物。中国非洲历史研究会曾经有一本内部流通的刊物,但是发行没有固定时间,而且后来因资金问题停止了发行。研究范围仍然过于宽泛,很少有国别研究或个案研究。在学术界和实践工作之间缺乏沟通,尽管彼此都参加各种会议或研讨会,但二者之间缺乏一种动态的联系。中国学界与国外的交流也非常贫乏。虽然中国的非洲学界取得了一些进步,但还远远不够。此外,中国学者的研究成果很少以外文出版。

---

[1] 在 1997 年 10 月中国非洲史学会年会上,本文作者与云南大学的刘鸿武教授受史学会之托,起草了致江泽民主席的一封信,就加强非洲研究提出了看法。江泽民主席于 1998 年 1 月 26 日在这封有 17 名教授署名的信函上批示:"近年来,我在许多次讲话中都强调了要十分重视非洲的工作。不仅在政治上要引起我们的足够重视,同时在开展经济合作方面也要十分重视,中央国务院有关部门都应支持。"黄泽全:《中非友好合作 50 年》,载北京大学非洲研究中心编《中国与非洲》,北京大学出版社 2000 年版,第 43 页。

[2] 《西亚非洲》杂志是由中国社会科学院西亚非洲所主办的学术刊物。杂志创刊于 1980 年,先是作为内部刊物,1981 年开始在全国范围内发行,1982 年 8 月开始在国内外发行,至今仍是中国学者发表有关非洲文章的主要基地。

中国经济的发展、国力的提升和对外交往的需要无疑会促进对非洲的研究。中国的非洲研究将有一个光明的前途，但是它需要付出更多的努力、艰苦工作和团体协作。

参考文献：

吉佩定主编：《中非友好合作五十年》，世界知识出版社2000年版。

［塞内加尔］迪奥普：《黑非洲政治问题》，萨本雄译，世界知识出版社1961年版。

［埃及］加利：《非洲边界争端》，仓有衡译，商务印书馆1979年版。

［埃及］纳赛尔：《革命哲学》，张一民译，世界知识出版社1956年版。

［荷］戴闻达：《中国人对非洲的发现》，胡国强、覃锦显译，商务印书馆1983年版。

［加纳］恩凯蒂亚：《非洲音乐》，汤亚汀译，人民音乐出版社1982年版。

［加纳］恩克鲁玛：《恩克鲁玛自传》，国际关系研究所翻译组译，世界知识出版社1960年版。

［加纳］恩克鲁玛：《新殖民主义》，北京编译社译，世界知识出版社1966年版。

［美］杜波依斯：《非洲大陆及其居民的历史概述》，秦文允译，世界知识出版社1964年版。

［南非］姆恰利：《罗得西亚：冲突的背景》，史陵山译，商务印书馆1973年版。

［塞内加尔］沃迪斯：《非洲：风暴的根源》，陆启蒙译，世界知识出版社1962年版。

［塞内加尔］沃迪斯：《非洲：睡狮醒了》，齐于等译，世界知识出版社1963年版。

［苏丹］希贝卡：《独立的苏丹》，上海新闻出版系统"五·七"干校翻译组译，上海人民出版社1973年版。

［坦］基曼博、特穆主编：《坦桑尼亚史》，钟丘译，商务印书馆1976年版。

［英］戴维逊：《非洲的觉醒》，施仁译，世界知识出版社1957年版。

［英］戴维逊：《古老非洲的再发现》，屠尔康、葛佶译，三联书店1973年版。

［英］戴维逊：《黑母亲　买卖非洲奴隶的年代》，何瑞丰译，生活·读书·新知三联书店1965年版。

［英］戴维逊：《现代非洲史：对一个新社会的探索》，舒展等译，中国社会科学出版社1989年版。

艾周昌、沐涛：《中非关系史》，华东师范大学出版社1996年版。

艾周昌、舒运国、沐涛、张忠祥：《南非现代化研究》，华东师范大学出版社2000年版。

艾周昌、郑家馨主编：《非洲通史·近代卷》，华东师范大学出版社1995年版。

艾周昌编注：《中非关系史文选（1500—1918）》，华东师范大学出版社1986年版。

艾周昌主编：《非洲黑人文明》，中国社会科学出版社1999年版。

岑仲勉：《自波斯湾头至东非中部之唐人航线》，《东方杂志》41卷18号（1935年5月）。

陈公元：《中非历史上最早的外交关系》，《西亚非洲》1980年第2期。

陈公元：《古代中国与非洲的友好交往》，商务印书馆1985年版。

陈公元主编：《21世纪中非关系发展战略报告》，中国非洲问题研究会，2000年。

陈翰笙主编：《华工出国史料汇编》第九辑《非洲华工》，中华书局1984年版。

陈力编著：《喀麦隆人民反对殖民主义的斗争》，河北人民出版社1959年版。

陈沬编著：《非洲市场组织》，中国大百科全书出版社1995年版。

陈一飞主编：《开拓南非市场：环境与机遇》，中国社会科学出版社1994年版。

陈仲丹：《加纳：寻找现代化的根基》，四川人民出版社2000年版。

陈宗德、吴兆契编著：《撒哈拉以南非洲经济发展战略研究》，北京大学出版社1987年版。

陈宗德、姚桂梅、范志书主编：《非洲各国农业概况》（2），中国财政经济出版社2000年版。

陈宗德、姚桂梅主编：《非洲各国农业概况》（1），中国财政经济出版社2000年版。

《非洲地图集》，中国地图出版社1985年版。

范俑编著：《摩洛哥、突尼斯、阿尔及利亚的民族独立运动》，上海人民出版社1957年版。

冯建伟：《横跨黑非洲》，新华出版社1990年版。

高长荣编选：《非洲戏剧选》，外国文学出版社1983年版。

葛公尚：《非洲的民族主义与部族主义探析》，《西亚非洲》1994年第5期。

葛公尚、曹枫编译：《非洲民族概况》，中国社会科学院民族研究所，1980年。

葛公尚、曹枫编译：《非洲狩猎民族与游牧民族》，中国社会科学院民族研究所，1982年。

葛公尚、李一夫编译：《非洲民族人口与分布》，中国社会科学院民族研究所，1981年。

葛佶：《南非——富饶而多难的土地》，世界知识出版社1994年版。

葛佶、何丽儿、杨立华、孙耀楣：《南部非洲，动乱的根源》，世界知识出版社1989年版。

葛佶主编：《简明非洲百科全书》，中国社会科学出版社2000年版。

顾章义：《第二次世界大战与非洲的觉醒》，《历史研究》1963年第5期。

顾章义：《评非洲"部族"说——兼评斯大林的民族定义》，《中央民族学院学报》1983年第4期。

顾章义：《"部族"还是"民族"？评人们共同体的"部族"说》，《世界民族》1997年第2期。

何芳川、宁骚主编：《非洲通史·古代卷》，华东师范大学出版社1995年版。

何丽儿：《南部非洲的一颗明珠：津巴布韦》，当代世界出版社1995年版。

何秀荣、王秀清、李平主编：《非洲农产品市场和贸易》，中国财政经济出版社2000年版。

洪永红、夏新华：《非洲法导论》，湖南人民出版社2000年版。

黄泽全：《非洲投资指南》，人民日报出版社2003年版。

郇心强：《尼日尔简史》，世界知识出版社1983年版。

黄曾樾：《埃及钩沉》，商务印书馆1940年版。

李安山：《论西非民族知识分子的形成及其发展》，《西亚非洲》1985年第6期。

李安山：《论西非民族知识分子的特点及其在民族独立运动中的作用》，《世界历史》1986年第3期。

李安山：《论中国非洲学中的"部族"问题》，《西亚非洲》1998年第4期。

李安山：《殖民主义统治与农村社会反抗——对殖民时期加纳东部省的研究》，湖南教育出版社1999年版。

李安山：《非洲华侨华人史》，中国华侨出版社2000年版。

李安山：《非洲民族主义研究》，中国国际广播出版社2004年版。

李保平：《黑非洲传统文化的特点》，《北京大学学报》1993年第6期。

李保平：《非洲传统文化与现代化》，北京大学出版社1997年版。

李继东：《论奴隶贸易终止的原因》，《非洲问题参考资料》1983年第7期。

李继东：《国外"班图人迁徙"研究述评》，《西亚非洲资料》1994年第2期。

李继东：《现代化的延误：对独立后的"非洲病"的初步分析》，中国经济出版社1997年版。

梁根成：《美国与非洲》，北京大学出版社1991年版。

梁宇：《非洲艺术》，上海人民美术出版社1991年版。

刘鸿武：《黑非洲文化研究》，华东师范大学出版社1997年版。

刘鸿武：《论当代黑非洲的部族文化整合与国民文化重构》，《西亚非洲》1997年第3期。

刘鸿武：《从部族社会到民族国家》，云南大学出版社1999年版。

陆庭恩：《评戴维·利文斯敦》，《北京大学学报》1981年第5期。

陆庭恩：《非洲与帝国主义》，北京大学出版社1987年版。

陆庭恩：《西方国家的多党制不适合非洲》，《国际社会与经济》1995年第3、4期。

陆庭恩、刘静：《非洲民族主义政党和政党制度》，华东师范大学出版社1997年版。

陆庭恩、彭坤元主编：《非洲通史·现代卷》，华东师范大学出版社1995年版。

陆庭恩主编：《非洲农业发展简史》，中国财政经济出版社2000年版。

罗建国：《非洲民族资产阶级研究》，华东师范大学出版社1996年。

罗科编著：《高举反殖民主义旗帜的埃及》，湖南人民出版社1956年版。

马文宽、孟凡人：《中国古瓷在非洲的发现》，紫禁城出版社1987年版。

孟庆顺编译：《苏联对埃及现代史的研究》，《世界史研究动态》1990年第2期。

缪迅编：《非洲艺术精品集》，天津人民出版社1993年版。

纳忠：《埃及人民反抗拿破仑侵略的斗争与民族的觉醒》，《人文科学杂志》1957年第1期。

纳忠：《埃及近现代简史》，生活·读书·新知三联书店1963年版。

宁骚：《试论当代非洲的部族问题》，《世界历史》1983年第4期。

宁骚主编：《非洲黑人文化》，浙江人民出版社1993年版。

潘光、朱威烈编：《阿拉伯非洲历史文献》，华东师范大学出版社1992年版。

秦晓鹰：《民族资产阶级能不能领导当代民族解放运动？浅析肯尼亚无产阶级和民族资产阶级的典型特点及历史作用》，《世界史研究动态》1980年第2期。

秦晓鹰：《尼日利亚现代民族主义的兴起和特点》，《世界历史》1981年第2期。

任美锷、严钦尚：《苏伊士大运河》，上海道中书局1941年版。

沈福伟：《中国与非洲：中非关系二千年》，商务印书馆1990年版。

舒运国：《非洲人口增长与经济发展研究》，华东师范大学出版社1996年版。

舒运国：《失败的改革——20世纪末撒哈拉以南的非洲国家结构调整评述》，吉林人民出版社2004年版。

苏长荣等编著：《非洲自然地理》，商务印书馆1983年版。

孙毓棠：《汉代的中国与埃及》，《中国史研究》1979年第2期。

谈世中：《反思与发展：非洲经济调整与可持续性》，社会科学文献出版社1998年版。

唐大盾、徐济明、陈公元主编：《非洲社会主义新论》，教育科学出版社1994年版。

唐大盾、张士智、庄慧君、汤平山、赵慧杰：《非洲社会主义：历史·理论·实践》，世界知识出版社1988年版。

唐大盾选编：《泛非主义与非洲统一组织文选，1900—1990》，华东师范大学出版社1995年版。

王春良：《扎伊尔人民争取独立的斗争——兼谈民族资产阶级的历史作用》，《山东师范学院学报》1981年第4期。

温宪：《黑人骄子——曼德拉》，当代世界出版社1995年版。

文云朝主编：《非洲农业资源开发利用》，中国财政经济出版社2000年版。

吴秉真：《从黑夜走向黎明的非洲》，新知识出版社1956年版。

吴秉真：《评当代西方学者对奴隶贸易的一些看法》，《世界历史》1983年第1期。

吴秉真：《非洲奴隶贸易400年始末》，《世界历史》1984年第4期。

吴秉真：《关于奴隶贸易对黑非洲影响问题的探讨》，《西亚非洲》1984年第5期。

吴秉真、高晋元主编：《非洲民族独立简史》，世界知识出版社1993年版。

吴秉真编著：《罪恶的黑奴贸易》，商务印书馆1984年版。

吴休编著：《埃及人民争取独立和平的斗争》，通俗读物出版社1956年版。

吴增田：《黑非洲部族问题研究综述》，《西亚非洲》1996年第5期。

吴兆契：《中国与非洲经济合作的理论与实践》，经济科学出版社1993年版。

吴遵存、谢德风：《阿比西尼亚国》，正中书局1936年版。

夏吉生等著：《当代各国政治体制——南非》，兰州大学出版社1998年版。

夏吉生主编：《南非种族关系探析》，华东师范大学出版社1996年版。

现代国际关系研究所南非问题研究中心编著：《南非——贸易与投资指南》，时事出版社1994年版。

徐济明：《奴隶贸易与早期资本主义的发展》，《世界历史》1983年第1期。

徐济明：《奴隶贸易是造成非洲落后的重要原因》，《西亚非洲》1983年第4期。

徐济明、谈世中主编：《当代非洲政治变革》，经济科学出版社1998年版。

许永璋：《"二十四史"中记载的非洲》，《河南大学学报》1984年第4期。

许永璋：《古代中非关系史若干问题探讨》，《西亚非洲》1993年第5期。

言金:《阿尔及利亚人民的民族解放斗争》,世界知识出版社1958年版。

杨德贞、苏泽玉:《非洲市场经济体制》,兰州大学出版社1994年版。

杨光、温伯友主编:《中东非洲发展报告,2001—2002》,社会科学文献出版社2002年版。

杨光、温伯友主编:《中东非洲发展报告,2002—2003》,社会科学文献出版社2003年版。

杨光主编:《中东非洲发展报告,2003—2004》,社会科学文献出版社2004年版。

杨灏城:《埃及近代史》,中国社会科学出版社1985年版。

杨灏城:《纳赛尔和萨达特时代的埃及》,商务印书馆1997年版。

杨灏城:《从埃及穆斯林兄弟会看伊斯兰原教旨主义与世俗主义的关系》,《西亚非洲》1998年第5期。

杨立华:《曼德拉——南非民族团结之父》,长春出版社1995年版。

杨立华编译:《南非黑人领袖纳尔逊·曼德拉》,社会科学文献出版社1988年版。

杨立华等:《正在发生划时代变革的国度:南非政治经济的发展》,社会科学文献出版社1994年版。

杨人楩:《非洲通史简编》,人民出版社1984年版。

杨荣甲:《在神秘的酋长王国里》,时事出版社1989年版。

曾尊固等编著:《非洲农业地理》,商务印书馆1983年版。

张宏明:《论黑非洲国家部族问题和部族主义的历史渊源》,《西亚非洲》1995年第5期。

张宏明:《多维视野中的非洲政治发展》,社会科学文献出版社1999年版。

张俊彦:《古代中国与西亚、非洲的海上往来》,海洋出版社1986年版。

张谦让:《英布战争》,商务印书馆1986年版。

张荣生:《非洲雕刻》,上海人民美术出版社1986年版。

张荣生:《非洲黑人艺术》,人民美术出版社1988年版。

张荣生编译:《非洲岩石艺术》,上海人民美术出版社1982年版。

张铁生:《中非交通史初探》,生活·读书·新知三联书店1965年版。

张同铸等著:《非洲石油地理》,商务印书馆1991年版。

张同铸主编:《非洲经济社会发展战略研究》,人民出版社1992年版。

张象:《古代中国与非洲交往的四次高潮》,《南开史学》1987年第2期。

张象:《古代中非关系研究中的几个问题》,《西亚非洲》1993年第5期。

张象:《非洲学者注重环境问题——记加纳的一次国际学术讨论会》,《中国非洲问题研究通讯》1994年总26期。

张象主编:《彩虹之邦新南非》,当代世界出版社1998年版。

张星烺:《中西交通史料汇编》,辅仁大学,1930年。

张毓熙编:《非洲问题研究中文文献目录,1982—1989》,北京大学亚非研究所、中国非洲史研究会、中国非洲问题研究会,1990年。

张毓熙编:《非洲问题研究中文文献目录,1990—1996》,中国社会科学院西亚非洲所、北京大学亚非研究所、中国非洲史研究会,1997年。

赵国忠等:《国际形势黄皮书:中东非洲发展报告》,社会科学文献出版社1998—2001年。

赵国忠主编:《简明西亚非洲百科全书》,中国社会科学出版社2000年版。

赵淑慧:《扎伊尔简史》,商务印书馆1981年版。

郑家馨主编:《殖民主义史·非洲卷》,北京大学出版社2000年版。

中国非洲史研究会《非洲通史》编写组编:《非洲通史》,北京师范大学出版社1984年版。

中国非洲史研究会编:《非洲史论文集》,生活·读书·新知三联书店1982年版。

中国非洲问题研究会:《非洲经济发展战略》,时事出版社1986年版。

中华人民共和国外交部、中共中央文献研究室编:《毛泽东文选》,中央文献出版社、世界知识出版社1994年版。

Brose, Michael C. (2002), "Book Review: *A History of Chinese Overseas in Africa*", *Canadian Journal of African Studies*, Vol. 36, No. 1, 2002, pp. 157 – 159.

De Bary, Wm. Theodore, Wing-Tsit Chan and Chester Tan, compiled (1960), *Sources of Chinese Tradition*, Vol. 2, Columbia University Press, 1960.

Duyvendak, J. J. L. (1947), *China' Discovery of Africa*, Stephen Austin and Sons, 1947.

Filesi, Teobaldo (1972), *China and Africa in the Middle Ages*, translated by David L. Morison, London: Frank Cass.

Gao Jinyuan (高晋元) (1984), "China and Africa: The Development of Relations over Many Centuries", *African Affairs*, 83: 331 (April 1984).

Gao, James (2001), "Book Review: *A History of Chinese Overseas in Africa*", *African Studies Review*, Vol. 44, No. 1, pp. 164 – 165.

Ge Jie (葛佶) (1997), "China", in John Middleton, ed., *Encyclopedia of Africa, South of the Sahara*, Vol. 4, Charles Scribner's Sons.

He Fangchuan (何芳川) (1987), "The Relationship between China and African History", *UCLA African Studies Center Newsletter*, 1987 Fall.

Hutchison, Alan (1975), *China's African Revolution*, London: Hutchinson, 1975.

Ibn Battuta (1929), *Ibn Battuta Travels in Asia and Africa* 1325 – 1354, Translated and selected by H. A. R. Gibb, London: George Routledge & Sons.

Li Anshan (李安山) (1994), "Book Review of *African Eldorado: Gold Coast to Ghana*", *The Journal of Modern African Studies*, Vol. 32, No. 3, pp. 539 – 541.

Li Anshan (李安山) (1995), "Asafo and Destoolment in Colonial Southern Ghana" *The International Journal of African Historical Studies*, Vol. 28, No. 2, pp. 327 – 357.

Li Anshan (李安山) (1996), "Abirewa: A Religious Movement in the Gold Coast, 1906 – 8", *The Journal of Religious History*, Vol. 20, No. 1, pp. 32 – 52.

Li Anshan (李安山) (2002), *British Rule and Rural Protest in Southern Ghana*, New York: Peter Lang.

Snow, Philip (1988), *The Star Raft: China's Encounter with Africa*, London: Weidenfeld and Nicolson.

Yap, Melanie and Dianne Leong Man (1996), *Colour, Confusion and Concessions: The History of the Chinese in South Africa*, Hong Kong: Hong Kong University Press.

(原载《国际政治研究》2006 年第 4 期,
http://www.ixueshu.com/document/c761a2880f32f53e.html)

中非关系研究三十年[*]

内容提要：本文发表于 2009 年，后来翻译成英文出版 (2017)。主要涉及 1979—2009 年中国学者对中非关系的研究。除了对历史上有关文献进行了梳理外，还将 30 年来中国学者对中非关系的研究概况进行了综述，分为以下部分：中非关系研究的肇始、30 年的研究成果、参考资料、非正式出版物和研究机构的作为。笔者认为，中国学者对古代中非交通史和近代中非关系（包括非洲华侨华人史）的研究比较突出。在当代中非关系问题上，由于近年来中非合作发展迅速，国际上的反应比较强烈，中国学者面临的挑战也不同寻常。然而，这方面的研究虽然较多，但在质量上有待提高。随着中非关系的不断拓展，中国学者对中非关系的研究也将大大加强。

中非关系研究的肇始

早在汉朝以前，中国与埃及即存在文化交流。[①] 杜环可能是首位留下

---

[*] 本文原标题为《中非关系研究三十年概论》，《西亚非洲》2009 年第 4 期，后来译成英文出版，参见 Li Anshan, "The Study of China-Africa Relations in China: A Historiographical Survey", *World History Studies*, 4: 2 (2017), 稍有删改增补。这是国家社科基金项目"非洲—中国合作机制的可持续发展研究"（07BGJ015）的阶段性研究成果。

① 《三千年前埃及已用中国丝绸》，《人民日报》1993 年 4 月 2 日；孙毓棠：《汉代的中国与埃及》，《中国史研究》1979 年第 2 期。

有关非洲文字记载的中国人。① 早期典籍提及非洲的还有唐段成式的《酉阳杂俎》、宋周去非的《岭外代答》和赵汝适的《诸蕃志》、元汪大渊的《岛夷志略》等。明朝随郑和远洋的费信的《星槎胜览》、马欢的《瀛涯胜览》和巩珍的《西洋番国志》均提及非洲。对非洲的记载虽不断增加，但或为道听途说，或限于表面。清代后期，西风东渐，中国人开始走出国门。樊守义于1707年随传教士艾逊爵赴欧，留下的《身见录》记有南非情况。谢清高在《海录》中记载了毛里求斯的情况。传教士带来的地理知识冲击着以中国为中心的观念，有识之士开始收集信息。林则徐的《四洲志》介绍世界地理人文，涉及非洲国家、城市和民族。虽然他成为政府的替罪羊，但他的资料却使魏源得以编纂《海国图志》。此书作为中西关系的里程碑，"标志着向有知识者展示外部世界真实图画的第一次系统尝试"。② 颇具讽刺意味的是，此书在中国朝廷无人问津，却受到日本政府的重视。徐继畬在《瀛寰志略》中描述了非洲不同地区及西印度洋岛屿。有学者认为，丁廉和巴仲和可能是亲临非洲内陆的首批中国人，俩人曾于1877年陪同丹麦人访问东非，在《三洲游记》中详细记载了东非内陆的政情民风。然而，研究表明，这份游记实际是经过小说家改造的翻译之作。③ 19世纪末，埃及的厄运和南非的抗英斗争引起了中国志士仁人的同情和关注，激发了他们的危机感，从而为辛亥革命做了准备。④

民国时期，中国学者继续探讨中非关系。张星烺在1930年即得出中非交往源远流长的结论。他将古代典籍爬梳整理编成汉唐、宋元明代中国与非洲之交往各章。他对典籍的疑难之处进行详细注释，留下难得的史料汇编。⑤ 岑仲勉1935年发表的唐朝中非交往的文章列举了波斯

---

① 杜环在751年的怛逻斯河战役中被大食人所俘。他后来从海路回国，所著《经行记》有"摩邻国"一节。学者多认为摩邻地处非洲，具体地点有马格里布、毛里塔尼亚、利比亚、摩洛哥、马林迪、曼迪、麦罗埃、阿克苏姆之说。李安山：《非洲华侨华人史》，华侨华人出版社2000年版，第49—50页。

② Wm. Theodore De Bary, Wing-Tsit Chan and Chester Tan, compiled, *Sources of Chinese Tradition*, Vol. 2, Columbia University Press, 1960, p. 10.

③ 张治：《"引小说入游记"：〈三洲游记〉的迻译与作伪》，《中国现代文学研究丛刊》2007年第1期，第150—162页。

④ 李安山：《非洲华侨华人史》，中国华侨出版社2000年版，第76、211—241页。

⑤ 张星烺编注、朱杰勤校订：《中西交通史料汇编》第2册第2编，中华书局1977年版，第5—115页。

湾至东非的航线。① 中非关系研究的另一个方面是介绍西方学者的有关论著，冯承钧贡献卓著。他从 1934 年开始翻译伯希和（P. Pelliot）和费琅（G. Fernand）等法国汉学家发表在《通报》（T'oung Pao）和《亚洲学报》（Journal Asiatique）等学术刊物上的有关著述，其中包括中非关系方面的论文。② 1949 年以后，学者仍在寻找早期中非关系的证据。③ 一些学者（如向达先生）有志于研究中非关系史，但未能如愿。④ 张铁生的《中非关系史初探》是中国学者第一部研究中非关系的著述，涵盖中国与东非、北非的海上交通史。虽然只是论文集，但这一著述为后人研究打下基础。⑤ 也有学者论及国别之间友好关系。⑥ 尽管中国学者对中非关系史的研究早于外国学者，但由于这些研究较为零散，同时对外交流甚少，国际学术界更熟悉戴闻达、费勒西和菲利普·斯诺等名字。⑦

30 年的主要成果

中非关系源远流长，但对非洲较为系统的研究则是始于改革开放。⑧ 改革开放促进了中国学术的繁荣，也促进了中非关系的研究。其中 1979 年的两项研究颇具代表性，都是以考古资料和古代典籍为基础的。⑨ 30 年

---

① 岑仲勉：《自波斯湾头至东非中部之唐人航线》，《东方杂志》1935 年第 41 卷第 18 期。

② 如"《瀛涯胜览》中之麒麟"、"犁靬为埃及亚历山大城说"等。冯承钧译：《西域南海史地考证译丛》，商务印书馆 1962 年版，第一编，第 110—113 页；第七编，第 34—35 页。《小方壶斋舆地丛抄》有 7 篇关于非洲的译作。

③ 夏鼐：《作为古代中非交通证据的瓷器》，《文物》1963 年第 1 期，第 15—19 页。

④ 阎文儒、陈玉龙编：《向达先生纪念论文集》，新疆人民出版社 1986 年版，第 20—45 页。

⑤ 张铁生：《中非交通史初探》，生活·读书·新知三联书店 1965 年版。

⑥ 马坚：《中埃两国人民的传统友谊关系》，《新华月报》1955 年第 6 期；李希泌：《从非洲最早来中国的旅行家之一——伊本·拔图塔》，《文史哲》1964 年第 2 期。

⑦ J. J. L. Duyvendak, *China's Discovery of Africa*, Stephen Austin and Sons, 1947; Teobaldo Filesi, *China and Africa in the Middle Ages*, London: Frank Cass, 1972; Philip Snow, *The Star Raft: China's Encounter with Africa*, London: Weidenfeld and Nicolson, 1988.

⑧ 参见李安山《20 世纪的中国非洲研究》，《国际政治研究》2006 年第 4 期。

⑨ 杜葆仁：《从西安唐墓出土的非洲黑人陶俑谈起》，《文物》1979 年第 6 期；孙毓棠：《汉代的中国与埃及》，《中国史研究》1979 年第 2 期。

来，涉及中非古代关系研究的学者有唐锡仁、张象、朱凡诸先生。① 孙毓棠曾对隋唐的中非关系有所研究，但成果生前未发表。② 张俊彦研究了14—20世纪初中国与西亚非洲的海上交往，并涉及杜环著作中的非洲地名。关于"摩邻"的位置，学者看法不同，近来有学者认为它在西非。③ 张俊彦支持"摩洛哥"说，其理由是杜环提到摩邻位于秋萨罗即卡斯蒂利亚西南；抵达摩邻穿过的大沙漠即利比亚和阿尔及利亚周围沙漠；唐朝著作提到"摩邻"及摩洛哥东部邻国。④ 马文宽和孟凡人用大量考古资料对非洲出土的中国古瓷进行了探讨，批驳了过分贬低中国海运能力的观点，揭示了中非关系史的重要一页。⑤ 李新烽利用派驻非洲的便利，对郑和非洲之航线及当地遗迹进行实地考察后写出了自己的著作。⑥

对古代中非关系研究较为突出者有陈公元、许永璋和沈福伟三位。陈先生从1980年开始，发表相关论文，其著作以小丛书形式出版，贯穿中非交往史。⑦ 许先生80年代初发表的论文对中非早期交往和二十四史中记载的非洲进行了考证和研究。⑧ 近年出版的论文集收入了他发表的有关中非关系的论文20余篇。⑨ 沈先生1983年即开始发表有关论文。⑩ 他的著作首次详细研究了中非政治、经济和文化交往史，时间跨度大，涉及

---

① 唐锡仁：《我国史籍关于非洲部分地区的记载和认识》，《世界地理集刊》1981年第2期，第60—63页；朱凡：《中国文物在非洲的发现》，《西亚非洲》1986年第4期；朱凡：《郑和在非洲的活动》，《暨南大学研究生学报》1986年第1期；张象：《古代中国与非洲交往的四次高潮》，《南开史学》1987年第2期；张象：《古代中非关系研究中的几个问题》，《西亚非洲》1993年第5期。

② 孙毓棠：《隋唐时期的中非交通关系》，《孙毓棠学术论文集》，中华书局1995年版，第436—449页。

③ 王颋：《摩邻：中国中世纪关于西非洲的记载》，《中国史研究》2001年第1期。

④ 张俊彦：《古代中国与西亚、非洲的海上往来》，海洋出版社1986年版。多数学者赞成这一观点。

⑤ 马文宽、孟凡人：《中国古瓷在非洲的发现》，紫禁城出版社1987年版。

⑥ 李新烽：《记者调查：非洲踏寻郑和路》，晨光出版社2005年版。

⑦ 陈公元：《中非历史上最早的外交关系》，《西亚非洲》1980年第2期；陈公元：《古代中国与非洲的友好交往》，商务印书馆1985年版。

⑧ 许永璋：《古代到过非洲的中国人》，《今昔谈》1982年第6期；许永璋：《古代到过中国的非洲人》，《史学月刊》1983年第6期；许永璋：《"二十四史"中记载的非洲》，《河南大学学报》1984年第4期。

⑨ 许永璋：《中国与亚非国家关系史论考》，香港社会科学出版社有限公司2004年版。

⑩ 沈福伟：《中国和非洲国家最早建立的外交关系》，《海交史研究》1984年第6期。

范围广。很多学者认为中国与埃及交往有很长历史，但与撒哈拉以南非洲交往较晚。沈福伟认为中国与撒哈拉以南非洲的直接交往始于汉朝；抵达中国的首个黑非洲使团来自埃塞俄比亚港口城市阿杜利斯（位于今厄立特里亚），于公元100年到达洛阳；埃塞俄比亚是首个与中国建立外交关系的非洲国家。他认为，杜环提到的"摩邻国不过是阿克苏姆的别称"[①]。

对近代中非关系研究贡献卓著者为艾周昌先生。他指导的研究生论文多专注于近代中非关系的研究。有学者认为15世纪至20世纪50年代中非关系一直处于隔绝状态，即中非关系中断了500年。[②] 艾先生通过综合近代中非关系的其他史料，纠正了中非关系长期停滞的观点。[③] 他指出，中非早在公元前2世纪到公元6世纪就通过"丝绸之路"进行交往，中国文化的西传以及埃及技术的东传，"都归功于这条'丝绸之路'"。[④] 该书的主要贡献是对近代中非关系史的研究，并首次对当代中非交往关系进行了梳理。他还著文剖析了民国时期的中非关系。[⑤] 中非近代关系史的一个重要内容是华工与华侨。张芝联先生最早研究清末南非金矿华工的待遇。[⑥] 20世纪80年代初，艾周昌、许永璋、彭家礼、徐艺圃等人均论及非洲华工。[⑦]《非洲华侨华人史》利用非洲华人在当地出版的多种报纸杂志等原始资料，分析了非洲华人的起源、适应和融合。在"20世纪中国世界史研究"学术研讨会的主题发言中，中国史学会副会长齐世荣教授称此书为"填补空白之作"。该书的出版引起了国际学术界的关注，法国国际广播电台报道了这一新闻，美国和加拿大非洲学会的杂志分别

[①] 沈福伟：《中国与非洲：中非关系二千年》，商务印书馆1990年版，第72—73、227页；沈福伟：《十四世纪至十五世纪中国帆船的非洲航程》，《历史研究》2005年第6期。

[②] Alan Hutchison, *China's African Revolution*, London: Hutchinson, 1975, p. 2.

[③] 艾周昌编注：《中非关系史文选（1500—1918）》，华东师范大学出版社1986年版。

[④] 艾周昌、沐涛：《中非关系史》，华东师范大学出版社1996年版，第24页。

[⑤] 艾周昌：《民国时期的中非关系（1911—1949）》，《北大史学》1993年第1辑。

[⑥] 张芝联：《1904—1910年南非英属德兰斯瓦尔招用华工事件的真相》，《北京大学学报》1956年第3期。

[⑦] 艾周昌：《近代华工在南非》，《历史研究》1981年第6期；许永璋：《近现代时期南非的华工与华侨》，《山西大学学报》1982年第3期；彭家礼：《清末英国为南非金矿招募华工始末》，《历史研究》1983年第3期；徐艺圃：《清末英属南招工案初探》，《文献》1984年第22期。

对该书进行评论。① 作者指出: "中国人移民非洲的人数将大大增加。"② 这一判断已应验。

陆庭恩和汪勤梅注重当代中非关系的研究。陆先生的《非洲问题论集》汇集了他多年发表的论文,包括有关中非关系的 7 篇论文。作者认为,亚非会议为中非关系的发展"开辟了广阔的前景";周总理首次访非为我国在非洲树立了和平友好的形象,他提出的对阿拉伯国家和非洲国家的五项原则和中国对外援助八项原则的影响远远超出此次访问的国家;中国援助坦赞铁路工程是同西方一些国家进行了历经两年多时间的尖锐斗争才确定下来的一场"特殊形式的政治斗争"。③ 汪勤梅一直致力于当代中非关系的研究,从 1994 年至今发文论述中国三代领导人与非洲的关系、中非经贸合作以及中非关系的历史与现状。④ 黄泽全也在中非经济合作、文化交流和对非投资方面发表了大量文章和著述。⑤ 此外,一些长期从事非洲研究的学者也发表文章论述中非关系。⑥

中国学者合编的《非洲通史》均有专门章节论及中非关系。古代卷第 12 章关于"中非交通的开辟是以丝绸为媒介"的观点颇有价值;但"公元 6 世纪以后是中非关系的大发展时期"的论断言过其实。⑦ 近代卷

---

① James Gao, "Book Review: *A History of Chinese Overseas in Africa*", *African Studies Review*, 44: 1 (2001), pp. 164 – 165; Michael C. Brose, "Book Review: *A History of Chinese Overseas in Africa*", *Canadian Journal of African Studies*, 36: 1 (2002), pp. 157 – 159.

② 李安山:《非洲华侨华人史》,中国华侨出版社 2000 年版,第 513—514 页。

③ 陆庭恩:《非洲问题论集》,世界知识出版社 2006 年版,第 543—624 页。

④ 汪勤梅:《毛泽东与中非关系》,《外交学院学报》1996 年第 4 期;汪勤梅:《中非经贸合作飞跃发展的 20 年》,《西亚非洲》1998 年第 5 期;汪勤梅:《从中非关系的视角观察中美关系》,《亚非发展研究》1999 年第 22 期。目前他正在撰写有关中非关系的著作。

⑤ 黄泽全:《中非经济合作与文化交流》,《西亚非洲》1992 年第 3 期;黄泽全:《开拓中非合作新思路》,《国际经济合作》2002 年第 2 期;黄泽全:《非洲投资指南》,人民日报出版社 2003 年版。

⑥ 郑家馨:《17 世纪至 20 世纪中叶中国与南非的关系》,《西亚非洲》1999 年第 5 期;夏吉生:《中非合作与非洲脱贫》,《西亚非洲》2006 年第 5 期;曾强:《南非将与中国建交的原因初析》,《西亚非洲》1997 年第 3 期;张宏明:《面向 21 世纪的中非政治合作》,《西亚非洲》2000 年第 5 期;李力清:《中国与黑非洲政党交往的历史与现状》,《西亚非洲》2006 年第 3 期;余建华:《非洲油气开发与中非合作》,《西亚非洲》2006 年第 8 期;张忠祥:《中非合作模式及其影响》,《国际问题论坛》2008 年夏季号。

⑦ 何芳川、宁骚主编:《非洲通史·古代卷》,华东师范大学出版社 1996 年版,第 474、480 页。

的作者论述了中非贸易的扩展、澳门黑奴的认定、华奴到华工、游记的辑录、官方关系及反殖斗争的相互支持等方面，并认为近代中非官方关系与古代不同：古代的双方关系是独立国家之间的平等友好关系，近代双方则处于殖民者的控制之下。[1] 现代卷记述了新中国成立初期、万隆会议、周总理访非、20世纪70—80年代中非关系，探讨了1982年时任总理访非时提出四项原则后中非合作新方式（如合资企业、承包工程、劳务合作、管理合作等），认为中非之间开展多种形式的互利合作不仅可能，而且"将具有强大的生命力"。[2]

20世纪90年代以来，中非关系迅速扩展。中非关系的研究逐渐从历史文化转到经贸投资、技术合作和对外援助方面。以三本《非洲问题研究中文文献目录》中"非洲与中国"分类中收入的文章为例。1982—1989年有文章58篇，涉及经贸合作和援助的有11篇。[3] 1990—1996年的56篇中26篇有关中非经贸与援非。[4] 1997—2005年的文章增至270篇，200篇以上有关经贸合作及援助，如考察报告、市场分析、投资建议。[5] 吴兆契主编的著作探讨中非经济合作的背景、回顾与前景，附有大事记。[6] 陈一飞的著作分析了南非经济，并为中国企业的投资提供了参考意见。[7] 李智彪主编的著作以非洲区域经济一体化为背景，从中非产业结构的互补性切入，探讨中国企业开发非洲资源、贸易、金融和投资市场前景，并就如何规避贸易和投资风险提出建议。[8] 傅政罗从80年代初即开

---

[1] 艾周昌、郑家馨主编：《非洲通史·近代卷》，华东师范大学出版社1996年版，第989页。

[2] 陆庭恩、彭坤元主编：《非洲通史·现代卷》，华东师范大学出版社1996年版，第691—692页。四项原则指中非经济技术合作要做到"平等互利、形式多样、讲求实效、共同发展"。

[3] 张毓熙编：《非洲问题研究中文文献目录，1982—1989》，北京大学亚非研究所、中国非洲史研究会、中国非洲问题研究会，1990年，第23—25页。

[4] 张毓熙编：《非洲问题研究中文文献目录，1990—1996》，中国社会科学院西亚非洲所、北京大学亚非研究所、中国非洲史研究会，1997年，第39—42页。此目录增加了"中非关系史"分类。

[5] 成红、赵苹编：《非洲问题研究中文文献目录，1997—2005》，中国社会科学院西亚非洲所、中国非洲史研究会、北京大学亚非研究所，2006年，第47—63页。

[6] 吴兆契主编：《中国和非洲经济合作的理论与实践》，经济科学出版社1993年版。

[7] 陈一飞：《开拓南非市场：环境与机遇》，中国社会科学出版社1994年版。

[8] 李智彪主编：《非洲经济圈与中国企业》，北京出版社2001年版。

始关注中非经贸关系，著述甚多，近年来仍笔耕不辍。[1] 此外，齐宝强、查道炯、宋志勇、姚桂梅、安春英、郭淑红对中非经贸关系、中国在非洲的石油利益、中非贸易摩擦、石油合作、经济合作、林业合作等问题阐述了自己的观点。[2] 中国国际问题研究所（后改为中国国际问题研究院）编的投资指南为中国企业进入非洲提供了资料。[3]

中非合作论坛召开之前，北大非洲研究中心出版了《中国与非洲》，收入22篇论文，首次涉及"文化大革命"时期中非关系的起伏、80年代初期中国对非政策的调整、清朝对非洲华侨政策、中印对非关系之比较等问题，还收有涉及中非关系的参考书目。[4] 中非峰会前夕，《中国与非洲国家教育合作与交流》叙述了中非教育合作的历程、成果及展望。[5]《同心若金》是纪念中非友好50周年的论文集，收录了官员、学者、记者的26篇文章，涉及双方领导人与中非关系以及双方在政治、经济和多领域的交流合作。[6]《"走非洲，求发展"论文集》分为乡村发展、中非贸易合作与投资环境及传统文化与非洲旅游3个专题，涉及中国与非洲在农业、能源、贸易、投资和旅游等方面的合作。[7]

近年来，中非合作的迅速发展使国外日益关注中非关系。在中国从非洲进口能源、中非经贸合作对非洲的影响、中国在非洲危机（苏丹、津巴布韦等）中的作用等问题上，中国学者遇到的挑战前所未有。贺文萍一直关注中非关系的发展，并经常就中非合作提出建设性意见；她指

---

[1] 傅政罗、吴克难：《我同非洲国家经济贸易简况和发展前景》，《外贸调研》1984年第7期；傅政罗：《拓展中非经贸合作的新机遇》，《西亚非洲》2006年第8期。

[2] 齐宝强：《新时期中非经贸合作关系的发展》，《国际经济合作》2003年第12期；郭淑红：《中非林业合作现状、基础与前景》，《国际经济合作》2005年第6期；查道炯：《中国在非洲的石油利益：国际政治课题》，《国际政治研究》2006年第4期；宋志勇：《论中非贸易摩擦》，《西亚非洲》2006年第8期；姚桂梅：《中国与非洲的石油合作》，《国际石油合作》2006年第11期；安春英：《中国与安哥拉经济合作的利弊分析》，《西亚非洲》2008年第5期。

[3] 例如朱重贵、曾强主编《南非经济：贸易与投资指南》，时事出版社1994年版。

[4] 陆庭恩、马锐敏主编：《中国与非洲》，北京大学出版社2000年版。

[5]《中非教育合作与交流》编写组：《中国与非洲国家教育合作与交流》，北京大学出版社2005年版。

[6] 陆苗耕、黄舍骄、林怡主编：《同心若金——中非友好关系的辉煌历程》，世界知识出版社2006年版。

[7] 周光宏、姜忠尽主编：《"走非洲，求发展"论文集》，四川出版集团/四川人民出版社2008年版。

出达尔富尔问题之所以升级为国际化和政治化的议题,主要源于该地区局势趋于恶化、卢旺达种族大屠杀的警示作用及美国的高调介入,认为中国用对话谈判、发展与合作的方式解决冲突的做法恰当。① 舒运国指出中非经贸关系具有四个特点:历史悠久、政治关系提供稳固基础、平等互利原则和巨大发展潜力,认为中非产业结构的趋同性和贸易不平衡性、企业某些违反经济活动规则的行为和非洲投资环境的制约将影响中非经贸关系的发展,中国应调整贸易结构,加强对企业的指导,改善投资环境以认真应对。② 刘鸿武将中非合作放在亚非合作和人类历史的框架中进行分析,他认为在西方主导的旧有世界体系中被边缘化的非洲却在中国外交领域一直占据着核心位置;中非关系的发展将为构建一个繁荣、公正、和谐的国际社会起到重要作用。③ 刘海方、刘乃亚、王洪一、张永蓬、顾建新、姜鸿昆和罗建波及袁武等中青年学者在人力资源合作、中非关系研究、"中国威胁"论、中国对非战略、国际教育援非对中国的启示、达尔富尔问题与中国立场以及中国在非洲冲突中的作用等问题发表了自己的观点。④ 李安山将中非关系置于全球化与中国崛起的语境中进行分析。他认为,中国对非政策经历了三重转变,即意识形态从强调到弱化、交流领域从单一到多元、合作性质从注重援助到合作双赢;中非关系主要表现为首脑外交、平等观念、互利双赢和规范机制等四个特点,

---

① 贺文萍:《关于加强中非全方位合作的若干思考》,《西亚非洲》2006 年第 8 期;贺文萍:《苏丹达尔富尔问题与中国的作用》,《西亚非洲》2007 年第 11 期。
② 舒运国:《论中非经贸关系》,《上海师范大学学报》(哲学社会科学版) 2007 年第 2 期;舒运国:《中非经贸关系:挑战与对策》,《上海师范大学学报》(哲学社会科学版) 2008 年第 5 期。
③ 刘鸿武:《论中非新型战略伙伴关系的时代价值与世界意义》,《外交评论》2007 年第 1 期;刘鸿武:《中非关系 30 年:撬动中国与外部世界关系结构的支点》,《世界经济与政治》2008 年第 11 期。
④ 刘乃亚:《全球化进程中的中非人力资源合作》,《西亚非洲》2002 年第 5 期;张永蓬:《论新国际环境与制定中国对非洲战略》,《西亚非洲》2005 年第 1 期;王洪一:《试论"中国威胁论"》,《西亚非洲》2006 年第 8 期;顾建新:《国际援助非洲教育发展及对我国的启示》,《西亚非洲》2008 年第 3 期;姜恒昆、罗建波:《达尔富尔问题的政治解决进程及对中国外交的启示》,《西亚非洲》2008 年第 3 期;刘海方:《跨越分野——开放社会科学视野下的中非关系研究》,《世界经济与政治》2008 年第 9 期;袁武:《试论中国在非洲内部冲突处理中的作用》,《西亚非洲》2008 年第 10 期。

然而却面临多重挑战。① 罗建波提出非洲一体化与中非关系这一课题,认为政治、经贸和教育是中非合作的三大支柱,非洲一体化促使中国将对非多边外交提上日程。② 这批有关中非关系的著述最大的特点是针对性强,现实意义突出;但由于重点是应对西方的指责,论战性质明显,因而资料有欠扎实、论证不够深入、理论不够成熟。

随着中非合作的升温,中外学术杂志近年多次发表"中非关系"专刊。《国际政治研究》2006年第4期主题讨论"中非关系——历史与现实"发表相关文章10篇。除国内学者外,非洲学者克瓦西·普拉和吉尤姆·穆穆尼、英国学者肯尼斯·金和美国学者斯蒂思从不同角度发表了对民族主义、中非关系、教育合作和中美对非政策的看法。《西亚非洲》2006年第8期开设了"辨析中非关系的实质"的专栏,从7个方面剖析了中非关系。《世界经济与政治》2008年9月号也发表了关于中非关系的多篇文章,其中南非的马丁·戴维斯和尼日利亚的西里尔·奥比从非洲人的角度探讨了中国对非援助政策和中国公司在非洲的石油投资等问题。此外,外文刊物也出现了中非关系的专号,例如《南非国际研究杂志》2006年夏秋季号是"中国在非洲"专号,来自中国、非洲及英、美及欧盟的学者的10篇文章从多方面探讨中非关系;《中国安全》2007年夏季号主题为"中国在非洲的崛起",意大利的《非洲与东方》杂志也在2008年发表了"中国与非洲"专号。

中国学者用外文发表文章的机会甚少。高晋元1984年首次向国际学界论述了中非关系史,何芳川在1987年论及中非关系的历史轨迹。③ 李安山回国后发表了多篇有关加纳史的论文和书评,他关于加纳农村社会

---

① 李安山:《论中国对非政策的调适与转变》,《西亚非洲》2006年第8期;李安山:《论"中国崛起"语境中的中非关系——兼评国外的三种观点》,《世界经济与政治》2006年第11期;李安山:《全球化视野中的非洲:发展、援助与合作——兼谈中非合作中的几个问题》,《西亚非洲》2007年第7期;李安山:《为中国正名——中国的非洲战略与国家形象》,《世界经济与政治》2008年第4期。

② 罗建波:《非洲一体化与中非关系》,社会科学文献出版社2007年版,第276—329页。

③ Gao Jinyuan, "China and Africa: The Development of Relations over Many Centuries", *African Affairs*, 83: 331 (1984); He Fangchuan, "The Relationship between China and African History", *UCLA African Studies Center Newsletter*, 1987 Fall.

反抗的英文专著也在国外产生一定影响。① 葛佶有关中国非洲研究的条目虽不长,却使国际学界对中国的研究有所了解。② 洪永红在南非发表了有关中国非洲研究的文章。③ 令人鼓舞的是,近年来,中国学者用外文发表的文章日益增多。李安山在美国《非洲研究评论》上撰文将20世纪中国非洲研究分为感受非洲、支持非洲、了解非洲和研究非洲四阶段,并分析了中国学者在非洲研究方面的长处和弱点。④ 国外学者主编的论文集开始出现安永玉、贺文萍、徐伟忠、洪永红、李保平、张永蓬、李智彪、安春英、王锁劳、李安山等人的文章,多是关于中非关系和中国非洲研究。⑤ 杨立华、贺文萍、刘海方、李安山在杂志上发表有关中非关系的文章;⑥

---

① Li Anshan, "Book Review of *African Eldorado*: *Gold Coast to Ghana*", *The Journal of Modern African Studies*, 32: 3 (1994); Li Anshan, "Asafo and Destoolment in Colonial Southern Ghana" *The International Journal of African Historical Studies*, 28: 2 (1995); Li Anshan, "Abirewa: A Religious Movement in the Gold Coast, 1906-8", *The Journal of Religious History*, 20: 1 (1996). Li Anshan, *British Rule and Rural Protest in Southern Ghana*, Peter Lang, 2002.

② Ge Jie, "China", in John Middleton, ed., *Encyclopedia of Africa, South of the Sahara*, Vol. 4, Charles Scribner's Sons, 1997.

③ Hong Yonghong, "African Studies in China", *Tinabantu*: *Journal of African National Affairs*, 2: 1 (May 2004).

④ Li Anshan, "African Studies in China in the Twentieth Century: A Historiographical Survey", in *African Studies Review*, 48: 1 (2005).

⑤ Kwesi Prah, ed., *Afro-Chinese Relations*: *Past, Present and the Future*, Cape Town, 2007; Paul Tiyambe Zeleza, ed., *The Study of Africa, Global and Transnational Engagements*, Dakar: DODESRIA, 2007; Paul Moorcraft, ed., *Symposium on Chinese-Sudanese Relations*, London: Centre for Foreign Policy Analysis, 2008; Chris Alden, Daniel Large & Ricardo Soares de Oliveira, eds., *China Returns to Africa*: *A Rising Power and a Continent Embrace*, London, 2008; Dorothy-Grace Guerrero and Firoze Manji, ed., *China's New Role in Africa and the South*, Fahamu and Focus on the Global South, 2008; Robert Rotberg, ed., *China into Africa*: *Trade, Aid, and Influence*, Brookings Institution Press, 2008.

⑥ Yang Lihua, "Africa: A View from China", *South African Journal of International Affairs*, 13: 1, (Summer/Autumn 2006); He Wenping, "China-Africa Relations Moving into an Era of Rapid Development", *Inside AISA*, No. 3&4, (Oct./Dec., 2006); Liu Haifang, "China and Africa: Transcending 'Threat or boon'", *China Monitor* (2006 March); He Wenping, "The Balancing Act of China's Africa Policy", *China Security*, 3: 3 (Summer 2007), pp. 23 – 40; Li Anshan, "China and Africa: Policies and Challenges", ibid, pp. 69 – 93; Liu Haifang, "China-Africa Relations through the Prism of Culture: The Dynamics of China's African Cultural Diplomacy", *Journal of Current Chinese Affairs* (2008).

网络上也出现中国学者的文章。①

值得一提的是，中国台湾学者的中非关系研究也有成果，主要局限在中国台湾—非洲关系问题。②

参考资料

30 年来，有关中非关系的参考资料不断出版，大致分 3 种：资料汇编、百科辞书和事件亲历者的回忆。20 世纪 80 年代初，华工出国史料开始出版。第一辑包括南非华工史料 154 件，全部收自外交文档；第四辑有涉及南非华工的著述节录；第九辑收录关于非洲华工华侨的时论、文献和游记；③ 从而为非洲华工研究提供了丰富资料。《非洲华侨史资料选辑》包括早期调研报告，但主要还是翻译过来的外文著作。④《中非关系史文选（1500—1918）》从典籍、档案和时论中选辑的近代文献分黑人在中国、非洲见闻录、时人论说、华工与华人、中国外交 5 个部分，以充分史料说明中非关系"中断"说无根据。⑤ 李安山所编资料辑录的中外文资料分为 3 个部分："文件与报道"分 3 个时期，包括华人生活的各方面；"回忆与访谈"是华人回忆文章和记者对知名华人的访谈；"附录"是有

---

① He Wenping, "How to Promote 'All-round Cooperation' between China and Africa", *African Executive*, 2008, http：//www.africanexecutive.com/modules/magazine/articles.php? article = 3157; He Wenping, "Bottlenecks in China-Africa Relations", *African Executive*, 2008; http：//www.africanexecutive.com/modules/magazine/articles.php? article = 3129; He Wenping, "China Africa Cooperation: What's in it for Africa?", *African Executive*, 2008, http：//www.africanexecutive.com/modules/magazine/articles.php? article = 3120. Li Anshan, "Transformation of China's Policy towards Africa", CTR Working Paper, Hong Kong University of Science and Technology, 2007.

② Wei Liang-Tsai, *Peking Versus Taipei in Africa*, 1960 – 1978, Asia and World Institue, 1982; The Program of African Studies, *Agreements on Technical Cooperation between the Republic of China and African States*, National Chengchi University July 1974, 书中罗列了与 25 个国家的合作项目（1968年—1972 年）；芮正皋：《我国与非洲国家扩展祎及正式关系之评估》，台北，1991 年版；《问题与研究》（Issues and Studies）也有相关文章发表。

③ 陈翰笙主编：《华工出国史料汇编》第一辑《中国官文书选辑》，中华书局 1985 年版；第四辑《关于华工出国中外综合性著作》，中华书局 1981 年版；第九辑《非洲华工》，中华书局 1984 年版。

④ 方积根编：《非洲华侨史资料选辑》，新华出版社 1986 年版。

⑤ 艾周昌：《中非关系文选（1500—1918）》，华东师范大学出版社 1989 年版。

关非洲华侨华人史料的两篇文章。由于编辑原则之一是以前选辑中所收资料不再选入,此书所收文献多为首次选入。①

《中国外交大辞典》是中国外交界和学术界持续了数年的研究成果,除收录了历史上中非关系如"刚果自由邦遣使来华"等条目外,还包括"周恩来访问非洲十国"及中国与53个国家及西撒哈拉地区之间当代关系的条目。②《华侨华人百科全书》共计12卷,1800万字,除个别卷(如总论卷)外,其余各卷都涉及非洲华侨华人。以《华侨华人百科全书·历史卷》为例,该卷涉及36个国家地区的华侨华人,共有109个条目,其中南非的条目最多,达39个之多。③《简明非洲百科全书(撒哈拉以南)》第四编的"外交政策与对外关系"一章中有专节叙述中非关系在各时期的发展。"非洲国家的对外经济关系"一章有专节论及中非经济关系,重点论及经济技术合作、存在的问题和未来发展前景。《简明西亚北非百科全书(中东)》也专门论及中国与北非关系。④ 书刊索引是研究者的钥匙。中国非洲史学会自成立起就注意文献索引的编纂工作。30年来,学会与中国社会科学院西亚非洲所和北大亚非所合编的资料索引是重要的检索工具。⑤ 非正式出版的《中国非洲关系大事记(1949—1984年)》也是重要参考资料。⑥

事件亲历者的回忆与记载也是重要参考资料,可分为当事者的纪实或回忆、记者报道和旅游者的记载。《江泽民的出访纪实》记录了江泽民主席对非洲的4次访问。作者忠实记录了江泽民主席与莫伊总统交换中非关系的看法,与梅莱斯总理和马里总统商量援助问题,在摩洛哥妥善处理西撒哈拉问题,与卡扎菲探讨反恐问题,与埃及、纳米比亚、津巴

---

① 李安山编注:《非洲华侨华人社会史资料汇编(1800—2005)》,香港社会科学出版社有限公司2006年版。
② 唐家璇主编:《中国外交大辞典》,世界知识出版社2007年版。
③ 周南京主编:《华侨华人百科全书·历史卷》,中国华侨华人出版社2002年版。
④ 葛佶主编:《简明非洲百科全书(撒哈拉以南)》,中国社会科学出版社2000年版;赵国忠主编:《简明西亚非洲百科全书》,中国社会科学出版社2000年版。
⑤ 张毓熙编:《非洲问题研究中文文献目录,1982—1989》;张毓熙编:《非洲问题研究中文文献目录,1990—1996》;成红、赵苹编:《非洲问题研究中文文献目录,1997—2005》。
⑥ 陈玉来、肖克编:《中国非洲关系大事记(1949—1984年)》,中国社会科学院西亚非洲研究所。

布韦、阿尔及利亚、尼日利亚等国元首共商大计。① 钱其琛的自传披露了一些鲜为人知的史实，如1991年元旦过后他访问非洲，此后逐渐形成外交部部长每年第一站访问非洲的常例。作者披露，为了改善双方关系，使南非总统曼德拉更明确地认识国际形势，江泽民主席曾4次致信，希望曼德拉正确认识中南关系的重要性。这些信件无疑为促进中南建交创造了条件。② 这种被李安山概括为中非关系特点之一的"首脑外交"虽然有其局限性，但在这一具体事例中却起到了其他渠道难以替代的作用。黄华回忆录也记载了他的非洲之行及有关史实。③

王殊是中华人民共和国成立后第一位正式派驻撒哈拉以南非洲的记者。虽然他后来成为外交官，但他的自传记录了在非洲的记者工作。1959年抵达加纳首都阿克拉后，他先后在西非建立了新华社阿克拉分社和科纳克里分社。自传记载了他在加纳、几内亚和马里等国的活动，对北非三国（摩洛哥、突尼斯和阿尔及利亚）的访问及在刚果（利）和多哥的工作。他关于亲历刚果（利）动荡局势和其他几个非洲国家独立的描写尤有价值。④ 郭靖安曾任中国驻加纳大使，《出使非洲的岁月》真实地描绘了他和夫人出任驻非国家使节的情况，其中对周总理访问加纳时的现场、在利比里亚的撤馆和再派驻的经验、动乱中的索马里以及出任加纳大使的描述颇为形象生动。⑤《中国外交官在非洲》收集的文章生动记述了外交官的亲身经历，揭示了坦赞铁路的谈判内幕、中国外交官在赞比亚被炸弹杀害的经过、利比里亚的政变过程以及卡扎菲的女保镖等。⑥《外交风云——外交官海外秘闻》记录了中国驻非外交官的经历。⑦ 外交官出版的文章和回忆为研究中非关系史提供了宝贵的史料，如曾在非洲任职的外交官高建中、谢邦定、陆苗耕、高广灵、陈来元、徐英杰、康晓、孟宪科、金伯雄、吴清和、胡景瑞、黄舍骄等都撰文记载了各自

---

① 钟之成：《为了世界更美好：江泽民出访纪实》，世界知识出版社2006年版。
② 钱其琛：《外交十记》，世界知识出版社2003年版，第243—287页。
③ 黄华：《亲历与见闻——黄华回忆录》，世界知识出版社2007年版，第322—336页。
④ 王殊：《五洲风云纪》，上海辞书出版社、汉语大词典出版社2007年版，第205—262页。
⑤ 郭靖安、吴军著：《出使非洲的日子》，四川出版集团、四川人民出版社2006年版。
⑥ 李同成、金伯雄主编：《中国外交官在非洲》，上海人民出版社2005年版。
⑦ 符浩、李同成主编：《外交风云——外交官海外秘闻》，中国华侨出版社1995年版。

在外交岗位上的真实见闻。①

　　《友谊之路》的作者亲自修建过坦赞铁路。全书于 1993 年完成初稿，约 118 万字，多次修改后减为 32 万字。上篇叙述了国际背景、英美遏制及最后决策；下篇是修建坦赞铁路纪实。外经贸部、铁道部等单位为该书的写作召开了多次座谈会，从援建部门、外交部及铁路修建者三方收集资料。除采访当事人外，作者查阅了大量援建坦赞铁路的档案。书中的史料、附录和陈述为进一步研究这一援建项目提供了难得的资料。②《走进非洲》是中国国际广播电台同仁的文章汇编。正如序言所说，这既还非洲一个公正，也给读者一个全景。③ 企业家和旅游者的书籍为了解中非关系提供了鲜活的资料。各部委网站和非洲投资网等也成为研究者的资料来源。

非正式出版物

　　非正式出版物大致分为两类：一是政府机构、学会和组织的出版物和学位论文。二是一些学会论文集专门探讨中非关系。例如中国非洲问题研究会出版的论文集《21世纪中非关系发展战略报告》和《新时期中非关系发展与前景》颇具代表性，对中非政治外交、财贸经济、科技教育等方面的合作作了全面梳理；④ 中国与葡语国家经贸合作论文集和《中国与非洲共同发展国际学术研讨会论文集》也分析了中非关系。⑤ 上海国际问题研究院的《中非合作论坛北京峰会：评估与展望》分析了论坛本身的评估、国际社会的反应和论坛的未来发展。⑥ 援非医疗队已有 45 年历史，它帮助了非洲人民，又以特殊方式服务于外交，还体现了人道主义精神。然而，对

---

① 郑言编：《外交纪实》（一）、（二）、（三）、（四），世界知识出版社 2007 年版。
② 张铁珊编著：《友谊之路：援建坦赞铁路纪实》，中国对外经济贸易出版社 1999 年版。
③ 王冬梅、王国泰主编：《走进非洲》，中国国际广播出版社 2000 年版。
④ 陈公元主编：《21世纪中非关系发展战略报告》，中国非洲问题研究会，2000 年；陈公元、姜忠尽主编：《新时期中非关系发展与前景》，中国非洲问题研究会，2006 年。
⑤ 《中国与葡语国家经贸合作论坛发展座谈会文集》，中国与葡语国家经贸合作论坛常设秘书处辅助办公室，澳门，2006 年；中国社会科学院、英国国际发展署：《中国与非洲共同发展国际学术研讨会论文集》，2006 年。
⑥ 李伟建：《中非合作论坛北京峰会：评估与展望》，上海国际问题研究院，2008 年 12 月。

中非医疗合作的研究甚少。① 援非医疗队采取省市与非洲国家对口的形式（如江西负责突尼斯，宁夏负责贝宁）。各省市自治区为总结经验，以三种形式介绍了援非医疗队的情况：正式出版物、② 非正式文集和纪念画册。③ 这些都是深入研究中非医疗合作的重要资料。一些企事业单位的出版物也为中非关系的研究和中国企业投资非洲提供了资料。④

研究生的学位论文也是重要的非正式出版物。据统计，有关中非关系的学位论文30余篇，最早是巨永明的《论中华人民共和国与非洲的关系》（1989年）。这些论文中既有比较研究，也有中国对非政策或战略，还有中非经贸合作、对非援助或投资策略。近年来，有关中国公司在非洲投资状况的学位论文有所增加，如中国建筑公司在非洲的营销实践、中国汽车的非洲市场研究、中国机电产品在非洲的经营战略、中石油在非洲的战略等。⑤ 这些研究表现出三个特点：研究课题与"两种资源、两个市场"的发展战略紧密相关；研究内容有很强的实用性；论文多由经济管理或工科专业学生完成。

---

① 卫生部国际合作司：《加强实施新战略改革援助非洲医疗工作——记中国援外医疗队派出40周年》，《西亚非洲》2003年第5期；王立基：《中非医疗卫生合作成绩斐然》，陆苗耕、黄舍骄、林怡主编：《同心若金——中非友好关系的辉煌历程》，世界知识出版社2006年版，第308—313页。有关援非医疗队的研究，可参见李安山《中国援外医疗队的历史、规模及其影响》，《外交评论》2009年第1期。

② 顾英奇主编：《白衣使者的颂歌——中国医疗队三十年》，福建人民出版社1992年版；湖北卫生厅：《名医风流在北非——献给在阿尔及利亚工作过的中国医疗队员》，新华出版社1993年版；吕书群、吴琼主编：《走进贝宁》，宁夏人民出版社2003年版；江苏省卫生厅编：《辉煌的足迹——江苏省援外医疗队派遣四十周年纪念文集》，江苏科学技术出版社2004年版。

③ 非正式出版物包括山东省卫生厅编：《中国医疗队在坦桑》，1993年；马玉章主编：《在贝宁的日日夜夜——纪念宁夏援贝宁医疗队派出二十年》，宁夏卫生厅，1998年；浙江省卫生厅国际合作处编：《走进非洲的浙江医生——浙江省派遣援外医疗队35周年》，2003年；应鸣琴主编：《白衣使者——援外医疗队派遣30周年1973—2003》，江西省卫生厅，2003年。此外，还有宁夏（1998年）、江西（2003年）、天津（2007年）、江苏（1999年）、浙江（2005年）、山西（2005年）、山东（1998年）等地卫生厅出版的纪念画册。

④ 上海市外国（对外）投资促进中心/《国际市场》杂志社编：《非洲投资指南》，2008年版。

⑤ 徐晔：《北京长城工程总公司在毛里求斯建筑市场营销实践研究》，硕士学位论文，对外经济贸易大学，2001年；李代发：《TCL国际电工埃及市场经营战略及其核心竞争力研究》，硕士学位论文，武汉科技大学，2003年；向东：《中石化进入尼日利亚石油市场战略探讨》，硕士学位论文，中国人民大学，2004年；张启超：《哈飞汽车南非市场战略研究》，硕士学位论文，哈尔滨工业大学，2005年。

研究机构的作为

中国社会科学院西亚非洲研究所是中国非洲研究的重镇。在所长葛佶、赵国忠、杨光等人的领导下，对中非关系研究着力不小。例如，葛佶在美国出版的《非洲百科全书》上撰写有关中国非洲研究的条目，陈公元致力于古代中非关系的研究，赵国忠主持中东与非洲发展报告，杨立华为当代中非关系撰写英文论文，杨光多次主持中非关系研讨会。概言之，西亚非洲所对中非关系研究的贡献主要集中在三方面。其一，《西亚非洲》一直为中非关系研究提供平台，先后发表相关论文200余篇。其二，由该所组织撰写的非洲列国志中每本均有中非关系的大致脉络；主要由该所人员撰写的《简明非洲（撒哈拉以南）百科全书》都有专章论及中非关系；该所的《中东非洲发展报告》每年均有两篇论及中非关系，主要是贸易和投资方面，2006—2007年的发展报告是中非关系专题。[①] 其三，该所近年多次组织与中非关系相关的国际会议，如2006年12月与英国发展署合作举办"中非共同发展"国际研讨会；2007年7月与英国外交政策研究中心合办的"中国—苏丹国际研讨会"等，对中非关系研究起到推动作用。此外，中国现代国际关系研究院近年来相当活跃，积极从事中非关系研究和中非交流活动。2007年的"中国—欧洲战略对话"中专门包括中国与非洲关系的议题。外交部属下的中国国际问题研究所也积极参与相关活动，2007年10月曾在北京召开了"中法对非援助学术研讨会"，就中法双方援助非洲的方式、效果和经验进行了交流。

北京大学是中非教育合作的最先实践者。[②] 北大非洲研究中心自1998

---

① 杨光主编：《中东非洲发展报告（2006—2007）》，社会科学文献出版社2007年版。此报告副标题为"中国与非洲关系的历史与现实"，12篇专题报告对古代中非关系、中国对非政策、中非政经关系、中国对非投资与矿业合作、中非农业合作及中国与南非的战略伙伴关系等方面进行了剖析。

② 根据1955年中埃双方会谈纪要精神，1956年1月，中国派遣了7名留学生和1名语文教师到达开罗；埃及4位学者和4位留学生来华。此次中埃互派留学生和专家是新中国成立后与非洲之间最早的教育合作活动。4位来华讲学的埃及学者中有开罗大学古埃及史著名学者阿哈默德·费克里教授，他在北京大学讲授的古埃及史讲稿《古代埃及史》经过整理出版，对了解和研究古代埃及历史文化有重要参考价值。

年成立以来，一直致力于非洲研究和中非关系的探讨。2000年8月，中非合作论坛北京部长会议前夕，非洲研究中心召开了"中国—非洲友好关系发展国际研讨会"，来自中国与埃及、南非等12个非洲国家的50余名学者出席了会议；同年出版了《中国与非洲》论文集。为配合中非峰会，非洲研究中心与《国际政治研究》合作出版了2006年"中非关系"专刊，对中非关系的历史、现状和发展前景进行了探讨。2006年12月，非洲研究中心与教育部国际合作司、北京大学国际合作部和中国非洲史研究会等单位联合举办了"全国高校非洲教学科研与援非工作研讨会"。来自从事非洲教学和研究、承担援非项目的近百名代表出席会议，教育部、外交部、商务部的有关领导介绍了中非峰会、经贸合作的情况。会议就中非教育合作与交流、人才培训，非洲教学与研究人才、非洲教学科研基地的建设与协调等交流了经验。与会代表提出在北大建立非洲研究资料库的建议得到教育部国际合作司和北大领导的赞同。该中心还积极组织非洲留学生和中国的研究生就中非合作关系的议题进行交流。

南京大学非洲研究中心是成立较早的研究机构，目前的研究集中在中非农业合作。湘潭大学非洲法研究中心自1998年成立以来致力于非洲法方面的研究，并积极推进中非法律方面的交流合作。该中心于2006年举办了以"非洲法与社会经济发展"为主题的国际研讨会，中国学者与来自6个非洲国家的15名学者参加了会议。浙江师范大学于2003年成立了非洲教育研究中心，2004年该校被批准为教育部直属的教育援非基地，2007年又在援非教育基地的基础上成立了中国第一所非洲研究院。非洲研究院的成立为多学科的非洲研究提供了一个新的平台。非洲研究院2007年举办了首届"中国—非洲大学校长论坛"，来自14所非洲大学以及国内一些大学的校长出席了研讨会。

教育部为加强中非教育合作，于2003年在天津工程师范学院成立了第一个援非教育基地以推动中非职业培训方面的交流，该校非洲职业教育研究中心随之建立。2004年又在浙江师范大学、东北师范大学和吉林师范大学设立了基地，分别进行学校教育管理、远程教学和计算机教学的培训与交流。2008年教育部又新增6所援外教育基地，充分发挥各基地优势，以落实中非合作论坛提出的任务。此外，云南大学亚非研究中心、上海师范大学非洲经济研究中心和徐州师范大学亚非研究所还多次组织各种论坛及研讨会,苏州大学、南昌大学的非洲研究中心也在致力于非洲社会、经济和中非关系方面的研究。

李安山曾指出学术研究与实际工作相结合的重要性:"人们认识到,在实际工作与学术研究中需要更多的合作。政府需要信息、分析和评估,而学界需要资金、刺激和反馈。"① 目前,政府与学界的互动日益加强。自从"大外交"的概念提出以来,政府各部门加强了与学者的联系。政府相关部委定期就中非合作问题召开专家咨询会议,或将相关研究课题交由学者专家完成,中非合作论坛文件的起草也多次召集专家征求意见。随着中非关系的迅速发展和形势的需要,国家对中非关系研究的投入也在加大。目前由洪永红主持的中非法律合作国家项目、刘鸿武负责的中非关系与合作多赢国家项目和李安山负责的非洲—中国合作机制的可持续发展的国家项目及其他部委相关课题正在进行。

我们相信,中非关系的研究必将随着中非合作的拓展不断加强。

(原载《西亚非洲》2009 年第 4 期)

---

① Li Anshan, "African Studies in China in the Twentieth Century: A Historiographical Survey", in *African Studies Review*, 48: 1 (2005).

中非关系研究的国际话语[*]

内容提要：本文发表于2014年，主要对涉及中非关系的国际话语进行分析。中非关系在21世纪成为国际政治中的重要话题，国际学界对于中非关系研究的话语也在不断变化。作者主要针对国际学者的著述、智库报告以及个别重要的报刊文章，论述20世纪90年代以来中非关系研究话语方面的转变，这种转变分为三个阶段。第一阶段为20世纪90年代，此阶段中非关系的研究非常少，主要集中在国际政治或国际关系方面。第二阶段为2000—2008年，2000年召开的中非合作论坛导致国际社会开始聚焦中非关系，相关研究成果猛增，但由于话语权由西方学者掌握，研究的倾向性十分明显。第三阶段为2008年至今，2008年美国和欧盟同时公开发出与中国在非洲事务方面进行合作的信息，从而对相关国际舆论起到某种导向作用。此阶段话语转变的重要标志之一是不少非洲学者的介入和非洲智库影响力的增强，总体研究趋向理性客观。

一 缺乏兴趣且领域甚少

1990年以前，国际社会对中非关系关注不多，较为扎实的学术著作

---

[*] 本文原标题为《论中非关系研究中国际话语的演变》，《世界经济与政治》2014年第2期，稍有删改。本研究得到"中非联合研究交流计划"项目和教育部"区域与国别研究（培育）基地"项目的资助。博士生沈晓雷、来自刚果（金）的博士生龙刚（Antoine Roger Lokongo）和来自摩洛哥的博士生李杉（Erfiki Hicham）为本文查找相关资料，在此一并致谢。感谢《世界经济与政治》杂志的匿名评审专家提出的建设性修改意见，文中错漏由作者负责。

屈指可数，如戴文达、费勒西、拉尔金、奥根桑沃、于子桥、哈奇森和斯诺等人的研究。[1]

在20世纪90年代，西方人对中国在非洲的活动并未十分在意，虽然有一些研究，但一般倾向于将中非关系放在国际关系或发展研究的角度去考察。曾任伦敦国际战略研究所研究部主任的杰拉德·西格尔认为中国只是一个二流的中等国家，在国际政治上无足轻重；同时预言中国强大后对非洲人将更为重要，而非洲在中国对外政策的考量中只会是重要性最小的地区。[2] 今天看来，这种预言并不符合事实。美国学者布罗蒂加姆和英国学者伊恩·泰勒在90年代对中非关系研究较多。俩人的研究都是以博士学位论文为基础。

布罗蒂加姆的研究集中在中国对西非国家的农业援助，并辅之以个案。她发现，中国高层对非洲的访问在70年代末到90年代有所增加；"尽管撒哈拉以南非洲在现今和以前的超级大国外交政策的谋划中已被边缘化，但它仍是中国全球地缘政治中的重要部分"。中国对非援助中15%—20%的款项用于农业援助。"尽管整个援助承诺方面在不同年份有所变动，中国人也承认他们不能再支持像坦赞铁路那种规模的项目，但在整个20世纪80年代与90年代，中国仍继续提供新贷款，并对多个非洲国家免除了债务。"她敏锐地注意到，中国对非援助与西方的不同，中非关系将带来双赢，中国的援助可能会在"绿色革命"对非洲起到积

---

[1] J. J. L. Duyvendak, *China' Discovery of Africa*, Stephen Austin and Sons, 1947; Teobaldo Filesi, *China and Africa in the Middle Ages*, London: Frank Cass, 1972; Bruce D. Larkin, *China and Africa 1949 - 1970*, Berkeley: University of California Press, 1971; Alaba Ogunsanwo, *China' s Policy in Africa*, Cambridge: Cambridge University Press, 1974; George T. Yu, *China's African Policy: A study of Tanzania*, Praeger Publishers, 1975; Alan Hutchison, *China's African Revolution*, London: Hutchinson, 1975; Philip Snow, *The Star Raft: China's Encounter with Africa*, London: Weidenfeld and Nicolson, 1988. 有关90年代以前的研究状况，参见 D. Large, "Beyond 'Dragon in the Bush': The Study of China-Africa Relations", *African Affairs*, 107/426 (2008), pp. 45 - 61. 该文对90年代以后的研究稍有涉及。

[2] Gerald Segal, "China and Africa", *The Annals of the American Academy*, January 1992, p. 126; Gerald Segal, "Does China Matter?" *Foreign Affairs*, Vol. 78, No. 5, September/October 1999, pp. 24 - 36.

极作用。① 她的研究相当扎实，为后来成为中非关系的研究专家打下基础。②

伊恩·泰勒的研究重点放在冷战时期中国与南部非洲诸国的关系。他的研究做得比较全面，对中国与博茨瓦纳、莱索托和斯威士兰等国关系的研究填补了空白。有的章节以论文形式发表，为他后来进行当代中非关系研究打下基础。③ 然而，由于他不谙中文，加之对中国的偏见，其研究的客观性受到影响。相关资料多来自英文及台湾的英文杂志，局限性较大，表现出明显的西方观点和台湾资料的影响，如他在论述中国—津巴布韦关系时认为中国对津巴布韦进行殖民化。他的博士学位论文于 2006 年结集出版，这无疑是一种学术贡献，遗憾的是较为粗糙。④

这一阶段的话语明显受到局势的影响。80 年代后期，中国多地发生了非洲学生示威游行，从而引发了国际社会的注意。今天看来，这只是中非交往过程中文化价值观不同引发的矛盾，加上中国传统的我族中心主义以及管理部门缺乏经验所致。外国学者倾向于认为这是一种民族主义或种族主义的表现。⑤ 当时中国台湾地区发行的英文杂志《问题与研究》（*Issues*

---

① Deborah Brautigam, *Chinese Aid and African Development: Exporting Green Revolution*, London: Macmillan Press Ltd., 1998, pp. 42 – 43, 210. 她在后来为马歇尔基金会写的有关中国对非援助的报告中仍坚持这一观点。Deborah Brautigam, "China's African Aid: Transatlantic challenges", A Report to the German Marshall Fund of the United States, April 2008, pp. 10 – 13.

② Deborah Brautigam, "South-South technology transfer: The case of China's Kpatawee Rice Project in Liberia", *World Development*, 21: 12 (1993); Deborah Brautigam, *China and Kpatawee Rice Project in Liberia*, Universitat Bremen, Germany, Liberia Working Group Papers, No. 8, 1993.

③ Ian Taylor, "China's foreign policy towards Africa in the 1990s", *Journal of Modern African Studies*, 36: 3 (1998), pp. 443 – 460; Ian Taylor, "The 'Captive State' of Southern Africa and China: the PRC and Botswana, Lesotho and Swaziland", *Journal of Commonwealth and Comparative Politics*, 35: 2 (1997), pp. 75 – 95; S. Cornelissen and Ian Taylor, "The political economy of Chinese and Japanese linkages with Africa: a comparative perspective", *Pacific Review*, 13: 4 (2000), pp. 615 – 633.

④ Ian Taylor, *China and Africa: Engagement and Compromise*, Routledge, 2006.

⑤ Barry Sautman, "Anti-Black Racism in Post-Mao China", *The China Quarterly*, No. 138 (June 1994), pp. 413 – 437; Michael J. Sullivan, "The 1988 – 89 Nanjing Anti-African Protests: Racial Nationalism or National Racism?", *The China Quarterly*, No. 138 (June 1994), pp. 438 – 457.

and Studies）也成为国际学术界发表有关中国对非政策或中非关系的重要学术阵地。①

总体而言，这一时期中国在国际关系上所占地位并未引起学术界和媒体的关注，中非关系在国际政治中的影响尚未彰显，除了中国大陆与台湾争夺国际舞台这一议题外，学者和舆论关注较少。当然，这种研究状况与中国当时的国力有关。直到 20 世纪末，中国在国际舞台上是否重要仍是国际政治学界讨论的问题。

这一阶段，国际社会关于中非关系的研究主要有以下三个特点。第一，专门研究不多。尽管 20 世纪 90 年代是中国企业在非洲打基础的时期，但由于中国的国际地位在西方的眼中尚不重要，中非关系在国际政治中的地位并不突出，其重要性未显现出来，也丝毫未引起国际学术界及媒体的重视。第二，国际学界关注中非关系的学者很少，对中非关系了解不多。② 这一阶段从事中非关系研究的学者只有少数几位，主要集中在国际关系或国际政治方面，即使是发展研究，也是从国际政治的立场来评判中国对非洲发展援助带来的影响，有的则是分析中国大陆与台湾对非洲的争夺。第三，研究的倾向性较强。由于冷战色彩的影响，除个别外，研究中非关系的学者倾向性较强，意识形态立场明显。

二 数量日增但偏见颇多

2000 年中非合作论坛的召开引起了国际社会的注意。西方政府对中国在非洲影响力的快速增长感到意外，一种焦虑油然而生。2004 年，两篇重要文章对中非关系做出评价。杰里在《中国的非洲战略》一文中认为"中国正在收买非洲领导人的心，致力于赢得发展中国家同盟军并提

---

① Yung-lo Lin, "Peking's African Policy in the 1980s", *Issues and Studies*, April, 1989, pp. 76 – 96; Deon Geldenhuys, "The politics of South Africa's 'China Switch'" *Issus and Studies*, 33: 7 (1997), pp. 93 – 131; Ian Taylor, "Africa's place in the diplomatic competition between Beijing and Taipei", *Issues and Studies*, 34: 3 (1998), pp. 126 – 143.

② 中国社会科学院西亚非洲所的高晋元先生应邀访问英国时曾为皇家非洲学会和非洲中心做了一个有关中非关系史的讲座。《非洲事务》在记录的基础上发表了他的讲座。Gao Jinyuan, "China and Africa: The Development of Relations over Many Centuries", *African Affairs*, 83: 311 (1984), pp. 241 – 250.

升在国外的软实力。"① 姆卡里亚在《非洲安全评论》发表的《非洲与中国：战略伙伴》一文中认为"中国力图将非洲看作在能源、贸易和地缘政治方面的战略伙伴"。"中非合作确实会经历高潮和低潮，但可以肯定中国正在与非洲建立一种长期的战略关系以保证其在国际领导、市场、能源和空间的地位。"② 中非关系的迅速发展引起了外界的一些猜测、曲解和攻击，一时间，各种指责和批评铺天盖地而来，大致有三种观点："近年扩张说""石油能源说"和"新殖民主义说"。这些观点的理论基点是"中国威胁论"。③

第一种观点认为，中国在过去 30 年对非洲不闻不问，近年才因资源需要对非洲进行渗透。"在沉寂了 30 年后，中国当前卷入非洲反映了一种野心勃勃的新观点。今天，能源、贸易和不断增加的地缘政治利益成为中国在非洲力争实现的议事日程上极重要的因素。"④ 对中非合作研究较深的西方学者却认识到这种关系的延续性。布罗蒂加姆指出，中国与非洲的合作关系是长期的，并非是从需要原材料的近期才开始的：中国对援助体系的三项改革（援助系统的架构、援助标准的规范和加强对非洲人力资源培训）为中非合作的提速打下坚实基础；中国已开始注意将援助与投资相联系。正如她在《龙的礼物》中所指出的："当无人真正注意时，为中国当前介入非洲的基石已经在奠定。"⑤

---

① Stenphanie Giry, "China's Africa Strategy", *The New Republic*, Vol. 231, No. 20, November 2004, pp. 19 – 23.

② D. Jardo Muekalia, "Africa and China's Strategic Partnership", *African Security Review*, Vol. 13, No. 1, 2004, pp. 1 – 11.

③ Joshua Eisenman and Joshua Kurlantzick, "China's Africa Strategy," *Current History*, May 2006, pp. 219 – 224. 也有学者将中国在非洲的所为看作中国尽力扩大南南合作潜力的尝试。Ana Alves, "The Growing Relevance of Africa in Chinese Foreign Policy: The Case of Portuguese Speaking Countries", *Daxiyangguo: Revista Portuguesa de Estudos Asiàticos*, Numeros 7, 1 Semestre 2005, pp. 93 – 108.

④ D. Jardo Muekalia, "Africa and China's Strategic Partnership", pp. 1 – 11. 类似观点颇为流行。

⑤ Deborah Brautigam, *The Dragon's Gift, The Real Story of China in Africa*, Oxford University Press, 2009, p. 60. （黛博拉·布罗蒂加姆:《龙的礼物：中国在非洲的真实故事》，沈晓雷、高明秀译，社会科学文献出版社 2012 年版。目前台湾版已出，书名为《红色大布局》，八旗文化、远足文化事业股份有限公司 2013 年版。）

第二种观点认为,中国发展对非关系的目的是为了石油和资源。① 一些学者认为,石油能源是中非关系的出发点,中国的快速发展需要能源,而非洲丰富的自然资源正好提供了中国发展的动力。② 有人认为从20世纪90年代后期起,中国从非洲进口能源的增加侵害了西方的传统利益。③ 丹尼尔·拉吉的文章以苏丹为例分析了中国在非洲军事争夺和战后重建的作用。④ 一些学者认为西方对中国的批评和指责不合理,对中国介入非洲石油能源的事实进行客观评价。布鲁金斯高级研究员唐斯指出,西方在非洲的石油利益远大于中国,所占区块也多于中国;中国在非洲的石油板块或是边角余料,或是西方石油公司认为不安全的区域。⑤

第三种观点认为,中国在非洲侵犯人权,实行"新殖民主义"或"经济帝国主义"。⑥ 针对中国非洲政策在人权方面的指责一直存在,特别是在达尔富尔问题上尤其突出。长期居住在伦敦的苏丹人阿斯库里的一篇文章流传甚广,他在文章中指责中国投资苏丹不顾当地人利益,但他

---

① Stenphanie Giry, "China's Africa Strategy", pp. 19 – 23; Princeton N. Lyman, "China's Rising Role in Africa," July 21, 2005, http://www.cfr.org/publication/8436/chinas_rising_role_in_africa.html.

② Amy Myers Jaff and Steven W Lewis, "Beijing's oil diplomacy", *Survival*, 44: 1 (Spring 2002), pp. 115 – 133; Erica S. Downs, "The Chinese energy security debate", *The China Quarterly*, 177 (2004), pp. 21 – 41; David Zweig & Bi Jianhai, "China's Global Hunts for Energy," *Foreign Affairs*, 84: 5 (2005), pp. 25 – 38; Ian Taylor, "China's oil diplomacy in Africa", *International Affairs* 82, 5 (2006), pp. 937 – 59; Wenran Jiang, "China's booming energy ties with Africa", *Geopolitics of Energy* 28, 7 (2006); E. G. Meyerson, et al., "The rise of China and the natural resource curse in Africa", mimeo, 2007; Ricardo Soares de Oliveira, Making sense of Chinese oil investment in Africa in Alden, Large and Soares de Oliveira, eds., *China Returns to Africa*, pp. 83 – 109; D. P. Keenan, *Curse or Cure? China, Africa and the Effects of Unconditional Wealth*, University of Illinois, College of Law, 2008.

③ See Bernt Berger, "China's Engagement in Africa: Can the EU SitBack?", *South African Journal of International Affairs*, 13: 1 (Summer/Autumn, 2006), pp. 1115 – 1127; Princeton Lyman, "China's Involvement in Africa: A View from the US," ibid, pp. 129 – 138.

④ D. Large, "China's Involvement in Armed Conflict and Post-War Reconstruction in Africa: Sudan in Comparative Context." Danish Institute for International Studies, Copenhagen, 2007.

⑤ Erica S. Downs, "The fact and fiction of Sino-African energy relations", *China Security* 3, 3 (2007), pp. 42 – 68.

⑥ Dianna Games, "Chinese the New Economic Imperialists in Africa," *Business Day*, February 2005; Lindsey Hilsum, "China's Offer to Africa: Pure Capitalism", *New Statesman*, July 3, 2006, pp. 23 – 24.

的资料主要来自西方媒体。① 由于对中国在苏丹（主要是达尔富尔）所作所为指责的目的非常明确，即阻止中国举办奥运会或在此期间制造麻烦，偏见也十分明显，因此并未持续多长时间。② 2006 年英国外务大臣杰克·斯特劳在尼日利亚有关中国在非洲所为与英国 100 多年前的殖民活动相似的讲话引发对中非关系性质的讨论。有的西方记者更加极端，认为中国正在非洲创造一个奴隶帝国。③ 以牛津为基地的英国非政府组织"发展中的权利与责任"（RAID）于 2007 年发表了一篇简报，对中国在赞比亚和刚果（金）的矿产企业的人权问题提出批评。通过对这一地区 9 家中国公司员工的采访，报告从中国员工和非洲员工这两个角度列出了这些公司存在的不懂（或不顾）国际劳工标准和当地法律的各种问题，并提出 12 条建议。④ 一位德国记者认为中国正以三种方法入侵非洲，支持非洲独裁者、出口廉价消费品、廉价购买资源。他认为，对于非洲人民而言，最初对中国的热情慢慢变成恐惧。⑤ 法国国际关系研究所亚洲中心主任尼奎特认为，中国在非洲的经济活动是低成本、缺乏制约性，很大程度上构成了一种掠夺系统；应将中国纳入国际规范，使其外资政策遵守国际规则。⑥ 当然，也有一些不同观点，认为"西方跨国公司对非洲资源的掠夺型开采是所谓非洲的'经济殖民主义'的真正原因"。⑦ 2006 年，在肯

---

① A. Askouri, "China's Investment in Africa: Displacing Villages and Destroying Communities." in Firoze Manji and Stephen Marks, ed., *African Perspectives on China in Africa*, Oxford & Fahamu, 2007. 我曾在上海参加非政府组织有关中非关系会议时见过他。当时他提交的论文谈及中国在苏丹修麦洛维大坝与移民的问题。我在会议上就中国三峡大坝的移民以及一个国家整体利益与局部利益的关系与他交锋过。由于他自己收集的资料全部是西方的，所以他当时的回应也十分勉强。

② 我的一位南非学生 Thomas Orr 非常清醒地指出：有关对中国在达尔富尔问题上的指责过了奥运会就会消失，以后又会出现其他方面的指责，如环境问题或什么其他问题。

③ Peter Hitchens, "How China has created a new slave empire in Africa", *Daily Mail*, September 28, http://webnt.calhoun.edu/distance/internet/Business/eco231/downloads/phchina.pdf.

④ RAID, *Advice to Chinese Companies Operating in the Mining Sector in Africa*, Briefing Paper, 2007.

⑤ Andreas Lorenz, "The Age of the Dragon: China's Conquest of Africa", *Spiegel Online International*, May 30, 2007. http://www.spiegel.de/international/world/the-age-of-the-dragon-china-s-conquest-of-africa-a-484603.html.

⑥ Valérie Niquet, "La Stratégie Africaine de la Chine", *Politique étrangère*, 2eme trimestre 2006; Valérie Niquet, "China's Africa Strategy", http://www.diplomatie.gouv.fr/en/IMG/pdf/0805-Niquet-ANG.pdf, January 2007.

⑦ "China! The New Neo-colonialists in Africa?" http://us_and_them.gnn.tv/blogs/16420/China_The_new_neo_colonialists_in_Africa.

尼亚《民族日报》和全非网等非洲媒体上广泛转载了题为"中国在呼唤：是否到了与美国和欧洲说再见的时间了"的文章。① 这种倾向引发西方进一步担忧。

一些严肃的学者从客观研究中得出了不同结论。爱丁格尔的论文分析了中国对非洲的农业援助。② 沙伯力和严海蓉认为中非关系是一种既为朋友也有利益的复杂关系，并注意到中非关系研究中的两种话语：西方政治势力和媒体批评中非关系的每一方面；中国学者认为中国受到非洲人的支持。然而，中非关系的援助、移民、投资和基础设施贷款等均具有中国特点。其通过实地采访调研非洲人对中国的看法与西方媒体的大不相同。他们批判了将中国的活动贴上"殖民主义"标签的观点，倾向于认为中国在非洲实施的是"普通资本主义"。③ 德国学者阿希通过投资、贸易、援助和移民等方面的分析，认为中国的"非洲模式"有自身特点，中国的卷入从总体上给非洲带来正面影响，但究竟谁是真正受益者不得而知，非洲政府应掌握更大主动权，从而争取在与中国交往中得到更多利益。西方政府和学者不宜对中国的影响一味批判，应加强各方面的研究以得出更客观的结论。④

莱顿大学非洲研究中心的卢伊从合作历史、中国援助、中非合作论

---

① Mark Sorbara, "With China Calling, Is It Time to Say Goodbye to US And Europe?" *The Nation* (Nairobi), April 13, 2006. S. Akaki, "Uganda: Would We Prefer a Chinese 'Commonwealth' Today?" Oct. 29, 2007. *allAfrica. com*. allafrica. com/stories/200710290256. html.

② H. Edinger, "How China Delivers Rural Development Assistance to Africa." Presentation at the 6th Brussels Development Briefing, July 2, 2008. www. slideshare. net/euforic/how-china-delivers-rural-developmentassistance-to-africa.

③ B. Sautman and Yan Hairong, "Friends and Interests: China's Distinctive Links with Africa", *African Studies Review*, 50: 3 (December 2007), pp. 75 – 114; B. Sautman and Yan Hairong, *East Mountain Tiger, West Mountain Tiger: China, the West, and "Colonialism" in Africa*, Maryland Series in Contemporary Asian Studies, No. 3 – 2006; Barry Sautman and Yang Hairong, "Africa Perspective on China-Africa Links", *The China Quarterly*, Vol. September 2008.

④ Helmut Asche, "Contours of China's 'Africa Mode' and Who May Benefit", *Journal of Current Chinese Affairs* (China Skull), 3/2008, pp. 165 – 180; in Helmut Asche & Margot Schüller, *China's Engagement in Africa. Chances and Risks for Development*, Eschborn: Deutsche Gesellschaft für Technische Zusammenarbeit (GTZ), 2008; H. Asche, and M. Schüller, "China's Engagement in Africa—Opportunities and Risks for Development", Deutsche Gesellschaft für Technische Zusammenarbeit (GTZ), Africa Department, *Economic Affairs*, 2008.

坛、贸易投资等方面分析了双方的战略关系并指出，西方的讨论缺乏对真实情况的了解。中国对非洲的战略重点与以前相比发生了重大变化，目前将注意力集中在经济特别是石油方面，这对非洲有积极作用，重要的一点是为非洲国家提供了多种合作空间，而不像以前那样只局限于与西方打交道。大量的石油输出也使非洲国家的收入大增。中国政府在经贸关系中不考虑人权、环境和良政，西方国家也存在这种做法。中国目前正在占领非洲市场，这对非洲有负面影响，如纺织品等工业品的大量输入将使非洲的同类工厂关闭。他认为，这种战略伙伴关系不对等，对非洲而言，中国成了仅次于美国和法国的第三大贸易伙伴；对中国而言，与非洲的贸易只占其国际贸易的2%。因此，在这种关系中，中国所占分量远超非洲。[1]

不少学者认识到，中非研究的主要弱点是缺乏实证分析。中国在非洲的经济活动来自中国政府这一流行观点受到挑战。柯兰德认为，中国私营部门越来越多地推动中非经济交流。尽管中国大多数私营企业有自己的行为方式且缺乏政府支持，但2005年以来中国的政策明显推动私营部门走向海外。在与中国企业、商会和中国官员进行深度访谈后，她认识到在非洲的中国行为体的复杂性和多样性。她指出，中国官方数据表明，2006年，中国海外直接投资中非洲只占4%，对亚洲的投资占64%。2005年以来，在非洲的中国企业明显增加，从事多种行业包括纺织品、医药、农业、服务和采掘业。这些企业具有创业精神，能迅速适应当地市场。作者认为非洲政府应建立标准以避免不合格的商业实践，要求中国企业注意环境成本和雇佣非洲员工，防止它们在某些非洲国家降低标准。非洲各国政府、非洲联盟和公民社会要一起来建立具有建设性的政策框架，从而使外国直接投资有助于当地经济和社会发展。[2]

卡普林斯基是英国著名的学者，他长期从事发展中国家的工业化研究。他注意到西方在研究中非关系方面的弱点：只关注熟悉的主题而忽

---

[1] Judith van de Looy, "Africa and China: A Strategic Partnership?", African Studies Centre, Leiden, The Netherlands, ASC Working Paper 67/2006, 2006.

[2] G. Collender, "Challenging the Perception of Chinese Business in Africa", Institute of Development Studies, http://www.ids.ac.uk/news/challenging-the-perception-of-chinese-business-in-africa, December 17, 2008.

略不熟悉的内容。他的报告从贸易、投资和援助三方面分析了中国的直接影响和间接影响,这种影响又分为互补性和竞争性两类,认为中国商品会对非洲市场产生冲击。报告认识到目前西方社会对直接影响的了解比间接影响更多;也认识到要更好地理解中国在非洲的介入必须加强对地缘战略和政治要素的了解。报告分析了中国企业在非洲的作用以及投资的四种类型:加强资源投资、基础设施建设、参与全球生产网络、小型企业投资。报告意识到投资的双向性,即也有非洲企业在中国投资。报告将中国对非援助分6种类型:资助大型项目、减免债务、技术培训(包括奖学金)、技能援助(包括医疗队)、免除关税和维和行动。目前尚不能断定中国对哪个国家或地区的哪种利益集团的影响是正面的或反面的,同时提出学术界应在8个方面进行知识补充。[①] 由于报告的合作者分别来自英国、肯尼亚和南非的大学研究机构,又都是学界颇有声望的学者,报告的客观性、重要性和前瞻性十分明显。

这一时期,由于中国与印度等新兴市场国家与非洲的交往呈快速增长,学术界对这种双边关系的研究明显增多,但多注重于中、印对非洲的经济影响。有的学者分析了中国产业分布以及中国和新兴市场国家的贸易活动与非洲产业的关系,有的分析了中国和印度的援助对非洲发展的影响。[②] 英国发展学教授李真金(Rhys Jenkins)等开始研究中、印的发展及贸易对非洲贫困化的影响以及中国和其他新兴国家对非洲投资给本土经济带来的变化;有的学者特别关注中、印等国在非洲的活动是否影响到撒哈拉以南非洲的出口导向;有的将个案研究集中到中国出口产

[①] 例如,在分析商品的性价比时,他们以花园设备为例,这一套设备在加纳需50英镑,在南非需60英镑,在中国只需30英镑。Raphael Kaplinsky, Dorothy McCormick and Mike Morris, *The Impact of China on Sub-Saharan Africa*, The DFID China Office, 2006.

[②] Deborah Brautigam, "Close encounters: Chinese Business Networks as Industrial Catalysts in sub-Saharan Africa", *African Affairs* 102, 408 (2003), pp. 447 – 67; Bates Gill and James Reilly, "The Tenuous Hold of China Inc. in Africa", *The Washington Quarterly* 30, 3 (2007), pp. 37 – 52; J. Henley, S. Kratzsch, M. Kulur and T. Tandogan, *Foreign Direct Investment from China, India and South Africa in Sub-Saharan Africa: A new or Old Phenomenon*? UNU-WIDER Research Paper No. 2008/24, 2008; D. McCormick, "China and India as Africa's New Donors: The Impact of Aid on Development" *Review of African Political Economy*, 35: 115 (2008), pp. 73 – 92.

品对南非纺织业的影响；还有的研究中国投资对单个国家的多重影响。①长期从事非洲研究的克里斯·艾尔登开始关注中非关系并兼任南非国际事务研究所的中非项目负责人。他通过发表多篇著述成为这一领域的重要学者。② 英国发展研究所的谷靖认为，非洲对中国必须有一个统一的战略。她还在另一篇论文中指出了在非洲的中国中小企业的作用和影响。有的学者从历史的角度对中非关系进行了较为翔尽的阐述。③ 欧洲的一些年轻学者也开始涉猎中非关系，如丹尼尔·拉吉和乔纳森·霍尔斯拉格。④

美国历史学家孟洁梅（Jamie Monson）对坦赞铁路的研究可谓持之以恒。她经过多年在中国和非洲的实地调查，论证了坦赞铁路给当地居民生活带来的巨大影响。她从实证研究中提出了发人深省的观点。中非经济技术合作八项原则在此项目实施中得到印证，体现了中国在帮助非洲

---

① R. Jenkins and C. Edwards, *The Effect of China and India's Growth and Trade Liberalization on Poverty in Africa*, Norwich: Overseas Development Group, Report to DFID, 2005; R. Jenkins and C. Edwards, "The Economic Impacts of China and India on Sub-Saharan Africa: Trends and prospects", *Journal of Asian Economies*, 17（2006）, pp. 207 – 226; R. Kaplinsky and M. Morris, "Do Asian Drivers Undermine Export-oriented Industrialization in SSA?", *World Development*, 36: 2（2008）, pp. 254 – 273; M. Morris & G. Einhorn, "Globalisation, Welfare and Competitiveness: The Impacts of Chinese Imports on the South African Clothing and Textile Industry", *Competition & change* 12: 4（2008）, pp. 355 – 376; P. Kragelund, "Chinese Drivers for African Developmenet? The Effects of Chinese investments in Zambia" in M. Kitissou, ed., *Africa in China's Global Strategy*, London: Adonis and Abbey Publishers, 2007, pp. 162 – 181.

② Chris Alden, *China in Africa*, London: Zed Books, 2007; Chris Alden, "China-Africa relations: the end of the beginning" in Peter Draper and Garth le Pere, eds., *Enter the Dragon: Towards a free trade agreement between China and the Southern African Customs Union*, Institute for Global Dialogue/South African Institute for International Affairs, Midrand, 2006, pp. 137 – 53; Chris Alden, "China in Africa", *Survival* 47: 3（2005）, pp. 147 – 64.

③ Jing Gu, "The Impact of Africa on China", http://www.aercafrica.org/documents/asian_drivers_working_papers/JHumphreyJingGuTheImpactof.pdf, June 2006; J. Gu, "China's private enterprises in Africa and the implications for African development", *European Journal of Development Research*, 21: 4（2009）, pp. 570 – 587; D. Tull, "China's engagement in Africa: scope, significance and consequences", *Journal of Modern African Studies*, 44: 3（2006）, pp. 459 – 479.

④ Daniel Large, "As the Beginning ends: China's Return to Africa", Pambazuka News, http://www.pambazuka.org/en/category/letters/38852, December 14, 2006; Daniel Large, "China's Role in the Mediation and Resolution of Conflict in Africa", Centre for Humanitarian Dialogue（CHD）, Oslo Forum 2008 – The Oslo Forum of Mediators, co-hosted by the Norwegian Ministry of Foreign Affairs and Centre for Humanitarian Dialogue（CHD）; Jonathan Holslag, "China's New Mercantilism in Central Africa", *African and Asian Studies*, 5: 2（2008）, pp. 134 – 169.

发展上区别于西方和苏联的做法（特别在无息贷款和偿还条款上），努力促进非洲自立而非依赖。中国的发展模式与坦、赞的发展愿望结合使坦赞铁路的修建成为非洲国家铁路发展计划的一部分，中国农业发展模式为非洲树立了模样。中国人既有长远规划也有不断改进的技术，更具有勤奋、团结和独立的思想。这些都带给非洲某种启示，坦、赞在这一过程中逐步形成了具有自身特点的早期现代化实践。① 虽然西方对中国的援助颇有疑虑，但较早进行系统调研的是瑞典发展援助组织和欧洲债务与发展网合作的一个项目。调研组在欧洲、中国和非洲采访了各种公民社会组织。结论比较客观，既总结了中国援助的成绩，也指出了存在的问题。报告的重要之处在于作者较早提出了三个重要观点：三方对话很有必要；西方应该实践自己说教的内容；中国的援助对现存的援助体系提出了挑战。②

斯泰伦博希大学中国研究中心（CCS）在这一阶段的研究成果对国际社会了解中非经济关系起到了重要作用。对中国建筑公司在南部非洲四国的活动的调研报告为了解中国在非洲的基础建设情况提供了较为翔实的资料；有的就中国油气投资对非洲发展产生的效果提出质疑；有的对中国向非洲提供发展援助这一课题进行了初步研究。这些报告指出中国与西方的不同以及中非关系中存在的问题，但认为中国的介入为非洲创造了新机会，为世界了解中国在非洲的情况提供了较为真实的画面。这些报告多由英国国际发展署资助完成。③ 由于中国企业在非洲存在着忽略

---

① Jamie Monson, "Defending the People's Railway in the era of Liberalization", *Africa*, 76 (2006): 1, pp. 113 – 130; Jamie Monson, "Freedom Railway: the Unexpected Successes of a Cold War Development Project", *Boston Review* 29 (2004): 6; Jamie Monson, "Liberating Labour? Constructing Anti-hegemony on the TAZARA Railway in Tanzania, 1965 – 1976", in Chris Alden, Danniel Large, and Richardo Soares de Oliveira, eds., *China Returns to Africa*, London, 2008.

② Penny Davies, *China and the End of Poverty in Africa-Towards Muntual Benefit*? Diakonia, 2007.

③ Lucy Corkin and C. Burke, "China's Interest and Activity in Africa's Construction and Infrastructure Sectors", CCS, Stellenbosch University, 2006; J. Rocha, "China and African Natural Resources: Developmental Opportunity or Deepening the Resource Curse?" in Hannah Edinger, Hayley Herman & Johanna Jansson, ed., *New Impulses from the South: China's Engagement of Africa*, CCS, Stellenbosch University, 2008; M. Davis, *How China Delivers Development Assistance to Africa*, CCS, Stellenbosch University, 2008.

环境因素的现象，从而引发了当地非洲人的不满。一些学者、研究机构和非政府组织也开始关注这一问题。① 国际河流组织的政策主任彼特·博沙德的调研报告集中描述了中国企业在非洲造成的环境影响。②

国际金融组织的敏感度非常强，它们观察到中国在非洲多个领域的快速拓展，便组织经济学家对中非关系诸方面进行调研。哈佛大学教授布罗德曼主持的研究报告《非洲的丝绸之路》较客观地评价了中、印在非洲的影响。作者通过掌握的一些中文资料，从非洲的"边界以外""边界之间"与"边界之内"三个角度分析了中、印在非洲的活动对非洲的影响。③ 福斯特等人的报告分析了中国在非洲加大基础设施建设的做法对非洲经济发展的积极作用。王建业的报告分析了中国在非洲迅速拓展的原因。扎法尔的研究则从贸易、投资和援助三个方面宏观地阐述了不断加强的中非关系。非洲的一些非政府组织也开始加强对中非关系的研究。例如，非洲债务与发展论坛网络（AFRODAD）一份调研报告以赞比亚为例就中国对非援助进行了分析。④ 这些研究报告使西方对中非经济关系的发展现状与势头有了初步了解。

有关中非关系的国际研讨会非常频繁，会后整理出版的论文集在学术界影响较大。例如，剑桥大学召开的"中国在非洲的角色"研讨会以及后来出版的《中国回到非洲》综合了不同观点，是一本比较全面的研究文集。哈佛大学举办"中国与非洲：地缘政治与地缘经济的考量"国际研讨会后出版了由罗伯特·罗特伯格主编的《中国进入非洲》。这些论

---

① M. Chan-Fishel, "Environmental Impact: More of the same?" in F. Manji and S. Marks eds., *African Perspectives on China in Africa*, Nairobi: Fahamu., 2007.

② P. Bosshard, "China's Environmental Footprint in Africa", John Hopkins University, School of Advanced International Studies, SAIS Working Papers in African Studies, 2008.

③ Harry. Broadman, *Africa's Silk Road: Cchina and India's New Economic Frontier*, Washington D. C.: World Bank, 2007; V. W. Butterfield Foster, C. Chuan and N. Pushak, *Building Bridges: China's Growing Role as Infrastructure financier for Sub-Saharan Africa*, Washington D. C.: World Bank, 2008; J. Y. Wang, *What Drives China's Growing Role in Africa*, IMF Working Paper WP/07/211, 2007; A. Zafar, "The growing relationship between China and Sub-Saharan Africa: Macroeconomic, trade, investment and aid links", *World Bank Research Observer*, 22: 1 (2007), pp. 103 – 130.

④ Inyambo Mwanawina, "An Assessment of Chinese Development Assistance in Africa: Zambia", A study commissioned by the African Forum and Network on Debt and Development (AFRODAD), 2007.

文集的特点是综合了各家的观点（包括中国学者的观点）从而为读者提供了一个多元的视角。① 在这一阶段，中国学者的有关文章开始在国外学术杂志上出现。② 国外学者主编的中非关系论文集也收入中国学者的文章。中国学者的英文发表对全面了解中方观点起到了积极作用。

　　非洲学者相继介入，观点各异。他们中既有长期在国外工作的教授，或是长期在欧美生活的非洲知识分子，也有一直在非洲的学者和非政府组织的活动家。尼日利亚学者恩杜比西·奥比沃拉在题为"谁害怕中国在非洲？"的文章中既提到中国在非洲存在的现实也指出了问题，特别提出了多条增进中非合作的建议，包括公民社会应积极参与到中非合作论坛之中。③ 在南非从事研究的加纳学者普拉主编的《中非关系：过去、现在与未来》是在一次中非双方学者合作召开的学术研讨会基础上出版的论文集，较早地开始了中非学术合作。④ 塞内加尔的阿达玛·盖耶的《龙与鸵鸟》是非洲学者写的第一本较系统描述当代中非关系的书，虽然有些偏见，但其中提到的一些问题值得重视。⑤ 加纳学者奥武苏等提出了要

---

① Paul Tiyambe Zeleza, ed., *The Study of Africa, Global and Transnational Engagements*, Dakar: DODESRIA, 2007; Chris Alden, Daniel Large and Ricardo Soares de Oliveira, eds., *China Returns to Africa* (Hurst, London, 2008; Robert I. Rotberg, ed., *China into Africa: Trade, Aid, and Influence*, Washington, DC: Brookings Institution Press, 2008; Julia Strauss & Martha Saavedra, ed., *China and Africa: Emerging Patterns in Globalization and Development*, The China Quarterly Special Issues, New Series, No. 9, Cambridge University Press, 2009; Dorothy-Grace Guerrero and Firoze Manji, ed., *China's New Role in Africa and the South*, Fahamu and Focus on the Global South, 2008; "La Cina in Africa", *Afriche e Orienti*, 2 (2008).

② Li Anshan, "African Studies in China in the Twentieth Century: A Historiographical Survey", in *African Studies Review*, 48: 1 (2005), pp. 59 – 87; Yang Lihua, "Africa: A View from China", *South African Journal of International Affairs*, 13: 1, (Summer/Autumn 2006); Liu Haifang, "China and Africa: Transcending 'Threat or boon'", *China Monitor* (2006 March); He Wenping, "China-Africa Relations Moving into an Era of Rapid Development", *Inside AISA*, No. 3&4, (Oct/Dec, 2006); He Wenping, "The Balancing Act of China's Africa Policy", *China Security*, 3: 3 (Summer 2007), pp. 23 – 40; Li Anshan, "China and Africa: Policies and Challenges", *ibid*, pp. 69 – 93; Liu Haifang, "China-Africa Relations through the Prism of Culture: The Dynamics of China's African Cultural Diplomacy", *Journal of Current Chinese Affairs*, 3 (2008), pp. 10 – 45.

③ N. Obiorah, "Who's Afraid of China in Africa?", *Pambazuka News*, http://www.pambazuka.org/en/category/comment/38853, December 14, 2006.

④ Kwesi Prah, ed., *Afro-Chinese Relations: Past, Present and the Future*, Cape Town, 2007.

⑤ Adama Gaye, *Chine-Afrique, le dragon et l'autruche*, L'Harmattan, 2006. 此人曾作为北大国际关系学院和非洲研究中心的访问学者在北大交流。

防止中美争斗可能为非洲带来的后果。① 加纳记者安科玛指出为何西方害怕中国拓展非洲的原因。② 津巴布韦《先驱报》记者蒙约罗提出要加强中非交流。③ 个案研究开始出现。有的学者就中非合作出现的机会和挑战提出了自己的看法。④ 有的学者将中国—安哥拉关系看作实用的伙伴关系。⑤ 值得注意的是，尽管一些非洲知识分子对中非关系的现状提出批评，但他们多对中非合作持正面态度。

这一阶段国际社会有关中非关系的话语有以下特点。一是有关中非关系的研究成果猛增，西方基金会资助的项目特别多。例如斯泰伦博希大学中国研究中心的绝大部分项目均由西方基金会资助，英国国际发展署的中国部资助了有关基础建设和对非援助等项目。二是西方作者的倾向性突出，话语的专断和随意性比较明显。对中国的负面评论和指责多，结论多从总体上描述或定性，且受意识形态影响，建立在实地考察基础上的研究很少。三是少数非洲学者和中国学者出现在各种学术场合并参与讨论。虽然西方学者仍占主导地位，但他们的出现开始影响到话语。这种影响表现在研究议题和争论内容上。四是一些国际组织和非政府组织的调研报告相对客观地分析了中非关系的经济实质。

三 日渐深入与话语多元

2008 年，欧盟和美国几乎同时提出与中国在处理非洲事务方面加

---

① Francis Owusu and Pa'draig R. Carmody, "Competing hegemons? Chinese Versus American Geo-economic Strategies in Africa", *Political Geography*, 26 (2007), pp. 504 – 524.

② Baffour Ankomah, "China in Africa: Why the West is worried", *New African Magazine*, Issue 471, March 2008.

③ Fidelis Munyoro, "Africa: Journalists Urged to Strengthen China-Africa Relations", *The Herald*, June 4, 2008.

④ O. Ajakaiye, "China and Africa: Opportunities and Challenges." Paper presented at African Union Task Force on Strategic Partnership Between Africa and the Emerging Countries of the South, September, 2006. Addis Ababa, Ethiopia. www. aercafrica. org/documents/china_africa_relations/Opportunities_and_Challenges%20_Olu. pdf.

⑤ I. Campos and A. Vines, "Angola and China: A Pragmatic Partnership." Center for Strategic and International Studies. Working paper presented at CSIS Conference on Prospects for Improving U. S. – China-Africa Cooperation, December 5, 2007, Washington, DC. http://csis. org/files/media/csis/pubs/080306_angolachina. pdf.

强合作。① 这种态度的转变对研究取向有所影响，国际社会对中非关系的话语呈多元化趋势。这种多元化体现在观点、作者以及有关议题的多元。

国际社会一般将中非关系置于经济关系的框架里进行分析，这与现实相关。有的研究比较宏观，有的将中国的活动对非洲发展所产生的影响作为主题，或关注中国发展的经验教训及其对非洲的影响。② 部分研究开始细化，主要分为以下三个方面：贸易、投资和外援，这三个方面又衍生出不同的内容（如商品与服务的流通，管理与技术的投入，金融业的卷入与移民或工程人员的流动），并产生不同的后果，如经济增长、社会效果、环境影响和良政得失。

从贸易而言，《欧洲发展研究杂志》2009 年第 4 期专门组织了多篇文章讨论中非贸易的快速发展对非洲带来的影响，尝试对双方贸易全面剖析，研究贸易对非洲的多重影响或对非洲农产品的影响。③ 此外，有的研究关注中非关系对非洲大陆内部贸易的作用，有的分析中国的经济增长与撒哈拉以南非洲农产品出口的关系甚至对其他发展中国家粮食价格及

---

① 2008 年 3 月，欧洲议会针对中国的非洲政策及其在非洲的影响作出决议，较客观地评价了中国在非洲的作用。10 月，欧洲委员会发表题为《欧盟、非洲和中国：朝向三方对话与合作》的文件，正式提出三方对话与合作的建议。2003 年，美国就美中在非洲事务方面合作的可能性提出过设想，双方一直保持互动。2008 年 10 月，美国负责非洲事务的助理国务卿弗雷泽在北京出席第三届中美非洲事务磋商会议。10 月 15 日，她在北京大学非洲研究中心发表演讲时重点表达了愿意在非洲事务上与中国合作的意愿。有关三方合作的议题更为复杂，将另文讨论。

② G. Mohan, *China in Africa: Impacts and Prospects for Accountable Development*, University of Manchester, Effective States and Inclusive Development Research Centre, ESID Working Paper, No. 12, 2012; J. Thoburn, *China's Development Lessons for Low Income Africa: A Scoping Study*, Norwich: International Development UEA, Report for DFID, 2013.

③ O. Ademola, A. Bankole and A. Adewuyi, "China-Africa Trade Relations: Insights from AERC Scoping Studies", *European Journal of Development Research*, 21: 4 (2009), pp. 485 – 505; G. Giovannetti, and M. Sanflippo, "Do Chinese Exports Crowd-out African Goods? An Econometric Analysis by Country and Sector", *European Journal of Development Research*, 21: 4 (2009), pp. 506 – 530; N. Villoria, "China's Growth and the Agricultural Exports of Sub-Saharan Africa", *European Journal of Development Research*, 21: 4 (2009), pp. 531 – 550.

其出口的影响。① 还有的学者对中国—非洲的木材贸易链进行追踪分析。②

发展经济学的学者将中国在非洲的投资置于国际原料价格体系中进行分析，③ 或将中国在非洲的所为与其在南美或亚洲的投资进行比较，以找出共同点。④ 有的研究进一步细化，如中国在非洲农业方面的投资、中国在赞比亚铜矿的投资、中国公司在非洲的企业责任、劳资关系等。环境影响一直是热点问题，法国援助署专门组织法、中学者对中国公司在乍得投资带来的环境影响进行评估。⑤ 2012 年，德国伯尔基金会委托中国学者撰写的报告调查了"安哥拉模式"的起源及利弊、中国对肯尼亚可再生能源经济发展所做贡献、中国在加纳援建的布维水电项目的环境和社会影响、中国公司在南非应对集体工资谈判的困难和中有色在赞比亚面对罢工事件的窘境。这一报告集既使外界对中国企业的情况有了进一步了解，也提醒了中国企业如何在非洲面对新问题，如与当地分享红利、可持续发展、环境影响、与工会关系以及改善劳工待遇等。⑥

中国对非洲的援助从形式和内容均与经合组织代表的国际援助体系不同，因而引发了国际社会的各种猜测。国际社会之所以对中国援外问

---

① L. Montinari and G. Prodi, "China's Impact on Intra-African Trade", *The Chinese Economy*, 44: 4 (2011), pp. 75 - 91; P. De Grauwe, R. Houssa and G. Piccillo, "African Trade Dynamics: is China a Different Trading Partner?", *Journal of Chinese Economic and Business Studies*, 10: 1 (2012), pp. 15 - 45; N. Villoria, "The Effects of China's Growth on the food Prices and the food Exports of Other Developing Countries", *Agricultural Economics*, 43 (2012), pp. 499 - 514.

② IUCN, *Scoping Study of the China-Africa Ttimber Trading Chain*, Beijing: International Union for Conservation of Nature and Natural Resources, 2009.

③ R. Kaplinsky and M. Morris (2009), "Chinese FDI in Sub-Saharan Africa: Engaging with Large Dragons", *European Journal of Development Research*, 21: 4 (2009), pp. 551 - 569; M. Farooki and R. Kaplinsky, *The Impact of China on Global Commodity Prices: The Global Reshaping of the Resource Sector*, Abingdon: Routledge, 2012.

④ R. Gonzalez-Vicente, "China's Engagement in South America and Africa's Extractive Sectors: new Perspectives for Resource Curse Theories", *The Pacific Review*, 24: 1 (2011), pp. 65 - 87; R. Kaplinsky, A. Terheggen and J. Tijaja, "China as a Final Market: The Gabon Timber and Thai Cassava Value Chains", *World Development*, 39: 7 (2011), pp. 1177 - 1190.

⑤ K. Peh and J. Eyal, "Unveiling China's Impact on African Environment", *Energy Policy*, 38 (2010), pp. 4729 - 4730; Geert van Vliet and Geraud Magrin, ed., *The Environmental Challenges Facing a Chinese Oil Company in Chad*, AFD, 2012.

⑥ 蒋姮等：《中国对非投资案例调查报告》，伯尔基金会—中国民促会项目合作办公室，2012 年。

题感兴趣，一方面是由于它们觉得中国企业在非洲的成功得益于中国的援助，另一方面也由于中国政府不轻易公开有关援助数额而使这一领域更为神秘，从而引发了更多的好奇心。有的人将中国对非洲的援助称为"流氓援助"，即在非民主和非透明的情况下提供的发展援助，其作用往往是扼杀真正的进步而伤害普通公民。① 然而，有的学者持不同意见。赞比亚学者丹比萨·莫约对西方的援助体系提出了挑战，但她专辟一章谈及中国对非援助，并以"中国人是我们的朋友"为标题，提出："他们有我们想要的，我们有他们所需的。"② 经合组织发展委员会的研究人员就中国对非援助的起源、形式和问题进行了较为全面的分析。③ 有的学者尝试对中非合作意义下的"援助"重新定义。④ 南非斯泰伦博希大学的中国研究中心先后发表的两个报告为西方社会提供了一些基本情况。2008 年由中心原主任马丁·戴维斯发表的报告较客观地分析了中国对非发展援助，中国学者对此也比较熟悉。⑤ 现主任格文主持完成的有关中国对外援助透明度的报告分析了中国对外援助的定义、信息来源、分配和运作方式，并提出了建议。这一报告的主旨是希望对中国政府的援助进行政策性引导，使其逐渐向经合组织发展委员会的标准看齐，或者更明确，将中国纳入经合组织发展委员会所定的援助体系之中。⑥ 实际上，半个世纪

---

① M. Naim, "Rogue Aid", *Foreign Policy*, 159（2007），pp. 95 – 96；A. Dreher and A. Fuchs, *Rogue Aid? The Determinants of China's Aid Allocation*, CESifo Working Paper No. 3581, 2011.

② ［赞比亚］丹比萨·莫约：《援助的死亡》，王涛、杨惠等译，世界知识出版社 2010 年版，第 70—82 页。

③ J. R. Chaponniére, "Chinese Aid to Africa, Origins, Forms and Issues" M. P Van Dijk, (ed.), *The New Presence of China in Africa*, Amsterdam University Press, 2009. 此人主要从事越南研究，曾在中国国际扶贫中心—经合组织发展委员会合作项目"中国扶贫经验与中非合作"中与我共事。此文也征求过我的意见。

④ G. Mohan, M. Tan-Mullins & M. Power, "Redefining 'Aid' in the China-Africa Context", *Development and Change*, 41：5（2010），pp. 857 – 881.

⑤ M. Davis, *How China Delivers Development Assistance to Africa*, Stellenbosch University, Centre for Chinese Studies, report prepared for DFID China, 2008.

⑥ 报告明确提出中国应从三个层面提高透明度：初始步骤、实质步骤和更佳步骤。"首先，按照 IATI（International Aid Transparency Initiative）所列举的最优标准，评估、检测并制定一个公开援助信息的计划；其次，根据良好实践原则，公开援助机构已掌握的信息，以便于信息的传播和使用，尤其是便于受援国政府的使用；最重要的是，建立援助数据的收集体系，便于中国政府自身对援助信息的分析及使用。" Sven Grimm, with Rachel Rank, et al., "Transparency of Chinese Aid: An analysis of the published information on Chinese external financial flows", CCS, Stellenbosch University, August, 2011；"中国对外援助的透明度分析"，CCS Policy Briefing, CCS, Stellenbosch University, September 2011。

以来，发达国家对非洲的发展援助体系建树甚微，相对中国的援助并无优势可言。相当多的西方学者多次对该体系提出批判。当然，这并不意味着中国援助方式不需要借鉴和改革。

人权观察组织（HRW）在赞比亚的8个铜矿产地及首都卢萨卡进行调查，考察中国在赞比亚国有铜矿企业劳工状况。通过对各类人物的采访，该组织于2011年发表的报告认为中有色铜矿企业主要存在三个问题：健康与安全问题、工作时间过长以及存在的反工会活动。[1] 报告指出近年来中国铜矿企业在一些特定问题上有所改善，但这些改善都是在中国政府允许的范围内进行。赞比亚政府基本处于无为状态，很少对中国企业进行干涉。人权观察组织针对各方提出相应建议。对于这一个严重失真的报告，严海蓉和沙伯力在《现代中国》杂志上撰文——进行了批驳，认为这份报告的立场本身存在问题，其出发点并非是关于非洲或是赞比亚铜矿投资的人权状况的调研，而是专门针对中国。文章还从工资、工作小时、工会化和工作稳定等方面证实，人权观察组织有关中有色在赞比亚铜矿的调查报告的选题角度有偏差，资料粗糙，漏洞不少，很多结论与事实不符。更重要的是，世界上几乎所有矿业公司都存在着一些共同问题，人权观察组织挑出中国公司进行分析，别有用心。[2] 当然，报告中提出的有关问题需引起中国政府的重视，中国学者的调查报告也提到一些类似的问题。[3] 另一个有关所谓中国"人权"问题的是中国在非洲使用囚犯作劳工的说法。1991年5月11日，原卡特政府负责人权事务的前副助理国务卿罗伯塔·科恩致《纽约时报》的信函以"中国在非洲使用监狱劳工"为题发表，宣称"中国人不仅出口由囚犯制造的产品，而且还派遣囚犯出国工作"。[4] 这种"中国派罪犯到发展中国家"的谣言在21世纪初开始传播。美国驻安哥拉大使馆的人员甚至在罗安达的公众论坛

---

[1] Human Rights Watch, "'You'll be Fired if you Refuse': Labor abuses in Zambia's Chinese stateowned copper mines." November 3, 2011. www.hrw.org/reports/2011/11/03/you-ll-be-firedif-you-refuse.

[2] Yan Hairong and Barry Sautman, "'The Beginning of a World Empire'? Contesting the Discourse of Chinese Copper Mining in Zambia", *Modern China*, 2013, 39: 2, pp. 131–164.

[3] 沈乎、韩薇：《中色赞比亚罢工事件》，蒋姮等：《中国对非投资案例调查报告》，伯尔基金会—中国民促项目合作办公室，2012年，第95—102页。

[4] Roberta Cohen, "China Has Used Prison Labor in Africa", *New York Times*, May 11, 1991.

上宣称中国要在非洲创建一个"新的奴隶帝国"。① 从此，几乎所有谈到中国在非洲人权问题的文章都要用这一谣言作为证据。② 这是美国政府前官员用谣言毁谤对手以传播政治观点的恶劣手段。它绝非学术，却支配着西方学术的话语选向。

非洲国家应如何处理与中国的关系？学界存在着两种观点。一种是非洲应制定统一的"中国政策"。一份题为"拥抱龙"的报告认为非洲国家在中非合作中处于劣势，非洲国家应加强谈判能力。报告提出建议：设立专门针对中国的基金以帮助非洲国家应付中非关系中的各种困境；与中国进行谈判以促成其"自愿限制出口"（Voluntary Export Restrain，VER）；制定政策以确保中国官方直接投资、技术和管理技能与非洲利益挂钩并确保贷款不会使非洲政府陷入债务危机。③ 另一种观点认为非洲应首先重视自身发展中的问题。位于伦敦的非洲研究所于2012年发表的《在极端之间：中国与非洲》的简报反映了西方对中非关系的反思，认为"中国在非洲"并非殖民化，而是全球化的产物；中国对非洲的金融多样化，援助只占其小部分；中非之间"双赢"关系的话语是误导；不干涉内政的政策含糊不清并正在演变；中非之间权力不平衡的现状应由非洲政策制定者去改变。报告认为，更好地利用和配置外来投资的战略、经济多元化、劳工就业和减贫才是非洲国家发展的重中之重。非洲需要一个"中国政策"的认识忽略了更紧迫的需求。④

有关中国在非洲实行的新殖民主义这种观点仍有一定市场。中国发展与非洲的关系只有纯粹的经济和政治目标：获取石油和战略矿产；为中国产品扩大市场和培育合作伙伴包括获得未来的军事支持。中国在非

---

① Jesse Ovadia, "China in Africa: a 'Both/And' Approach to Development and Underdevelopment with Reference to Angola", *China Monitor* (South Africa), Aug. 2010, pp. 11-17.

② 严海蓉、沙伯力：《关于中国的修辞法？——对中国向发展中国家输出囚劳谣言的分析》，载李安山、刘海方主编《中国非洲研究评论 2012》，社会科学文献出版社 2013 年版，第 137—164 页。

③ Elijah Nyaga Munyi, "Embracing the Dragon: African Policy Responses for Engaging China and Enhancing Regional Integration, Discussion Paper for CCS, Stellenbosch, September 2011.

④ African Research Institute, "Between Extremes: China and Africa", Briefing Note 1202, October 2012.

洲对西方构成威胁,希望保持西方在非洲的利益的人往往通过诋毁对手或夸大对手存在的问题来保持自身优势。有的指责中国在非洲的所为是不负责的"殖民主义";有的认为中国已经取代了西方在非洲的位置。① 坎贝尔认为中非关系是新旧元素的结合,中国在非洲的存在是对美国全球霸权的挑战。② 有的学者明确指出,有关中国掠夺矿产资源的指责失之偏颇。2009 年,中国对非直接投资中只有 29% 用于矿业,而美国对非洲矿业的投资则占其对非总投资的 60%。③

近年来中国在非洲的移民快速增长,从而引发国际社会的关注。有关中非之间的双向移民也是近年来兴起的一个新课题。④ 马蒙是法国国家科研中心的移民问题专家。他认为,非洲的中国移民分为三类,临时工移民、企业家移民和暂时性无产阶级移民(将非洲作为中转站最终去欧洲的移民)。他认为移民政策在国际关系中日益重要,中国人移民非洲与中非合作政策密切相关。第一种移民与中国确保原材料供应的政策相关,第二种移民是中国积极推行扩大出口市场政策的产物。他认为中国对非政策主要着眼于三个目标:获取石油和矿产等自然资源、扩大中国的出口市场及在各类国际组织中增加对中国的外交支持,即确保中

---

① Mark T. Jones, "China and Africa: Colonialism without Responsibility", *Somalilandpress*, http://somalilandpress.com/china-and-africa-colonialism-without-responsibility – 21113, March 20, 2011; Eliza M. Johannes, "Colonialism Redux", *Proceedings Magazine*, Vol. 137: 4: 1, (April 2011), p. 298. http://www.usni.org/magazines/proceedings/2011 – 04/colonialism-redux; Joshua Keating, "Africa: Made in China", *Foreign Policy*, March 19, 2012; William Bauer, "China: Africa's New Colonial Power", http://www.policymic.com/articles/1657/china-africa-s-new-colonial-power, 2012.

② Horace Campbell, "China in Africa: Challenging US Global Hegemony", *Third World Quarterly*, 29: 1 (2008), pp. 89 – 105.

③ Shimelse Ali and Nida Jafrani, "China's Growing Role in Africa: Myths and Facts," *International Economic Bulletin*, Feb. 9, 2012. 即使是美国政府提供的资料也表明,就 2006 年的石油产量而言,在非洲的所有中国石油公司所产石油也只有美孚这一家美国公司在非洲的石油产量的三分之一。US State Department, "China in Africa: Implications for US Policy," in *Africa News*, June 4, 2008.

④ Giles Mohan and Dinar Kale, "The Invisible Hand of South-South Globalisation: Chinese Migrants in Africa", A Report for the Rockefeller Foundation prepared by The Development Policy and Practice Department, The Open University, October 2007; G. Mohan and M. Tan-Mullins, "Chinese Migrants in Africa as new Agents of Development? An Analytical Framework", *European Journal of Development Research*, 21 (2009), pp. 588 – 605.

国的经济增长和扩大中国的政治影响力。① 南非比勒陀利亚的历史学家哈里斯和美国霍华德大学访问学者朴永贞博士专注于研究南非华侨华人。哈里斯长期研究华人史，发表了多篇研究论文。朴永贞对中国移民来源地和移民目的地进行了分析，认为二者日益多元化。她认为中国移民有四类，在马蒙的三类之外加上了农业工人。作者指出西方媒体的负面报道、反对党的政治手段、中国工人与当地人隔绝以及两者之间的商业竞争导致了一些反华现象，但除了少数人外，非洲人还是尊重中国人的。朴金贞不赞同一些媒体认为中国人移民非洲受中国政府支持，认为前往南非的大多数中国新移民是独立移民，其目标是提高自己的生活水平。中国移民在塑造观念、构建新的认同和改变生活等方面发挥着核心作用。②

贾尔斯·莫汉认为，中国人在非洲所发挥的作用基本上是积极的，且有助于推动中国与非洲的合作及南南全球化的发展。③ 德克·科纳特通过对中国和尼日利亚在加纳和贝宁创业移民进行比较后指出，虽然二者的创业精神存在差异，但他们在劳动分工和比较优势基础上合作，对当地的减贫和将廉价商品送到偏远地区至关重要。④ 瓦赫瓦分析了中国移民在中非共和国的状况。中国移民有两个问题：一是与当地人的融合颇为困难，原因在于语言障碍以及与非洲人的价值观差异；二是中非一些商人对中国商人持敌视态度，因为他们无法与

---

① Emmanuel Ma Mung Kuang, "流向非洲的中国新移民" (The New Chinese Migration Flows to Africa), 发表在《社会科学情报》(Social Science Information) 2008, 47 (4); Emmanuel Ma Mung Kuang, "Chinese Migration and China's Foreign Policy in Africa", Journal of Chinese Overseas, 4: 1 (May 2008), http: //muse. jhu. edu/login? auth = 0&type = summary&url = /journals/journal_of_chinese_overseas/v004/4. 1. mung. html.

② Yoon Park, A Matter of Honour. Being Chinese in South Africa, Lexington Books, 2009; Yoon Jung Park, "Chinese Migration in Africa", The South African Institute of International Affairs, China in Africa Project, Occasional Paper No. 24; Yoon Jung Park, "Faces of China: New Chinese Migrants in South Africa, 1980s to Present", African and Asian Studies, 9 (2010).

③ Giles Mohan, Dinar Kale, "The Invisible hand of South-South Globalisation: Chinese Migrants in Africa", A Report for the Rockefeller Foundation prepared by The Development Policy and Practice Department, The Open University, October 2009.

④ Dirk Kohnert, "Are the Chinese in Africa More Innovative than the Africans? Comparing Chinese and Nigerian Entrepreneurial Migrants Cultures of Innovation", German Institute of Global and Area Studies Working Papers, No. 140.

中国商人进行竞争。作者认为中国与非洲关系的发展将面临越来越多的冲突。①

有的学者开始以非洲城市为个案研究非洲华侨华人,尼昂对塞内加尔达喀尔市的中国移民社区的融合问题进行研究,② 哈里森等人探讨了约翰内斯堡华人的生存策略。③ 斯泰伦博希大学中国研究中心的《中国观察》经常刊登有关中国移民的文章。④ 亚当斯·伯多姆的著作《非洲人在中国》调查了在广州、义乌、上海、北京、香港和澳门定居的非洲人,令人信服地解释了为何非洲人要来到中国和他们的谋生方式,并就他们在中国社会产生的文化矛盾或可能引发的冲突等问题提出了自己的见解。⑤ 博多姆早在1997年到香港任教时就敏锐地注意到非洲社区在中国的生存与发展,从2003年起开始发表文章。⑥ 他认为在中国的非洲人将在社会、政治和经济方面对中非关系产生重要影响。

一些非洲国家个案研究往往能得出较为客观的结论。有的学者研究

---

① Supriya Wadhwa, "Lost in Translation: A Bleak Picture of Chinese Immigration in Central Africa", Feb. 11, 2013, http://sites.davidson.edu/pol341/lost-in-translation-a-bleak-picture-of-chinese-immigration-in-central-africa/.

② Ibrahima Niang, "Les Chinois du Secteur Informel Dakarois: Migration et intégration d'une communauté économique", DEA thesis, Université Cheikh Anta Diop de Dakar, 2007.

③ Philip Harrison, Khangelani Moyo and Yan Yang, "Strategy and Tactics: Chinese Immigrants and Diasporic Spaces in Johannesburg, South Africa", *Journal of Southern African Studies*, Volume 38, Number 4, December 2012.

④ Karen L. Harris, "Waves of Migration: A Brief Outline of the History of Chinese in South Africa", *The China Monitor*, Issue 21, August 2007; Darryl Accone, "Chinese Communities in South Africa", *The China Monitor*, Issue 19, August 2007; Lucy Corkin, "Chinese Migrants to Africa: A Historical Overview", *The China Monitor*, Issue 26, February 2008; Conal Guan-Yow Ho, "Living Transitions: A Primer to Chinese Presence in Ghana", *The China Monitor*, Issue 26, February 2008.

⑤ Adams Bodomo, *Africans in China: A Sociocultural Study and its Implications for Africa-China Relations*, Cambria Press, 2012.

⑥ A. B. Bodomo, "Introducing an African community in Asia: Hong Kong's Chungking Mansions", A Squib to the International Scientific Research Network: The African Daspora in Asia (TADIA), June 9, 2003; A. B. Bodomo, "An emerging African-Chinese community in Hong Kong: The case of Tsim Sha Tsui's Chungking Mansions", in Kwesi Kwaa Prah, ed., *Afro-Chinese Relations: Past, Present and the Future*, pp. 367–389; A. B. Bodoma, "The African trading community in Guangzhou: An emerging bridge for Africa-China relations", *China Quarterly*, 203 (2010), pp. 693–707; A. B. Bodomo, "The African presence in contemporary China", *China Monitor*, December 20, 2011.

了中国人在赤道几内亚的影响,认为不同社会集团有不同感受;有的个案研究发现,在加蓬和刚果(金)的中国企业都比较容易接受相关的采掘业和金融交易透明度的改善;从事采掘业的中国公司中既有知名的国有企业,也有大型私企,还有大量合资企业。因此,创造一种成功的互利战略至关重要。① 一些学者对中国在非洲建立的特区进行研究。为了更好地研究非洲这种特区的经验和教训,世界银行也专门组织研究人员对这一问题进行了研究。②

布罗蒂加姆的《龙的礼物:中国在非洲的真实故事》是研究中非关系的力作,无疑给一味批判中非关系的西方学界一剂清醒剂。她以调研和采访的方式收集资料,批驳了西方流行的四种观点,即援助不附加条件、捆绑援助、中国劳工以及能力建设,认为针对中国的种种恐惧源于错误信息。中国正在崛起,它在非洲的一些做法源于自身发展模式和在接受西方援助时获得的经验教训。中国已摆脱贫困,而这种成绩的取得并非靠援助所赐。非洲的命运掌握在自己手上,起决定作用的因素并非中国,而是非洲国家。其结论是:中国对非援助在多方面具有创新性,也是一种双赢的尝试——在加强企业竞争力的同时为非洲带来财富和希

---

① Mario Esteban, "Silent Invasion? African Views on the Growing Chinese Presence in Africa: The Case of Equatorial Guinea", *African and Asian Studies*, 9: 3 (2010), pp. 232 – 251; Johanna Jansson, Christopher Burke & Wenran Jiang, "Chinese Companies in the Extractive Industries of Gabon & the DRC: Perceptions of Transparency", prepared for the Extractive Industries Transparency Initiative (EITI) & Revenue Watch Institute (RWI), CCS, University of Stellenbosch, August 2009. http://www.ccs.org.za/wp-content/uploads/2009/11/Chinese_Companies_in_the_Extractive_Industries_of_Gabon_and_the_DRC._CCS_report_August_2009.pdf. Johanna Jansson & Carine Kiala, "Patterns of Chinese Investment, Aid and Trade in Mozambique", A briefing paper by CCS prepared for World Wide Fund for Nature (WWF), October 2009. http://www.academia.edu/1576612/Patterns_of_Chinese_investment_aid_and_trade_in_Mozambique.

② M. J. Davies, "Special Economic Zones: China's Developmental Model Comes to Africa", in Robert I. Rotberg, ed., *China into Africa: Trade, Aid, and Influence*, pp. 137 – 154; D. Brautigam, T. Farole and Tang. Xiaoyang, "China's Investment in African Special Economic Zones: prospects, Challenges and Opportunities", *Economic Premise*, No. 5, World Bank, Poverty Reduction and Economic Management Network, 2010; D. Brautigam and Tang Xiaoyang, "African Shenzhen: China's Special Economic Zones in Africa", *Journal of Modern African Studies*, 49: 1 (2011), pp. 27 – 54; World Bank, *Chinese Investments in Special Economic Zones in Africa: Progress, Challenges and Lessons Learned*, World Bank, 2011.

望；西方对中国日益卷入非洲的做法不是与中国对着干，也不是拒绝中国，而是要将中国卷入进来。这部著作之所以能在西方引起强烈反响，主要因为西方对中非关系的快速发展正处于一种焦虑之中，该书的出版正逢其时，她的观点颇具新意。①

另一本重要著作是美国历史学家孟洁梅的《非洲的自由铁路》。②如前所述，她曾为研究这一课题进行了大量调研。作者将坦赞铁路的修建放在冷战这一背景中考察，剖析了坦赞铁路带来的社会变化，如"乌贾马"计划（农业集体化）、劳动方式、人口迁移等现象。中国援建坦赞铁路是从支持非洲前线国家的民族独立以及发展坦、赞民族经济的角度出发，表明其致力于发展中非友好关系的战略。她明确指出中国援非与美国、苏联或其他西方国家的不同，认为坦赞铁路是新中国早期对外援助和"南南合作的典范"。尽管西方学界流行着诋毁中非关系的风气，但作者秉承尊重历史的态度，对坦赞铁路的缘起、修建、作用以及对社会经济和意识形态的影响如实记述，也明确指出当时中非工人交流互动中的人为成分。她根据自身研究对当今中国项目以市场为导向、以盈利为目的的做法提出异议。这一专著是历史著作，但由于作者功底深厚，看问题精到，一些观点对现实政治有着重要的启示意义。

在这一阶段，一些较有影响力的成果相继出版。这些著述之所以有影响力，或是包括了非洲或中国学者的文章从而增加了自身分量，或是以中非合作论坛为主题以吸引眼球。例如，非洲非政府组织法哈姆出版的《中国在非洲和南方的新角色》、弗里曼主编的《中国、非洲与非洲移民社群：不同视角》、凡·迪克主编的《中国在非洲的新存在》、迪亚士等主编的《非洲介入：非洲议定一个新兴的多边世界》、门镜和巴顿主编的《中国与欧盟在非洲：伙伴还是竞争者》、迪特纳和于子桥主编的《中国、发展中国家和新的全球动力》、泰勒的《中非合作论坛》、鲍尔和艾

---

① [美]布罗蒂加姆：《龙的礼物：中国在非洲的真实故事》，沈晓雷、高明秀译，社会科学文献出版社 2012 年版。

② Jamie Monson, *Africa's Freedom Railway：How a Chinese Development Project Changed Lives and Livelihoods in Tanzania*, Bloomington & Indianapolis：Indiana University Press, 2009.

尔维斯主编的《中国与安哥拉》、金健能的《中国在非洲的援助和软实力》。① 美国外交官希恩曾任驻非洲大使，近年来专注于中非关系研究。他与艾斯曼的合著较全面介绍了中非关系，分领域和地区展现了双方关系，较客观地介绍了中非 50 年的合作，并涉及中国与单个非洲国家的关系。②

近年来，国际上多次举办关于中非关系的研讨会并在此基础上出版了论文集。这些研讨会和论文集的议题一改以前的泛泛之论，变得具体和特殊，关注点也日益集中。从主导者与参与者的关系而言，从前期主要是西方学者，到非洲和中国学者的参与成为这种会议的必要条件。由非洲学者或中国学者主编的国际学者有关中非关系的论文集也开始出现，如加纳学者安姆皮亚和南非学者奈杜主编的《卧虎藏龙：中国与非洲》、范图·切鲁和西里尔·奥比主编的《中国与印度在非洲的崛起》、李安山与艾普罗尔主编的《中非合作论坛：人力资源发展的政治》。③ 尼日利亚的查尔斯出版了《中国/非洲：议题、挑战与可能》。④

以前，中非关系研究的两端分别为西方学者或媒体和中国学者。这种情况在逐渐改变，相当多的非洲学者开始关注中非关系。可以说，非

---

① Dorothy-Grace Guerrero and Firoze Manji, ed., *China's New Role in Africa and the South*, Fahamu, 2008; Sharon T. Freeman, ed., *China, Africa, and the African Diaspora: Perspectives*, AAS-BEA Publishers, 2009; M. Van Dijk, ed., *The New Presence of China in Africa*, Amsterdam University Press, 2009; L. Dittner & George T. Yu, ed., *China, the Developing World, and the New Global Dynami*, Lynne Rienner, 2010; Ton Diez, et al., *African Engagements: African Negotiating an Emerging Multipolar World*, Brill, 2011; Jing Men and Benjamin Barton, ed., *China and the European Union in Africa: Partners or Competitors: Partners or Competitors*, Ashgate, 2011; Ian Taylor, *The Forum on China-Africa Cooperation*, Routledge, 2011; Marcus Power and Ana Cristina Alves, ed., *China and Angola: A Marriage of Convenience?*, Pambazuka Press, 2012; Kenneth King, *China's Aid and Soft Power in Africa: The Case of Education and Training*, James Currey, 2013.

② David H. Shinn and Joshua Eisenman, *China and Africa: A Century of Engagement*, University of Pennsylvania University Press, 2012.

③ Kweku Ampiah and Sanusha Naidu, ed., *Crouching Tiger, Hidden Dragon? Africa and China*, University of KwaZulu-Natal Press, 2008; Fantu Cheru & Cyril Obi, *The Rise of China and India in Africa*, Ze Books, 2010; Li Anshan and Funeka Yazini April, ed., *Forum on China-Africa Cooperation: The Politics of Human Resource Development*, Africa Institute of South Africa, 2013.

④ Onunaiju Charles, *China/Africa: Issues, Challenges and Possibilites*, All-Sorts Production Dompany, 2012.

洲声音的崛起是这一阶段的一个重要特点，表现在三个方面：非洲政府和组织、非洲智库和非洲知识分子。非洲政府对自身国家利益的关注日益明显，对中非合作的可持续性日益重视。这一点不在本文讨论之列。非洲开发银行组织编写的一份报告对中国在非洲的贸易和投资进行了梳理和分析。① 非洲智库开始显现出其国际影响力。非洲经济研究会（AERC）为了对中非经济合作进行系统研究，专门组织非洲学者对中国与非洲各国的经济关系进行研究，包括《中非经济关系：乌干达》（2007）、《中非经济关系：纳米比亚》、《中非经济关系概括研究：肯尼亚》、《中非经济关系概括研究：安哥拉》、《中非经济关系：赞比亚》、《中国—尼日利亚经济关系：非洲经济研究会对中非关系的概括研究》和《中非关系：以加纳为例》（2008）。② 这是对中非经济关系进行系统国别研究的较早尝试。由于作者多为当事国的知识分子，因此这些研究有重要的参考价值。

非洲经济转型中心（ACET）非常活跃，在中非关系研究领域成果卓著。研究报告《向东看：中非接触：加纳案例研究》、《向东看：中非接触：卢旺达案例研究》和《向东看：中非接触：利比里亚案例研究》，就中国对加纳、卢旺达和利比里亚三国的援助、贸易和投资现状进行了研究。《向东看：非洲政策制定者与中国交往指南》从贸易、投资和经济合作三个方面以及油气、矿业、基础建设、农业、制造业、林业、服务业等7个行业着手，全面研究了中国在非洲的影响。难能可贵的是，这份

---

① M-F. Renard, *China's Trade and FDI in Africa*, African Development Bank Working Paper, No. 126, 2011.

② M. Obwona, M. Guloba, W. Nabiddo and N. Kilimani, "China-Africa Economic Relations: The Case of Uganda", Draft Scoping Study Submitted to AERC, Nairobi, 2007; J. E. Odada and O. Kakujaha-Matundu, "China-Africa Economic Relations: The Case of Namibia", Draft Scoping Study Submitted to AERC, Nairobi, 2008; J. Onjala, "A Scoping Study on China-Africa Economic Relations: The Case of Kenya", Revised Report Submitted to AERC, Nairobi, 2008; L. Corkin, "AERC Scoping Exercise on China-Africa Relations: The Case of Angola," Draft Report Submitted to AERC, Nairobi, 2008; I. Mwanawina, "China-Africa Economic Relations: The Case of Zambia." Draft Scoping Study Submitted to AERC, Nairobi, 2008; E. O. Ogunkola, A. S. Bankole and A. Adewuyi, "China-Nigeria Economic Relations: AERC Scoping Studies on China-Africa Relations." Revised Report Submitted to AERC, Nairobi, 2008; D. Tsikata, D., A. P. Fenny, and E. Aryeetey. 2008. "China-Africa Relations: A Case Study of Ghana." Draft Scoping Study Submitted to AERC, Nairobi, 2008.

报告分析了中国介入非洲的利弊及面临的挑战，例如非洲新生的金融服务业所得的利益有限，发展非洲公司得到的资金有限，非洲政府制约中国商贩和保护本土利益的能力有限，以及非洲长远发展与中国商贩短期运作的矛盾，吸引中国游客所需的非洲市场战略等。报告明确提出：非洲领导人欢迎中国介入非洲，但缺乏真正双赢的战略。①

非洲债务与发展论坛网络（AFRODAD）致力于促进非洲政府和非洲公民组织的关系，也加强对中非关系的研究。2011年，该组织在马普托举办了有关"中国在南部非洲的发展援助"的专题研讨会，从泛非议会、公民社会和劳工三个不同角度对中国的贷款效果进行探讨，就赞比亚和莫桑比克两国个案进行了讨论。与会者既批判了所谓中国对非洲实行"殖民主义"的说法，又指出中国在非洲的一些失误，主旨是增进非洲非政府组织之间的协调，提高非洲国家与中国的谈判能力以促进非洲的利益。该智库还组织了关于中国对非发展援助研究项目，先后发布了《绘制中国对非发展援助：对安哥拉、莫桑比克、赞比亚和津巴布韦的综合分析》（2008）、《中国对南部非洲发展援助研讨会的会议报告》（2009）、《中国对非发展援助：对埃塞俄比亚经验的分析》（2011）等报告。②

南部非洲的另一个智库"布伦赫斯特基金会"长期致力于对南部非洲的研究，它于2012年发表了有关5个南部非洲国家里的中国商贩的报告，通过对186名在南部非洲5国经营的中国商贩的采访，为了解中国商人的生存、发展以及遇到的困难等方面提供了宝贵的资料。报告认为：以前对中国在非洲的认识存在误区。西方习惯于将中国在非洲的存在看作是精心筹划的庞大战略中的一部分，一切都受到中国政府的控制，实际上，中国在非洲的存在是多元的、复杂的和多层次的，其结论也比较平实，纠正了西方的两个偏见。以往的研究强调中国人看中了非洲丰富的自然资源，强调中国是为了掠夺非洲资源而来，这是一种片面的解释。

---

① ACET, "Looking East: A Guide to Engaging China for Africa's Policy-makers", Vol. II., Key Dimensions of Chinese Engagements in African Countries, November, 2009.

② AFRODAD, "Workshop Proceedings Report Chinese Development Assistance in Southern Africa", Maputo, September, 2009; AFRODAD, "Mapping Chinese Development Assistance in Africa: An Analysis of the Experiences of Ethiopia", 2011; AFRODAD, "Mapping Chinese Development Assistance in Africa: An Analysis of the Experiences of Cameroon", 2011.

实际上，中国人来到非洲的另一个重要原因是他们在非洲看到了商机：需要中国廉价商品的十亿人的非洲大市场。与以前的看法不同，中国商人在当地雇用的本土人相当多。报告还解释了中国人成功的原因：中国人的共同特点是生存心态，成功秘诀是将工作看作一切。值得注意的是：中国人与非洲人的关系日益恶化。①

南非斯泰伦博希大学中国研究中心一直关注中非关系，特别在马丁·戴维斯主持研究中心期间发表了多篇有分量的研究报告。2010年发表的报告针对中非合作论坛各种措施的落实情况进行了调研。② 格文的一份政策简报分析了中非合作论坛的政策思路和资金使用。③ 后来的一系列报告的主题都有所偏向。南非的非洲研究中心（South Africa Institute of African Studies）也开始注意与中国的合作，近期出版了《中非合作论坛：人力资源发展的政治》的论文集，并召开了"中国—南非建交15周年学术研讨会"。肯尼亚的"非洲间经济研究中心"（Inter Regional Economic Network）在中非交往中也非常活跃。该组织的网络杂志《非洲经理人》（The African Executive）为讨论非洲发展和中非合作提供了一个广阔的平台。2012年，该中心与中国驻肯尼亚大使馆合作举办了有关中非合作的研讨会并出版了论文集。④

在非洲学者中也出现了各种声音。喀麦隆学者普加拉认为中国是非洲的朋友，与冷战时期一样，今天的非洲国家面临着地缘战略定位的问题。非洲需要联盟，需要真朋友。现在，非洲最好的朋友是中国。⑤ 尼日利亚学者阿马迪尔提出了一个重要问题：中非关系是否会成为一种新的

---

① Terence McNamee, with Greg Mills, et al. , "Africa in Their Words: A Study of Chinese Traders in South Africa, Lesotho, Botswana, Zambia and Angola", The Brenthurst Foundation Disscussion Paper, 2012.

② Centre for Chinese Studies, *Evaluating China's FOCAC Commitments to Africa and Mapping the way ahead*. Stellenbosch: Centre for Chinese Studies, 2010.

③ Sven Grimm, "The FOCAC: Political Rationale and Functioning", CCS Policy Briefing, May 2012.

④ James Shikwati, ed. , *China-Africa Partnership: The Quest for a Uin-win Relationship*, Inter Region Economic Network, 2012.

⑤ Jean Paul Pougala, "La Chine, meilleure alliée stratégique de l'Afrique", *Pambazuka News*, http://pambazuka.org/fr/category/features/78297, November 28, 2011.

"依附"关系？巴西和中国的崛起使它们成为全球经济巨头，非洲受到鼓舞并且在经济发展上登上一个新台阶，它不再依赖北半球。然而，对于非洲或者南半球来说，一种新的依附是否会出现？非洲的发展是否能摆脱新的依附？[1] 加纳学者理查德·艾杜认为非洲专制领导人寻找不需要政治条件的援助来实现经济增长，他们拥护北京的"不干预"政策。由于非洲政治氛围的改变，新一代领导人倾向于自由民主理念和务实的经济议程，中国在非洲收购和开发油气资源时碰到的各种阻力以及近期中国人在一些非洲国家遇到的困境表明，中国面临塑造负责任大国形象的任务。[2] 刚果（金）博士生龙刚指出，在全球化时代，刚果（金）采用的是自由市场经济，其基本原则是利益的最大化，即倾向于与能够提供更多好处的伙伴进行交易。如果这种更好的交易来自中国，刚果（金）完全可以直接与中国打交道。[3]

由于中非关系在深度和广度上的拓展，交往的领域不断扩大，问题日益增多。一些非洲人开始加入对中国人的批评行列。一位在美国学习的博士生将中国援建的非洲联盟大厦说成是"非洲的耻辱"。[4] 在《纽约时报》上登文批评中非新闻合作的是担任一个非政府组织协调员的非洲人。[5] 赞比亚学者认为中国在非洲实行新殖民主义；中国在非洲的努力一方面是为了寻求国内稳定，另一方面是通过各种手段（掠夺资源、销售武器、购买土地等）来建立对非洲的统治。中国的战略是通过与非洲领

---

[1] Luke Amadi, "Africa: Beyond the 'New' Dependency: A Political Economy", *African Journal of Political Science and International Relations*, 6: 8 (December 2012), pp. 191 – 203.

[2] Richard Aidoo, "China's 'Image' Problem in Africa", *The Diplomat*, October 25, 2012. http://thediplomat.com/2012/10/25/non-interference-a-double-edged-sword-for-china-in-africa/.

[3] Antoine Roger Lokongo, "Sino-DRC Contracts to Thwart the Return of Western Patronage", *Pambazuka News*, http://www.pambazuka.org/en/category/africa_china/54717, March 11, 2009.

[4] Chika Ezeanya, "The AU and the Tragedy of a New Headquarters" http://chikaforafrica.com/2012/01/24/the-au-and-the-tragedy-of-a-new-headquarters/hun Hailemikael. 有关评论，可参见 Antoine Roger Lokongo, "New AU Headquarters: A Tribute to China-Africa Relations-A Response to Chika Ezeanya", Feb. 1, 2012, http://www.pambazuka.org/en/category/features/79584.

[5] Mohamed Keita, "Africa's Free Press Problem", Op-Ed contributor, *New York Times*, April 15, 2012, http://www.nytimes.com/2012/04/16/opinion/africas-free-press-problem.html?_r = 1. 有关评论，可参见 Li Anshan, "Neither Devil nor Angel: The Role of Media in Sino-Africa Relations", May 17, 2012, http://allafrica.com/stories/201205180551.html。

导人的肮脏交易来牺牲大众的利益。他呼吁改善非洲国家之间的协调来对付北京。① 安哥拉学者认为中安关系不尽如人意。安哥拉政府希望中国帮助重建，但经济发展慢慢取代了公民自由和人权，执政者得以维持其统治。中国人偷税漏税使安哥拉黑市猖獗，中国人已成为问题的一部分而非解决方案的一部分。② 塞内加尔学者认为，中国进口非洲资源、双方贸易不平衡、非洲债务加重、中国廉价商品对非洲本土产业的摧毁等现象表明，中非关系不是双赢关系，而是建立在中国对非洲的优势之上。③

这些非洲学者中有的对中非关系的快速发展给予积极评价，有的客观指出了中非关系发展过程中的不平衡性，有的因缺乏对中非关系的全面了解而产生某种偏见与困惑，还有的则受到西方舆论的误导而提出无端指责。不同观点的争论使得非洲学者争相进入对中非关系的现状及其影响的讨论之中。

非洲学者的参与使研究视角和观点更为多元。有的学者认为，中国在非洲的形象有多种，依据不同角度有不同看法。中国应该解决非洲的主要担忧，如环境、劳工权利、去工业化等，孔子学院是好方法，有助于互相理解。非洲国家应利用与中国的合作机会，考虑它们希望从中国得到什么，双方必须合作增进了解。④ 范图·切鲁指出中国给非洲的崛起提供了机会和挑战。尽管这给某些非洲制造商带来一些挫折，但中国的贸易、投资和基础设施援助正在从根本上重塑非洲经济利益，非洲领导人不应失去这个机会；他认为，非洲应有一致的国家政策和统一的区域/大陆战略，从而促使中国从一个系统合理的长期视角参与非洲事务。非洲人须学习和了解中国历史和文化，形成非洲战略领导力和远见的长期基石。否则，新兴伙伴关系可能代表在非洲另一个阶段的新殖民主义，

---

① Chola Mukanga, "China's New Colonialism in Africa", zambian-economist.com, http://www.zambian-economist.com/2012/05/chinas-new-colonialism-in-africa.html, May, 17, 2012.

② Rafael Marques de Morais, "The New Imperialism: China in Angola", World Affairs, March/April 2011.

③ Sanou Mbayem, "Africa will not put up with a Colonialist China", The Guradian, February 7, 2011. http://www.guardian.co.uk/commentisfree/2011/feb/07/china-exploitation-africa-industry.

④ Dorothy McCormick, "African Perceptions of Afro-Chinese Relations", Paper Presented at ERD Workshop on "Financial Markets, Adverse Shocks and Coping Strategies in Fragile Countries", Accra, 21 – 23 May, 2009.

即被邀请来的新殖民主义。① 博茨瓦纳学者奥塞—霍维德认为，中国已重新取向并加深与非洲的合作，并正在进行新的探索以消除不对称的关系，改善它在非洲的形象，回应那些反对它在非洲活动的批评意见，促进可持续发展，在全球化时代维护它的领导；中非关系已从战略资源拓展到多元化投资和制造业投资、基础设施建设、企业发展、文化交流和维和行动。非洲是否能受益于中国的新立场取决于非洲国家是否有能力制定有利于本国家或区域的战略。②

2011 年，几位著名学者合写的文章分析了为何西方总是一味批判中国在非洲的行为，试图纠正这种一边倒的情况。③ 美国学者弗朗塔尼对中国—加纳 50 年（1961—2011）来的合作关系进行了系统考察，对西方媒体惯常针对中非关系的批评提出了挑战。她认为，加中合作带来诸多好处，如就业机会增多、技术引进、民众负担得起的制成品进口和一定程度的投资。④ 2012 年，《卫报》发表的题为"西方没有权利批判中非关系"的文章揭露了西方指责中非合作的真实目的。作者指出：前西方殖民列强正在通过不同机制（包括外交和军事压力、媒介宣传运动、非政府组织、基督教会、国际货币基金组织、世界银行、人道主义诱饵等）指使非洲国家反对中国以维护自己的特权。虽然这种"新殖民主义"的理论短期内受到欢迎，但前西方殖民列强并不能向非洲提供其所需要的，却反过来依靠非洲来保证西方的生存。⑤

这种话语的改变可归结于研究的推进与环境的变化。首先，随着研究的推进，人们对中非关系的认识也在拓展，从宏观描述和简单评判进

---

① Fantu Cheru, "De-coding China-Africa Relations: Partnership for Development or '(neo) colonialism by invitation'?", *The World Financial Review*, September-October 2011, pp. 72 – 75.

② Bertha Z. Osei-Hwede, "The Dynamics of China-Africa Cooperation", *Afro Asian Journal of Social Sciences*, 3: 1 (2012), pp. 1 – 25.

③ Alex Berger, Deborah Brautigam, Philipp Baumgartner, "Why are we so Critical about China's Engagement in Africa?", German Development Institute, August 15, 2011.

④ Heidi Glaesel Frontani, "China's Development Initiatives in Ghana, 1961 – 2011", *Journal of Sustainable Development in Africa*, Volume 14 (No. 8, 2012), pp. 275 – 286.

⑤ Jonathan Glennie, "The West has no Right to Criticise the China-Africa Relationship", *The Guardian*, London, February 8, 2012; http://www.guardian.co.uk/global-development/poverty-matters/2012/feb/08/west-no-right-to-criticise-china.

入到具体领域的研究。其次，中非合作的拓展也是一个重要因素。2000年第一次中非合作论坛的议题相对简单，随着双方关系的推进，合作领域日益宽阔，从而为研究提供了更多空间。再次，美国和欧洲联盟几乎同时在2008年发出信息，希望与中国在非洲事务上进行合作。这些因素对有关中非关系国际话语的转变起到了一定作用。第四次中非合作论坛后，非洲方面也针对中非关系向中方提出了建设性意见，例如非洲联盟组织研究的课题认为应该简化从中国金融机构的借款程序；中国应在东盟组织和20国集团会议上为非洲鼓与呼；非洲半成品获准通过优惠关税进入中国市场，并加强对非洲公司的技术转让。[1]

本阶段的研究有以下特点。一是不少非洲学者（特别是海外的非洲学者）加入到研究主体。不管他们的观点如何，其参与改变了西方学者一统话语权的局面。二是非洲智库影响力增强。多个非洲智库的研究报告在肯定中非关系的同时，对中非关系提出了批评，但多为建设性意见，从而对国际社会产生了正面积极的影响。三是西方一统学术的局面开始改变，研究呈现出多元化的趋势，即研究主体多元、观点多元和议题多元。四是研究从泛论开始转为具体议题。虽然歧视性的研究和观点仍然存在，但总体研究趋向理性客观，有一定深度的研究成果开始出现。

四　结论

通过上述回顾和梳理，国际上对中非关系的关注有增无减，并呈现出以下现象。

第一，一些西方政府首脑直接介入对中非关系的评论。中非合作快速发展致使一些西方政府首脑在焦虑之余对中非关系公开进行负面评价。美国前国务卿希拉里曾在赞比亚隐晦地批判中国在非洲搞"新殖民主义"，英国首相卡梅伦在尼日利亚反对中国"侵略"非洲。奥巴马在非洲之行时建议南非总统祖马与中国打交道时应当"注意"。他们的发言都提到中国的政治制度，并批评中国在非洲的活动。这种批评会影响西方学者和非洲学者的观点，也会对国际社会关于中非关系的话语产生作用。

---

[1] AU Commission on Africa's Strategic Relationships (EX. CL/544 (XVI), January 2010.

第二，对中非关系的研究开始进入微观层面。虽然国际学术界观点各异，但学者们开始注意排除偏见，力图客观地分析中非关系。这主要是由于中国在非洲民众中的影响与西方不同，加上中国在非洲的介入从多方面对非洲产生了较积极的作用。鉴于此，学者或智库加强了对中国移民、产品质量、劳工待遇、援助、投资、农业项目、矿山石油、经济特区等方面的个案研究。有关中国民营企业在非投资项目和对中国商人在非洲的作用及影响的研究都属于这种渐入微观层面的研究。

第三，日益增多的非洲学者的积极参与。以前有关中非关系的论争多集中在西方学者与中国学者之间，这种情况引发了诸多非洲学者的注意，一些在海外工作的非洲学者认为应让国际社会听到其声音，非洲学者应该对中非关系做出客观评论，并认为自己有义务参与自己国家的"中国政策"的咨询甚至制定。非洲学术界的代表人物都表示要通过不同方式介入中非关系的讨论之中。这种介入有利于中非关系的持续发展并在逐步改变国际学术界由西方学者统领话语的现状。

第四，国际社会逐渐将中非合作放入更大的研究框架中进行分析。由于新兴经济体的崛起，多个关于"中国在非洲"或"中非合作"的项目被改为与金砖国家或新兴经济体与非洲关系的相关项目。伦敦大学非洲与东方学院于2007年设立了亚非研究中心，其主要考虑是亚非关系呈现出新的发展趋势。德国政府以前较重视中国在非洲的活动，认为要将非洲与亚洲结合起来研究，专门设立了题为"非洲的亚洲选择"的重大项目。2013年6月，德国外交部专门召开"中国、印度和德国在东非的前景展望"研讨会，从中、印邀请了官员和学者与会，力图探讨三国在东非合作的可能性。学术界对中非关系的分析开始呈现理性化，研究的深度和广度也在拓展，既有涉及整体战略的议题，也有各种专题研究。话语的专断和随意性正在减少。目前，国际社会对中国对非援助、人权问题、移民问题、中国在非洲的软实力和中美非/中欧非的三方合作等议题的研究不断加强。我们相信，中非关系研究的空间将不断拓展，国际话语将不断变化。

第二部分

政策与战略

中国对非政策的调适与转变[*]

内容提要：本文发表于 2006 年。《中国对非洲政策文件》（2006）的发表，标志着中国对非洲政策日趋成熟。改革开放以来，中国对非洲政策受到新时期战略决策的影响，已逐步完成意识形态从强调到弱化、交流领域从单一到多元以及合作性质从注重经济援助到强调互利双赢的三重转变。中国对非洲政策面临四大矛盾：中国国家利益与在非洲的中国企业利益的矛盾、中国企业与非洲企业的矛盾、中国在非洲的利益与西方大国在非洲的利益的矛盾、中国在非洲的能源战略与可持续发展的矛盾。中国只有妥善解决这些矛盾，才能向世界展示一个负责任大国的形象。

20 世纪是中国与非洲共命运的世纪，主要表现在列强的瓜分、社会的剧变、民族的复兴和国家的建设四个方面。中国学界对非洲经历了从相识、支持、了解到研究的过程。从中国经济走上快车道以来，国外对中国十分关注，中国的对非政策尤其引起各种反响。2006 年 1 月《中国对非洲政策文件》的发表标志着 21 世纪中国对非政策日趋成熟。学者们在论及中国对非政策时一般强调其连续性，而忽略其调适与变化。本文认为，改革开放以来，中国对非政策受到新时期战略决策的影响，已逐步完成了意识形态从强调到弱化、交流领域从单一到多元以及合作性质从注重经济援助到强调互利双赢的三重转变。

---

[*] 本文原标题为《论中国对非洲政策的调适与转变》，《西亚非洲》2006 年第 8 期，稍有删改。

意识形态：从强调到弱化

改革开放以来，中国对非政策发生重大变化，这主要受到两个因素影响：中国对国际形势的判断（和平与发展成为当今世界两大主题）；中国战略思想的转变（重点转入国内经济建设）。对非政策的第一个变化是从强调意识形态上的结盟转为在意识形态领域求同存异的基础上加强交流与对话。这种变化主要是针对政党关系，但也表现在国家之间的交往方面。

中国自20世纪50年代初提出和平共处五项原则后，又于60年代初提出了"中国处理同阿拉伯国家和非洲国家关系的五项原则"和对外经济技术援助八项原则。1963年12月到1964年2月，周恩来总理访问亚非欧14国，其中有10个非洲国家。在访非途中，他提出了中国处理同非洲和阿拉伯国家关系的立场和原则：支持非洲和阿拉伯国家人民反对帝国主义和新老殖民主义、争取和维护民族独立的斗争；支持非洲和阿拉伯国家各国政府奉行和平中立的不结盟政策；支持非洲和阿拉伯国家人民用自己选择的方式实现团结和统一的愿望；支持非洲和阿拉伯国家通过和平协商解决彼此之间的争端；主张非洲和阿拉伯国家的主权应得到一切国家的尊重，反对来自任何方面的侵犯和干涉。[①] 五项立场是中国对非政策的重要宣示，旗帜鲜明地反帝反殖，其意识形态的针对性十分明确。1964年1月18日，周总理在加纳回答记者提问时正式提出了中国对外提供经济技术援助的八项原则：根据平等互利的原则，不将援助看作是单方面的赐予，认为援助是相互的；援助时绝不附带任何条件，绝不要求任何特权；提供的无息或低息贷款需要时可延长期限，以减少受援国的负担；援助的目的是使受援国走上自力更生、经济独立发展的道路；援助项目力求投资少、见效快，使受援国增加收入；提供自己生产的质量最好的设备和物质，按国际市场议价，不合商定规格和质量的保证退换；提供技术援助时要保证受援国人员充分掌握这种技术；中国援助专

---

① 《中华人民共和国外交大事记》第2卷，世界知识出版社2001年版，第310—311页。

家与受援国专家享受同等待遇，不许有任何特殊要求和享受。①

五项立场和八项原则奠定了中国对非政策的基础。客观地说，1949—1978年中国对外政策在相当程度受到国际政治的影响。② 新中国成立以来，中国先后实施联苏反美的"一边倒"（20世纪50年代）、"反帝反修"（60年代）与联美反苏"一条线"和"一大边"（70年代）的战略。③ 当时对非政策的基点是，中国应站在第三世界反殖、反帝、反修的第一线。④ 这种强调意识形态的取向实源于对中国不利的国际形势。西方的敌视政策迫使中国获得较有利的外交空间来谋求自己的生存权利。

由于坚持外交政策与意识形态挂钩，中国对非外交曾一度陷入十分尴尬的境地。⑤ 在20世纪60年代，中国共产党与南非共产党和留尼汪共产党有过交往，后来因为中苏论战等原因，中共中断了与这两个政党的关系。1967—1969年，中共与几内亚和佛得角非洲独立党的关系因中共代表谴责其亲苏立场而一度疏远。刚果劳动党要求与中共建立党际关系以加强合作，中方以对方不是共产党为由予以拒绝。莫桑比克解放阵线党与中共早有联系，该党曾提出建立党际关系，中共因囿于意识形态的原因而拒绝；该党邀请中共参加"三大"未能如愿。两党关系直到1981年才开始正常发展。70年代后期，中共交往的非洲政党只有埃塞俄比亚人民革命党和几个"共产主义小组"。1977年7月，华国锋主席在会见莫桑比克代表团后指示中联部、外交部对与非洲国家政党交往问题进行调

---

① 《周恩来总理答加纳通讯社记者问：独立富强新非洲必将出现在世界上 中国严格遵守八项原则帮助新兴国家发展民族独立经济》，《人民日报》1964年1月18日；黄镇：《把友谊之路铺向觉醒的非洲》，《不尽的思念》，中央文献出版社1987年版，第364—373页。

② 有的学者将这一时期细分为1950—1960年和1960—1978年两个阶段。Deborah Brautigam, *Chinese Aid and African Development: Exporting Green Revolution*, Macmillan Press, 1998, pp. 38-40.

③ 参见曲星《中国外交50年》，江苏人民出版社2000年版，第375—376页；Robert Ross, ed., *China, the United States, and the Soviet Union: Tripolarity and Policy Making in the Cold War*, New York, 1993, pp. 11-61.

④ 参见中国外交部、中共中央文献研究室编《毛泽东外交文选》，中央文献出版社/世界知识出版社1994年版，第403—413、416—420、463—467、490—492、497—502、526—528、587—588、600—601页。

⑤ 龙向阳：《1966—1969年中国与非洲关系初探》，北京大学非洲研究中心编《中国与非洲》，第72—86页。关于"文化大革命"时期中国外交政策，参见 B. Barnouin & Yu Changgen, *Chinese Foreign Policy during the Cultural Revolution*, London, 1998, pp. 75-78.

研；11月，两部联名上呈"关于黑非洲等地区一些民族主义国家执政党要求与我建立关系问题的请示"。12月20日，中央政治局批准了这一请示，决定开展对非洲执政党的工作。中联部从1978年开始接待非洲执政党来访。[①] 这是中共对外关系史上的突破，极大推进了对非关系的发展。为什么说是突破？因为它代表着中共对外交往开始从意识形态的束缚下解放出来。

1978年以后，中共与非洲政党交往迅速发展。[②] 1982年召开的中共十二大确立了"独立自主、完全平等、相互尊重、互不干涉内部事务"的新型党际关系原则，并提出期望同更多的进步政党和组织建立联系。[③] 中国与发展中国家的政党交往日益增多。[④] 从1978年到1990年，撒哈拉以南非洲各党共派出代表团230多批访华，其中包括党主席、总书记、政治局委员等主要领导134人。同期，中共派出56批党的代表团、组访问了撒哈拉以南非洲的39个国家的执政党。[⑤] 截至2002年，中共与撒哈拉以南非洲约40个国家的60多个政党建立联系，其中30多个是执政党。[⑥] 2005年，24个非洲政党访华，中共访非代表团达19个。在政党交流活动中，双方议题广泛，涉及政治、经济、文化、军事等，中国共产党希望通过各种渠道来服务于经济建设及和平崛起的战略目标。双方的议会也开始互访。[⑦]

[①] 蒋光化：《访问外国政党纪实》，世界知识出版社1997年版，第191、451、667页；曲星：《中国外交50年》，第450—451页；艾平：《中国共产党与撒哈拉以南非洲政党的交往》，陈公元主编《21世纪中非关系发展战略报告》，《中国非洲问题研究会》，2000年，第12—13页。

[②] 李力清将1978年以来的中国与黑非洲政党关系的发展划为三个阶段。参见李力清《中国与黑非洲交往的历史与现状》，《西亚非洲》2006年第3期，第16—19页。

[③] 《人民日报》1982年9月8日。

[④] 2004年北京主办第三届亚洲政党国际会议，钟欣：《不以意识形态划线》，《党建文汇》2004年第9期；黄文登：《邓小平理论与中拉党际关系》，《拉丁美洲研究》1998年第6期。

[⑤] 蒋光化：《访问外国政党纪实》，第670—671页。书中记载了他11次率团访问撒哈拉以南非洲的情况。

[⑥] 李力清：《中国与黑非洲政党交往的历史与现状》，《西亚非洲》2006年第3期；《深化中非关系的有益尝试：记第五次非洲国家政党研讨考察活动》，《当代世界》2002年第6期，第18—19页；钟伟云：《当前黑非洲政党态势和中非政党间的交往》，北京大学非洲研究中心编《中国与非洲》，第129—142页。

[⑦] 曾建徽：《议会外交：交流与交锋——曾建徽与外国议员和政要的对话》（上），五洲传播出版社2006年版，第101—103、184—186页。

非洲的政党和政权可谓千差万别。① 然而，中共不再以意识形态划线，与非洲政党的交往大大加强并表现出以下特点。第一，交往原则不以意识形态划线。中共不仅与意识形态相同的政党加强合作，也与其他政党发展关系。第二，交往对象不以执政党为限。中共不仅与执政党加强联系，还与一些非执政党交往。第三，交往内容不限于政党政治。双方交往的内容不仅涉及政党政治，还致力于促进经贸合作和文化交流。②

表1　　　　　2002—2005年中共与非洲政党互访统计　　（单位：次）

年份	2002	2003	2004	2005	2002—2005
非洲各政党来访	16	13	16	24	69
中共代表团出访	17	8	20	19	64

资料来源：《人民日报》、《瞭望》及相关网站。

由于摆脱了意识形态的束缚，中非政治关系在广泛的基础上逐步加深。中国领导人不断访非，20世纪90年代以来更加频繁。1995年时任副总理朱镕基访非掀起新的"非洲热"。江泽民主席曾四次访非，并于1996年访问非统组织时提出全面发展中非关系五点建议：真诚友好，平等相待，互利互惠，加强磋商，面向未来。③ 胡锦涛主席也四次访非，他于2004年访非时重申了中国对非基本政策："坚持巩固和发展中非人民传统友谊，尊重非洲人民自主选择的发展道路；坚持在国际和地区事务中相互支持，共同维护发展中国家的正当权益；坚持相互尊重、相互学习、

---

① 大致有以社会主义为方向、以资本主义为方向、希望走非资本主义和非社会主义道路三种取向。蒋光化：《访问外国政党纪实》，世界知识出版社1997年版，第670页；Naomi Chazan, et al, *Politics and Society in Contemporary Africa*, Lynne Rienner Publishers, pp. 140–151。

② 2000年原中共北京市委书记贾庆林访问乌干达，促成咖啡贸易合作；原中共山东省委书记吴官正（2001年）、中共广东省委书记张德江（2004年）和中共湖北省委书记俞正声（2005年）访非时，随访的经贸团与非洲诸国家签订了多项合作协议。参见李力清《中国与黑非洲政党交往的历史与现状》，第18页。

③ 《江泽民在非统组织发表重要演讲提出全面发展中非关系五点建议》，《人民日报》1996年5月14日。

平等互利，继续向非洲国家提供力所能及的援助，谋求共同发展。"① 政党关系的开拓促进了中非关系，构成了中国对非政策的重要内容。有的外国学者认为，中国对非关系没有任何政治要求，只有一个原则：建交国不能与中国台湾地区保持关系。②

交流领域：从单一到多元

改革开放以来中国对非政策的第二个变化是从强调政治交往到多方面与多层次的交流。

从新中国成立到1978年，中国对非政策的重点集中在三方面：支持非洲人民的民族独立运动；与非洲国家在国际舞台联合进行反帝反殖和反霸斗争；援助非洲国家的经济建设。在政治上，中国全力支持非洲民族独立运动，除了从道义上声援非洲人民外，还为非洲独立运动培养军事和政治人才。③ 非洲国家独立后，中国开始在反帝反霸的斗争中争取非洲作为同盟军。④ 对非援助是在承受了国内经济压力的条件下进行的。中非经济关系由两方面构成：双方贸易与对非援助。中非贸易总额1977年才达到7.2亿美元。⑤ 1956—1977年，中国向36个非洲国家提供了超过大量的经济援助，占中国对外援助总额（42.76亿美元）的58%。20世纪70年代，苏联虽是非洲的第一大军火商，但对非洲的援助却远远落后于中国。

---

① 《胡锦涛同加蓬总统邦戈会谈就双边关系和非洲局势等问题交换了看法并达成广泛共识》，《人民日报》2004年2月3日。
② Brian Smith, "Western concern at China's growing involvement in Africa," *Asian Tribune*, 2006/4/10. http://www.asiantribune.com/ show article. php? id = 3102.
③ 蒋光化：《访问外国政党纪实》，第130、303—305、442—443、621—622页。中国在1955—1977年共为非洲培养了2675名军事人才。W. Weinstein & T. H. Henriksen, ed., *Soviet and Chinese Aid to African Nations*, Praeger, 1980, pp. 102 – 111。
④ 关于非洲对苏联和中国意识形态的不同反应，参见 Marina Ottaway, "Soviet Marxism and African Socialism," *Journal of Modern African Studies* (September 1978), pp. 477 – 487。
⑤ 《中国对外经济贸易年鉴·1984》，中国对外经济贸易出版社1984年版，第V—30页。

表 2　　　　　　　中非贸易统计（1980—1988 年）　　　　单位：万美元

年份	贸易总额	出口额	进口额	年份	贸易总额	出口额	进口额
1980	113103	74703	38400	1984	87608	62373	25235
1981	109749	79809	29940	1985	62848	41940	20908
1982	119099	97844	21255	1986	85447	63845	21602
1983	92074	67576	24498	1987	100883	85428	15455

资料来源：根据《中国对外经济贸易年鉴》（1984—1988 年）数据整理。

"文化大革命"结束后，中非关系在短期内有下降趋势，主要有以下表现：第一，对非援助下滑。第二，贸易额下降，从表 2 可清楚看出这一点，中非贸易额从 1980 年后一直呈下降趋势（1982 年除外），1986 年才开始回升。第三，医疗队人数减少。表 3 表明：1979 年和 1980 年中国没有派遣医疗队，在 1978—1983 年这 6 年时间里，派驻援外医疗队国家的人数和医疗站点均最少。

表 3　　　　　中国派遣援非医疗队情况（1963—1983 年）

始派时间	医疗队派驻国家	医疗点数	1983 年底人数
1963—1967	阿尔及利亚、坦桑尼亚、索马里、刚果	17	326
1968—1972	马里、坦桑尼亚、毛里塔尼亚、几内亚、苏丹、赤道几内亚	18	197
1973—1977	塞拉利昂、突尼斯、扎伊尔［现刚果（金）］、多哥、塞内加尔、马达加斯加、摩洛哥、尼日尔、圣多美和普林西比、上沃尔特（现布基纳法索）、几内亚（比绍）、加蓬、冈比亚	23	300
1978—1983 *	贝宁、赞比亚、中非、博茨瓦纳、吉布提、莫桑比克、卢旺达、乌干达、利比亚	13	173
1963—1983	以上所有国家	71	996

资料来源：根据《1963—1983 年我国派遣援外医疗队情况》资料整理，《中国对外经济贸易年鉴·1984》，第 IV—219 页。* 1979—1980 年没有派遣医疗队。

这一时期虽然短暂，但不容忽略。中国对非政策的变化有以下几个原因。首先，对非援助一直在国内经济十分困难的情况下进行。"文化大革命"结束,百废待兴,国内建设需要大量资金。其次,经济建设急需外资和技术,加之中国与西方国家关系出现缓和,中国政府将注意力转到与发达国家的沟通上。再次,与两个主要受援国(阿尔巴尼亚与越南)关系的恶化使中国认识到对外援助的局限性。当然,中国领导层交替使政策的连贯性也受到影响。[①] 很明显,中非双方要建立持久的关系必须有新思路。

20世纪80年代初,中国处于战略思维的转变期。1982年9月召开的中共十二大提出了"全面开创社会主义现代化建设的新局面"这一口号,并确定了独立自主的和平外交方针。中国对时代主题的认识实现了从"战争与革命"到"和平与发展"的转变,对外交与经济两者关系的认识实现了"经济为外交服务"到"外交为经济服务"的转变。[②] 三个月后,时任中国总理访问非洲10国。在启程前表明:此行目的在于增进了解和友谊,加强团结和合作,在访非期间宣布中国对非经济技术合作四项原则:平等互利、讲求实效、形式多样、共同发展。[③] 四项原则是对八项原则的补充和发展。八项原则是关于对外援助工作的,四项原则是针对经济技术合作,这是在不同时期针对不同情况提出的两项政策,具有互补作用;前者主要是约束中方,在实践中利弊各现;后者强调双向合作和共同发展,发挥各自优势因地制宜,以提高自力更生的能力。这无疑是对新形势的政策调适,从而构成了中非经济互利合作的整体原则,对非洲产生了重大影响并受到国际社会的关注。[④]

为了使非洲国家外交官更加了解中国,外交部还委托外交学院于1996—2004年举办了9期英语和法语的"非洲外交官'了解现代中国'讲习班",2001年和2004年举办了两期阿语研习班。1999—2003年,研习班邀请了一些非洲地区组织的代表参加:1999年为非统组织;2000年

[①] 尽管如此,中国在1979—1983年建成的援外项目达181个,其中90%以上是在非洲国家。《1979—1983年我国援外建成项目情况》,《中国对外经济贸易年鉴·1984》,1984年,第Ⅴ—217—218页。

[②] 曲星:《中国外交50年》,第440—441页。

[③] 《赵总理在达累斯萨拉姆举行的记者招待会上说 访问非洲十国达到预期目的》,《人民日报》1983年1月15日。

[④] L. C. Harris & R. L. Worden, ed., *China and the Third World Champion or Challenger*? Croom Helm, 1986, pp. 100 – 119.

为中非国家经济共同体；2001 年为东南非共同市场、东非共同体、西非国家经济共同体、非统组织、南部非洲发展共同体；2002 年为中非国家经济共同体；2003 年为南部非洲共同市场、南部非洲发展共同体。这一举措使中国与非洲地区组织的关系更密切，也为开展经济合作设立了平台。为了使代表们全面了解中国，第一阶段讲授中国历史、文化、经济、社会、外交等方面内容，并参观名胜古迹和观看文艺节目；第二阶段组织访问 2—4 个城市，参观企业、农村及博物馆，并同当地人士座谈。这种活动使非洲代表直接感受中国改革带来的巨大变化。

20 世纪 80 年代后期以来，中非关系全面发展。特别是关于两个市场、两种资源的战略部署使中非关系扩展到各个方面。中国已与 26 个非洲国家签订了双边促进和保护投资协定，与 8 个非洲国家签订了避免双重征税协定，分别与 41 个非洲国家签有贸易协定、和 46 个非洲国家签有文化协定，中非双边多边合作机制日趋健全，合作方式日趋多元化。① 从 1989 年起，中国外长每年正式出访的第一站一直是非洲国家，中国与 28 个非洲国家建立了外交部间政治磋商机制。中非交流涵盖众多领域，包括经贸合作的扩展、文教交流的扩大、医疗卫生援助的持续、② 军事交流的加强、③ 民间交流的拓展等。然而，发展最快的是教育交流与经贸合作。

教育交流方面，从 20 世纪 50 年代起中非教育交流主要局限于接收留学生。从 90 年代起，教育交流已发展到多层次、多领域、多形式，主要表现在高层互访、互派留学生，中方派遣援非教师，人才培训，在非洲国家建立各种实验室。④ 教育部代表团在 90 年代访问了近 20 个非洲国家，43 个非洲国家向中国派遣了 5669 名留学生，中国也向 10 余个非洲国家派遣了百余名留学生。238 名中国援非教师遍布 30 余个非洲国家。为了更有效地为非洲国家培养高层次人才，中方在接收留学生方面增加

---

① 宗合：《中非友好合作与共同发展》，《西亚非洲》2005 年第 2 期，第 59 页。

② Drew Thompson, "China's Soft Power in Africa: From the 'Beijing Consensus' to Health Diplomacy," *China Brief, A Journal of Analysis and Information* (Jamestown Foundation), 5: 21 (October 13, 2003); 徐春富：《架筑友谊桥梁的中国白衣天使：中国援助非洲医疗队工作见闻》，《西亚非洲》2003 年第 5 期，第 73—75 页。

③ 詹世明：《国防大学外训系非洲学员来西亚非洲所座谈》，《西亚非洲》2004 年第 3 期，第 23 页。

④ Sandra Gillespie, *South-South Transfer: A Study of Sino-rican Exchanges*, Routledge, 2001.

了研究生比例。教育部从 1998 年开始为非洲国家举办培训班。截至 2003 年底，中国在 21 个非洲国家实施了 43 期高教与科研项目，开设了具有中国特点又为非洲国家急需的学科及相关实验室 21 个。① 2005 年教育部委托 11 所院校单位举办了 12 期培训班和研讨班，内容包括高教管理、远程教育和职业技术教育，来自 41 个亚非国家的教育官员、学者和技术人员参加了学习。②

为了更好地进行合作交流，教育部下属院校还成立了多个培训基地，如天津工程师范学院的非洲职业教育研究中心着重为非洲各国培养中等专业技术人员，成功地与非洲国家开展了职业技术教育合作；中国还向埃塞俄比亚派遣了 87 名职业教师。浙江师范大学非洲教育研究中心加强与非洲国家教育部门的合作，除进行汉语培训外，先后举办了"非洲高等教育管理研修班""非洲英语国家大学校长研修班"和"非洲法语国家大学校长研修班"等。东北师范大学和吉林大学对非洲教育官员进行教育管理和远程教育方面的培训。中国农业大学、南京农业大学在培养农业技术人才、促进技术项目在非洲的推广方面取得了经验。天津中医学院等中医院校则先后为非洲培养了一批专业中医药技术人才。③ 目前，教育人才培训工作逐步形成了一套"请进来，走出去，扬我长，重效益"的经验。④ 在 2005 年 11 月召开的首届北京"中非教育部长论坛"上，陈至立国务委员宣布对非教育援助和合作交流的四项承诺：扩大中非留学生项目、举办各类学术研讨班、进行教育管理培训和在非洲进行中文教育。⑤ 2010 年，教育部根据第四次中非合作论坛部长级会议的精神组织了

---

① 《中非教育合作与交流》编写组：《中国与非洲国家教育合作与交流》，北京大学出版社 2005 年版，第 3—5 页；张秀琴等：《中国和非洲国家的教育交流与合作》，《西亚非洲》2004 年第 3 期。

② 教育部国际司：《第四次对发展中国家教育援助人才培训工作经验交流研讨会会议纪要》，2006 年 4 月。

③ "Typical Cases Introduction about China-Africa Cooperation in Education", Department of International Cooperation and Exchanges, Ministry of Education, P. R. China, 2005 – 11 – 21. （会议文件）

④ 《第四次对发展中国家教育援助人才培训工作经验交流研讨会工作材料》，昆明，2006 年 3 月，第 2 页。

⑤ Chen Zhili, "Speech at the China-Africa Education Ministers Forum," November 27, 2005, p. 5. （会议文件）

"中非教育 20+20 计划",使双方的教育交流有了更广阔的平台。

1950 年以来,中非贸易主要局限于国家间贸易。国家干预的成分使这种关系可以维持但缺乏活力。近年来,中非贸易出现一些新特点,其中之一是国有、民营和"三资"企业在"走出去"战略推动下走向非洲。民营企业发展迅速,有赶超国有企业的趋势。[1] 中非贸易从 20 世纪 50 年代的 1000 多万美元发展到 2000 年的 100 多亿美元,2005 年达 397.4 亿美元。双方的互补性可从商品构成上看出来。2004 年,中国出口非洲商品前四位分别是机电 (41%)、纺织品 (18%)、服装 (11%) 和高新技术产品 (8%);从非洲进口产品前四位分别为原油 (64%)、铁矿砂 (5%)、棉花 (4%)、钢铁制品、钻石和原木 (各占 3%)。[2] 中非经济合作还表现在投资、承包业务等方面。2004 年年底,经商务部核准和备案的中国在非洲的非金融类企业累计已达 715 家。[3] 截至 2005 年年底,中国企业在非投资达 12.5 亿美元,投资项目涉及贸易工商、资源开发、交通运输、农业及农产品开发等。[4] 中国公司承包业务增长,建筑劳务输出增多。2004 年,中国公司承包合同 2721 项,金额达 6 亿美元,非洲的市场份额达 14%。[5] 2005 年,中国企业在非洲新签承包劳务合同额 86.1 亿美元,完成营业额 62.4 亿美元。截至 2005 年年底,中国在非承包工程和劳务合作累计合同额 412.1 亿美元,完成营业额 289.5 亿美元,从事承包工程和劳务合作人员达 8.2 万人。[6] 到 2009 年年底,中国在非洲工程承包的营业额突破 200 亿美元。[7] 为了开发非洲市场,中国在非洲设立 11

---

[1] 据统计,2005 年 1—9 月,国有、民营和"三资"企业对非洲的出口额分别为 55.9 亿美元、51.1 亿美元和 28.6 亿美元,同比增幅分别为 23%、59.6% 和 52.7%。参见周建青《中非经贸合作稳步发展——2005 年中非经贸合作情况及 2006 年展望》,《西亚非洲》2006 年第 1 期,第 16 页。

[2] 商务部西亚非洲司协调处:《2004 年中国与非洲国家的经济贸易关系》,《中国商务年鉴·2005》,中国商务出版社 2005 年版,第 182—183 页。

[3] 同上书,第 183 页。

[4] 商务部西亚非洲司:《2005 年中非经贸合作成绩斐然》,中国商务部网站,2006 年 1 月 26 日。

[5] 《中国商务年鉴·2005》,中国商务出版社 2005 年版,第 166 页。

[6] 商务部西亚非洲司:《2005 年中非经贸合作成绩斐然》,中国商务部网站,2006 年 1 月 26 日。

[7] 陈公元:《中非友好交往史初探》,中国非洲问题研究会 2010 年版,第 183 页。

个"中国投资开发贸易促进中心"。中国还与大部分非洲国家建立了经贸混(联)合委员会机制。

经贸合作从单一方式发展到承包、劳务、投资和合资等方式,并呈现出五个变化:从单一的国家间贸易变为国家与民间贸易共举;从单一方式变为多元、多层次的合作方式;双边贸易额大大增加;从中国顺差开始变为非洲顺差;从带援助性质的经济合作变为互利双赢的经贸合作。中非关系以各种方式延伸到诸多领域,可以这样说,中非关系的黄金期已经到来。这种从单一向多元的转变也引起海外媒体的注意,"那种中非合作主要集中在国家与国家合作、国际事务上的政治支持和经济援助的日子已一去不复返。"[1]

合作性质:从注重无偿援助到强调互利双赢

中国对非政策作出调整后,强调合作互利双赢。中国的援助方式也发生变化,从单一的无偿援助变为政府优惠贴息贷款援助方式、援助项目合资合作方式与无偿援助方式。中国对非政策基本出发点是帮助非洲国家摆脱依附状态,巩固独立成果,这一点不容置疑。中非合作的实践清楚表明了这一点。

中非合作性质的转变具体表现在援助方式的改变、发展经验的交流和经济利益的互惠。

从20世纪80年代初到90年代中期,非洲正经历着边缘化的过程,这突出表现在投资减少和债务增加两个方面。以英国为例,1980—1990年,尽管非洲在西方的压力下正在进行结构调整,但139家英国公司中的43家开始从非洲撤资。日本对非洲经济也持悲观态度,80年代驻肯尼亚的日本公司从15家降到2家。[2] 另一个是债务问题。撒哈拉以南非洲1970年的债务为60亿美元,1980年增至843亿美元。非洲的战略地位因冷战结束和苏联解体受到重大影响,加剧了其

---

[1] Mahamat Adam, "Africa Starting to Rise in Partnership with China," *China Daily* (North American Edition, N.Y.), January 13, 2006, p.4.

[2] "UK Companies Sell African Investments," *Financial Times*, June 28, 1990, p.4.

边缘化进程。1993 年非洲外债达 2004 亿美元，1994 年升至 2107 亿美元，为当年国民生产总值的 82.8%，也相当于当年非洲出口总额的 254.5%。根据 1995 年的世行报告，1994 年年底，28 个非洲国家的债务/出口之比高于 200∶1。①

1993 年 10 月，在非洲发展东京国际会议上，非洲国家代表普遍要求援助国改变援助方式。他们提出，在发展生产的基础上增加外贸和吸引外来资金比政府间传统合作更有效。② 这是对援助方式进行改革的要求，表达了受援国对传统援助理念的不满。20 世纪 80 年代后期和 90 年代前期正是中国外贸及援外工作的改革期。中国无偿援助对非洲发展起到一定作用，非洲国家以其特有方式给予回报：在支持恢复中国在联合国的合法地位时做出行动，用毛主席的话来说："这是非洲兄弟把我们抬进去的。"③ 然而，实践说明，单靠无偿援助很难改变贫困现实。胡耀邦在 1982 年指出，"对于经济援助，根据历史经验，那种完全奉送的办法，对双方都不利"④。这样，中国开始探讨对外贸体制和援外方式进行调整改革。

政府贴息优惠贷款经过 3 年试点后于 1995 年下半年开始推行。⑤ 朱镕基副总理于 1995 年 7—8 月访问东部、南部非洲 7 国，李岚清副总理于 10—11 月访问西非 6 国。两次访问的主要目的之一是宣传新的援助方式。1996 年底，中国同 16 个非洲国家签订优惠贷款框架协议。⑥ 新的援外方式逐渐为受援国接受。2000 年召开的中非合作论坛部长会议开启了中非

---

① A. A. Gordon & D. Gordon, ed., *Understanding Contemporary Africa*, p. 116. 非洲局势恶化使粮食危机成为日益严重的问题。参见 P. Lawrence, ed., *World Recession and the Food Crisis in Africa*, Westview Press, 1986。

② 张炽鑫：《贯彻援外新方针，开拓援外新局面》，《中国对外经济贸易年鉴，1994/95》，中国社会出版社 1994 年版，第 62 页。

③ 翁明：《临行点将——"乔老爷"首次率团赴联大》，符浩、李同成主编：《经天纬地——外交官在联合国》，中国华侨出版社 1995 年版，第 9 页。

④ 中共中央文献研究室编：《三中全会以来重要文献选编》（下），人民出版社 1982 年版，第 1127—1128 页。

⑤ 政府贴息优惠贷款是指由我国银行提供的具有政府优惠贷款，其利率与银行通常利率之间的利息差额由国家援外费补贴。贴息优惠贷款主要用于为发展中国家建设有经济效益的生产性项目，也可用于受援国政府能保证偿还贷款的基础设施项目。

⑥ 何晓卫：《继续推行援外方式改革，严格履行对外援助协议》，第 75 页。

友好合作的新阶段。中国在后续行动中表明了一个负责任的大国所为：承诺继续提供对非援助，减免非洲部分到期债务，帮助非洲国家开发人力资源，推动中国企业到非洲投资办厂。2002年6月底，中国与31个非洲国家签署了免债议定书，共免除债务156笔，约105亿元。[①] 这样，无偿援助逐渐发展为政府贴息优惠贷款、援外项目合作合资和无偿援助等多种形式。

表5　　　　中非经济改革和发展战略研讨会（2003年10月）

题目	发言人	职务
中国经济改革和发展的战略与经验	李若谷	中国人民银行副行长
中国加入世贸：一个新的开放阶段	廖晓淇	中国商务部副部长
中国外汇体制改革的经验	胡晓炼	中国国家外汇管理局副局长
中国金融发展与货币政策	穆怀朋	中国人民银行货币政策司副司长
中国的发展战略目标	曹玉书	中国国家发改委副秘书长
中国的农业发展与减贫经验	张宝文	中国农业部副部长

资料来源："Program for Sino-African Seminar on Economic Reform and Development Strategies"（Printed Document, Beijing, October 14-21, 2003）.

发展经验的交流举办研讨班和培训班是合作互利双赢的另一重要举措。为了交流发展经验，首届中非经济管理官员研修班于1998年8月3日开办，共有12个非洲国家的22名学员，目的在于"使学员了解中国并介绍各自国家的情况，相互交流，加深理解，增进中国与非洲国家的友谊和长期合作"。根据江泽民主席的提议，中国每年将举办两期这样的研修班。[②] 2002年中国举办了一期非洲部长级经济官员研讨班。12个非洲国家的部长或代表出席。[③] 2003年"中非经济改革和发展战略研讨会"邀请了16个非洲国家的22名经济或金融部门的官员和7名非

---

① 邱德亚:《2002年中国对外援助情况》，《中国对外经济贸易年鉴·2003》，中国对外经济贸易出版社2003年版，第91页。
② 《中国—非洲经济管理研修班开学　吴仪希望把中非的经贸合作推向新高度》，《人民日报》1998年8月4日。
③ 邱德亚:《2002年中国对外援助情况》，第91页。

洲发展银行的官员，还包括部分非洲驻华使馆官员。中方代表 16 名。

在研讨会上发言的中方代表均为经济和金融部门的负责官员，他们向非洲同行介绍了各自部委经济改革的经验与教训。为了使非洲官员对中国有一个较全面的了解，研讨会不仅组织了与会非洲代表游览了万里长城和故宫，还组织他们实地考察了减贫项目和浦东开发区。中国政府还与有关组织联合举办了各种类型的减贫经验交流研讨会，使非洲国家"在分享中国减贫经验的过程中找到适合他们自身国情的扶贫减贫策略"。①

第二种类型是学习或提高技能或技术的培训班，其确定有两条原则：中国之所长和非洲之所需。中国在中非合作论坛第二届部长合作会议承诺 3 年间力争培训 1 万名各类非洲人才，为此成立了"对外人力资源开发合作部际协调机制"。2004 年，中国对非培训费比上年增加 1 倍多，2446 名非洲学员来华培训，接收非洲留学生 332 名。2005 年，中国为非洲培训各类人员 3868 名，培训内容涉及贸易投资、经济管理、网络通信、农业新技术等领域，培训对象包括政府官员和技术人员。② 2005 年 9 月，胡锦涛主席在联合国千年发展高级别筹资会议上宣布中国支持发展中国家加快发展的五项举措，其中特别强调为发展中国家培养急需人才。为了更好地落实中国政府的承诺，教育部于 2006 年 3 月底在云南召开了第四次对发展中国家教育援助人才培训工作经验交流研讨会。根据 2006 年援外经费额度，教育部将实施 9 个人才培训项目，商务部拟委托 20 所院校和单位承办 17 个短期培训班和 3 个研究生班。③"授人以鱼不如授人以渔"，这一成语十分贴切地概括了中国上述举措的目的。

经济利益的互惠。中国在与非洲进行经贸合作时尽量考虑到非洲国家的利益，互利互惠。在中非合作论坛第二届部长级会议上，中国宣布对最不发达国家部分输华商品给予免关税待遇。2005 年 1 月 1 日起，中国对非洲 25 个最不发达国家的 190 个税号的产品实施零关税待遇。据海

---

① 《支持非洲发展研讨会在京举行》，《人民日报》2004 年 9 月 24 日。
② 商务部西亚非洲司：《2005 年中非经贸合作成绩斐然》，中国商务部网站，2006 年 1 月 26 日。
③ 《第四次对发展中国家教育援助人才培训工作经验交流研讨会会议纪要》（教育部国际司，2006 年 4 月）。

关统计，2005年1—11月，享受对非特惠进口的货物总值为3.4亿美元，同比增长96%，比同期中国从非洲的进口增幅高出60个百分点，充分证明此举对促进非洲对华出口、推动中非贸易健康发展起到了积极的作用。① 2005年4月，1.24万名非洲商人参加了第97届广交会，成交金额达17亿美元，分别比上届增长了68.2%和22.2%。2005年1—9月，与中国的贸易额30个国家和地区额超过1亿美元，9个国家超过10亿美元。②

2000年的中非贸易有两个特点。其一为贸易总额首次超过100亿美元（105.98亿美元），其二是进口额超过出口额。当年的中国出口额为50.43亿美元，进口额为55.55亿美元。③ 这种情况表明：非洲对华贸易的增长速度已经加快。2004年，中非贸易额接近300亿美元（294.5928亿美元），进口额（156.4606亿美元）又一次超过出口额（138.1322亿美元）。④ 2005年，中非贸易持续增长，进出口总额达397.4亿美元，同比增长34.9%，高于同期全国进出口增幅12个百分点；其中出口186.8亿美元，进口210.6亿美元。⑤ 进口额自2000年以来第三次超过出口额。在贸易额不断增长的同时，中国对非出口商品结构进一步优化，机电和高新技术产品出口迅速增长，占中国对非出口总额的一半以上。由于中国强调技术援助与经济援助的结合，这种结构不仅将在技术层面帮助非洲国家的发展，也为中非双方在借鉴发展经验、制定发展策略方面提供了交流的平台。这无疑是一种双赢的局面。

温家宝总理在2006年访问埃及时重申了中国对非经贸关系的三个着力点："第一，要积极扩大进口非洲的商品，中国将采取有力措施为非洲推介商品创造条件；第二，要把技术援助同经济援助与合作紧密结合起来，重在增强非洲自我发展能力；第三，大力帮助非洲培训技术人

---

① 商务部西亚非洲司：《2005年中非经贸合作成绩斐然》，中国商务部网站，2006年1月26日。
② 周建青：《中非经贸合作稳步发展——2005年中非经贸合作情况及2006年展望》，《西亚非洲》2006年第1期，第15—18页。
③ 《中国对外经济贸易年鉴·2001》，中国对外经济贸易出版社2001年版，第503页。
④ 《中国对外经济统计年鉴·2005》，中国统计出版社2005年版，第83页。
⑤ 商务部西亚非洲司：《2005年中非经贸合作成绩斐然》，中国商务部网站，2006年1月26日。

员和管理人员。"① 这种宣示从根本上表现了中国对非政策强调互利双赢的和谐哲学：设身处地为对方着想以调动合作的积极性；将本国利益与他国利益相结合以保证合作的公正性；将暂时利益与长远利益相结合，以保证合作的持久性；通过增强对方自我发展能力以保持合作的可持续性。

我们看到，以上三种转变既是一种时代的要求，也是中国对外政策适时应变的结果。当然，中国在处理国际关系时还有其他各种政策调适以及思维创新。客观地说，中非合作论坛即是一种对外交往制度上的创新。然而，在20世纪90年代，国际社会正在进行一种秩序的调整，中非关系面临着一种比较复杂的局面。可以说，多种因素的组合和互动导致了中非合作论坛的诞生。

（原载《西亚非洲》2006 年第 8 期，
http：//www.ixueshu.com/document/a07747b101d0a361.html）

---

① 《人民日报》2006 年 6 月 19 日。本期为中埃建交五十周年专刊，有多篇报道。

"中国崛起"语境与中非关系[*]

内容提要：本文发表于 2006 年，既对当时国际学术界的三种观点进行了分析，也就中非关系的发展和特点提出了自己的看法。作者阐述了国际学术界对"中国崛起"解读中存在的乐观论和悲观论，并分别从中非关系的连续性和阶段性以及中非合作的形式和特点两个方面分析了中非关系的历史、现状和特点。作者认为，首脑外交奠定了中非关系的基础，平等观念是中非关系的灵魂，互利双赢是中非关系的实质，规范机制是中非关系持续发展的保证。作者还剖析了国际上的三种错误观点及中非合作面临的新挑战，并正式提出"非洲需要中国，中国更需要非洲"这一观点。

十年前，弗里德曼写了《中国为何重要》一文；三年后，杰拉德·西格尔的《中国重要吗》从经济、军事和政治上分析了中国国力，认为中国只是一个"二流的中等国家"，在国际政治中无足轻重；2003 年，萨特在《为何中国重要》的文章中认为中国的重要性表现在经济快速发展并与世界经济迅速融合的态势，间接批判了西格尔的观点；2004 年，巴瑞·布赞主编了名为《中国重要吗：一个重要评价》的论文集以纪念西

---

[*] 本文原标题为《论"中国崛起"语境中的中非关系——兼评国外的三种观点》，载《世界经济与政治》2006 年第 11 期，稍有删改。这是根据笔者 2006 年 5 月在伦敦召开的"LSE-PKU：中国外交政策与全球国际事务"研讨会的英文发言修改而成。特向提供过帮助的牛军、赵昌会、李文钢和张崇防诸位表示感谢。

格尔，所有作者均不赞成西格尔的看法。① 同年，两篇重要文章对中国对非战略作出评价。一篇认为"中国正在收买非洲领导人的心，致力于赢得发展中国家同盟军并提升在国外的软实力"②。另一篇认为中国力图将非洲看作在能源、贸易和地缘政治方面的战略伙伴。③ 中国积极主动的对非政策日益引起国外的注意。④《中国对非政策报告》的发表和中非合作论坛北京峰会即将召开聚集了世界的目光。如何理解"中国崛起"语境中的中非关系？本文试图做出解答。

"中国崛起"：判断与解读

1949年至20世纪80年代初，中国对外政策主要受制于国际形势。1982年9月召开的党的十二大提出了"全面开创社会主义现代化建设的新局面"这一口号，并确定了独立自主的和平外交方针。中国对时代主题的认识实现了从"战争与革命"到"和平与发展"的转变，对外交与经济两者关系的认识实现了从"经济为外交服务"到"外交为经济服务"的转变。⑤ 经济持续发展、外贸快速增长和国力日益提升对现存国际秩序造成一定影响，也引起各种判断和解读。国际学术界对"中国崛起"的看法大致分为消极观和积极观。

消极观可分为"崩溃论"和"威胁论"。"崩溃论"认为中国发展过

---

① Edward Friedman, "Why China Matters?", *Journal of International Affairs*, 49：2（Winter 1996），pp. 302 – 308；Gerald Segal, "Does China Matter?" *Foreign Affairs*, 78：5（September/October 1999），pp. 24 – 36；Robert Sutter, "Why Does China Matter?" *The Washington Quarterly*, Winter 2003 – 2004，p. 76；Barry Buzan & Rosemary Foot, eds., *Does China Matter：A Reassessment*, Routledge, 2004.

② Stenphanie Giry, "China's Africa Strategy," *The New Republic*, 231：20（November 2004），pp. 19 – 23.

③ D. Jardo Muekalia, "Africa and China's Strategic Partnership," *African Security Review*, 13：1（2004），pp. 1 – 11.

④ 近期国际学术界关于中非关系的研讨会有"非洲与中国：过去、现在与未来"（2005年12月，约翰内斯堡）；"中国在非洲的角色"（2006年6月，伦敦）；"中国的瓜分？当代中非关系的政治学"（2006年7月，剑桥）；"中国在非洲：指引未来"（2006年10月，约翰内斯堡）；"中非联系"（2006年11月，香港）。

⑤ 曲星：《中国外交50年》，江苏人民出版社2000年版，第440—441页。

程中产生的各种问题及加入世贸导致的消极后果将引发经济危机、政治动乱和社会骚动,其崩溃不可避免;① 有的学者批判了支持中国改革的渐进论,认为中国已陷入经济政治的半改革状态;缺乏政治改革导致了"地方性"和"系统性"贪污及政治可信度的崩溃;地方干部将国家权力私有化,陷入困境的民主化和市场化前景堪忧。② "威胁论"认为,中国崛起带来的国力特别是军事力量的增强将挑战现存的国际政治秩序,必将引发与美国的冲突,对世界构成新的威胁。③

对中国崛起持积极态度的观点也有两种:"渐进论"与"乐观论"。"渐进论"认为改革在继续,中国政治稳中有变,正在朝积极方向发展。弗里德曼认为,尽管改革中尚有一些不可测因素,但中国经济发展迅速,在亚洲地区和国际舞台上的作用日益重要;美国的目标不应是阻止中国崛起,而应撤除不必要的障碍,使其崛起不至于破坏地区稳定。"一旦那些反对中国和平发展的力量占上风,所有的人都将受到损害。"④ 黎安友虽不赞成中国政策,但他认为"中共接班"问题已程序化,正着手解决棘手问题,得到公众支持;权威政体的适应性加强;中国不会民主化,也不会崩溃,而是保持一种"有弹性的权威主义"。⑤ "乐观论"对中国崛起持肯定态度。布鲁斯·吉利认为,中国的经济发展促进了民主的发展和完善,不久将成为民主国家。⑥ 尼日利亚学者费米·阿科莫拉夫认为,中国崛起之路不同于西方,为非洲提供了经验:只要拥有充满信心、有决心和眼光的人民,万事皆有可能;"西方人并非天生高人一等",丢掉"没有西方我们注定灭亡"的心态;走适合自己发展的路。"我们可以

---

① Gordon G. Chang, *The Coming Collapse of China*, Random House, 2001.
② Minxin Pei, *China's Trapped Transition*, Harvard University Press, 2006.
③ Michael D. Swaine & Ashley J. Tellis, *Interpreting China's Grand Strategy*, Rand Publications, 2000; Bill Gertz, *The China Threat: How the People's Republic Targets America*, Regnery Publishing, 2000; Z. Brzezinksi & John J. Mearsheimer, "Clash of the Titans," *Foreign Policy*, 146 (Jan/Feb 2005), pp. 46 – 50.
④ Edward Friedman, "Why China Matters?" pp. 302 – 308.
⑤ Andrew J. Nathan, "Authoritarian Resilience," *Journal of Democracy*, 14: 1 (January 2003), pp. 6 – 17; A. Nathan, "Present at the Stagnation: Is China's Development Stalled?" *Foreign Affairs*, 85: 4 (Jul./Aug., 2006), pp. 177 – 182.
⑥ Bruce Gilley, *China's Democratic Future*, Columbia University Press, 2004.

借鉴的另一条经验是，要想发展本国经济，只能靠本民族的努力和决心。历史上没有哪个国家的经济是靠外国人发展起来的。"①

中国在 2003 年博鳌论坛提出"和平崛起"这一新观点。② 虽然此概念很快被"和平发展"取代，但在国际上已引起震荡。由于话语霸权及中国的现实，对"和平崛起"的质疑多于肯定。最具代表性的是美国政治学教授米尔斯海默的观点：中国崛起不可能和平；其持续发展将导致美中的激烈竞争并可能引发战争，中国的邻国会加盟美国以遏制中国。"我的国际政治理论认为，最强大国家企图在本地区建立霸权，并力保无其他大国统治另一地区。每一大国的终极目标是尽量扩大自身的世界实力并最终统治这一系统。"③ 这种"威胁论"的根源除对中国崛起的担忧外，还有惯性思维的作用。从传统的国际政治理论看，大国与战争有关。"英国最著名的历史学家"泰勒指出，大国是"谋求权力的组织"和"最终诉诸战争的组织"，根本的考验在于"看其是否有能力进行战争"。④ 大国与战争相连似乎成了不刊之论。⑤ 诚如保罗·肯尼迪所言，历史著述大都认为，战争与大国体系联系紧密。⑥

巴塔恰亚认为"和平崛起"并非只是对"中国威胁论"的反驳，应将其置于中国对外战略的背景中去分析；此概念展示了中国作为负责任大国的形象，表现了对外开放和力求和平的国际秩序和态度；尽管印中双方在边界、外交和能源三方面存在矛盾，但"和平崛起"为印中关系

---

① Femi Akomolafe, "No one is laughing at the Asians anymore," *New African*, 452 (June 2006), pp. 48 – 50.

② 郑必坚：《中国和平崛起新道路和亚洲的未来》，《理论参考》2004 年第 5 期；Zheng Bijian, "China's 'Peaceful Rise' to Great-Power Status," *Foreign Affairs*, 84: 5 (Sept/Oct, 2005), pp. 18 – 24。

③ John Mearsheimer, "The Rise of China Will Not Be Peaceful at All," *The Australian*, November 18, 2005; John Mearsheimer, "China's Unpeaceful Rise," *Current History*, 105: 690 (April 2006), pp. 160 – 162.

④ A. J. P. Taylor, *The Struggle for Mastery in Europe*, Clarendon Press, 1954, p. xxiv. 他著述达 1043 篇以上，并致力于历史的大众化。Chris Wrigley, *A. J. P. Taylor—A Complete Annotated Bibliography and Guide to His Historical And Other Writings*, Harvester Press, 1980, p. 1.

⑤ R. Gilpin, *War and Change in World Politics*, Cambridge, 1981; J. Levy, *War in the Modern Great Power System*, Lexington, 1983.

⑥ Paul Kennedy, *The Rise and Fall of the Great Powers*, Random House, 1987, p. 537.

的发展创造了条件。印度在防范中国的同时应抓住机会争取双赢。① 约瑟夫·奈接受中国记者专访时肯定了"和平崛起"的理念,认为它有助于提升中国的"软实力"。② 布赞认为,"和平崛起"是信条和现实,也是正确的战略。"从许多方面讲,中国国际关系学界及政策界所流行的'和平崛起'的理论是一个颇受欢迎的理论。它表明,在向占主导的西方地位发动激烈的修正主义挑战所付出的代价方面,中国从德国、日本和俄罗斯那里汲取了历史教训。""中国已经在追求'和平崛起',并将自身适应于国际社会更为广泛的现存制度中",这是"正确的战略"。关键是中国如何将与邻国的关系建立在和平的基础上。③

由于"崛起"是一个正在进行的过程,"和平崛起"只能说是中国的一种宣示,一种期盼,一种要用实践来证明的承诺,需从多个层次上理解:对内部条件的宣示——尽量利用自身资源与和平方式解决崛起过程中的矛盾;对外部环境的期盼——充分利用和平的国际环境对外开放并加速发展;对国际社会的承诺——以和平方式发展,不会对既得利益大国构成威胁,与周边国家分享机会和成果,与资源国家建立互惠关系,中国永不称霸,将致力于构建互利双赢的国际关系新秩序。布赞认为,"和平崛起"理论中的主要薄弱部分是崛起后会发生什么。④ 虽然可以提出各种设想或保证,但这基本上是一个未来学的问题。可以回答的是:"和平崛起"的中国在处理国际关系时应保持正确态势——平等相待、尊重主权、共同发展是较妥当的行为方式。虽然它带有理想主义色彩,需要实践探索和理论升华,但它是对传统意义上以权力资源分配为基础的相互依赖理论⑤的补充。由于它的前提是多极化世界并建立在各方均可接受(除占据并力争保持优势的大国)的基础上,这种行为方式可以成为

---

① Abanti Bhattacharya, "Revisiting China's 'Peaceful Rise': Implications for India," *East Asia*, 22: 4 (Winter 2005), pp. 59 – 80.

② 杨晴川:《中国提升"软实力"乃明智之举——专访美国著名国际问题学者约瑟夫·奈》《参考消息》2006 年 8 月 10 日。

③ [英国、加拿大] 巴瑞·布赞:《中国崛起过程中的中日关系与中美关系》,《世界经济与政治》2006 年第 7 期,第 17—18 页。

④ [英国、加拿大] 巴瑞·布赞:《中国崛起过程中的中日关系与中美关系》,第 18 页。

⑤ 参见 [美] 罗伯特·基欧汉、[美] 约瑟夫·奈《权力与相互依赖》,门洪华译,北京大学出版社 2002 年版。

对相互依赖理论的修正。日益发展巩固的中非关系正是这样一个实例。

中非关系:连续性与阶段性

中非关系源远流长。① 这种关系建立在双方的共同点之上。从历史看,两者均为文明发源地,在古代即开始友好交往,在近代曾沦为西方殖民地或半殖民地。从现实看,中国与非洲均属发展中地区,在国际舞台上都存在争取平等权和话语权的问题;双方没有根本的利害冲突,交往过程中相互尊重;双方有很强的互补性,政治中互信互补,经济上互利互惠,文化上互学互鉴。中国认识非洲有一个渐进的过程;② 中非关系的发展也是逐步加深的过程。研究当代中非关系的著作一般偏向于两个极端。中国学者习惯于强调其延续性或一致性,忽略其调适与变化。③ 外国学者则过分强调中国对非政策的阶段性及实用性,忽略其连续性。④ 两者均有失公允。我认为,当代中非关系的连续性表现在它贯穿着一条主线:平等相待、尊重主权、共同发展;它大致经历了三个阶段:正常发展期、过渡转型期和快速上升期。

正常发展期(1956—1978 年)。1956 年,中国与埃及建交,中非政府合作开始,其间有起有落。1963—1964 年周总理访非期间提出了发展

---

① J. J. L. Duyvendad, *China's Discovery of Africa*, London, 1949(已有中译本);Teobaldo Filesi, *China and Africa in the Middle Ages*, Frank Cass, 1972;Philip Snow, *The Star Raft: China's Encounter with Africa*, London, 1988;马文宽、孟凡人:《中国古瓷在非洲的发现》,紫禁城出版社 1987 年版;沈福伟:《中国与非洲》,商务印书馆 1990 年版;艾周昌、沐涛:《中非关系史》,华东师范大学出版社 1996 年版;李安山:《非洲华侨华人史》,中国华侨出版社 2000 年版。

② Li Anshan, "African Studies in China in the Twentieth Century: A Historiographical Survey," *African Studies Review*, 48: 1 (April 2005), pp. 59 – 87.

③ 他们注意到"文化大革命"的波动期,但对 1979 后的过渡避而不谈。艾周昌、沐涛:《中非关系史》,第 246—249、279—283 页;葛佶主编:《简明非洲百科全书(撒哈拉以南)》,中国社会科学出版社 2000 年版,第 260—266 页;《中非教育合作与交流》编写组:《中国与非洲国家教育合作与交流》,北京大学出版社 2005 年版,第 1—7 页。

④ 例如,将 20 世纪 70 年代划为"意识形态输出"的阶段,将 80 年代称为中国从非洲的"收缩期"。Scarlett Cornelissen & Ian Taylor, "The Political Economy of China and Japan's Relationship with Africa: a Comparative Perspective," *The Pacific Review*, 13: 4 (2000), p. 616;Deborah Brautigam, *Chinese Aid and African Development*, Macmillan Press, 1998, pp. 38 – 40;Alaba Ogunsanwo, *China's Policy in Africa*, Cambridge University Press, 1974.

中非关系的五项原则和中国对外援助的八项原则,为双方关系的发展奠定了基础。① 然而,中国外交在"文化大革命"前期受极"左"思潮影响,"革命输出"受到非洲国家的抵制,中国做出自我批评,双方关系回升。② 1971 年,中国在联合国的合法席位得以恢复,投赞成票的 76 国中 26 个是非洲国家。毛泽东主席形象地指出:"这是非洲黑人朋友把我们抬进去的。"③ 从此,中国作为安理会常任理事国不断为第三世界国家伸张正义。1978 年,中国共与 43 个非洲国家建交。由于对非工作强调意识形态(以苏划线或以美划线),有学者认为中国在非洲的目的是"推行毛主义"。④ 中国对外援助也大大增加,1971—1978 年被称为对外援助的"急剧增长阶段";⑤ 对非援助集中在三方面:支持非洲反殖斗争、支持非洲的反霸斗争和支持非洲各国的经济建设。⑥

值得一提的是,在其他各方以成本或客观条件为借口拒绝修建坦赞铁路这一计划后,中国政府主动承担了这一巨大工程,并于 1976 年完工。⑦ 除此之外,中国政府还帮助非洲国家修建了一些里程碑式的大型建筑。⑧

---

① 《周恩来总理答加纳通讯社记者问:独立富强新非洲必将出现在世界上 中国严格遵守八项原则帮助新兴国家发展民族独立经济》,《人民日报》1964 年 1 月 18 日。
② Ogunsanwo, *China's Policy in Africa*, pp. 180 – 240; B. Barnouin & Yu Changgen, *Chinese Foreign Policy during the Cultural Revolution*, London, 1998, pp. 75 – 78; 汪勤梅:《中非关系中的一个曲折起伏》,龙向阳:《1966—1969 年中国与非洲关系初探》,北京大学非洲研究中心编:《中国与非洲》,2000 年,第 59—71、72—86 页。
③ 翁明:《临行点将——"乔老爷"首次率团赴联大》,符浩、李同成主编:《经天纬地——外交官在联合国》,中国华侨出版社 1995 年版,第 9 页。
④ Cornelissen & Taylor, "The political economy of China and Japan's relationship with Africa," p. 616; 关于意识形态的输出,还可参见 Brautigam, *Chinese Aid and African Development*, pp. 175 – 195。
⑤ 《中国对外经济贸易年鉴·1990》,中国社会出版社 1990 年版,第 55 页。
⑥ Bruce D. Larkin, *China and Africa 1949 – 1970*, University of California Press, 1971, pp. 167 – 193; Ogunsanwo, *China's Policy in Africa*, pp. 112 – 179; Brautigam, *Chinese Aid and African Development*.
⑦ George T. Yu, *China's African Policy A Study of Tanzania*, Praeger, 1975; George T. Yu, "The Tanzania Zambia Railway: A Case Study in Chinese Economic Aid to Africa," in W. Weinstein & T. H. Henriksen, eds., *Soviet and Chinese Aid to African Nations*, Praeger, 1980, pp. 117 – 144; 陆廷恩:《坦赞铁路的修建与中非友谊》,《亚非研究》1997 年第 7 辑,第 277—294 页。
⑧ 如索马里国家剧院、苏丹喀土穆友谊厅、扎伊尔人民宫、喀麦隆会议大厦、刚果(布)会议大厦、埃及开罗国际会议中心及十多个体育场馆,《中非友好合作五十年》,世界知识出版社 2000 年版。

过分强调这些建筑物的经济费用是不恰当的;① 我们应审视深层的政治文化意义：它既可作为国家领导人的成就，也是国家的独立标志和国家—民族的象征物，更是文化非殖民化的重要体现。当索马里人看到索马里国家剧院时决不会说"这是萨马勒人的建筑"或"这是萨卜人的建筑"，而只会说"这是我们索马里人的建筑"。这是民族心理意识形成的过程，也是国家民族建构的过程。可以说，中国援建的大型标志性项目在非洲国家民族的建构中起到了重要作用。②

过渡转型期（1979—1994 年）。20 世纪 80 年代初，对国际形势的重新判断（和平与发展成为世界两大主题）和战略思想的转变（重点转入国内经济建设）导致中国的战略转型。1979—1982 年，中非关系出现短暂波动，表现在对非援助减少、双方贸易额下滑和医疗队人数下降。③ 这种变化大致有以下原因："文化大革命"结束，百废待兴，国内建设需要大量资金；中国与西方关系缓和，为引进技术和资金加强了与发达国家的关系；与阿尔巴尼亚和越南关系恶化使中国重新考虑对外援助方式。中非关系的波动引起了非洲国家的疑惑。新形势要求新的政策。1982 年的中共十二大确定了两大战略决策：国内以经济建设为主，对外奉行独立自主的和平方针。

为了表示重视同非洲的友好关系，中国国务院总理在党的十二大召开 3 个月后访问非洲。他表示这是中国政府的一次"重大外交行动"，并宣布了对非经济技术合作四项原则。④ 四项原则与对外援助工作八项原则构成中非经济互利合作的整体框架。针对一些非洲国家的疑惑，中国表示"我们不会交了新朋友，忘了老朋友，交了富朋友，忘了穷朋友"。⑤ 1989 年政治风波更说明了非洲朋友的真诚。当时西方大国在很多问题上

---

① 《中国对外经济贸易年鉴·1994》，中国社会出版社 1994 年版，第 62 页。
② 李安山：《非洲民族主义研究》，中国国际广播出版社 2004 年版，第 291—300 页。
③ Samuel Kim, *The Third World in Chinese World Policy*, Princeton University, 1989, p. 38;《中国对外经济贸易年鉴（1984—1988 年）》；《1963—1983 我国派遣援外医疗队情况》，《中国对外经济贸易年鉴·1984》，中国对外经济贸易出版社 1984 年版，第 IV—219 页。1979—1980 年没有派遣医疗队。
④ 即平等互利、讲求实效、形式多样、共同发展。《赵总理在达累斯萨拉姆举行的记者招待会上说 访问非洲十国达到预期目的》，《人民日报》1983 年 1 月 15 日。
⑤ 《中国对外经济贸易年鉴·1996》，中国展望出版社 1986 年版，第 47 页。

为难中国。"这时，又是非洲朋友挺身相助，在艰难的时刻伸出友谊之手。"风波后到访的首位国家元首、政府首脑和外长均来自非洲。"这一切与西方国家对中国的无理指责、取消、推迟或中止高级互访的行为，形成了鲜明的对照。"[1] 对非政策以经济建设为中心做出一些调整。中共对非工作摆脱了意识形态的束缚，加强与非洲各政党的交往，原则上不以意识形态划线、对象上不以执政党为限、内容上不限于政党政治；[2] 国务院决定从1991年开始进一步改革和完善对外贸易体制；取消对外贸出口的财政补贴，实行自主经营、自负盈亏，为企业增加对非贸易创造条件；对外援助改革包括巩固援建项目的尝试，援外局与成套设备公司实行政企分开，卫生部接管援外医疗队，为非洲培训技术和管理人才，援外方式多样化。1994年，中国政府决定对非援助实行政府优惠贴息贷款。这些调整与改革为中非关系的快速发展奠定了基础。

快速上升期（1995年至今）。中国对非政策受到新时期战略决策的影响，逐步完成了意识形态从强调到弱化、交流领域从单一到多元及合作性质从注重经济援助到强调互利双赢的三重转变。政策转型带来的是中非关系的快速发展。1995年，中国领导人访非23国/次；援外方式改革开始；苏丹石油开采项目落实；石油成为中国进口商品的首位；中非贸易增长48.3%。[3] 这一时期的双方关系快速发展。首先，政治上互访互信。双方领导人互访增加，相互信任在加强。江泽民主席和胡锦涛主席均四次访非，总理、外长多次访非，大大推动了双方关系的发展。其次，经济上互利双赢。朱镕基和李岚清两位副总理于1995年访问非洲13国，主要为了向非洲宣传政府贴息优惠贷款援助方式和援外项目合作合资方

---

[1] 钱其琛：《外交十记》，世界知识出版社2003年版，第255—257页。还可参见 Ian Taylor, "China's Foreign Policy towards Africa in the 1990s," *The Journal of Modern African Studies*, 36：3 (1998), pp. 446-449。

[2] 蒋光化：《访问外国政党纪实》，世界知识出版社1997年版。李力清：《中国与黑非洲政党交往的历史与现状》，《西亚非洲》2006年第3期；钟伟云：《当前黑非洲政党态势和中非政党间的交往》，载北京大学非洲研究中心编《中国与非洲》，第129—142页；艾平：《中国共产党与撒哈拉以南非洲政党的交往》，载陈公元主编《21世纪中非关系发展战略报告》，中国非洲问题研究会2000年版，第12—17页。

[3] 《中国对外经济贸易年鉴·1996/1997》，中国经济出版社/经济导报社1996年版，第554—555页。

式。双方贸易额不断增长；中国投资非洲的企业不断增加；非洲商人参加中国商品交易会的日渐增多，到中国经商渐成势头。再次，文教卫领域的交流形式多样。① 最后，规范机制逐步形成。从 2000 年开始的中非合作论坛作为加强双方联系的机制已进入规范化并达到预期效果。

中非关系：形式与特点

中非关系的形式可概括为多元化、多层次、多渠道。多元化表现为各个领域，如政党、外交、经济、社会、文化、医疗、军事等。以经济合作为例，有贸易、投资、合资、承包、咨询、援助、技术合作等形式，形成了"大经贸"的格局。多层次指双方交往既有中央高层，也有省市地方，既有国企，也有民营，既有政界，也有商界。以中国对外援助的重要形式——人才开发为例，既有非洲部长级经济官员培训，也有中等技术人才培训和"走出去"培训等。多渠道的交往表现为官方与民间并重，既有首脑互访和高官会议，也有舞蹈团访问和杂技培训，有国企项目投资，也有小商贸互通有无。

中非关系主要表现为首脑外交、平等观念、互利双赢和规范机制等四个特点。

首脑外交。指国家元首和政府首脑直接参与对外政策的制定和实施。② 早在 1963—1964 年和 1982—1983 年，中国总理访非在国际上引起巨大反响；20 世纪 90 年代中国国家主席、总理和高层领导人多次访非。截至 1999 年，50 个非洲国家元首和 20 多国政府首脑访华近 200 余次。③ 进入 21 世纪以来，双方互访频繁，2000 年 5 位非洲国家领导人访华，5 位中国领导人访非；2002—2004 年共有 30 位非洲国家领导人访华。江泽

---

① 《中非教育合作与交流》编写组：《中国与非洲国家教育合作与交流》，第 3—5 页；《中国非洲教育交流与合作》，中国教育部（无出版日期）；Drew Thompson, "China's Soft Power in Africa: From the 'Beijing Consensus' to Health Diplomacy," *China Brief*, 5：21（October 13, 2003），pp. 1-4。

② ［美］埃尔默·普利施科：《首脑外交》，周启朋等译，世界知识出版社 1990 年版，第 14—19 页。

③ 《中非合作五十年》，世界知识出版社 2000 年版，第 10—11 页。

民主席曾四次访非,并于1996年访问非统组织时提出对非关系五点建议:真诚友好,平等相待,互利互惠,加强磋商,面向未来。他还极度关注对非工作。① 中国与南非建交突出了首脑外交的重要性。② 胡锦涛主席已四次访非,他于2004年访问加蓬时建议"保持高层交往的势头"。③ 中非合作论坛是首脑外交的新形式。中国国家主席、副主席和总理及非洲四个国家的总统和非统组织秘书长参加了2000年中非合作论坛第一届部长级会议并发表讲话;14个非洲国家的领导人及44个国家的88位部长参加了2003年在埃塞俄比亚召开的第二届部长级会议;2006年即将召开的中非合作论坛北京峰会将吸引更多的非洲国家领导人参加。中共中央政治局9名常委中6人在2004年至2006年访问22个非洲国家。中非双方首脑互访时往往有企业家代表团随行;已召开的两次中非合作论坛部长级会议都有大量企业家与会。

由于首脑的重要位置,其行动更具权威性。在外交活动中,首脑接触对直接交流、协商问题、建立互信起到了关键作用。如此频繁的首脑外交不仅在其他国家与非洲国家关系中绝无仅有,在中国与其他大陆的关系中也十分罕见。首脑外交对中非关系产生了重要意义:这一方式本身即表现了建立多极化国际秩序的努力;双方通过接触增进了友谊、及时排忧解难并促进了贸易往来。更重要的是,首脑外交体现了对等地位和平等观念。

政治学教科书研究"平等"时强调权利、机会和结果的平等,但在以强权和实力为基础的传统国际关系方面,游戏规则的制定者从未提过"平等"的概念。中非关系的平等可谓国际关系的楷模。首脑外交传递的信息之一是中国领导人愿与非洲领导人保持平等关系。平等意味着尊重主权、

---

① 1997年中国非洲史学会委托李安山和刘鸿武起草一封致江泽民主席的信,呼吁重视非洲研究。江泽民主席于1998年1月26日在这封由17位专家教授署名的信函上批示:"近年来,我在许多次讲话中都强调了要十分重视非洲的工作。不仅在政治上要引起我们的足够重视,同时在开展经济合作方面也要十分重视,中央国务院有关部门都应支持。"参见黄泽全《中非友好合作50年》,载北京大学非洲研究中心编《中国与非洲》,第43页。

② 江泽民主席曾就双方建交问题四次致函曼德拉总统。钱其琛:《外交十记》,第259—267页。

③ 《胡锦涛同加蓬总统邦戈会谈就双边关系和非洲局势等问题交换了看法并达成广泛共识》,《人民日报》2004年2月3日。

互利合作、磋商协调。中国对外政策的一条基本原则是不干涉内政，这是平等观念的最佳体现；中非合作提出的互利双赢及加强磋商机制都是平等观的表现。平等观还表现为一种自律原则。中国对外援助工作八项原则中明确规定：根据平等互利的原则，不将援助看作是单方面的赐予，认为援助是相互的；中国援助专家与受援国专家享受同等待遇。1964 年，毛主席在接见亚非朋友时表示："我们之间相互平等，讲真话，不是表面一套，背后一套。""如果有的中国人不尊重你们，不讲平等，在你们国家捣鬼，那么你们可以把这样的中国人赶走……我们之间的相互关系是兄弟关系，不是老子对儿子的关系。"[①] 中非关系在反对帝国主义时代如此，在经济建设时期亦如此。赞比亚总统曾将中非关系定义为"全天候的朋友"关系。江泽民主席在 1996 年访问非洲时借用了这一称呼，希望双方建立起平等相待的关系。

平等观对强者并不重要，弱者则十分敏感。中国政府在各种场合都十分注意这种平等观。周总理访非时强调自己是去向非洲人民学习的，江泽民主席四次致函曼德拉总统，胡锦涛主席访非时强调"中非已成为好朋友、好伙伴、好兄弟"和加强在国际事务中的磋商和合作，温家宝总理向非洲学生解释中国交友态度，这些都是平等观的体现。在援外问题上，是以援助者或施舍者的身份自居，还是以平等身份相待，这是中国与西方国家在援外问题上的根本区别之一。肯尼斯·金将中非关系称为"互惠主义"（bilateralism）是有道理的。[②]《中国对非政策报告》中提出的政治上平等互信也体现了平等观。国际关系的平等观十分重要。双方关系是建立在领导—被领导、捐助者—受施者、老子—儿子的基础上，还是建立在平等基础上，这不仅关系到国家领导者个人形象，还牵涉国家主权问题。

互利双赢在国际政治舞台上，中非双方互相支持。中国在联合国秘书长人选和安理会改革问题上支持非洲，非洲国家在人权和台湾问题上支持中国。经济合作的互利表现在经贸交往、技术援助、人才培训、减

---

① 《中华人民共和国外交大事记》，第 432—433、438 页。

② Kenneth King, "China in Africa: With a New Lens on Development Cooperation, with a focus on human resources,"（未刊稿）作者在此感谢金教授惠赐文章初稿。

免债务方面。双方经贸关系发展迅速。2004年,中国驻非的非投资的非金融类企业达715家,投资项目分布在49个国家;新签承包劳务合同额67亿美元,完成营业额40亿美元;当年向43个非洲国家提供了各类援助127笔。[①] 中国对外援助的理念是:援助是相互的,不附带任何条件,并从20世纪80年代起一直为非洲培养人才。2004年,中国举办各类培训班100多期,来自非洲48个国家的2400余名官员参加了培训。2005年,中国为非洲培训各类人员3868名,培训内容涉及贸易投资、经济管理、网络通信、农业新技术等,培训对象包括政府官员和技术人员。[②] 尽管中国对非洲的援助属于"穷朋友之间"的相互帮助,不构成受援国的负担,中国还是按照国际惯例实行了债务减免行动。[③]

表1　　　　　　中非进出口贸易总值(1990—2005年)　　　(单位:亿美元)

年份	总额	出口额	进口额	年份	总额	出口额	进口额
1990	9.3485	6.5957	2.7528	2002	123.891	69.6167	54.2743
1995	39.2122	24.9378	14.2744	2003	185.4184	101.8185	83.5999
2000	105.98	50.43	55.55	2004	294.5928	138.1322	156.4606
2001	107.9952	60.0657	47.9295	2005	397.4	186.8	210.6

资料来源:根据《中国对外经济贸易年鉴》(1984—2003年)、《中国商务年鉴》(2004—2005年)和《中国对外经济统计年鉴》(2000—2005年)有关资料综合整理。2005年的数据来自"2005年中非经贸合作成绩斐然",中国商务部网站,2006年1月26日。

中非合作的目的旨在提高非洲自身的发展能力。中国一直力图改变贸易顺差问题,对非洲国家的190种商品免税,给予16个非洲国家公民自费旅游目的地国地位,对出口纺织品限额问题进行磋商,这都是力争互利双赢的表现。温家宝总理在访非时提出的对非经贸关系三个着力点

---

① 《中国商务年鉴·2005》,中国商务出版社2005年版,第182—183页。
② 2005年9月,胡锦涛主席在联合国千年发展高级别筹资会议上宣布中国将为发展中国家培养急需人才。教育部和商务部在2006年将实施9个人才培训项目、承办17个短期培训班和3个研究生班。《第四次对发展中国家教育援助人才培训工作经验交流研讨会会议纪要》,教育部国际司,2006年4月。
③ 《中国商务年鉴·2004》,中国商务出版社2004年版,第99页。

也体现了互利双赢哲学。① 安哥拉总统多斯桑多斯表示"我们热情赞扬中国对安哥拉的务实态度,这使我们能加快国家的重建。"② 这一态度颇具代表性。

规范机制。1999 年 10 月江泽民主席致函非统组织秘书长及有关非洲国家元首,正式提出中非合作论坛的设想,得到积极响应。2000 年 4 月,江泽民主席访问埃及和南非,阐述对非政策的主旨,并就中非合作论坛事宜与两国首脑磋商。他与南非总统姆贝基签署了《比勒陀利亚宣言》,强调要实现世界政治多极化,加强两国关系和中非合作。在各方努力下,中非合作论坛第一届部长级会议于 2000 年在北京召开,有力推动了双方合作并具有积极影响。2002 年 4 月,《中非合作论坛后续机制程序》正式生效,保证了论坛机制规范化。在 2003 年的第二届部长级会议上,温家宝总理提出发展中非关系的四点建议:相互支持、加强磋商、协调立场、深化合作,并宣布加大对非人力资源开发合作。大会回顾了双方落实中非合作论坛后续行动的情况,发表了《中非合作论坛—亚的斯亚贝巴行动计划(2004—2006 年)》,就双方关心的问题达成共识,对双方在各领域的未来 3 年合作进行了规划。

中国对外援助工作已逐步实现规范化、科学化和制度化。中国还就对外经济活动制定各种法令或办法,以促进对外经济贸易活动的规范化。③ 为了使中国企业在非洲的投资能达到双赢目的,商务部还适时发布有关指导性文件,如《在东南非洲地区开展纺织服装加工贸易类投资国别指导目录》。④ 中国每年在非洲举办商品展销会,派遣贸易团出访,邀请非洲国家代表团来华洽谈业务,并在非洲设立了 11 个投资开发贸易促进中心以方便双方经贸业务。

可以说,首脑外交奠定了中非关系的基础,平等观念是中非关系的灵魂,互利双赢是中非关系的实质,规范机制是中非关系持续发展的保证。

---

① 即扩大进口非洲商品、援助与合作密切结合和帮助非洲培养人才。《人民日报》2006 年 6 月 19 日。本期为中埃建交五十周年专刊,有多篇报道。
② "Chinese Premier Boosts Trade with Seven-nation Africa Tour," *The Guardian*, June 22, 2006.
③ 《中国商务年鉴·2005》,第 162—164 页。
④ 《中国商务年鉴·2004》,第 454—456 页。

中非关系:曲解与批判

然而,中非关系的迅速发展引起了外界的一些猜测和曲解,大致有三种观点:近年扩张说、石油能源说和新殖民主义说。这些观点的理论基点是"中国威胁论"。[1]

第一种观点认为,中国在近三十年来对非洲不闻不问,只是近年来才由于资源需要开始对非洲进行渗透。"在沉寂了 30 年后,中国当前卷入非洲反映了一种野心勃勃的新观点。不久前中国还满足于与台湾争取非洲国家的外交承认,今天,能源、贸易和不断增加的地缘政治利益成为中国在非洲力争获得的议事日程上扮演极其重要的角色。"[2] 对非交往始于 20 世纪 50 年代。除了短暂的波动期外,中非关系一直十分密切。即使在双方关系有所波动的 70 年代末至 80 年代初,高层访问从未停止。1978—1980 年,陈慕华副总理、耿飚副总理、乌兰夫副委员长、姬鹏飞副委员长和李先念副总理先后率团访问了非洲 33 个国家。1982 年中国国务院总理访非前接见非洲国家驻华使节时说:为了表示中国重视同第三世界国家特别是非洲国家发展友好合作关系,首先访非。李先念主席(1986)、杨尚昆主席(1989,1992)和李鹏总理(1991)先后访非,以促进中非关系的发展。布劳迪加姆在研究了"文化大革命"后的中国对非政策后指出,"尽管撒哈拉以南非洲在现今和以前的超级大国外交政策的谋划中已被边缘化,但它仍是中国全球地缘政治中的重要部分"。[3] 1989 年的政治风波后,西方对中国实施各种制裁,正是非洲朋友对中国伸出了援助之手。钱其琛外长当年访问非洲 8 国。从 1991 年起,中国外长每年必定首先访问非洲国家。1990 年至 1998 年 4

---

[1] Joshua Eisenman & Joshua Kurlantzick, "China's Africa Strategy," *Current History*, May 2006, pp. 219 – 224. 也有学者将中国在非洲的所为看作中国尽力扩大南南合作潜力的尝试。Ana Alves, "The Growing Relevance of Africa in Chinese Foreign Policy: the Case of Portuguese Speaking Countries," *Daxiangguo*: *Revista Portuguesa de Estudos Asiàticos*, Numeros 7, 1 Semestre 2005, pp. 93 – 108.

[2] "CSIS Prospectus: Opening a Sino-U. S. Dialogue on Africa, 2003," Muekalia, "Africa and China's Strategic Partnership," p. 8.

[3] Brautigam, *Chinese Aid and African Development*, pp. 42 – 43.

月，53 位非洲国家元首、15 位总理访华，中国国家主席及其他国家领导人访问了 40 多个非洲国家。① 在台湾问题和人权问题上，非洲国家一直是国际舞台上抵制西方国家干涉中国内政的重要力量。

20 世纪 80 年代至 90 年代中期，中非经贸交往的规模较小，这与双方的经济实力有关。然而，中国在对非援助上一直尽力而为。从 1956 年对埃及的援助开始，中间虽有形式的变化，但中国对非无偿援助从未间断。对非援助主要以提供成套项目援助和技术援助为主，到 1987 年为止，这种援助占对非洲国家援助总额的 85.4%。据统计，1956—1987 年，中国已为 46 个非洲国家建成了 388 个项目，还参与了联合国对非洲的多边援助，承担项目 44 个；中国还不断向发展中国家派驻援外医疗队。截至 1987 年，共向 38 个非洲国家派驻医疗队 86 个，共有医疗人员 1066 名。② 这些援助到 90 年代仍在进行，虽然在形式上有所变化。③

第二种观点认为，中国极力发展与非洲关系的目的是为了石油和资源；④ 为了获取石油和资源，中国不惜牺牲"民主"和"人权"来支持非洲专制政权。⑤ 首先，这种指责在逻辑上有问题。中非友好关系始于 50 年代，从非洲进口石油和能源则始于 90 年代中期。如果说中非关系的发展是以石油为目标，岂非有本末倒置之嫌？其次，中非经贸关系的大致平衡反映了双方经济的互补性。中国从非洲进口的商品中以石油为主，这是中国经济发展的需要；非洲从中国主要进口机电产品和高新技术产品，这也是非洲人民的需要。经贸交往是一种双向选择，充分反映了中

---

① 葛佶主编：《简明非洲百科全书（撒哈拉以南）》，第 267 页。

② 《中国对外经济贸易年鉴·1988》，中国展望出版社 1988 年版，第 339 页。

③ 50 年来中国在非洲共实施近 900 个基础设施和社会公益项目，向非洲 43 个国家派遣医疗队 1.6 万人次，救助疾病患者 2.4 亿人次。《人民日报》2006 年 6 月 19 日。本期为中埃建交五十周年专刊，有多篇报道。

④ Stenphanie Giry, "China's Africa Strategy," pp. 19 – 23; Princeton N. Lyman, "China's Rising Role in Africa", July 21, 2005, http：//www.cfr.org/publication/8436/chinas_rising_role_in_africa.html.

⑤ Gideon Mailer, "China in Africa: Economic Gains, Democratic Problems," May 9, 2005, Henry Jackson Society, http：//zope06.v.servelocity.net/hjs/sections/africa/document.2005 – 05 – 09.6105323022; Joshua Eisenman, "Zimbabwe: China's African Ally", *China Brief*, 5: 15 (July 5, 2005), pp. 9 – 11.

非经济的互补性。再次，非洲在自主自愿的基础上将能源出售给中国，这是互利双赢的事，是纯商业行为，也是国际上的一种通行做法。英国石油、英荷壳牌和道达尔等欧洲公司及埃克森—美孚和雪佛龙等美国公司一直在非洲具有强大的势力。中国公司尽量避免与欧美公司发生冲突。实际上，如果非洲不将能源卖给中国，它也会卖给别人。这是国际收支的例行做法——以贸易方式积累国家资金。最后，中国在非洲所获取的石油开采权或勘探权都是通过正常的国际竞争得来的，并未对任何国家构成威胁；中国在苏丹和尼日利亚的石油开采权均在竞争者退出后购得。中国确实需要石油和其他能源，这是任何国家在发展过程中的必经之路。[1] 中国从未刻意掩饰这一点。

政体是主权国家的自我选择，其他国家无权干涉。中非从不干涉对方内政。在诸多指责中，中国与苏丹和津巴布韦的关系成为主要攻击点。中苏合作的成果之一是苏丹从石油进口国变为石油出口国。然而，在"漠视人权"或"支持独裁政权"的指责声中，中国与苏丹政府发展友好关系和支持津巴布韦 2005 年选举结果都成为罪状。[2] 批评者无视这样一个事实：中国对两个国家的立场与代表 53 个非洲国家的非洲联盟完全一致。[3] 多哥总统曾在批判西方国家用"人权"大棒打击他国时指出，西方国家在殖民时期不讲人权，在掠夺非洲资源时不讲人权，现在他们大谈人权，真是不知羞耻。[4] 他的话可谓一针见血。

第三种观点认为，中国在非洲实行新殖民主义或经济帝国主义。[5] 这

---

[1] David Zweig & Bi Jianhai, "China's Global Hunts for Energy," *Foreign Affairs*, 84: 5 (Sept/Oct 2005), pp. 25 – 38.

[2] Yitzhak Shichor, "Sudan: China's Outpost in Africa", *China Brief*, 5: 21 (October 13, 2005), pp. 9 – 11; Joshua Eisenman & Joshua Kurlantzick, "China's Africa Strategy," p. 223.

[3] *Sudan News*（《苏丹新闻》），2006（1）；"African Union defends Mugabe," *The Guardian*, January 25, 2005.

[4] 钱其琛：《外交十记》，第 259 页。

[5] Dianna Games, "Chinese the New Economic Imperialists in Africa," *Business Day*, February 2005; Lindsey Hilsum, "China's Offer to Africa: Pure Capitalism," *New Statesman*, July 3 2006. pp. 23 – 24.

种指责毫无根据。新殖民主义与经济帝国主义的共同点是通过不平等的政治关系和经济掠夺方式将自己的利益建立在他国的牺牲之上。中非关系决非如此。首先,中非关系建立在双方都是主权体的基础之上。中国与非洲国家互相尊重,从不干涉他国的内政。其二,中非经贸关系遵循双方自愿的原则。这里既有国际市场的竞争规则,也有中非双方的自愿基础。其三,中非关系的基础是互利双赢。双方在经贸合作时力图考虑对方利益已达到互利,从而使经贸关系的持续发展得以保证。以中非贸易平衡为例。中国一直关注双方的贸易平衡。1988 年的中非贸易总额虽然仅比前一年增长 1.26%,但由于中国采取有效措施扩大从非洲的进口,使进口总额比 1987 年增加 42.8%。① 1993 年,外经贸部提出要创造条件增加从非洲的进口以缩小同非洲的贸易顺差。② 1997 年外经贸部针对中方顺差问题提出应寻求积极的办法,努力改变这一现象。③ 2005 年,中国取消了 29 个非洲国家 190 种商品的进口税,非洲对华贸易激增 72%,远比对欧洲贸易增长率(30%)为高。④ 一些明眼人批驳了西方对中国的无理指责,认为"西方跨国公司对非洲资源的掠夺型开采是所谓非洲的'经济殖民主义'的真正原因"。⑤

中非经贸合作已进入良性循环。中非贸易总额持续上升,这是双方需求增加和优势互补的表现。非洲国家从中国进口的商品从日用家电占主导转为机电新产品占主导,这表明非洲市场的需求质量的提高。非洲对华贸易近年来三次出超证明双方合作对非洲经济起到了推动作用。中非关系确实面临着新挑战——中国国家利益与中国企业利益的矛盾;中国企业与非洲企业的矛盾;中国在非洲的利益与大国既得利益的矛盾;中国能源开采与非洲可持续发展的矛盾;中国的短期利益与长期战略的

---

① 《中国对外经济贸易年鉴·1989》,中国展望出版社 1989 年版,第 289 页。
② 《中国对外经济贸易年鉴·1993》,中国社会出版社 1993 年版,第 421 页。
③ 《中国对外经济贸易年鉴·1997/98》,中国经济出版社/经济导报社 1997 年版,第 356 页。
④ "Pan-Africa: China-Africa Trade Up 72 Percent," *Business in Africa* (Johnesburg), August 3, 2006. http://allafrica.com/stories/200608030360.html. 原英文报道为 28 国,应为 29 国。
⑤ "China! The New Neo-colonialists in Africa?", http://us_and_them.gnn.tv/blogs/16420/China_The_new_ neo_colonialists_in Africa.

矛盾等。对这些矛盾的处理不仅关系到中非关系的健康发展,还关系到未来人类发展的方向,不容忽略。

杰拉德·西格尔在 1992 年题为《中国与非洲》的文章中认为,中国强大后对非洲人将更为重要;而从中国的角度看,非洲在中国对外政策的考量中只会是重要性最小的地区。[①] 他又错了。上述分析表明:在世界经济日益全球化的今天,中非关系建立在共识、共商和共赢的基础上;非洲需要中国,中国更需要非洲。

(原载《世界经济与政治》2006 年第 11 期)

---

① Gerald Segal, "China and Africa," *The Annals of the American Academy*, January 1992, p. 126.

为中国的国际形象正名[*]

内容提要：本文发表于 2008 年，通过分析中国在非洲的国际舆论环境，就如何有针对性地提升国家形象提出了建设性意见。国家形象已成为国家利益的重要内容。中国的非洲战略日趋成熟并引人关注，不断扩展的中非关系屡遭西方大国及媒体的误读、曲解或攻击，中国国家形象因此受损。国家形象的塑造需要政府和公民的努力。值得警醒的是，宣传是中国非洲战略的弱项。作者认为，中国的非洲战略虽有阶段性，但其延续性十分明显，针对西方指责给中国形象带来的负面影响，中国应有一个国家形象塑造的全方位策略：行动上做到有理、有利、有节，宣传上应注意内容、途径和宣传者三个方面。

全球化将中国与非洲更紧密地联系起来。中国的非洲战略日趋成熟并引起世人瞩目。不断扩展的中非关系屡遭西方大国及媒体的误读、曲解以至攻击，非洲舆论也受其影响。2006 年，英国外交大臣提出：中国目前在非洲所做的事正是英国 150 年前所为。这一论调引发国际上对中国非洲战略的激烈讨论。由于西方话语占主导地位，中国的国际形象受到损害。

---

[*] 本文原标题为《为中国正名：中国的非洲战略与国际形象》，载《世界经济与政治》2008 年第 4 期，稍有删改。本项成果为北京大学国际战略研究中心的委托课题。有学者用"国家形象"统指国内外对一个国家的看法。参见乔舒亚·库珀·雷默等《中国形象：外国学者眼里的中国》，沈晓雷等译，社会科学文献出版社 2006 年版；傅新《全球化时代的国家形象》，《国际问题研究》2004 年第 4 期；罗建波《中国对非洲外交视野中的国家形象塑造》，《现代国际关系》2007 年第 7 期。本文的"国际形象"专指一个国家的"外在形象"。

本文的"国际形象"特指一个国家在国际舞台上的形象,即别国对该国的总体印象和看法,主要包括三个层面:政府观点、学者评论和民间(包括非政府组织)印象。在资讯发达的今天,国际形象的重要性不言而喻。乔舒亚·雷默认为这一形象"在某种意义上将决定中国改革的前途和命运"。[①] 然而,话语权的存在和资讯技术的多元往往使这种形象与现实不符。正面国际形象的塑造需要政府和公民的主观努力。值得警醒的是,宣传是中国非洲战略的弱项,这已为美国战略学者关注。[②] 本文认为,中国的非洲战略对国际秩序产生了重大影响。作者反驳了对中国非洲战略的误读,并提出了塑造正面国际形象的有关策略。

一 中国的非洲战略及其对国际秩序的影响

中国非洲战略是国家战略的有机部分,既构成发展战略(如两种资源和两个市场)的重要组成部分,也与国际战略(如建立公正合理的世界新秩序)密切相关。[③]

新中国成立以来,中非关系大致经历了三个阶段。1950—1978年为正常发展期。中国的非洲战略集中在打破西方及苏联的封锁,争取同盟军。中国对非援助集中在支持非洲人民的民族解放运动、非洲独立国家的反霸权斗争以及援助非洲各国的经济建设(如坦赞铁路)和促进非洲国家民族建构(如大型标志性建筑)。1979—1994年为过渡转型期。"文化大革命"结束后出现战略重点转移。这一时期的非洲战略关注两个重点:全力配合改革开放和争取那些与中国台湾"建交"的国家。1989—1995年,6个非洲国家与中国台湾建立所谓的"外交关

---

① [美] 乔舒亚·雷默:《淡色中国》,载 [美] 乔舒亚·雷默等《中国形象:外国学者眼里的中国》,第9页。

② Bates Gill, Chin-hao Huang & J. Stephen Morrison, "China's Expanding Role in Africa Implications for the United States"(A Report of the CSIS Delegation to China on China-Africa-U. S. Relations, November 28 – December 1, 2006), January 2007, pp. 10 – 13.

③ 可参见《国际政治研究》2007年第4期,该期集中讨论"中国的国际战略研究:范式的反思与构建"。

系",中国外交遭受重挫,也使对台工作成为非洲战略中至关重要的部分。1995 年至今为快速上升期。对非政策受到新时期战略决策的影响,逐步完成了意识形态从强调到弱化、交流领域从单一到多元及合作性质从注重经济援助到强调互利双赢的三重转变。①

新时期的中非关系具有四个特征:首脑外交奠定了双方关系的基础,平等观念构成这一关系的灵魂,互利双赢体现了中非合作的实质,规范机制形成中非关系持续发展的保证。② 然而,中国非洲战略面临着重塑正面国际形象的问题。其根本原因在于:这一战略对现存的不平等的国际秩序产生了颠覆性震荡。欧美大国长期经营的国际秩序正被中国逐渐击破:中国的政治号召力已通过 2006 年中非峰会表现出来;经济影响力的提升使中国成为非洲第二大贸易伙伴。西方发现:苏丹等国因有中国支持对其警告置若罔闻;尼日利亚等国对英国的忠告不置可否而对中国项目过于倾心;法国公司在尼日尔等国的交易因中国的介入已不能随心所欲;新成立的美军非洲司令部竟然在非洲大陆难以找到驻地。

欧洲联盟和美国外交关系委员会先后于 2005—2006 年之交发表了对非战略文件,表达了同样的担忧。欧盟学者布恩特·伯格发表文章分析了欧盟的忧虑——中国在非洲的影响日增已成为欧盟决策者的关注重点。美国认为中国对美构成双重挑战:中国保护所谓"违反人权的国家"以及无视非洲国家治理和透明度问题,新兴国家在未来 5 年将援助翻番并加强在基础设施和其他项目的公开竞标等措施将使美国公司处于不利地位。欧美国家认为:中印等国是非洲的"新来者"或"局外人",将对西方利益构成威胁。③ 这种对新兴国家可能带来的麻烦和威胁的过度敏感性

---

① 李安山:《论中国对非政策的调适与转变》,《西亚非洲》2006 年第 8 期。
② 李安山:《论"中国崛起"语境中的中非关系——兼评国外的三种观点》,《世界经济与政治》2006 年第 11 期。
③ 关于欧盟的非洲战略及其评论,参见 EU Commission Communication, *EU Strategy for Africa: Toward a Euro-African Pact to accelerate Africa's Development*, COM 489, Brussels, 12 October, 2005. Bernt Berger, "China's Engagement in Africa: Can the EU sit back?" *South African Journal of International Affairs*, 13: 1 (Summer/Autumn 2006), pp. 115 – 127。关于美国的非洲战略及其评论,参见 The Council on Foreign Relations, U. S. A., *More than Humanitarianism: A Strategic US Approach Toward Africa*, 2006. Princeton Lyman, "China's Involvement in Africa: A View from the US," *South African Journal of International Affairs*, 13: 1 (Summer/Autumn 2006), pp. 129 – 138.

说明了为何西方力图使这些国家遵守现存的游戏规则,将其纳入既定的国际体系之内。

国际事务的处理原则和国际组织的运作方式历来以西方观念和规范为依据。由于中国因素的介入,传统的国际关系正在改变:非洲在对外来援助理念、对经济制裁的看法、集体行动的一致性和对经济秩序的安排等问题上逐步形成自己的立场,西方优势正被打破。非洲与外部世界的关系从完全被动变得较为主动。在西方看来,中国及新兴国家对战后西方集团精心构建起来的全球政治经济秩序的挑战极具颠覆性,这主要表现在以下方面:颠覆近代以来由西方主导的国际秩序;挑战由西方制定的游戏规则;冲击西方在非洲各方面的优势地位。

首先,中国与非洲平等合作和互相尊重的政治关系是对由西方主导的建立在现实主义理论之上的国际关系的突破。其次,中国与非洲互不干涉内政的外交方针和援助是双向的理念,使西方强调只有在提高治理能力的基础上才能提供援助的主张失去法理性和实际效果。再次,中非双方在经贸关系上的互惠双赢原则使一直利用其殖民遗产继承性在非洲垄断金融、原料生产和成品加工地位的西方大国受到威胁。最后,中国的发展模式比在西方中心论基础上制定的现代化模式和发展战略对非洲更有借鉴意义。[①]

二 中国的非洲战略:误解、批判与正名

中国非洲战略的形成并非一朝一夕之功,其中既有老一代领袖的思维,也有新一代领导人的贡献。从 1995 年以来,中非关系的迅速发展给世人留下深刻印象:既给西方以巨大刺激,也给非洲以强烈冲击。中国的非洲战略十分明确:与非洲建立政治互信、经济互利和文化互鉴的新型战略伙伴关系。各种误解与批判应运而生。前殖民宗主国对中非关系的发展非常敏感,一些非洲人及非政府组织也对中国在非洲的发展产生疑惑。目前,国际上的误解和指责可概括为以下负面论调:近年扩张

---

① He Wenping, "The balancing act of China's Africa policy"; Li Anshan, "China and Africa: Policy and challenges", *China Security*, 3:3 (Summer, 2007), pp. 23 – 40, 69 – 93.

论、新殖民主义论、掠夺能源论、漠视人权论、援助方式危害论、破坏环境论。对于前三种论调,本人曾撰文进行过分析。① 在此只作少许补充。

英国外交大臣杰克·斯特劳 2006 年 2 月访问尼日利亚时表示:"中国今天在非洲所做的,多数是 150 年前我们在非洲做的。"这是"新殖民主义论"的含蓄表达。有人表示:中国在非洲实行新殖民主义或经济帝国主义。② 这种误解或指责主要牵涉三点:中国在掠夺非洲资源方面与西方无区别;中非经济交往既打击了非洲同类行业,也未能解决当地就业问题;中国在政治上控制非洲国家,将苏丹等国作为自己的"前哨站"。③

1995 年以来,中国从非洲进口的石油量不断增加。由于中、印等新兴国对原料的需求,非洲原料价格上涨很快,为安哥拉和尼日利亚等国"带来了意外之财"。④ 新兴国家与非洲在能源方面的合作远不止这一点。除提升价格外,对能源的需求引发了国际社会对非洲的重视,非洲在海外市场、投资项目和合作伙伴等方面的选择余地大大增加。更重要的是,中国对能源方面的投资往往加上改善基础建设的项目,从而为非洲本地和外来投资者提供了更好的条件。令人费解的是,西方对中国从非洲进口资源大加指责,对另外三个事实视而不见。其一,西方石油公司一直在非洲国家开采石油和其他资源。埃里卡·唐斯指出,中国在非洲的石油资产远比不上欧美。2006 年,中国公司在非洲的石油产量平均每天为 26.7 万桶,只有非洲最大的外国石油公司埃克森美孚的三分之一。中国在非洲的项目都是欧美不感兴趣的项目,许多是国际石油公司放弃的项

---

① 参见李安山《论"中国崛起"语境中的中非关系——兼评国外的三种观点》,第 13—14 页。
② Dianna Games, "Chinese the New Economic Imperialists in Africa," *Business Day*, February 2005; Lindsey Hilsum, "China's Offer to Africa: Pure Capitalism," *New Statesman*, July 3 2006. pp. 23 - 24. 学者少有这种指责。
③ Denis M. Tull, "China's Engagement in Africa: Scope, Significance and Consequences", *Journal of Modern African Studies*, 44: 3 (Sept. 2006), pp. 459 - 479; Ian Taylor, "China's Oil Diplomacy in Africa", *International Affairs*, 82: 5 (Oct. 2006), pp. 937 - 59; Joshua Eisenman, "Zimbabwe: China's African Ally", *China Brief*, 5: 15 (July 5, 2005), pp. 9 - 11; Yitzhak Shichor, "Sudan: China's Outpost in Africa", *China Brief*, 5: 21 (October 13, 2005), pp. 9 - 11.
④ "Africa's Economy: A Glimmer of Light at last", *The Economist*, June 24, 2006, p. 53.

目。① 其二，中国的项目均为双方同意并通过国际市场竞拍得来。其三，中国也在与其他国家进行能源交易（哈萨克斯坦、俄罗斯、澳大利亚等），为何无人对此进行责难？为何澳大利亚欢迎中国能源开采的合作？这是否有双重标准之嫌？

中国与非洲的经济虽互补性较强，但有些行业确实存在竞争。南非国际事务研究所副所长穆莱齐·姆贝基认为，中国经济发展对南非而言既是诱人的机会，也是可怕的威胁。② 这种竞争主要表现在劳动力和市场方面。一些中国公司考虑到文化差异、语言障碍和成本问题，倾向于从国内带去劳动力，这无疑给非洲劳动力市场带来冲击。目前，一些中国大企业意识到这一问题并力图纠正。③ 中国一些产品（如纺织品）确实与非洲的同类产品形成竞争。然而，这并非中国单方面的问题，非洲企业也面临在经济全球化中提高产业水平和竞争力的挑战。即使中方自愿减少纺织品输出，其他国家（如越南、马来西亚）的纺织品也会乘虚而入。如何解决这一问题？中国应"树立大国风范，帮助有关非洲国家进行纺织品工业的结构调整，以提高其产品的竞争力，推动中非经贸合作的可持续发展"。④

至于中国对非洲进行政治控制的说法毫无根据。中国与其他国家的交往历来不干涉他国内政。以中国与苏丹的石油交易为例。2003 年加拿大的塔利斯曼公司撤出苏丹。中方有意购买其股份，但苏丹政府从投资多元化的角度考虑拒绝了中方请求，将股份卖给了出价更高的印度公司。⑤ 中国对

---

① Erica S. Downs, "The Fact and Fiction of Sino-African Energy Relations", *China Security*, 3: 3 (2007), pp. 43 – 47.

② Paul Mooney, "China's African Safari", *YaleGlobal Online*, January 3, 2005. http：//yaleglobal. yale. edu/display. article? id = 5106.

③ 中国水利电力对外有限公司在非洲承担了不少项目。在项目执行中，中国水利电力对外有限公司派出高水平的熟练技工，将技术传授给非洲工人，尽量培训使用当地劳动力，最大限度地为当地提供就业岗位。目前，中水电共培训和使用当地员工 8200 余人。《综述：在非中国企业赢得当地政府和人民的广泛赞誉》，http：//www. focac. org/chn/zfjmhz/t392505. htm。

④ 贺文萍：《关于加强中非全方位合作的若干思考》，《西亚非洲》2006 年第 8 期，第 25 页。

⑤ Barry Sautman & Yan Hairong, "Wind from the East: China and Africa's Development", Paper presented at "China's New Role in Africa and Global South", Shanghai, 15 – 17 May, 2007.《加拿大塔利斯曼能源公司出售在苏丹的石油资产》，http：//sd. mofcom. gov. cn/aarticle/jmxw/200212/20021200055506. html。

苏丹政府的决定并无异议。这一事实说明两点：中苏均为独立国家，有权做出有利于自己的决定；中非能源交易是一种纯经济行为。

漠视人权论是西方政府以及媒体对中国的攻击之一。英国皇家非洲学会会长理查德·道登甚至认为"中国人喜欢和不民主的政府打交道"。[①] 在"漠视人权"或"支持独裁政权"的指责声中，中国奉行独立的外交政策与苏丹、津巴布韦等国政府发展友好关系都成为罪状。[②] 中国与苏丹合作的成果之一是苏丹从石油进口国变为石油出口国。对于达尔富尔危机，联合国环境署的最新报告指出，其主要根源是环境恶化。[③] 中国坚持通过平等对话协商的政治方式解决危机，并一直在发挥建设性作用。由于中国的推动，苏丹原则上接受安南秘书长三阶段维和方案并表示愿进一步显示灵活。中国支持非盟及相关国家为解决地区冲突所做的努力；提供力所能及的援助；继续支持并参与联合国维和行动。为使达尔富尔问题得到妥善解决，中国向苏丹派出维和工程兵部队并不断对苏丹进行人道主义援助。[④]

津巴布韦总统穆加贝因不能满足西方要求而受到英美批评。2005年，穆加贝从治安和卫生的目的出发对首都棚户区进行整治，遭到西方谴责，英美呼吁非盟做出反应。然而，非盟认为无权随意干涉成员国内政，支持津巴布韦抵制西方制裁。[⑤] 2007年3月，穆加贝为稳定局势对反对派领袖采取措施，受到英美严厉指责，但南部非洲发展共同体领导人专门开会，一致支持穆加贝，并要求西方取消对津的经济制裁，这说

[①] "Loans that could cost Africa dear", *Financial Times*, April 23, 2007.

[②] Joshua Eisenman, "Zimbabwe: China's African Ally", pp. 9–11; Yitzhak Shichor, "Sudan: China's Outpost in Africa", pp. 9–11; Joshua Eisenman & Joshua Kurlantzick, "China's Africa Strategy," *Current History*, 105（May 2006），p. 223.

[③] United Nations Environment Programme, *Sudan Post-Conflict Environmental Assessment*, 2007, p. 329. http://postconflict.unep.ch. Adam Mohammed, "The Rezaigat Camel Nodamds of the Darfur region of Western Sudan: From Co-operation to Confrontation", *Nomadic Peoples*, VIII（2004），pp. 230–240.

[④] 2004年中国政府承诺向苏丹提供5批人道主义物资以缓解达尔富尔危机。这些物资先后运抵苏丹，包括越野车、救护车医疗器械、农机具和生活用品。《中国援助苏丹达尔富尔的第五批物质从天津启运》，新华网，2007年8月24日，http://news.xinhuanet.com/newscenter/2007-08/24/content_6599211.htm。

[⑤] "African Union defends Mugabe," *The Guardian*, January 25, 2005.

明对非洲政局的干涉不得人心。① 不干涉他国内政及援助不带任何条件是中国从 20 世纪 50 年代以来的一贯政策。西方在批评中国外交政策时无视以下事实：中国对苏丹和津巴布韦的立场与非盟一致。在最近召开的欧非峰会上，非洲首脑一致支持穆加贝总统。英国首相布朗因抵制穆加贝未出席峰会，德国总理默克尔对穆加贝提出批评。这些举动引起非洲首脑强烈不满。② 中美双方就人权状况互相批评，但这并未影响双方贸易往来。为何对非洲一些国家就应持特殊政策？这是否也有双重标准之嫌？

援助方式危害论的论调集中在三点。其一，中国不干涉他国内政和不附带任何条件的援助打破了西方国家援助附带政治条件的模式，使一些非洲国家肆无忌惮地行使专制权力。其二，中国对非援助数字不透明。其三，中国的援助以国家贷款形式帮助非洲国家的经济建设，这种新贷款将使非洲背上新债务。

西方认为非洲国家普遍缺乏管理能力，中国以各种方式向非洲贷款，不仅难以帮助其正常发展，反而会使其背上沉重的债务负担，并对其政治发展带来消极影响。"不论其经济效果如何，中国人的钱即便没有明确的政治意图，也还是会对非洲的政治发展产生有害的影响。"③ 中国历来不将援助看作是单方面赐予，而是相互的（非洲国家多次给予中国各种支持，如 1971 年中国进入联合国、1999 年中国谴责美国轰炸中国驻南使馆和 2006 年陈冯富珍顺利当选为世卫总干事都是明证）。④ 中国的贷款形式正处于尝试阶段。发达国家由于担心非洲国家的偿还能力而拒绝提供

---

① "Africa gives Mugabe its Blessing to Fight West's Sanctions,"*The Times*, March 30, 2007.

② 塞内加尔总统在会上指出，津巴布韦正在朝着民主方向进步，它需要的是支持而非制裁。穆加贝总统面对德国总理默克尔的批评针锋相对："德国总理及其他亲戈登·布朗的人难道真的相信他们比南部非洲发展共同体和非盟知道得更清楚吗？我们必须与这种傲慢作斗争。" Ingrid Melander, "Defiant Mugabe Tells Europe he won't be Lectured", Reuters, December 9, 2007. http://africa.reuters.com/wire/news/usnL09329523.html. Stephen Castle, " Mugabe's Presence Hijacks European-African Meeting", *The New York Times*, December 9, 2007. http://www.nytimes.com/2007/12/09/world/africa/09summit.html?_r=1&partner=rssnyt&emc=rss&oref=slogin.

③ "Loans that could cost Africa dear", *Financial Times*, April 23, 2007.

④ 李安山：《全球化视野中的非洲：发展、援助与合作：兼论中非关系中的几个问题》，《西亚非洲》2007 年第 7 期，第 5—14 页。

贷款，这无助于非洲发展。中国希望通过贷款开发一些可提高生产能力的项目，这有利于非洲的经济发展。

"中国对非援助不透明"，这一批评基本符合事实，但要具体分析。第一，数目难以核实。中国援助部门经历过多种变化，目前援非由商务部负责，但各省市及部委仍自有项目；高层领导人出访时又自行掌握；各部委缺乏沟通，援助总数难以确定。第二，中国援非项目虽效果较好，但援助额与西方相比很少，公开出来无宣传效应。① 第三，中国的贫困人口不少，在未解决本国贫困问题的情况下援助非洲不可能得到所有人的理解，政府对公布援助额有所顾忌。第四，公布数字可能在非洲国家中引起攀比，给外交工作带来困难。第五，与中国文化传统有关。人有德于我不可忘也，我有德于人不可不忘也。援助非洲是一件好事，但应多做少说。可以肯定，任何受援国都不愿意援助国提及援助的数额，这合乎人之常性。

"破坏环境论"这种批评集中在三个方面：石油开采、木材开采和修建大坝。非洲学者和非政府组织多对中国的石油开采和修建大坝提出批评。有的苏丹人指出，中国石油公司征用土地破坏了当地传统生计，使上尼罗河北部的居民流离失所，对南部居民缺乏尊重。西方的公众舆论迫使加拿大、奥地利放弃苏丹的石油开采权，但中国、马来西亚和印度的石油公司，购买了这些特许权。② 对中国在非洲修筑大坝的意见集中在苏丹和莫桑比克。以伦敦和喀土穆为基地的苏丹人组织皮安基的主任阿里·阿斯库里十分活跃，自称代表麦洛维大坝受害者的利益。他使用一

---

① 根据报道，50年来（截至2006年）中国对非援助款共为444亿元人民币。参见"China's Policy of Assistance Enjoys Popular Support", http://english.people.com.cn/200606/23/eng20060623_276714.html. 法国发展署2006年对非洲国家的援助项目共计14.938亿欧元。Agence Francaise de Developpement, *Annual Report* 2006, p. 86. 欧元与人民币的比率约为1∶10。法国2006年援非额即占中国50年援非额的三分之一。

② Daniel Deng, "A Statement of the Current Situation in Northern Upper Nile"; Peter Adwok Nyaba, "An Appraisal of Contemporary China-Sudan Relations and its Future Trajectory in the Context of Afro-Chinese Relation", papers presented at the international conference "Afro-Chinese Relations: Past, Present and Future", November 23 – 25, 2005, Johannesburg; Ali Askouri, "China's Investment in Sudan: Displacing Villages and Destroying Communities", in Firoze Manji and Stephen Marks, ed., *African Perspectives on China in Africa*, Fahamu-Pambazuka, 2007, pp. 77 – 86.

些西方媒体的资料批评中国迫使产油区居民迁移；还提到中国参与修建的麦洛维大坝迫使三个民族群体迁移，影响到众多居民的生活。[①] 一些非洲学者对中国在莫桑比克赞比西亚省的木材开采以及中国资助的姆潘达—恩库瓦大坝的建设十分不满，认为这是"中国漠视人权以及对其所资助项目的环境影响不重视的极好例证"。[②]

对这种批评应具体分析。这牵涉两种关系，即发展和环境与局部和全局的关系，是发展中面临的问题。当然，在大坝修建之前的环境评估应由有资质的当地公司或知名国际公司进行。中国进口的主要是能源和原料，这种采掘型工业对环境破坏较大，加之个别中国企业将国内的一些工作模式（劳动时间、待遇与条件等）搬到非洲，造成不良影响，从而引起一些非洲政府或非政府组织的批评和抗议。中国政府应采取正确态度，既要重视问题，又不要过度敏感。在批准国内公司赴非时应设立标准，加强当地法律教育。对非政府组织的批评应该理解。非政府组织多受西方资助，背后不能说没有西方因素，但它们对本国环境的关切并非仅针对中国。一些非政府组织甚至将有的西方公司告上法庭。中国只有制定有效措施，将资源开发与可持续发展结合起来，切实考虑当地利益，才能树立一个负责任大国的形象。

三 正面国际形象的塑造：行动与宣传

针对国际上对中国非洲战略的各种反映，中国政府对国际形象的塑造应具备一种全方位的策略，一个整体规划。这种策略分为政府行为与非政府行为，涵盖政治、经济和文化等方面。它实际包括"做"和"说"即行动与宣传两个内容。

行动方面主要指中国在非洲的一切活动。这些活动应有章法，守规矩，有理，有利，有节。做得漂亮，才能为确立正面的国际形象打好基

[①] Ali Askouri, "China's Investment in Sudan: Displacing Villages and Destroying Communities", in Firoze Manji and Stephen Marks, ed., *African Perspectives on China in Africa*, Fahamu-Pambazuka, 2007, pp. 77 – 86.

[②] Anabela Lemos & Daniel Ribeiro, "Taking Ownership or Just Changing Owners?", in Firoze Manji and Stephen Marks, ed., *African Perspectives on China in Africa*, pp. 63 – 70.

础，为宣传提供素材与依据。

1. 不介入。互不干涉内政是中国外交政策的重要原则之一，决不能放弃。然而，非盟的"互查机制"和"非漠视原则"提出了对成员国适当干预的新理念。《非盟宪章》中的"非漠视原则"规定，非盟有权在成员国出现"战争罪行、种族屠杀、反人类罪以及对合法秩序的严重威胁"等情况时可对其进行军事干预，可在成员国之间发生武装冲突时派部队制止战争。中国介入非洲事务的最佳方式是与非洲联盟及地区组织（如西共体和南共体等）积极合作。以非盟的决策和行动为依据。中国对达尔富尔问题的处理颇为得当，但前期显得有些被动。

2. 援助。中国对非援助应先有政治、经济、效益和环境的评估，后有等级划分和效绩鉴定。援助应认真听取驻外大使的意见，有的放矢，目光长远，既要急人所难，助人所需，又要避免短期行为或不顾后果或效益。[①] 优惠贷款项目的设立应引进竞争机制。大型援建项目特别是基础设施应通过当地资质机构或知名度高且持中立立场的国际机构的环境论证。除经济援助外，教育、卫生和因地制宜的小项目是我国具有长期经验的援助项目，运作良好，也直接涉及非洲的民生，应大力加强。欧美国家援助工作集中统筹的方式值得我国借鉴。

3. 投资。政府在鼓励企业到非洲发展时应有相应措施以避免企业将国内粗放经营模式带到非洲。[②] 中国在非投资需要非洲三方面支持：政府支持、地方支持与法律支持。非洲政府对中国企业多采取支持态度。地方民众的支持则需要企业通过履行社会责任来服务于当地。让利应有具体标准，可由双方政府和企业制定百分比。中国投资需要非洲方面的法律支持，应加强与当地的司法合作，对企业进行当地法律的教育，打击不遵守当地法律的行为。莫桑比克政府将有关法律译成中文，这是好的

[①] 20世纪90年代，中国曾援助马达加斯加一批汽车，但由于不了解情况，这批汽车设计的燃料是汽油，而马达加斯加的汽油成本太高，燃料只用柴油，结果这批汽车在马达加斯加无法使用，只能成为废铁。

[②] 全国人大常委会副委员长成思危指出："即使到发展中国家去投资设厂，进行经济贸易活动，也会受到当地社会特别是国际严密监督，不负社会责任也照样名声不佳，甚至被逐出市场。可以看到，企业社会责任已经成为不可逆转的国际化潮流。"成思危：《中国不能接受"资本无道德"论》，《中国经济周刊》2007年第5期，第13页。

开端。只有各方努力才能使投资更具效益。①

4. 政府外交方式。中国政府特别是驻外大使在外交方式上需适应非洲政治的变化，在对多党政治的理解和对反对党及非政府组织的策略上尤其如此。赞比亚反对党竞选时的表态说明了非洲政治的新情况。驻外使节应与非洲社会各方面加强交流，应使非洲政府适应并认识中非合作的多渠道。中国政府对国内非政府组织的管理过于僵化，这既不利于和谐社会的建立，也不利于国际交流。政府应以一些民间组织为渠道，加强与非洲非政府组织的交流与合作。非政府组织也可参与援非项目。与非政府组织的交流合作不仅可以增强互相理解，也是树立开放的中国国际形象的具体表现。

5. 多边合作关系。在坚持独立自主原则的基础上，中国应逐步加强多边合作。西方国家虽对援非各有打算，但有一个关于"千年挑战"的共同承诺。中国与国际组织、地区组织和其他国家开展合作既有利于配合协调及总体目标的实现，也有利于宣传中国的援非工作。合作意味着公开，多边意味着透明。多边还有另一层意思，即政府与民营企业的合作，应鼓励民营企业参与援非。发达国家有一些经验值得学习。政府应加强对公众的宣传，建立相关网站作为交流平台，或通过大学扩大宣传，健全私人捐助渠道，鼓励志愿者外援等。

宣传是贯彻外交目的的重要手段。然而，有效的宣传必须建立在事实的基础上。这一点，中国国际形象的确立有赖于三方面：宣传内容、宣传途径与宣传者。

第一，宣传内容。中国非洲战略的实施过程有很多创举，具有不同于传统国际关系的内容。② 这种新的理念和行为方式不仅使中国与非洲建立了战略伙伴关系，同时对现存的国际关系提出了挑战。主要包括援非

---

① 斯泰伦博希大学中国研究中心进行的非洲的中国建筑工程项目的调查表明：非洲国家的监管力度越大，中国项目的质量越有保障。Centre for Chinese Studies, "China's Interest and Activity in Africa's Construction and Infrastructure Sectors", http：//www.ccs.org.za/downloads/DFID%203rd%20Edition.pdf.

② 有的学者将其概括为患难与共的政治形象、平等待人的外交形象、互利双赢的经济形象和亲和友善的文化形象。罗建波：《中国对非洲外交视野中的国家形象塑造》，第48—54页。

的原则和理念与援非的项目和业绩。

中国的援外原则与理念。平等互助与援助双向的理念。国与国之间、民族与民族之间互相尊重、平等相待；援助从来不是单向的，而是双向的。责任与效率原则。国家交往有一种责任感，言必信，行必果。定时定点，落实到位。互惠双赢的精神。在交往中既要考虑到本国利益，也要善于从他人角度考虑问题。只有急他人所急，想他人所想，才能使合作得以持续。这些理念、原则和精神都是通过实际行动来体现的。

中国的援非项目与业绩。主要包括以下内容。坦赞铁路，中国援非的第一大亮点。在西方各国、苏联及世界银行以成本或客观条件为由拒绝修建后，中国政府主动承担了这一巨大工程，历时11年（1965—1976年），牺牲65名中国工人。[1] 这是一项丰功伟绩，值得大书特书。援非医疗队，中国援非的第二大亮点。中国从1963年起向非洲派遣医疗队，到2006年已向47个非洲国家派出1.6万名医务工作者，救助2.4亿人次。这是中非合作中时间最长、涉及国家最多、成效最显著、影响最广泛的项目。援外医疗队员的医术和精神赢得非洲人民的尊敬，被誉为"白衣使者"和"最受欢迎的人"。大型标志性建筑，中国政府帮助非洲国家修建了一批里程碑式的建筑。有人认为这是中国为满足非洲领导人好大喜功的心理。然而，深层政治意义在于：它们是国家独立的标志和国家民族的象征，是文化非殖民化的体现。可以说，这些标志性建筑在非洲国家民族的建构中起到了重要作用。[2] 基础建设。50多年来中国在非洲共援建800多个项目。这些项目强调两点：因地制宜与助其脱贫。教育培训。中国从20世纪90年代初开始共举办多次培训班，培训班有两个特点：中国的特长和非洲的急需颇为契合。

---

[1] 张铁珊：《友谊之路：援建坦赞铁路纪实》，中国对外经济贸易出版社1999年版，第386—387页。此书是第一部记录坦赞铁路的中文著作。还可参见 George T. Yu, *China's African Policy A Study of Tanzania*, Praeger, 1975; George T. Yu, "The Tanzania Zambia Railway: A Case Study in Chinese Economic Aid to Africa," in W. Weinstein & T. H. Henriksen, eds., *Soviet and Chinese Aid to African Nations*, Praeger, 1980, pp. 117 – 144; 陆庭恩：《坦赞铁路的修建与中非友谊》，《亚非研究》1997年第7辑，第277—294页。

[2] 李安山：《非洲民族主义研究》，中国国际广播出版社2004年版，第291—300页。

从 2000 年以来，中非合作的新模式已取得良好效益并赢得非洲国家的认同。然而，西方话语霸权的存在说明：只有掌握"舆论主权"和"形象主权"，中国国际形象才会有质的改变。宣传中不应忽略存在的问题和消极方面。只有这样，宣传才能以事实和道理服人。

第二，宣传途径。由于中国主动融入国际社会的时间不长，在宣传上尚属新手，必须吸取他人的经验并有所创新，才能使国际形象得到改善。具体可采取以下措施。通过影视方式（电视、电影和图片展览等）宣传中非合作的成就。① 建立非洲留学生和培训官员跟踪联络系统。这些留学生和官员是中非友好合作的主要力量。出资在国外报纸登广告为中国政府作正面宣传。② 建立立体型的宣传体系与相关网站，对中非合作进行总结。③ 可参照"博鳌论坛"方式组织"非洲论坛"，为中非合作的健康发展提供交流平台，也可为中国宣传自己作为负责任的大国形象提供一个新的舞台。在不得已的情况下，可组织相关人员制造话题以反击西方的"中国威胁论"。话题的选择要适当，既要有道德制高点，又要有针对性。

第三，宣传者。对中国国际形象的正面宣传由谁来做，这是一个需要仔细考虑的问题。从理性而言，这应由中国政府来实施。然而，从策略上看，由政府宣传不如由非政府力量（主要是学者和各种民间组织）宣传，由中国人宣传不如由外国人宣传。

由非洲人宣传是最佳选择。他们不仅可宣传中国人在非洲的所作所为和带来的好处，也可免去中国人自吹的嫌疑。学者是比较客观的群体，对事物有自己的判断，其宣传将对世人了解中国及中非合作起积极作用。加纳学者普拉是非洲第一代政治学家，任开普敦的非洲社会高级

---

① 2006 年中非峰会期间在人民大会堂举办的"中非友好合作展览（2000—2006）"加上 2000 年以前的合作内容，可在非洲各国展出，这种方式花钱少，效果好。中国驻加蓬使馆举办的图片展览取得成功即是明证。

② 《华盛顿邮报》是开拓国家广告业务的先行者。哈萨克斯坦总统和越南驻美使馆曾利用《华盛顿邮报》作国家广告，对正面宣传国家形象起到良好影响。中国的广告可用工程数据来说明中国援非的成就与规模。

③ 例如动员参与过重大事件的外交官与援非人员撰写回忆录，组织学者编写有关中非合作的著作并以英文出版；征集资料，收集海外媒体的报道；委托电影公司或电视台制作有关中非合作的影视作品等。

研究中心主任。他对中国在非洲的影响持正面看法，并多次就中非关系发表意见。① 他认为，中国虽有自己的国家利益，但从20世纪五六十年代起就一直帮助非洲从事基础设施建设。非洲人应面对自身问题，考虑如何应对变化的形势，从而最好地利用现有条件来创造自己的事业。② 尼日利亚历史学家费米·阿科莫拉夫曾在《新非洲人》杂志上撰文指出：中国崛起不同于西方，为非洲提供了经验。③ 她的观点在国际上有一定影响。贝宁学者吉尤姆·穆穆尼对中非关系的看法也比较客观。④ 这些具有良知和独立意识的非洲知识分子对中非合作关系的宣传最为有效。非洲人宣传中非合作的好处不会引起民众的反感。当然，由于他们未掌握话语权，其影响力主要在非洲，要影响西方，还需要西方人对中非关系进行客观评价。

西方的语言优势和话语霸权是现实存在。虽然西方学术界和民众在一定程度上对中国抱有偏见，但除极个别外，他们一般是尊重事实的。我们应尽量利用西方媒体、学者或非政府组织宣传中国对非政策和中非关系。肯尼思·金是爱丁堡大学非洲研究中心前主任，一直从事非洲教育的研究，曾在香港大学做访问学者。由于有机会接触中国社会和学者，加上经常前往非洲实地考察，他对中非合作有较深认识，并提出两个观点：中国与西方不同，总是从积极正面的角度观察非洲；中非合作是一种"互惠"关系。这在西方学者中极为少见。⑤ 德博拉·布罗伊蒂加姆是美利坚大学的发展学专家，长期从事中国对非洲援助的研究。她对双方

---

① ［加纳］普拉（Kwesi Kwana Prah）：《中国的民族主义、革命与经济改革：对非洲的启示》，《国际政治研究》2006年第4期，第3—9页。
② "Africa and China: Then and Now", Firoze Manji and Stephen Marks, ed., *African Perspectives on China in Africa*, pp. 57 – 61. 他主编的论文集《非洲—中国关系：过去、现在与未来》是中非学者共同努力的成果。
③ Femi Akomolafe, "No one is Laughing at the Asians Anymore," *New African*, 452（June 2006）, pp. 48 – 50.
④ ［贝宁］吉尤姆·穆穆尼：《国内变迁与中非关系的变革》，《国际政治研究》2006年第4期，第42—52页。
⑤ ［英国］肯尼思·金（Kenneth King）：《中国与非洲的伙伴关系》，《国际政治研究》2006年第4期，第10—20页。他与笔者受邀于2007年1月参加由日本国际合作署举办的"中国对非援助：北京高峰会议及其后续行动"研讨会并作了讲演。他积极评价中非合作的现状，并就中日双方在援非的合作问题提出了建设性意见。

合作的看法比较客观。① 她曾在美国企业研究所举办的有关中非关系的会议上指出，中国对非洲的态度比西方更积极。西方认为非洲是不断需要援助的落后大陆，中国看好非洲的投资前景。中国对非援助不断增加，奖学金数目翻番，向苏丹派出工程队，积极参与联合国在非洲的维和行动。② 世界银行研究员布罗特曼较客观地描述了中印在非洲的经济活动。③ 香港科技大学的贝利·沙特曼长期从事中国研究，他对中非关系实质的认识也相当客观。④

　　国家应加强对非洲的正面宣传。国人对非洲的认识有两个误区：非洲穷；中国对非洲的援助太多。这种观点只有通过宣传来纠正。随着生活水平的提高和对公共事务的关心，援助将成为公众关注点。作为纳税人，他们希望知道税款花在何处。目前，援助是以政府方式进行，一旦人们开始注意外援工作，援助效率将成为关注点。缺乏正面宣传和畅通的信息渠道将给援外工作带来负面影响，并影响援助项目及制度的可持续性。中非关系的特点之一是首脑外交。然而，国际形象的塑造要有群众基础。政府应大力发展志愿者行动计划，使援助多样化；这也能为中非关系增添活力，还能培养一批具有献身精神且熟悉非洲的青年人才。

　　对中国的崛起，有人高兴，有人担心，这表达的是同一个信息：中国的发展对世界的影响至关重要。中国的非洲战略应从"做"和"说"两个方面向世界宣告：作为负责任的大国，中国的非洲战略对非洲和世界有着积极影响。如何影响？这是中国面临的新挑战。

（原载《世界经济与政治》2008 年第 4 期）

---

① Deborah Bräutigam, *Chinese Aid and African Development*, *Exporting Green Revolution*, *Chinese Aid and African Development*, *Exporting Green Revolution*, London: Macnillan Dress, 1998.
② 《非洲人认为中国的投资对他们有帮助》，华盛顿时报网站，2007 年 9 月 16 日。转引自《参考消息》2007 年 9 月 19 日。
③ Harry G. Broadman, *Africa's Silk Road. China and India's New Economic Frontier*. The International Bank for Reconstruction and Development/World Bank, 2007.
④ Barry Sautman & Yan Hairong, *East Mountain Tiger*, *West Mountain Tiger*: *China*, *the West*, *and "Colonilaism" in Africa*, Baltimore: Maryland Series of Contemporary Asian Studies, Inc., 2007.

中非合作论坛的起源*

内容提要： 本文发表于 2012 年。中非合作论坛的成立是中国外交及当代国际关系中的一件大事。国际上一直存在着中非合作论坛是否为中国一手策划的疑惑。为什么要成立中非合作论坛？谁在推动论坛的成立？通过对文献资料的研究和对事件经历者的访谈，作者认为各种因素的合力使中非合作论坛得以成立。中非长期的友好合作关系为这一机制奠定了坚实的基础，中非关系在 20 世纪 90 年代的快速发展使这一机制的建立变得日益迫切，经济全球化为双方合作提供了机遇，非洲方面的积极推动对论坛的建立起到了决定性作用，中国方面的努力使论坛的建立成为现实。然而，迄今中国的对非战略仍缺乏长远谋划，面临严峻挑战，亟须正视和逐步解决若干重要问题。

中非合作论坛成立于 2000 年，至今已有近 12 年历史。论坛的成立无疑是中非关系史上的一个重要事件，并引起世人关注。① 论坛的重要性日益显现出来，并已演变为一个影响当代历史进程的重要机制。这表现在

---

* 本文原标题为《论中非合作论坛的起源——兼谈中国非洲战略的思考》，载《外交评论》2012 年第 3 期，稍有删改。作者在此对为本文提供和核实有关信息的刘贵今大使、许孟水大使、舒展大使和许镜湖大使，6 个驻华使馆（突尼斯、摩洛哥、坦桑尼亚、苏丹、津巴布韦、刚果金、尼日利亚）的外交使节，协助采访非洲外交官的 3 位非洲博士生伊美娜（突尼斯）、龙刚（刚果金）、李杉（摩洛哥）同学和对初稿提出修改意见的匿名评审专家一并表示由衷的谢意。文章涉及的内容和错误概由本人负责。

① 通过谷歌检索"The Forum on China-Africa Cooperation"（"中非合作论坛"的英文译文），检索到的词条数目竟然多达 3420 万条（检索时间：2011 年 4 月 7 日）。

以下方面：首先，论坛为中国这一世界上最大的发展中国家和非洲这一发展中国家最为集中的大陆的合作创造了一种新的模式，从而为解决全球贫困问题提供了一种新的思路和方式。论坛倡导的是一种双方平等互利的新合作模式，这直接关系到现存的世界政治—经济体系的合法性问题。其次，论坛合作的基础是互相尊重、平等互利、求真务实，十年来已经取得了丰硕的成果，并为中国其他类似论坛所效法。论坛从一种比较松散的组织方式演变成一种较为灵活、有相应辅助机构的固定机制。

然而，中非合作论坛似乎仍然有一层神秘的面纱。世人对中非合作论坛仍存在着诸多疑问。为什么要成立中非合作论坛？谁是后面的推手？有的学者认为，中非合作论坛的设立是中方主动提出、中方一手推动。[1] 有的甚至将中非合作论坛作为中国大非洲地缘战略的组成部分。[2] 笔者通过对文献资料的研究和访谈，提出了不同的观点：作为中非友好合作关系的一种具体体现，论坛的建立是多方面的因素促成的。中国与非洲在国际舞台上的长期合作为论坛的建立奠定了坚实的基础；20世纪90年代以来发展迅速的中非关系使论坛的建立变得必要和更加紧迫；国际形势的变化特别是经济全球化为中非合作提供了更多的机会和挑战；多位非洲高官敏感地意识到中非合作机制化的重要性并提出了建立论坛的可能性；中方政界和知识界就建立中非长期战略伙伴关系的机制化提出了可行性建议。可以说，没有非洲方面的建议和推动，中非合作论坛的建立是不可能的。

---

[1] Ann Cristina Alves, "Chinese Economic Diplomacy in Africa: The Lusophone Strategy", in Chris Alden, Daniel Large and Ricardo Soares de Oliveira, eds., *China Enters Africa: A Rising Power and a Continent Embrace*, London: Hurst & Company, 2008, p. 72; Mwesiga Baregu, "The Three Faces of the Dragon: Tanzania-China Relations in Historical Perspective", in Kweku Ampiah and Sanusha Naidu, eds., *Crouching Tiger, Hidden Dragon? Africa and China*, University of KwaZulu-Natal Press, 2008, p. 163.

[2] Maurizio Carbone, "The European Union and China's Rise in Africa: Competing Visions, External Coherence and Trilateral Cooperation", *Journal of Contemporary African Studies*, Vol. 29, No. 2, April 2011, pp. 203 – 221; Helmut Asche, "China's Engagement in Africa-A Survey", Paper Presented at International Conference "China in Africa: Who Benefits? Interdisciplinary Perspectives on China's Involvement in Africa", Johann Wolfgang Goethe University Frankfurt am Main Germany, December 14 – 15, 2007.

一　坚实的基础

首先，中非长期合作为中非合作论坛奠定了坚实的基础。中国和非洲有着长期稳定的友好合作关系。中非关系的连续性表现在它贯穿着一条主线：平等相待、尊重主权、共同发展。它大致经历了三个阶段：正常发展期（1956—1978 年）、过渡转型期（1978—1994 年）和快速上升期（1995 年至今）。中非合作论坛机制建立之前，中非之间的关系虽然有起有伏，但总体而言，双方密切合作，在国际舞台上互相支持。

非洲对中国的支持主要表现在以下方面。

1971 年，中国在联合国的合法席位得以恢复，投赞成票的 76 国中 26 个是非洲国家。毛泽东主席形象地指出："这是非洲黑人朋友把我们抬进去的。"[①]

1989 年"六四"政治风波后到中国访问的首位国家元首、政府首脑和外长均来自非洲。"他们表示，之所以在这个时候访问中国，就是要向全世界表明，非洲是中国的真正朋友，即便是在中国最困难的时候也是如此。过去中国帮助了他们，因此，在中国最需要支持的时候，他们会不遗余力地表达对中国的声援。"[②]

从 1990 年起，西方国家借人权问题干涉中国内政，在联合国人权会议上曾 7 次提出"中国人权状况"的方案。在 1997 年举行的联合国人权委员会第 53 届会议上，非洲国家与其他发展中国家一起，针对中国提出的对西方国家的反华提案"不采取行动"动议展开了一场激烈辩论。在对这一动议进行表决时，结果以 27 票赞成、17 票反对的压倒多数，最后一次挫败了西方国家利用人权干涉中国内政的企图。在 27 票中，非洲国家占 14 票。1998 年西方国家不得不宣布：今后不再在"人权"问题上提出反华提案。在以非洲国家为主的发展中国家支持下，中国在国际舞台

[①] 翁明：《临行点将——"乔老爷"首次率团赴联大》，载符浩、李同成主编《经天纬地——外交官在联合国》，中国华侨出版社 1995 年版，第 9 页。

[②] 钱其琛：《外交十记》，世界知识出版社 2003 年版，第 255—257 页；Ian Taylor, "China's Foreign Policy towards Africa in the 1990s", *The Journal of Modern African Studies*, Vol. 36, No. 3, 1998, pp. 446–449.

上赢得了这场斗争的胜利。

从 1980—1989 年非洲国家元首访问中国的人次由 70 年代的 33 人次增加到 51 人次。从 1990 年至 1998 年 4 月，非洲国家有 53 位国家元首、15 位总理和许多高级领导人访华。① 这些高层访问表达了对中国政府的信任，也促进了双方的友好关系。多年来，非洲国家在台湾问题、人权问题、西藏问题、世界卫生组织总干事长的人选问题、奥运会举办权等问题上一直支持中国。

中国对非洲的支持主要表现在以下方面：

中国始终全力支持非洲人民反抗殖民主义的斗争；重返联合国以后，中国作为安理会常任理事国不断为非洲国家伸张正义，坚决反对外来势力干涉非洲国家的内部事务。

中国在自己经济状况比较困难的情况下仍对非洲提供各种援助。除各种工、农业项目外，中国政府在非洲国家独立初期还帮助修建了一些里程碑式的大型建筑。这些大型标志性项目在非洲国家民族的建构中起到了重要作用。②

中国一直不附带任何政治条件地向非洲国家提供力所能及的援助。1956 年以后的 40 多年里，共援建近 800 个项目，涉及农牧渔业、纺织、能源、交通运输、广播通讯、水利电力、机械、公用民用建筑、文教卫生、工艺和手工业、食品加工等多个领域。③ 在其他各方以成本或客观条件为借口拒绝修建坦赞铁路这一计划后，中国政府主动承担了这一巨大工程，并于 1976 年完工。④

---

① 陈公元：《中非关系与非洲问题探索》，中国非洲问题研究会，2009 年，第 132 页。
② 过分强调这些建筑物的经济费用是不恰当的，我们应审视深层的政治文化意义。它既可作为国家领导人的成就，也是国家的独立标志和国家—民族的象征物。更重要的是，它是文化非殖民化的重要标志。李安山：《非洲民族主义研究》，中国国际广播出版社 2004 年版，第 292—293 页。关于中国援建非洲的大型工程，参见吉佩定主编《中非友好合作五十年》，世界知识出版社 2000 年版。
③ 黄泽全：《中非友好合作 50 年》，载北京大学非洲研究中心编《中国与非洲》，北京大学出版社 2000 年版，第 45 页。
④ George T. Yu, *China's African Policy a Study of Tanzania*, New York: Praeger, 1975; Jamie Monson, *Africa's Freedom Railway, How a Chinese Development Project Changed Lives and Livelihoods in Tanzania*, Bloomington & Iindianapolis: Indiana University Press, 2009.

1996年，在联合国秘书长人选问题上，中国始终站在非洲国家一边，支持安南接任加利出任联合国秘书长职位。中国支持和肯定非洲国家在国际舞台上联合自强、通过和平协商以解决国与国之间的争端、积极参与国际事务和为建立公正合理的国际政治经济新秩序而进行的努力。[1]

二 迫切的需要

20世纪90年代以来中非关系的快速发展对论坛的成立提出了需要。80年代的非洲正经历一个非常艰难的时期，这一时期往往被称为"失去的10年"。1980—1990年，外资减少或投资撤出。以英国为例，139家公司中的43家开始从非洲撤资；日本对非洲经济也持悲观态度，80年代驻肯尼亚的日本公司从15家降到2家。另一个是债务问题。撒哈拉以南非洲1970年的债务为60亿美元，1980年增至843亿美元。非洲在忍受结构调整的阵痛时，却经历着边缘化过程。

随着冷战结束，国际形势发生重大变化。美苏争霸世界的局面不复存在，世界格局由两极对立向多极化转变。冷战结束给非洲带来了三个直接后果。第一，非洲在美苏争霸时期的战略作用失去了意义。由于非洲作为冷战时期的一个布局棋子的作用已经不再重要，其战略地位明显降低。第二，非洲各国在冷战时期被美苏对抗所掩盖的自身矛盾开始暴露，地区冲突、领土纠纷、民族矛盾、宗教斗争等开始出现。第三，西方国家开始在撒哈拉以南非洲大肆推行"民主化"浪潮。这些因素互相作用，使非洲在经过80年代"失去的10年"之后，再次陷入经济衰退的困境，这突出表现在投资减少和债务增加两个方面。非洲的战略地位因冷战结束受到重大影响，加剧了其边缘化进程。1993年非洲外债达2004亿美元，1994年为2107亿美元，是当年国民生产总值的82.8%，相当于当年非洲出口总额的254.5%。根据1995年世行报告，1994年底，28个非洲国家的债务/出口之比高于200∶1。[2] 1992年，在政治上，三分之一的非洲国家陷入各种战乱；

---

[1] 汪勤梅：《中非关系巨大发展的20年》，《世界经济与政治》1998年第10期，第53—57页。

[2] 上述非洲债务数据来自世界银行1989年、1994年和1995年报告。A. A. Gordon and D. Gordon, eds., *Understanding Contemporary Africa*, Boulder, Colorado: Lynne Rienner, 1996, p.116. 非洲局势恶化使粮食危机成为日益严重的问题。参见 P. Lawrence, ed., *World Recession and the Food Crisis in Africa*, London, Boulder, Colorado: Westview Press, 1986.

在经济上，非洲大陆出现负增长（－0.5%），经济跌到谷底。西方国家的对非政策也出现变动。90年代前期，对非洲的重视程度日益降低，美国在90年代中期才开始调整其对非洲的政策。

中国的对非洲政策也有所调整。80年代初，对国际形势的重新判断（和平与发展成为世界两大主题）和战略思想的转变（重点转入国内经济建设）导致中国的战略转型。1982年的中共十二大确定两大战略决策：国内以经济建设为主，对外奉行独立自主的和平方针。为了表示重视中非友好关系，时任国务院总理在党的十二大召开3个月后访问非洲，并宣布了对非经济技术合作四项原则。80年代中期"是中国建国40年来与非洲国家关系最好的时期"。1982—1985年，非洲有29个国家的首脑访问中国，中国国家主席李先念于1987年访问非洲三国。中非经贸合作大大加强。从70年代至20世纪末，中国在非洲国家已经累计签订承包劳务合同6000余份，合作金额近100亿美元。[①]

中国从1991年开始改革和完善对外贸易体制。中国政府取消外贸出口的财政补贴。外贸企业自主经营、自负盈亏，为企业增加对非贸易创造了条件；对外援助改革包括巩固援建项目的尝试，援外机构与成套设备公司政企分开，卫生部接管援外医疗队，为非洲培训技术和管理人才，援外方式多样化。1994年，中国政府决定对非援助实行政府优惠贴息贷款。这些调整与改革为中非关系的快速发展奠定了基础。"两种资源、两个市场"的"走出去"战略推动中国企业走向非洲。1995年是重要的一年，中国领导人访非23国/次；援外方式改革开始；苏丹开采石油项目落实；石油位列中国进口商品的首位；中非贸易增长48.3%。[②] 时任副总理的朱镕基、钱其琛和李岚清于1995年访问非洲18国，向非洲宣传政府贴息优惠贷款援助方式和援外项目合作合资方式。双方贸易不断发展；投资非洲的中国企业不断增加；参加中国商品交易会的非洲商人日渐增多，到中国经商渐成势头。非洲经济从1994

---

① 黄泽全：《中非友好合作50年》，载北京大学非洲研究中心编《中国与非洲》，北京大学出版社2000年版，第50页。

② 《中国对外经济贸易年鉴·1996/97》，中国经济出版社、经济导报社1996年版，第554—555页。

年开始出现回升。①

自 1995 年以来，中非合作关系呈现出快速发展的势头。首先，政治上互访互信。双方领导人互访增加。江泽民、胡锦涛等中国领导人多次访非，大大推动了双方关系的发展。1996 年，江泽民主席对非洲 6 国进行国事访问。这是中国国家元首首次访非。江主席在非洲统一组织总部发表了以"为中非友好创立新的历史丰碑"为主题的演讲。他提出建立面向 21 世纪长期稳定、全面合作的中非关系的五点建议——真诚友好、平等相待、互利互惠、加强磋商、面向未来，成为新时期中非合作关系的指导原则。② 其次，经济上互利互惠。中国投资非洲的速度加快，双方的贸易额也迅速增加。中国政府贴息优惠贷款经过 3 年试点后于 1995 年下半年开始推行。时任副总理的朱镕基于 1995 年 7—8 月访问了东、南部非洲 7 国，李岚清副总理于同年 10—11 月访问了西非 6 国。这两次访问的重要目的之一是宣传中国新的援助方式。1996 年年底，中国同 16 个非洲国家签订优惠贷款框架协议。新的援外方式逐渐为受援国所接受。③ 2000 年前，签订优惠贷款框架协议的非洲国家增至 22 国。④ 中国企业对中非合作发挥了很大的推动作用。20 世纪 90 年代中期，一方面，中国对石油的需求开始增加，另一方面，世界市场的油价上涨。在这种情况下，中国希望在国外拿到自己的油田区块。然而，世界其他地区对中国这一愿望意见不一。加拿大和澳大利亚不愿意看到这种情况，俄罗斯当时也不愿意与中国在能源方面进行合作。中东地区的石油基本上已为欧洲和美国独占，拉丁美洲则被看作是美国的后院。剩下的只有非洲。即使是非洲，西方的大公司早已在石油丰富的国家（如尼日利亚）开采了几十年。正是西方国家从苏丹退出为中国进入非洲的石油行业提供了一个极好的机会。交流各自的发展经验成为中非合作的另一个内容。首届"中国—非洲经济管理官员研修班"于 1998 年 8 月 3 日开幕，共有来自 12 个

---

① 夏吉生：《90 年代非洲经济发展述评》，载《亚非研究》（第 7 辑），北京大学出版社 1997 年版，第 295—296 页。
② 江泽民：《为中非友好创立新的历史丰碑》，《人民日报》1996 年 5 月 14 日第 6 版。
③ 何晓卫：《继续推行援外方式改革，严格履行对外援助协议》，载《中国对外经济贸易年鉴·1997/98 年)》，中国经济出版社、经济导报社 1997 年版，第 75 页。
④ 黄泽全：《中非友好合作 50 年》，第 51—52 页。

非洲国家的 22 名学员参加,其目的在于"使学员了解中国并介绍各自国家的情况,相互交流,加深理解,增进中国与非洲国家的友谊和长期合作"。根据中国国家主席江泽民的提议,中国每年将举办两期这样的研修班。① 再次,文教卫领域的交流形式多样。② 这种势头对如何使中非合作进一步机制化提出了新的要求。

表1　　　　　中非贸易额（1990—1999 年）　　　（单位：亿美元）

年份	中非贸易额	非洲向中国出口	中国向非洲出口
1990	9.35	2.75	6.60
1994	26.43	8.94	17.49
1995	39.21	14.27	24.94
1996	40.31	14.64	25.67
1997	56.71	24.64	32.07
1998	55.36	14.77	40.59
1999	64.84	23.75	41.08

数据来源：《中国对外经济贸易年鉴·1991》,中国社会出版社 1991 年版,第 305 页；《中国对外经济贸易年鉴·1995/1996》,中国社会出版社 1995 年版,第 389、410 页；《中国对外经济贸易年鉴·1996/97》,第 554、579 页；《中国对外经济贸易年鉴·1997/98》,第 363、391 页；《中国对外经济贸易年鉴·1998/99》,中国经济出版社、经济导报社 1998 年版,第 372、405 页；《中国对外经济贸易年鉴·1999/2000》,中国对外经济贸易大学出版社 1999 年版,第 398、432 页；《中国对外经济贸易年鉴·2000》,中国对外经济贸易大学出版社 2000 年版,第 459、492 页。

三　新的机遇与挑战

经济全球化为中非合作提供了更多的机遇和更大的挑战。从 20 世纪

---

① 《中国—非洲经济管理研修班开学　吴仪希望把中非的经贸合作推向新高度》,《人民日报》1998 年 8 月 4 日第 4 版。

② 《中非教育合作与交流》编写组：《中国与非洲国家教育合作与交流》,北京大学出版社 2005 年版,第 3—5 页；《中国非洲教育交流与合作》,中国教育部（无出版日期）；Drew Thompson, "China's Soft Power in Africa: From the 'Beijing Consensus' to Health Diplomacy", *China Brief*, Vol. 5, No. 21, October 13, 2003, pp. 1–4。

90 年代中期起，多党民主浪潮造成的冲击逐渐过去，非洲局势开始好转，主要表现在以下方面：政治局势趋向稳定，多个国家结束战乱，越来越多的国家实现了政治稳定。经济开始复苏，非洲 33 个最不发达国家摆脱了国内生产总值负增长的局面，1995 年国内生产总值增长率为 2.4%。经济呈负增长的非洲国家从 1994 年的 14 个下降到 1995 年的 3 个，经济增长率超过 6% 的非洲国家从 1994 年的两个增加到 1995 年的 8 个。据非洲开发银行统计，1996 年非洲经济增长率为 4.8%，首次超过人口增长速度，扭转了非洲大陆人均收入连续 6 年下降的局面。[1]

针对非洲大陆逐渐好转的局势，国际上也出现了一些动向。首先是联合国的举动。经过 1996 年的中期审查，认为 1991 年制定的"90 年代联合国非洲发展新议程"的执行情况取得了具体的成果。1996 年，联合国秘书长加利又提出了一个 10 年非洲发展方案——"联合国系统关于非洲特别倡议"，计划援助非洲 250 亿美元，以帮助非洲重点发展教育、医疗卫生、和平、良政、食物保障和饮水等 14 个领域。西方大国的对非政策出现了变化，以美国、日本和法国较为明显。这一动向引起了中国方面的注意。[2]

1997 年，美国财长斯莱特率官方代表团参加苏利文大会，加紧涉足非洲经济事务。[3] 美国部分议员提出"非洲增长与机遇法案"，主张增加撒哈拉以南非洲国家的纺织品与服装进入美国的机会。该议案经过多次讨论与修改，于 1999 年在两院获得通过。1998 年，克林顿总统对非洲 6 国进行为期 11 天的访问。克林顿在南非演讲时说道：他的这次非洲之行希望帮助美国人用新的眼光来看待这个新的非洲大陆，并力图针对新的情况对非洲采取一种新的政策。1999 年 3 月，在华盛顿首次举办"美国—非洲 21 世纪伙伴关系部长级会议"，会议规模空前。美国国务卿等 8 位部长及国际开发署、进出口银行、海外私人投资公司等 4 家官方机构的高管与会。非洲方面与会者包括撒哈拉以南非洲 46 个国家的 83 名外交、财政、外经贸等部长和北非 4 国的驻美大使。联合国非经委、世界

---

[1] 夏吉生：《90 年代非洲经济发展述评》，第 296—299 页。
[2] 刘月明、朱重贵：《美法的非洲政策及它们在非洲的矛盾》，《现代国际关系》1996 年第 1 期；菲燕：《西方大国在非洲展开新一轮角逐》，《西亚非洲》1999 年第 4 期。
[3] 苏利文大会，即非洲裔美国人和非洲人联谊大会，由苏利文（Reverend Leon Sullivan）发起。

银行、国际货币基金组织与非洲开发银行、东南非共同市场、西非经济共同体等地区组织亦派要员出席。美国总统克林顿、联合国秘书长安南、非统组织秘书长萨利姆等出席并发表讲话。会议讨论了美非在贸易、投资、援助、减免债务、政治经济改革诸方面的合作前景，发表了《联合公报》。美国国务院还发表了题为《21 世纪美非伙伴关系蓝图》的会议纪要，宣布将于近期召开美国—南部非洲发展共同体论坛和美非经济论坛。很明显，美国在大力加强与非洲的关系。①

法国的举动也引人注目。克林顿首次访问非洲 3 个月后，法国总统希拉克也率领庞大的代表团访问纳米比亚、南非、莫桑比克和安哥拉 4 国。这标志着法国已放弃非洲法语国家"势力范围"的传统做法，走向整个非洲。1998 年 11 月 26—28 日在巴黎召开法非首脑会议，法国总统希拉克与 49 个非洲国家领导人济济一堂，共商有关非洲国家和地区的安全与维和及经济发展等重要问题，取得了引人注目的成果。1998 年以前，法国将受援国家分为两类，"阵营国家"和"阵营外国家"。所谓"阵营国家"，指的是 37 个原法国殖民地国家和后来逐渐加入的非洲国家，其他接受法国援助的国家为"阵营外国家"。从 1998 年开始，法国政府调整了对外援助地区政策，由原来"阵营国家"（法语国家）和"阵营外国家"的二元划分，转变为"优先团结地区"政策。"优先团结地区"不仅包括低收入且没有进入资本市场的最不发达法语国家，同时也向非法语国家开放，从而保证地区行动的更好协调。"优先团结地区"包含的国家可以获得更广泛的合作手段和最优惠的援助资金。1999 年初，法国国际合作与发展部际委员会首次确定的"优先团结地区"包括 61 个国家。除了原 37 个"阵营国家"外，又增加了很多撒哈拉以南非洲国家，主要为中非和南非英语国家。属于"优先团结地区"的国家共有 55 个，非洲国家多达 43 个。这些国家可享受"优先团结基金"。②

---

① 夏吉生：《论克林顿政府对非洲政策》，《西亚非洲》1998 年第 1 期；姚桂梅：《美国非洲政策重心转移的背景及影响》，《西亚非洲》1998 年第 3 期；杜小林：《冷战后美国对非政策的演变、特点和趋势》，《现代国际关系》2006 年第 3 期。

② "优先团结基金"是对外援助改革的产物，于 2000 年 9 月 11 日颁布法令创立。主要用于政府（包括司法、经济管理、国家政权、国防和警察）制度改革和社会发展等领域的合作项目，由法国外交部负责管理。关于法国对非援助，参见李安山《浅析法国对非洲援助的历史与现状——兼谈对中国援非工作的几点思考》，《西亚非洲》2009 年第 10 期，第 13—21 页。

1993年,日本政府同联合国以及全球非洲联盟在东京举办了"东京非洲发展会议"(TICAD)。在会议中,日本表示将在援助非洲的改革与发展方面发挥重要作用,并阐述了日本的对非洲政策:支援政治改革、经济改革、人才改革、环境保护、提高援助的效果和效率。这五个方面构成日本对非政策的基本方针和主要领域。1993—1995年,日本对20个非洲国家提供了370亿日元的无偿援助。在人才培养方面,日本采用组织论坛、研讨会等形式,以促进日非的人才交流。在环境保护方面,日本提供了开发地下水、防治水污染、保护森林、治理沙漠等项目的经济援助。在提高援助效果和效率方面,日本加强与非洲的双边高层政策对话,以对项目进行更好的规划和调查。[①] 在美欧对非洲出现"援助疲劳"之际,日本通过举行国际会议及采取援助措施,大大提高了日本在对非援助方面的地位,而非洲援助问题也最终重新得到了国际的关注。1998年,日本与联合国共同举办了"第二次东京非洲发展会议"(TICAD II)。会议规模空前,共有51个非洲国家、11个亚洲国家以及18个欧美国家的代表参加。此外,44个国际组织的代表也应邀出席了会议。这次会议在第一次东京会议的基础上,提出了东京行动计划,以"消除贫困和融入全球经济一体化"为主题,强调"南南合作"的重要性,并强调了推动民主化和解决争端问题的必要性。[②]

在经济全球化的推动下,中国企业"走出去"的步伐加快。这种"走出去"并不仅仅是一种企业行为,而是一种由国家指导并受到国家政策支持的举动。朱镕基副总理1995年访问非洲时指出:"为了支持中国企业与非洲国家的企业举办合资项目,中国将提供由政府贴息的优惠贷款,以部分解决这些合资企业所需的启动资金。"李鹏总理曾于1995年和1997年两次访问非洲,他说:"中国政府鼓励中国企业同非洲企业直接合作,支持中国公司、企业到非洲投资,开展技术劳务承包活动,扩大合作领域。"[③] 江泽民主席在1996年访问非洲时指出:"鼓励双方不同规模、领域广泛、形式多样的互利合作,在合作中坚持守约、保质、重义的原则,拓宽贸易渠

---

① 金熙德:《日本政府开发援助》,社会科学文献出版社2000年版,第243—245页。
② 李安山:《东京非洲发展国际会议与日本援助非洲政策》,《西亚非洲》2008年第5期。
③ 黄泽全:《中非友好合作50年》,第49页。

道,增加从非洲的进口,以促进中非贸易均衡、迅速发展。"①

非洲政治经济局势的好转,西方国家对非政策加速调整,为经济全球化提供了新的机遇和挑战。这些成为促使中非合作论坛加速设立的诸多因素之一。

四 非洲方面的推动

对中非合作论坛机制设立的最大推动来自非洲人。有关成立中非合作机制的建议最先是由贝宁计划、经济调整和促进就业部长阿尔贝·特沃杰雷(Albert Tevoedjre)提出的。1997年9月,特沃杰雷部长出席在香港举行的国际货币基金组织暨世界银行第56次年会。会后,他应中国外交部邀请访华,朱镕基副总理会见了特沃杰雷部长。会见时,特沃杰雷部长提出,中非之间应成立一个类似"东京发展国际会议"的合作机制。朱副总理责成在场的经贸部负责人回去后研究一下此事的可行性。经贸部研究后认为此事不可行,向上呈送了一份报告,此事就搁置了。②

为了使非洲国家外交官更加了解中国,1996—2004年,中国外交部委托外交学院举办了9期英语和法语的"非洲外交官了解现代中国讲习班"。1998年上半年,毛里求斯外交部一位出席非洲法语国家司局外交官研修班的司长在同中国外交部非洲司在华丰宾馆对口会见时也曾提出此想法。其他一些参加研修班的非洲外交官也提出过类似建议,希望建立一种"一国对多边的伙伴关系"(one to multi partnership)。③ 埃及资深外交官、埃及前任驻肯尼亚大使、时任非洲统一组织助理秘书长艾哈麦德·哈加戈先生(Ahmed Haggag)于1999年1月访华,代表非统出席1月25日在北京中国美术馆举办的非洲艺术大展开幕式。当日李岚清副总理会见,次日外交部部长助理武东和会见和宴请,刘贵今大使作陪参加了上述两场活动。正是在这次访问中,他明确提出中非之间建立多边合

---

① 黄泽全:《中非友好合作50年》,第48页。
② 中国外交部非洲司原司长、现任中国驻摩洛哥大使许镜湖女士致李安山邮函,2012年1月21日。
③ 舒展大使在北京大学非洲研究中心的讲座,2010年11月5日;许镜湖大使致李安山邮函,2012年1月21日。

作机制的建议。中方认为多边合作不易操作，故未予采纳。①

新的形势要求新的措施和新的体制。随着西方国家在高层交往机制化方面的进展，越来越多的非洲国家提出建立一种新型合作关系。正如姚桂梅研究员所言："如何应对挑战，维护自身合法权益，是中国和非洲国家在世纪之交共同思考的问题。一些非洲国家提出，中非关系的发展应顺应变化了的形势，中非之间也应建立像美非商贸论坛 AGOA、英联邦会议、法非首脑会议、日本东京非洲发展国际研讨会和欧非首脑会议那样类似的大规模高层联系机制，通过集体对话就共同关心的和平与发展问题加强磋商与交流。"②

1998年2月，刘贵今大使从津巴布韦回国，出任外交部非洲司司长。1998年3月，唐家璇出任外交部部长。他继承了前外长钱其琛的惯例，每年首次出访必走非洲。在刘贵今司长的建议下，他访问了几内亚、科特迪瓦、加纳、多哥和贝宁5个西非国家。通过访问，他日益认识到非洲在国际政治经济舞台上的重要性，也认识到加强中非合作的紧迫性。1999年，马达加斯加外长利娜·拉齐凡德里亚马纳纳（Lila Honeta Ratfandrihamanana）外长访华。"这位才华横溢的女外长出身文学世家，学识渊博，视野开阔，对华友好，重视中非关系。"在与外长唐家璇会谈时，她提到非洲国家和许多发达国家建立了机制性合作平台，如法非首脑会议、英联邦首脑会议、东京非洲发展国际会议、美非部长级会议等。既然中非关系这么好，合作这么多，为何不考虑建立一个论坛？③ 刘贵今大使提到一件很有趣的事。2007年，刘大使作为中国政府非洲事务特别代表出访美国，就苏丹问题进行沟通。期间，他在联合国经社理事会大厅发表演讲。现场气氛热烈，参加人员很多，包括沙祖康副秘书长、联合国负责非洲事务的官员。碰巧的是，主席台上就座的非盟驻联合国的观

---

① 刘贵今大使致李安山邮函，2012年1月20日、2012年1月21日。有关的活动报道，可参见王黎《非洲艺术大展在京举行》，《人民日报》1999年1月25日，http://news.sina.com.cn/richtalk/news/culture/9901/012502.html。中文报道称哈加戈为副秘书长，但他的头衔为"Assistant General Secretary of OAU"。

② 姚桂梅：《中非合作论坛及其对中非经贸合作的影响》，载陈公元主编《中国与非洲新型战略伙伴关系探索》，中国非洲问题研究会，2007年，第263页。

③ 唐家璇：《劲雨煦风》，世界知识出版社2009年版，第433页。

察员，恰恰就是当年马达加斯加外长利娜·拉齐凡德里亚马纳纳。当刘大使讲到利娜外长向中国政府提出建立某种合作机制的建议时，她激动地说："就是我！就是我！"[1] 由此可以看出，非洲外交官在多种场合主动提出了建立中非合作机制的建议。

如前所述，当时的美国、法国和日本等国都在调整对非政策。20世纪90年代后期发生的三件事体现了美国对非洲政策的变化。一是《非洲增长和机遇法案》的提出和在参、众两院获得通过；二是克林顿总统对非洲的访问；三是1999年3月在华盛顿召开的"美国—非洲21世纪伙伴关系部长级会议"。当时在非洲司任职的外交部官员舒展在一篇文章中指出，"美国政府高层频繁访问非洲，外交与立法双管齐下，同时试图建立常规机制，推动美非经贸关系"。他还指出：美国正在"效仿英、法、日等国的做法，试图建立美—非部长级会议机制、美非经济论坛、美国—南非双边委员会等固定机制，以求争夺进而控制非洲"。[2] 如前所述，法国依靠其长期在非洲的传统关系，加紧与美国的争夺。[3] 日本希望通过在非洲的援助工作加强其在国际舞台上的作用。[4]

时不我待。在新千年、新形势下，中非合作应该再上一个台阶。在听取马达加斯加女外长的提议后，中非双方一拍即合。唐家璇外长与吉佩定副外长、刘贵今司长等商谈非洲朋友的提议后，建议刘贵今召集非洲司开会，以研究此动议。刘贵今召开过两次副处长以上级别的会议，并征求当时驻非使节的意见。大家对这一提议意见不一，赞同和反对意见基本持平。同意意见认为，此为一机会，可借此机会推进解决一些双边问题。此意见最后占了上风，并报批国务院，江泽民主席和朱镕基总理对此给予批准。[5]

---

[1] 对刘贵今大使的采访，北京大学非洲研究中心，2010年12月31日。

[2] 舒展、王枫：《从美—非部长会议看克林顿政府对撒哈拉以南非洲的战略》，《西亚非洲》1999年第3期。

[3] 赵慧杰：《法国对非洲政策的调整及其战略构想》，《西亚非洲》1999年第1期；马胜利：《法国：外援政策与外交战略》，载周弘主编《对外援助与国际关系》，中国社会科学出版社2000年版，第259—308页。

[4] 钟伟云：《日本对非援助的战略图谋》，《西亚非洲》2001年第6期；罗建波：《论冷战后日本对非洲的外交政策》，《国际观察》2003年第1期。

[5] 对刘贵今大使的采访，北京大学非洲研究中心，2010年12月31日。

对西方争夺非洲的特有敏感和在中国与非洲之间建立一种常设机制的迫切性使中国政府最后决定设立中非合作论坛。

五　中国方面的积极行动

中国与非洲的合作关系从20世纪90年代以来快速发展。一些长期从事非洲研究的学者对中非合作的关注明显加强。中国学者特别是一些有着战略眼光同时在非洲有着实践经验的学者对中国非洲战略的制定提出了自己的看法。90年代前期，这些关注集中在一些具体的合作方面，如对非援助、技术合作、发展农业、教育援非、医疗卫生等方面。从90年代后期起，学者开始注意中非合作战略层次和长远谋划，有的学者明确提出中非合作机制有待进一步健全。

1997年10月，中国非洲史研究会在北戴河举行会议。与会学者认识到中非合作的快速发展，要求学术界做出相应的反应。会议决定就重视加强对非洲工作和开展非洲研究问题向中央反映情况，并委托李安山、刘鸿武起草一份建议。除了加强中国的非洲研究外，该建议还指出，"政府部门对非洲的工作也都存在明显的不足，各有关涉非事务部委在对非工作上缺乏集中统一领导和足够的沟通。对非洲国家在经济、教育、军事、卫生、文化等方面的互利合作如何有机地结合，缺乏认真的研究和协调"。"我们提出两条建议，供中央参考：第一，中央有必要制定一个对非洲工作的总体计划，就未来中非关系的发展目标、实施手段、预计困难及相应对策提出一套全面而具体的方案。为此，中央可否建立一个集中统一，包括有关部委的对非工作领导机构（如中央非洲工作小组），负责协调涉非事务各部委工作，以增强工作效率。同时，定期召开由中央涉非事务各部委和有关专家参加的对非工作会议。"这一建议经理事会修改后，以陆庭恩等17位教授和研究员的名义联名致书江泽民主席，并得到江泽民主席的批示。江泽民主席在回信中指出："其琛同志：此件请一阅。近年来，我在许多次讲话中都强调了要十分重视非洲的工作，不仅在政治上要引起我们足够的重视，同时在开展经济合作方面也要十分重视，中央国务院有关部门都应支持。"① 虽然该建议未明确提及中非合作论坛，但关于制定一个对非洲工作的总体计划，建立一个集中统一、包括有关部委的对非工作领导机构和定期召开由中央涉非事务各部委和有关专家参加的对非工作会议的有关建议已经初露端倪。

高非在文章中指出，"当前非洲形势趋向稳定，经济开始好转。中国经过十几年的改革开放，经济获得了长足进展。这些为双方合作提供了良好的条件。可以肯定，在这种新形势下，中非双方携手努力，开拓创新，一定可以把中非关系推向新水平"。② 另一位学者的提法比较明确，他认为中非合作要"健全机制，改善措施，以取得新的更大的进展"。他指出："当前，非洲已经完成了非殖民化的历史使命，开始迈入稳定、改革、发展的新的历史时期。在这个时期，中国和非洲在维护世界和平、反对霸权主义和建立公正合理的世界政治经济新秩序方面有广泛的共同利益和目标。双方在一些重大国际问题上有较多共同语言，相互支持借重，致力于推动世界格局向多极化方向发展，主张以和平共处五项原则作为处理国际关系的基础，通过和平谈判解决国际冲突和争端，反对诉诸武力，反对以任何方式干涉别国内政；在发展经济中，双方更需通过多方位、多层面、多渠道的联系，加强互利合作，互补互助，健全机制，改善措施，以取得新的更大进展。"③ 这种对"机制"的提法实际上已经对中非合作提出了新的要求。

一些长期从事中非关系研究的学者对国际形势这一契机提出了自己的看法。贺文萍指出："应当说，冷战后西方国家对社会主义国家、对南方发展中国家的对抗、冷漠态度为南南合作与交往起到了客观上的推动和促进作用。而中非双方实行的全方位外交战略及反对国际强权政治、霸权主义和希望建立公正合理的国际政治经济新秩序的共同要求，又为中非建立友好合作关系提供了内部推动力。"④ 菲燕提出：中国要与非洲国家建立健全磋商机制，"在政治上，我国应认识到进一步做好对非工作

---

① "关于进一步加强对非洲工作与人才培养的几点建议"，中国非洲史研究会 17 名教授致江泽民主席的信，1997 年 12 月 19 日。参见中国非洲史研究会档案。
② 高非：《当前非洲形势和中非关系》，《西亚非洲》1998 年第 1 期，第 1—3 页。
③ 任卫东：《非洲的形势与战略地位》，《现代国际关系》1998 年第 8 期，第 37 页。
④ 贺文萍：《面向 21 世纪的中非关系》，《西亚非洲》1999 年第 1 期，第 29 页。

的必要性、紧迫性及其现实和长远意义,把中非传统友谊和非洲国家对我大国地位的重视作为发展中非关系的政治基础,选择条件成熟的地区组织或重点国家建立健全磋商机制,并开拓官方、民间多种渠道,耐心细致地做增进友好的积累工作,不断巩固中非友好合作关系。"[1]"建立健全磋商机制,并开拓官方、民间多种渠道"为建立一种中非合作的机制提供了新的思路。

中国进出口银行的赵昌会既有在非洲的长期工作经验,又对投资战略和投资风险有自己的研究。1997年,他在西非工作时,就制定中国的非洲战略这一问题提出了自己的看法。在题为《中国的非洲战略》的内部报告中,他提出了极有创意的观点。他认为,"非洲市场的竞争态势相当严峻而激烈"。发达国家和一些亚洲国家均有自己的传统优势、地域优势或后发优势。中国必须抓住机会,从全局、战略和历史高度推动中非合作;推动中非合作关系到第三步战略目标的实现。中国应全面拓展国际经济空间,制定以扩大在非洲经济中的作用为主要内容的面向21世纪的发展战略。他将这种选择称为"世纪抉择"。他提出了一些具体措施,如成立全国性领导机构负责全盘规划中国对非战略和对非政策,领导全国各部门、各地区、各行业的对非事务,协调各政府部门之间的关系。具体部门有外交部、经贸部、地矿部、农业部、广电部、财政部和进出口银行等。[2]

在政府层面,加速中非合作也是由于实际情况的推动。1995年,援外改革铺开时,李岚清访问塞内加尔等非洲6国。在他结束访非返京途中,塞内加尔宣布与中国台湾"建交"。这对中央的影响很大。中央指示国务院帮助进出口银行尽快在非洲设立机构,在3个月内建立起来,人员到位。1998年,喀麦隆、加蓬、津巴布韦等国大使要求合作,国务院领导批示要搞非洲项目,从而使中国银行开始关注非洲项目。以进出口银行为例,该行领导认识到非洲的重要作用,提出非洲所有的国家(包括没有与中国建交的国家)提出的有关非洲的项目都不要回绝;即使有

---

[1] 菲燕:《西方大国在非洲展开新一轮角逐》,《西亚非洲》1999年第4期,第58页。
[2] 赵昌会:《中国的非洲战略》,1997年7—8月,未刊稿。他在1998年的"再论中国的非洲战略"中提出了建立对话机制的想法。

风险也要想防范的办法；要用3—5年时间让人们切实看到进出口银行的工作成果。原外经贸部曾召开分地区的片会（如东南非地区、北非地区等），后来发现这些地区的问题相似，便开始思考如何整合出一个大的平台，中非合作论坛的机制开始酝酿。系统思考中国对非战略问题，进出口银行可能是最早的单位。①

1999年，在纪念中国非洲问题研究会成立20周年的学术研讨会上，外交部非洲司刘贵今司长在发言中提出，中国应与非洲建立形式多样的对话磋商机制，扩大双方在国际事务上的交流与沟通。他指出：建立磋商机制是国际上比较流行的做法。很多西方发达国家均以此为纽带，竞相扩大在非洲的影响。同时，他公开了中国准备于2000年举办中非合作论坛的消息。"为借鉴这些通行做法和应非洲国家的要求，我国已就此开始了积极尝试，迄今已与南非、肯尼亚、几内亚等国外交部间建立和启动了磋商机制，并将于2000年10月举办'中非合作论坛—北京2000年部长级会议'，与非洲就共同推动建立有利于发展中国家的国际政治经济新秩序和加强中非经贸合作等问题进行交流和探讨。"②

1999年10月，中国国家主席江泽民亲自致函有关非洲国家元首和非洲统一组织秘书长，正式发出召开中非合作论坛的倡议。他向非洲朋友介绍了会议的背景、宗旨和议题，请他们派有关部长参加。江主席还邀请非洲弘一组织前任主席阿尔及利亚总统布特弗利卡、时任主席多哥总统埃亚德马、候任主席赞比亚总统奇卢巴以及非洲统一组织秘书长萨利姆作为特邀嘉宾，出席会议的开幕式和闭幕式并讲话。③ 中非合作论坛于2000年正式建立。

六　中国的非洲战略：现实与挑战

综上所述，正是各种因素的合力使中非合作论坛得以建立。中非长

---

① 采访进出口银行国家风险专家赵昌会博士，北京，2010年12月15日。
② 刘贵今：《中非政治关系50年：世纪之交的回顾与思考》，载陈公元主编《21世纪中非关系发展战略报告》，中国非洲问题研究会，2000年，第10页。
③ 唐家璇：《劲雨煦风》，第434页。

期的友好合作关系为这一机制奠定了坚实的基础，中非关系在20世纪90年代的快速发展使这一机制的建立变得日益迫切，经济全球化为中非合作提供了更好的机遇和更大的挑战，非洲方面的积极推动对论坛的建立起到了决定性作用，中国学者、企业和政府方面的共同努力使论坛的建立成为现实。

不容置疑，改革开放以来，中国的非洲战略成绩卓著，否则难以解释为何中非合作在世界上引发如此大的震荡。然而，中国已不是90年代或2000年的中国，非洲也不是以前的非洲，国际局势更是产生了巨大变化。面对新的形势，中国的非洲战略是否需要调整呢？回答是肯定的。2011年9月6日，《中国的和平发展》白皮书首次界定了中国的核心利益，即国家主权，国家安全，领土完整，国家统一，中国宪法确立的国家政治制度和社会大局稳定，经济社会可持续发展的基本保障。中国的国家战略正是为实现和保护国家利益服务。所谓"战略"的重要特征之一是前瞻性。然而，我们看到，在制定对非政策时缺乏前瞻性与整体意识。

笔者曾指出："中国在非洲什么都不缺，就是缺战略。"[1] 中非合作是一件长远之事，需长久之计。西方大国之间在对付中国、侵害中国的国家利益方面不断地互相协调，我们须有应对之策，不能以不变应万变。中非合作是一件长远之事，需长久之计。中国在非洲缺乏战略思考和战略设计表现在三个方面。一是应付外交，即人家批什么，我们就否认什么。这样不能服人，也不够客观。这种状况已持续多年，既缺乏主动性，也使中国外交被人家牵着鼻子走。中国从未搞过什么殖民主义，现在反而要在各个场合向老殖民主义者声明中国搞的不是殖民主义，这种反应十分可笑，也十分被动。二是缺乏长远规划。中国的非洲战略主要依托于三年一次的中非合作论坛。然而，这是一个双边合作框架，中国的非洲战略应有自己的规划和重点。为了办好三年一次的论坛，各部门忙于应付各种会议（两次高官会议与中非外长级定期对话会议），特别是外交部与商务部忙于总结、筹备和协调，几乎没有人力、物力和时间来考虑战略布局和战略筹划。三是分头行动，缺乏统一筹划。中非合作论坛的

---

[1] 李安山：《中国走进非洲的现实与真相》，《社会观察》2011年第8期，第27—29页。

三个主要部门是外交部、商务部和财政部。虽然各负其责,但在统一协调方面存在各种困难。27个相关部门中负责中非合作论坛事务的单位和个人或是临时,或是兼职,难以做到责权落实。各部门都希望参与中非合作,这是好事;但在诸多情况下,中非合作论坛后续行动委员会无权对这些活动进行协调和干预。因此,实有必要从长计议,通盘考量。

目前,从可持续发展的观点和全盘统筹的大局看,中国的非洲战略应注意以下方面。

经济与政治要两手抓。中非合作近年来主要集中在经济方面。四次中非合作论坛的涵盖面集中在经济合作,2006年胡锦涛主席在中非峰会上提出的"老八点"(即中非加强合作的八项措施)和2009年温家宝总理提出的"新八点"都集中于经济合作。在舆论上,中国往往表示希望西方国家不要将中非经济合作的问题政治化。在实际操作层面,虽然中非关系是全方位的合作,但很多方面形式多于内容,只有经济合作的成果最显著。尽管中非关系的注意力集中在经济合作方面,但西方却通过政治一而再、再而三地干扰中国经济。略举几例。西方全力反对中国在非洲的各种经济合作,不惜动用各种手段进行全力阻截,或是国际金融组织以停止对相关国家的援助相威胁[如刚果(金)],或是非政府组织对中国的基础建设进行攻击(如苏丹麦洛维大坝),从各方面将中国的经济行为政治化。希拉里访非时对中国在非洲的投资和援助进行诋毁,并宣称中国方式对非洲"没有太多益处可言";卡梅伦访非时对中国的政治制度进行攻击,并表示他反对"中国侵略"非洲。这到底是经济还是政治?可以说,政治无时无刻不在影响着经济。重经济合作而忽略政治合作会给自己带来极大的麻烦。利比亚之变是一个深刻的教训。

加强中非战略合作,积极稳妥地支持非洲一体化。中非战略合作可从三方面加强。第一,积极推动非洲国家入常。在非洲国家争取联合国常任理事国席位的过程中,中国要全力支持,不要患得患失。外交有实利,也有道义。从人类发展的角度看,一个拥有54个国家的大陆在联合国常任理事国中没有席位,有悖常理。中国应掌握道德制高点,亮出支持非洲的旗帜,这是一个原则问题。中国可自己提出提案,也可支持非洲国家的提案。非洲入常将壮大发展中国家的力量,加强多极化趋势。第二,推进非洲一体化进程。中国可就咨询、培训、实践以及基础建设等方面与非洲方面一起筹划。在国际舞台上，走向一体化的非洲对于中国的政治支持将更有力。在经济层面，统一的非洲市场有利于经贸合作的扩大。在文化领域，非洲与中国在捍卫文化多样性方面有共同语言。中国进行援助或投资时要将促进非洲一体化作为重要因素来考虑，特别是交通、水力、发电、电信等可以起到连接作用的工程项目。第三，加强中非的经济战略合作。目前中国在非洲的投资主要集中在矿业和油气方面，而这些资源不可再生，容易引起当地的反感。实际上，还有诸多战略投资领域需要开拓。农业是一个潜力巨大的领域，既可帮助非洲解决粮食安全，也可利用中国在农业方面的先进技术。农业投资应尽量提高当地农产品的附加值，还可充分利用有利条件大力开展有机食品的生产。制造业一直是阻碍非洲发展的瓶颈，中国政府应鼓励企业投资制造业，既提升非洲的工业水平，又可解决当地工人的就业问题。还有可再生能源等。这些领域影响深远，对非洲的发展、解决贫困、就业问题有好处，从而带来和平与稳定的局面。这些投资需求量大，潜力无限，又与解决民生问题有关，而非洲的人口增长迅速，市场规模在不断扩大。由于自然条件优越，这些领域的发展前景不可估量。更重要的是，这些领域的投资均具有可持续性。在投资项目、承包建筑和援助领域，一定要妥善处理土地问题（不鼓励在外购买土地，鼓励承包），否则将会后患无穷。

不要过于在意国外的批评而忽略自身的优势。中国正经历着任何大国崛起都需要经历的过程，成为诸多既得利益者的靶子。这是一种"成长的烦恼"，中国政府不必过于在意。对于批评，过于紧张或不予理睬都源于一种弱者心态。中国在处境极为困难的时期都敢于与西方抗衡以维护自身利益。现在，中国的综合国力日益增强，中非合作的大方向基本正确，只要行得正，没有什么可怕的。对于中非合作，我们应有一种为人类共同发展做贡献的坚强信念，这是一种不能超越的道德制高点，精神上要有底气。然而，对非洲社会的批评，一定要认真对待。虽然这些批评多来自非政府组织，但其影响不可忽视，应与非洲方面一起努力纠正不良现象。中国的巨大财政储备成为撬动世界经济的有力杠杆；中非平等合作和互相尊重的关系代表着国际关系中的一种新趋势；中国互相尊重不附带任何政治条件的援助方式正在形成独立于国际援助体系之外的独特模式；中国独立自主的成功经验正在日益吸引着非洲国家"向东看"，撼动着西方发展模式。西方人都在着意研究这些现象，中国应有自信心。

不要过于在乎大国关系却忽略其他因素。大国关系固然重要，但并非一切。我们在制定政策时似乎过于重视大国关系而忽略了其他因素，特别是发展中国家的利益。中国在联合国对一些重大国际事务投票时既明确宣示自己的立场，也表达了中国政府在国际政治中的道义。过于在乎大国关系的政策取向正在使中国失去一些真正的朋友。在重视大国关系时不要忽略大国的对非政策。英国以何种隐蔽的方式和手段全面维系着"大英帝国"的框架？美国非洲司令部设立的战略意图及其战略部署何在？法国为何努力推动"地中海联盟计划"？对这些都缺乏研究，从而导致中国对一些重要事件缺乏应变策略。如在利比亚事件的处理上，中国对北约国家的整体战略缺乏了解，对联合国在利比亚设立禁飞区的提案投票时没有据理力争，对北约的全面轰炸毫无心理准备；中国的投票选择不仅损害了发展中国家的利益，也损害了自身利益，为借助联合国决议获得合法权利对一个小国进行攻击开了一个先例。中国对法国通过非洲区域组织影响科特迪瓦的局势和希拉里在赞比亚影响选举的活动缺乏战略认识，致使两国都在明显或隐蔽的外来干预下完成了有利于西方既得利益者的权力转移。

适当采取结盟方式以利于保护国家利益。结盟是国际政治中的一种必要手段。在特定的情况下，中国采取了不结盟政策，至今已有30年。然而，欧盟、非盟、阿盟、东盟等地区联盟的力量日益壮大，拉美国家新联盟正在筹备，美国正拉拢日、韩、澳组成新联盟，也在呼吁建立反中国货币政策的国际联盟。当然，中国在上合组织、金砖国家和与周边国家的联盟关系也在加强。很明显，国家在世界舞台上的行动多以结盟方式取得成功。当然，这种结盟可为短期应对，也可为长期规划，可为权宜结盟，也可为战略性结盟。试想，人们在分析世界局势时为何习惯于用"西方"来形容某些国家，重要原因是这些国家在大多数国际政治事务中能相互配合。目前，新兴大国在诸多国际事务中的立场比较一致：对不公正的国际经济秩序非常不满，对国际政治中的霸权行为极度愤慨，对国际援助体系附加条件的做法不以为然，对西方动辄用制裁、禁运或军事干涉来达到自身目的的行为非常反感，对西方在伊拉克、阿富汗的做法颇有微词，对近期西方在利比亚的举动和提出制裁叙利亚的提案明确反对。在新的形势下，中国与新兴国家结盟将有利于在国际舞台上发挥更大作用。

不要过于在意部门利益而忽略国家利益。中国的形势在变，机构也要变。在对非工作中也一样，不能抱残守缺，要勇于创新。以援助机制为例。中国目前的援助机制还是沿用几十年以前的机制，即由商务部援外司来负责援外事务。中国国力的日益增强，承担的国际责任日益重大，援助的力度和范围日益扩大，援助的思维和理念也日益拓展。援助事务已摆脱作为纯粹外交手段的定位，日益与受援国的发展和全球千年发展目标相联系。如此重要的工作仍由一个管理经贸工作的部门来承担显然不妥。况且，商务部的工作集中在商业贸易领域，以钱生钱是一种职业要求，实在难以承担需要广阔视野和全盘策划的国际发展援助事务。援助工作具有特殊性和专业性，它需要各方面的人才和经验，也需要各部门的配合。援助工作由一个司负责，既缺乏权威性，也无法应付多领域的协调，结果往往难以如愿。

在加强对非援助的同时大力宣传自力更生为主外援为辅的理念和经验。中国的发展表明，光靠援助解决不了发展问题。在过去50年，发达国家向发展中国家提供了2万亿美元的援助，援助款绝大部分进入非洲，但非洲情况并未变好。在援助最多的70—90年代，非洲的贫困人口大大增加。由此可见，援助不会对非洲发展产生根本性改变。有鉴于此，中国领导人在对非交往中要多宣传自力更生的思想，不宜一味提高援助额，翻番援助的方式不可持续，也容易造成非洲国家的依赖感。在援助项目上要切实注意"授人以渔"和可持续发展的项目，特别要加强小项目和民生项目。援建项目必须与培训同时进行，以帮助非洲国家掌握有关技术，既可防止所谓"中国没有进行技术转让"的指责，也可避免出现援建项目完成后仍需中方人员留守的情况。对非援助中的大项目一定要慎重。这种项目金额多，牵涉面大，并非只有正面影响。由于大项目涉及因素多，一旦出现问题（生态、环境、移民、与民争利、与地方的关系等），当地人只会责怪援助方，最终出现费力不讨好的局面。

中非合作论坛的成绩不容置疑。① 然而，它也存在着缺陷和问题。由于创立期间缺乏经验，中非合作论坛并非完善，一直处于不断学习、变化和调适的过程中。笔者将这种不完善称为"机制困境"，它使论坛难以最大限度地发挥其作用。这种机制困境包括中国、非洲和中非互动这三个方面。② 只有克服这些缺陷，才能进一步完善合作机制，将中非合作论坛放到中国的非洲战略中考虑，将非洲战略放到全球化背景下的中国国际战略中考虑，各得其所。

（原载《外交评论》2012 年第 3 期，http：//www.ixueshu.com/document/8370804b3f96198c318947a18e7f9386.html）

---

① 对非洲外交官的采访也证实了这一点。对突尼斯驻华大使的采访，2010 年 12 月 7 日；对摩洛哥大使和坦桑尼亚大使的采访，12 月 18 日；对苏丹驻华大使馆外交官的采访，2010 年 12 月 2 日；对津巴布韦驻华大使馆和刚果（金）驻华大使馆外交官的采访，2010 年 12 月 14 日；对尼日利亚驻华大使馆外交官的采访，2010 年 12 月 30 日。

② 李安山：《论中非合作的原则与面临的困境》，《上海师范大学学报》（哲学社会科学版）2011 年第 6 期，第 111—121 页。

中国对非援助与国际合作[*]

内容提要：本文发表于 2017 年。中国对非援助长期成为西方政府和国际学者关注的话题。本文阐述了西方对外援助的类型与特点，认为西方国家援助的出发点是自身的经济、政治和军事利益。文章分析了中国对外援助的理念、历史、方式与效益，特别是平等相待、双向援助、不附加政治条件及合作双赢的特点。作者认为，中国应有高举国际发展合作道义旗帜的勇气和魄力，努力改革现存不合理的国际援助体系，用国际发展合作代替援助的理念。作者也指出了目前中国援外体制的不足之处，认为商务部虽然对援外贡献卓著，但负责援外事务确实存在行为逻辑上的矛盾，从而建议成立国际发展合作署以解决这一矛盾。

在中非关系的发展过程中，中国对非洲援助这一问题曾长期成为西方政府和国际学者关注、评论、批判和攻击的内容。[①] 由于中国与非洲合作进展顺利，成果丰硕，特别是在非洲诸国进行的多次民调显示出非洲人对中国的印象比较正面，对中非关系的非议和指责近两三年来相对消停了一段时间。[②] 然而，2017 年 3 月 1 日出版的英国《国际事务》(*Inter-*

---

[*] 本文原标题为《中国对非援助与国际合作：理念、历史与挑战》，载《中国国际战略评论 2017》，世界知识出版社 2017 年版。

[①] 参见李安山《中非关系研究中国际话语的演变》，《世界经济与政治》2014 年第 2 期，第 19—47 页。

[②] 2015 年皮尤研究中心有关"对中国的意见"民调显示，9 个非洲国家的大多数人都对中国持正面态度。"Opinion of China", http：//www.pewglobal.org/database/indicator/24/survey/17/. 查阅日期：2017 年 4 月 24 日。2016 年非洲晴雨表在 36 个非洲国家进行的有关中国印象的民意调查表明，63%的民众对中国持积极正面的看法。"Here's what Africans think about China's influence in their countries", 28 October 2016. http：//www.afrobarometer.org/blogs/heres-what-africans-think-about-chinas-influence-their-countries. 查阅日期：2017 年 4 月 24 日。

national Affairs）杂志刊登的一篇文章重拾这个话题，并使用了一个颇有深意的标题《中国正在削弱传统捐助国在非洲讨价还价的能力吗?》，于是，有关中国对非援助的话题再次拾起。该文作者黑利·斯韦德伦德（Haley J. Swedlund）通过对西方捐助国高官的采访及对三个非洲国家（加纳、坦桑尼亚、乌干达）的实地考察后得出的结论，似乎能够打消西方政界和学界近10年来一直心存的担忧。他认为，有关中国削弱西方捐助国讨价还价能力的观点言过其实，非洲国家在很大程度上仍依赖传统捐助国。中国在非洲的影响力虽有增长，但并未从根本上改变西方传统捐助者的地位。①

如何客观评价以西方为代表的国际援助体系？中国对非援助与西方援助有哪些区别？中国对非援助面临的挑战又是什么？这些是本文作者希望探讨的问题。本文所定义的"西方援助"，主要包括欧洲国家的传统经济型援助（以英国为例）和美国主导的强调意识形态的地缘政治性援助。

一 西方对外援助：类型与特点

从合作与援助 近代国际体系建立以来，"合作"成为国与国之间使国际秩序在和平中持续的必要形式。这种合作的意愿导致了欧洲大陆各种联盟的建立和协议的签订。从全球范围看，第一次世界大战之后国际联盟（League of Nations）的成立是这种合作的初次体现。然而，国家的版图有大有小，综合实力有强有弱，发展程度有高有低，这种差别在合作过程中的权力分配上体现出来。

第二次世界大战结束以来，联合国的建立是国家间合作在新的基础上的体现。美国作为最具实力的战胜国在国际合作过程中享有了主导权。布雷顿森林体系的制定为国际金融合作定下了基调，为了欧洲重建而启动的马歇尔计划不仅确立了美国在世界新秩序中的领导作用，也断然将国际合作从"合作"的性质转向了"援助"的性质。然而，随着

---

① Haley J. Swedlund, "Is China Eroding the Bargaining Power of Traditional Donors in Africa?", *International Affairs*, 2017, 93 (2), pp. 389–408.

欧洲国家的复兴，有着殖民主义经验的欧洲国家将已经建立的不平等的合作关系进一步演变为有利于自身发展的援助关系。尽管以前在殖民帝国内部也提及所谓的"援助"，但将这种方式正式纳入国际关系则完全是第二次世界大战后的现象。[①] 一种新的外交手段悄然渗透到传统的国际体系之中。

西方对外援助的类型。西方援助的目的虽然有多种，但类型主要有两种，即以英国为代表的欧洲传统经济型援助和以美国为代表的地缘战略型援助。

传统经济型援助：这种援助在欧洲国家中较典型，包括三方面：殖民国家以促进殖民地发展的名义对殖民地进行投资开发，前宗主国或发达国家为维护自身优势对发展中国家的援助，出于救赎目的实施的慈善援助。这种援助有三个特点，自以为是的道德制高点和合法性依据，发展中国家须遵循发达国家制定的发展模式（包括政治制度），发展中国家须满足一些条件以维持援助国的主导地位或自身经济利益。

以英国为例。早在殖民主义时期，英国为开发殖民地多次颁布法令，如1929年的《殖民地开发法》，1940年的《殖民地开发和福利法》以及1945年修订后再度颁布的《殖民地开发和福利法》。[②] 1940年，经殖民大臣马尔科姆·麦克唐纳（Malcolm McDonald）提议，"殖民地开发和福利法案"在议会通过，决定每年将500万英镑用于殖民地今后10年的发展，同时每年将50万用于殖民地问题研究。1945年，《殖民地开发和福利法》得以延续，金额增加到每年1200万英镑。这些法律的基本目的在于稳定殖民地人心，更好地利用殖民地资源。[③]

第二次世界大战后席卷亚非拉的独立浪潮使大英帝国不复存在，但英国利用原宗主国地位加强对原殖民地的各种支配，援助是重要手段之一。1964年英国成立了海外发展部（Ministry of Overseas Development），从此开始较大规模援助非洲，大致经历了三个阶段：1964年到20世纪70

[①] 李小云：《国际发展援助背后的真相》，《国际援助》2016年第1期，第42—47页。

[②] 关于英国的殖民地发展援助诸计划，参见张顺洪等《大英帝国的瓦解——英国的非殖民化与香港问题》，社会科学文献出版社1997年版，第47—67页。

[③] 李安山：《不列颠帝国的崩溃——论英国"非殖民化"的计划问题》，《历史研究》1995年第1期，第183—185页。

年代以促进非洲经济发展为目标,主要提供技术援助,体现为大量的技术援助和技术合作项目,且94%的受援者为前殖民地。[①] 80年代至90年代中期,英国响应世界银行和国际货币基金组织(IMF)号召,推行"有条件援助"(即如果受援国不能履行承诺或援助资金被滥用,英国有权取消或暂停援助),捆绑援助(即受援国的进口商品和服务必原产自英国)也是此时期的特点。[②] 捆绑援助规定广受批评,于2001年废除。90年代中期起,英国援助政策发生重大调整,1997年成立国际发展部(Department for International Development, DFID),从关注经济发展转向社会发展,从直接生产部门的经济技术援助转向社会领域援助。[③] 2000年以来,英国对非援助依据2000年联合国首脑会议制定的"千年发展目标"进行,并确定"在贫穷国家消除贫困尤其是到2015年实现千年发展目标"。英国一直自认在国际援助上发挥着领导作用。尤其在推动发达国家援助非洲减贫和消减非洲债务、促进公平贸易等问题上比较积极。不管英国政府如何自我标榜,对英国援非历史的研究表明:尽管不同时期不同因素对英国国际援助政策起作用,但持续发挥影响的两个重要因素是英帝国的殖民历史和保持对非贸易与投资的优势。[④]

地缘政治型援助:这是为地缘政治争夺而实施的援助。美国在冷战时期的援助属于这一典型(有些西方国家的援助也时常带有这种倾向),这种援助的特点与前一种类型一样,即要求受援方遵循发达国家的发展模式并满足援助者制定的条件,其主要目的是通过政治—经济结盟以孤

[①] 值得注意的是,在保守党执政的70年代前期,莱索托、博茨瓦纳、加纳、肯尼亚、马拉维、尼日利亚、斯威士兰、乌干达和赞比亚等9个非洲国家所得援款分别占到总援助额的4%以上,肯尼亚高达24%,9国所得援款超过总援款的87%。S. Alex Cunliffe, "British Economic Aid Policy and International Human Rights: a Comparative Analysis of Conservative and Labour Policies in the 1970s", *Political Studies*, 33 (1985), pp. 106 – 107。

[②] O'Morrissey, "The Impact of Multilateral and Tied Bilateral Aid on the UK Economy", *Journal of International Development*, 2 (1), 1990, pp. 60 – 76; Tony Killick, "Policy autonomy and the history of British aid to Africa", *Development Policy Review*, 23: 6 (2005), pp. 669 – 670。

[③] Gordon D. Cumming, "British Aid to Africa: A Changing Agenda?" *Third World Quarterly*, 17: 3 (1996), pp. 487 – 501;田德文:《国家利益至上—解析英国对外援助政策》,《国际贸易》2001年第9期,第27—31页;田德文:《英国:对外援助与国家利益》,《欧洲研究》2002年第6期,第16—24页。

[④] Tony Killick, "Policy Autonomy and the History of British Aid to Africa", pp. 665 – 681。

立或击败对手。这种援助在美国第二次世界大战后的对外政策中起到了十分重要的作用。美国的援外计划包括根据美国国会批准的各种方案进行的拨款。举其要者，1947 年 5 月美国国会通过"军事经济援助希（腊）土（耳其）法案"①，1947 年 5 月 22 日，该法案由杜鲁门总统正式签署。根据该法案，1947—1950 年，美国援助希、土两国 6.59 亿美元，由美国出钱出枪，重新武装和改编希腊政府军队。1948 年，美国通过"经济合作法案"，即美国战后援助欧洲国家的"马歇尔计划"，也称为"援助"法案。② 1949 年成立北大西洋公约组织后，美国批准了"联防互助法案"，开始援助北大西洋公约国家。1950 年，美国通过"国际开发法案"，即"第四点计划"，或"技术援助法案"。③ 1951 年，美国批准的"共同安全法案"将军事、经济和技术援助归并为一个计划。1957 年 3 月，美国国会根据艾森豪威尔主义批准了"援助中东国家法案"……④冷战时期美国的国际援助有三个目的：遏制苏联、与欧洲加强联系并竞争、倾销剩余农产品。⑤

冷战结束后，非洲并未成为美国对外战略的重点，20 世纪 90 年代以来美国援非款项平均每年只有 11 亿美元。1998 年克林顿总统的非洲之行标志着美国转变对非政策，体现在减少直接援助，更加重视对非贸易和投资。⑥

---

① 1947 年 3 月 12 日，美国总统杜鲁门在国会联席会议上发表的学说中宣布：美国将援助维护自己的自由制度而反对以建立极权制度为目的的任何运动的"自由民族"。他号召援助自由力量以镇压希腊和土耳其的解放运动。这个外交政策方针在文献中被称为"杜鲁门主义"。

② 1947 年 6 月 5 日，时任美国国务卿马歇尔在哈佛大学演讲时宣布了美国在经济上援助欧洲国家的 4 年援助计划（1948—1951 年），在文献中被称为"马歇尔计划"。

③ 1946 年 1 月 20 日，杜鲁门总统在就职演说中提出了对落后国家的"新的大胆的计划"，这个计划实称为"杜鲁门第四点计划"。有关"第四点计划"的分析，参见［瑞士］吉尔贝·李斯特《发展的迷思——一个西方信仰的历史》，陆象淦译，社会科学文献出版社 2011 年版，第 64—74 页。

④ 冷战时期苏联的援助既有国际主义的理想，也有地缘政治的成分。

⑤ 这种做法主要是通过《480 号公法》进行。1961—1967 年"粮食用于和平"计划中的援款占对非援助的 36%。1987 年通过的"粮食用于发展"援助计划也体现了这一目的。20 世纪 80 年代后期也对埃塞俄比亚等遭受旱灾的非洲国家进行大量粮食援助。梁根成：《美国与非洲》，北京大学出版社 1991 年版，第 69—72 页。

⑥ Peter J. Schraeder, "Trends and Transformation in the Clinton Administration's Foreign Policy toward Africa（1993–1999）", *Issue: A Journal of Opinion*, 26: 2 (1998), p. 16.

美国开始在非洲挑战法国的利益,双方争斗被学者称为"新冷战"。[①] 2000 年,美国推出《非洲增长和机会法》(The African Growth and Opportunity Act,AGOA),对多种非洲产品减免关税。至此,美对非政策由冷战时期重政治转向后冷战时期重经济的调整基本成形。[②] "9·11 事件"迫使美国从逐步脱离的做法转为积极干预政策,援助随之跟上。美国对外援助的主要目的,除了继续推行美国价值观与发展模式以及重点照顾美国企业的利益外,还有反恐、与竞争对手或潜在对手争夺市场等因素。

西方对外援助的特点。资深发展援助学者卡尔德利斯(Robert Calderisi)在分析西方国家对非洲的援助不成功的原因时,将主要责任归咎于非洲国家的领导人。[③] 这一观点值得商榷。我认为,西方国家援助非洲失败的主要原因也在于其理念。其一,经济利益至上。援助完全是为了援助方自身的利益特别是其经济利益,马歇尔计划如此,英法对非洲的援助也是如此。其二,输出其价值观与发展模式。这在西方与苏联争夺新独立的亚非国家主导权的冷战时期,表现得非常明显。冷战后,这种援助在与新兴国家竞争时仍然十分明显。这样做的目的只有一个:永远保持发达国家在世界政治经济格局中的统治地位。

西方国家将援助作为工具,为了自己国家的经济积累而阻挠受援国有效的经济发展,提供援助时附带有利于援助国而不利于受援国的各种经济条件,甚至力图使受援者产生援助依赖。例如,世界银行及国际货币基金组织在借贷条件上强迫加纳开放国内稻米市场,加上世贸组织施行不公平的贸易规则,以致大量美国廉价大米进入加纳。尽管加纳农民生产的糙米营养价值较高,但加纳人宁愿选择受美国政府补贴生产的廉价米。[④] 非洲棉农几乎被享受美国补贴的棉花摧毁。非洲 33 个国家共有 2000 万棉农依靠种植棉花为生。自 2003 年以来,西非的棉花价格逐年下

---

① 关于美国对法国在非洲利益的挑战,可参见 X. Renou, "A Major Obstacle to African Unity: A New Cold War in Africa", in E. Maloka, ed., *A United States of Africa*? Pretoria: Africa Institute of South Africa, pp. 419 – 444.

② 杜小林:《冷战后美国对非政策的演变、特点及趋势》,《现代国际关系》2006 年第 3 期,第 11—15 页。

③ Robert Calderisi, *The Trouble with Africa: Why Foreign Aid Isn't Working*, Palgrave Macmillan, 2006.

④ "Crisis in Ghana", *Oxfam Hong Kong Annual Review*, 2005 – 2006, p. 9.

跌。在美国，每英亩棉花地享受政府补贴230美元；2004—2005年度，美国政府共补贴棉农42亿美元，同年，布基纳法索的棉花虽获得丰收，却遭受8100万美元的损失。"华盛顿每年向这些农民提供的补贴仍然高出向非洲提供的援助许多倍"，"他们因此能够轻而易举地击败来自发展中国家的竞争对手"。非洲棉花生产者协会主席弗朗索瓦·特拉奥雷在谈到美国补贴时表示："造成这种局面是在犯罪。那些连美国在何处都不知道的家庭深受其政策之害。我们不是他们的敌人，他们为什么要用自己的财富毁掉我们？有朝一日我们面对同一个上帝的时候，他们如何解释自己的行为？"他谴责了这一行为，"我不愿意追溯历史，但我情不自禁地想起与美国关系差正是从他们到非洲来将奴隶运到他们自己的棉花种植园开始。现在是改变那种负面形象的机会，从而可以减轻数百万人所遭受过的痛苦"。布什政府表示要对非洲农民进行援助，但遭到拒绝，他们宁愿要一种公平的贸易。① 在有些国家，外来援助最后成为受援国的巨大债务。研究援助问题的法国专家加巴斯指出："南方国家，或者更确切地说是某些南方国家给所谓援助国的回报实际上超过了它们所得到的。1995—2000年，援助受益国仅支付的利息就达到每年1000亿—1200亿美元。"②

援助也是西方推行自身政治和军事利益的工具。西方将援助作为强加自己发展模式、影响力和加强自身军事力量的外交手段。西方援助带有苛刻的指标，而这些指标是西方政府或国际组织的智库根据发达国家标准制定的。以美国对非援助的"千年挑战账户"为例。2004年初，小布什政府设立了"千年挑战账户"以加强与非洲的合作，国会拨款10亿美元作为启动资金，由特别组建的联邦独立机构"千年挑战公司"（Millennium Challenge Corporation，MCC）管理。③ 这家机构对援助对象国有严

---

① Lucy Bannerman, "The Farmers Ruined by Subsidy," *The Times*, April, 9, 2007.
② ［法］让－雅克－加巴：《南非合作困局》，社会科学文献出版社2010年版，第18页。
③ 千年挑战公司（Millennium Challenge Corporation，MCC）是美国联邦政府组建的"创新型"援外机构，2004年由国会创设，使命是援助那些"统治公正、经济自由、投资于本国公民"的不发达国家，迄今已批准和实施总额110亿美元、分布在约45个国家的发展援助项目。该机构现任领导人为2017年1月上任的代理首席执行官乔纳森·纳什（Jonathan Nash）。更多详情可见其官方网站 https://www.mcc.gov/。

格要求，受援国政府必须统治公正、造福人民并鼓励经济自由。该机构参照世界银行、世界经济论坛等国际组织和传统基金会、自由之家等美国非营利组织的数据制定了三大类共 16 项指标来评估和确定受援对象。"公正统治"（Ruling Justly）类指标包括政治权利、公民自由、腐败控制、有效治理、法治、负责任的政府；"造福国民"（Investing in People）类指标包括免疫比率、医疗卫生、初级教育、女孩完成初级教育比率；"经济自由"（Economic Freedom）类指标包括监管质量、开办企业的成本、开办企业的时间、贸易政策、通货膨胀、财政政策。① 很明显，发展中的非洲国家要达到这些由发达国家智库设计的指标并非易事。如果这些指标都能达到，非洲国家还需要外援吗？一些非洲国家为得到援助，只好进行一些并不到位的改革，给发展带来副效应。②

二　中国对外援助：理念与历史

非洲各国独立以来一直接受外来援助。西方国家对非援助的数额不小，但效果似乎一直不佳，这一点也为西方学术界和官方所承认。纽约大学伊斯特利（William Easterly）教授的新作《白人的负担》，其副标题是"为何西方援助他国的努力为害甚多而增益甚少"，就充分说明西方援助的失败。③ 曾长期在世界银行任职的卡尔德利斯在题为《非洲的麻烦：为何外援无效》的近作中也坦承这一失败。④ 随着经济全球化的发展，由新兴国家主导的发展合作型援助开始出现，即中国、印度、巴西等国为加强与发展中国家的发展合作而提供的援助。这种援助的主要特点是不附加

---

① 这 16 项具体指标可见：https：//www.mcc.gov/who-we-fund/indicators。
② 关于非洲学者对西方援助的研究和批评，可参见［赞比亚］丹比萨·莫约《援助的死亡》，王涛、杨惠等译，世界知识出版社 2010 年版；［肯尼亚］詹姆斯·史夸提：《援助与发展：非洲人为何要有梦想并走出去》，载《中国国际战略评论 2015》，世界知识出版社 2015 年版，第 333—344 页。
③ William Easterly, *White Man's Burden*: *Why the West's Efforts to Aid the Rest Have Done So Much Ill and So Little Good*, Penguin, 2006; Paul Collier, "Africa Left Behind: Editorial: Rethinking Assistance for Africa," *Economic Affairs* (Oxford), 26：4 (Dec., 2006), p. 2.
④ Robert Calderisi, *The Trouble with Africa*: *Why Foreign Aid Isn't Working*, Palgrave Macmillan, 2006.

政治条件、不干涉他国内政和互相尊重平等互利,其主要目的是实现合作双赢和共同发展。① 这里我们着重谈谈中国对外援助的理念与历史。②

中国对非洲援助数量有限,但效果较好,为什么? 美国、丹麦、日本和英国的官员以及欧洲的学者几乎都对我提出过类似问题。我的解释是:这是根源于中国对外援助的理念。中国以平等地位对非洲进行援助;并认为援助是双向的,而不是单方面的。

国家民族之间互相平等。中国与非洲都有过沦为殖民地或半殖民地的经历,这使得双方在处理国际关系时有着相同准则:互相尊重,平等相待。关于中国与非洲国家平等的思想,毛泽东早有表述。1963 年他在会见几内亚代表团时表示:"我们感到同你们是很接近的,我们两国、两党互相帮助,互相支持,你们不捣我们的鬼,我们也不捣你们的鬼。如果我们有人在你们那里做坏事,你们就对我们讲。例如看不起你们,自高自大,表现大国沙文主义。有没有这种人? 如果有这种人,我们要处分他们。中国专家是不是比你们几内亚专家薪水高,有[无] 特殊化的情况? 恐怕有,要检查,待遇要一样,最好低一些。"这里毛泽东提到双方的平等地位及中国应警惕大国沙文主义,并首次提出中国援外专家应与非洲专家享有同等待遇。他还向非洲朋友指出:"我们与你们的情况差不多,比较接近,所以我们同你们谈得来,没有感到我欺侮你,你欺侮我,谁都没有什么优越感,都是有色人种。西方国家想欺侮我们,认为我们生来不行,没有什么办法,命运注定了,一万年该受帝国主义的压迫,不会管理国家,不会搞工业,不能解决吃饭问题,科学文化也不行。"③ 这里,毛泽东同志提到历史因素,考虑到人种因素,还考虑到在西方歧视下中非的共同特点,强调了双方平等的观念。1964 年,毛泽东主席在接见亚非朋友时表示:"我们之间相互平等,讲真话,不是表面一

---

① Li Anshan, "BRICS: Dynamics, Resilience and Role of China", *BRICS-Africa: Partnership and Interaction*, Moscow: Institute for African Studies, Russian Academy of Sciences, 2013, pp. 122 – 134. 有关国际援助的历史、现实与批判,参见李安山《国际援助的历史与现实:理论批判与效益评析》(上、下),《国际援助》2014 年第 1 期、2015 年第 1 期。

② 可参见舒运国《中国对非援助:历史、理论与特点》,《上海师范大学学报》(哲学社会科学版) 2010 年第 5 期,第 83—89 页。

③ 中国外交部、中共中央文献研究室编:《毛泽东外交文选》,中央文献出版社、世界知识出版社 1994 年版,第 490—492 页。

套，背后一套。""如果有的中国人不尊重你们，不讲平等，在你们国家捣鬼，那么你们可以把这样的中国人赶走……我们之间的相互关系是兄弟关系，不是老子对儿子的关系。"[1]

第二、第三以及第四代中国领导人的立场也是一样。1989年，邓小平会见布隆迪前总统布约亚时非常高兴地说："我年岁大了，快85岁了，你才40岁，我今天交了个年轻的朋友。"同年，邓小平同志在会见乌干达总统穆塞韦尼时表示："我们非常关注非洲的发展与繁荣。""我们现在还不富裕，在财力上对你们帮助不大，但我们可以把我们的经验教训告诉朋友们，这也是一种帮助。"[2] 江泽民在访问非洲期间曾在非洲统一组织应邀发表了题为《为中非友好创立新的历史丰碑》的演讲。江主席在演讲中就发展面向21世纪中非关系提出五点建议。他传递的信息十分明确：中国与非洲是平等的朋友，双方合作是互惠互利。胡锦涛主席曾5次访问非洲，多次表达了与非洲平等友好相处、相互支持，合作共赢的强烈愿望。2007年2月7日访问南非时，他应邀在比勒陀利亚大学发表讲演，提出中国愿同非洲国家一道在以下四个方面共同作出努力：真诚友好，密切政治上的沟通和协调，增进相互理解和信任；深化合作，扩大经济技术交流，实现互利共赢；加强沟通，促进中非两大文明加强交流，在相互学习和借鉴中共同进步；平等相待，加强国际事务中的合作，共同维护发展中国家的正当权益。2013年，习近平访非时提出"真、实、亲、诚"的理念。这些都是在强调双方平等。

援助从来都是双向的。从根本上说，对外援助是一个国家国内政治的拓展，也是其推行外交政策的工具，对非援助亦如此。从实际操作看，对非援助受到以下因素的影响：国家的援外政策、经济资源与对非政策，而这三种因素直接受制于国家外交战略。中国对非援助始于非洲民族独立运动期间。非洲国家相继独立后，中国对非政策以意识形态为主轴，援助也多集中在政治斗争方面。毛泽东在1959年接见非洲朋友时指出："你们需要支持，我们也需要支持，而且所有的社会主义国家都需要支持。谁来支

---

[1] 黎家松主编：《中华人民共和国外交大事记》（第2卷：1957年1月至1964年12月），世界知识出版社2001年版，第432—433、438页。

[2] 《邓小平文选》第3卷，人民出版社1993年版，第289、290页。

持我们？还不是亚洲、非洲、拉丁美洲的民族解放运动，这是支持我们的最主要的力量。……你们可以考虑，中国可以当做你们的一个朋友。我们能牵制帝国主义，使它力量分散，不能集中力量去压迫非洲。"① 1961 年，他在会见非洲朋友时表示："非洲是斗争的前线……我们的斗争你们支持，你们的斗争我们支持。"② 虽然毛泽东的表述带有鲜明的时代特点和强烈的意识形态色彩，但他明确表达了中国与非洲互相支持、互相援助的意愿。

1964 年 1 月 14 日，周恩来总理与刚受到政变冲击的加纳总统恩克鲁玛举行了两次会谈后，认识到中国对非洲的援助必须是真诚的、无私的、平等的。③ 1 月 18 日，周总理在加纳回答记者提问时正式提出了中国对外提供经济技术援助的八项原则。④ 值得注意的是，八项原则的针对者不是受援者，而是作为援助者的中国；诸种原则完全是对中国的自我约束与自我规定，这既包括援助的态度和目的，也包括援助的办法与方式，还包括对受援国条件的考虑。⑤ 这一宣示的外交意义十分重要。中国政

---

① 中国外交部、中共中央文献研究室编：《毛泽东外交文选》，第 370 页。
② 同上书，第 467 页。
③ 当时不少随行人员从安全考虑建议取消此次访问，但周总理认为：我们应该按期前往，在恩克鲁玛总统处于困难时期，更需要我们的支持。黄镇写道："我同黄华大使一起去见恩克鲁玛，他脸上贴着纱布，缠着绷带，住在克里斯兴城堡里。我们一方面代表周总理对他表示慰问，一方面与他们商量访问的具体安排，并转达了周总理的建议，这次访问免去一切礼节，总统不要到机场迎接，也不要在城堡外面举行会议和宴会。这些安排照顾了恩克鲁玛的困难处境，他听了周总理的这些建议非常高兴，表示完全同意……恩克鲁玛非常感激我们，他原来估计在这么动乱的情况下周总理不会去的。"黄镇：《把友谊之路铺向觉醒的非洲》，载《不尽的思念》，中央文献出版社 1987 年版，第 368 页。
④ 这八项原则是：根据平等互利的原则，不将援助看作是单方面的赐予，认为援助是相互的；援助时绝不附带任何条件，绝不要求任何特权；提供的无息或低息贷款需要时可延长期限，以减少受援国的负担；援助的目的是使受援国走上自力更生、经济独立发展的道路；援助项目力求投资少、见效快，使受援国增加收入；提供自己生产的质量最好的设备和物资，按国际市场议价，不合商定规格和质量的保证退换；提供技术援助时要保证受援国人员充分掌握这种技术；中国援助专家与受援国专家享受同等待遇，不许有任何特殊要求和享受。见《周恩来总理答加纳通讯社记者问：独立富强新非洲必将出现在世界上 中国严格遵守八项原则帮助新兴国家发展民族独立经济》，《人民日报》1964 年 1 月 18 日。
⑤ 八项原则除了强调援助是双向的和不附带任何条件外，还突出了对受援国各方面优惠条件的考虑，如贷款期限可以延长以减少受援国的负担，援助项目的选择应该从受援国的条件出发，力求投资少、见效快；援助设备应具备最好的质量，不合规格和质量的保证退换；在提供援助时必须保证受援国人员充分掌握这种技术等。原则中特别提到对中国援助专家的待遇，不许他们享有任何特殊要求和享受。这些从受援国角度考虑问题的态度在其他国家的援助过程中大概从未有过。

府明确表示：不将援助看作是单方面的赐予，援助是相互的。这种互相援助既能加快发展，也能加强友谊。这一原则逐渐扩展到政治外交等方面。1971年中国被非洲朋友"抬进联合国"是典型事例。当时对提案投赞成票的76国中26个为非洲国家。非洲在中国台湾、人权等问题上一直支持中国。"在这场旷日持久的国际人权斗争中，中国之所以能连续10次挫败反华提案，应该说与绝大多数非洲国家给予我国的坚决支持分不开。在涉及台湾问题的外交斗争中也是如此。"① 在1989年政治风波后中国遭遇困境，面对西方国家制裁中国的局面，到中国访问的第一位外国元首、第一位政府首脑、第一位外长都来自非洲。"他们表示，之所以在这个时候访问中国，就是要向全世界表明，非洲是中国的真正朋友，即使是在中国最困难的时候也是如此。过去中国帮助了他们，因此，在中国最需要支持的时候，他们会不遗余力地表达对中国的声援。"② 1999年美国为首的北约用导弹袭击中国驻南联盟大使馆事件中，非洲朋友对中国表示坚决支持。中国除了在国际舞台上支持非洲国家各方面的合理主张外，在联合国秘书长人选问题上旗帜鲜明地支持非洲候选人竞选或竞选连任（如萨利姆·艾哈迈德·萨利姆、布特罗斯—加利、科菲·安南）。

援助不附带任何条件。周恩来总理提出的八项原则中有一条就是"援助时绝不附带任何条件，绝不要求任何特权"，中国政府在援助过程中一直坚持这一原则。早在20世纪50年代中期，中国在向柬埔寨提供8亿柬元的物质援助时，这些物质完全由柬埔寨方面接收支配，中国没有附加任何条件。1956年，当苏伊士战争爆发时，中国政府对英法威胁世界和平、武装侵略埃及的行为提出严重的抗议，同时，毛泽东主席还将自己关于埃及反侵略战争的军事部署和战略方针的建议提交给埃及方面参考。周恩来总理致电纳赛尔总统，并代表中国政府向埃及政府捐赠2000万瑞士法郎；中国红十字会向埃及红十字会捐赠10万元人民币的医药物资，并准备组织医疗队赴埃及。③ 毛泽东主席明确表示："中国愿帮

---

① 钱其琛：《外交十记》，世界知识出版社2003年版，第255页。
② 同上书，第256—257页。
③ 王泰平主编：《新中国外交50年》，北京出版社1999年版，第540页。

助埃及，我们的帮助没有任何条件，只要我们能力所及……我们可以给出无代价的援助。"①

坦赞铁路已成为中非关系的现代传奇。虽然其他西方国家和国际组织拒绝了来自坦桑尼亚和赞比亚的请求，但中国却接手了这项任务。中国同这两个非洲国家一起完成了这项巨大的工程，克服了重重困难，65位中方人员在建设过程中献出了生命。这是中非合作的最佳案例，是各类技术援助和合作的典范。② 坦桑尼亚总统尼雷尔对中国政府无条件的援助行为感受极深，他说："我再次重复一遍，中国人没有因为这笔贷款来要求我们成为共产主义者！……他们从来没有因为在帮助我们修建这条铁路而要求我们改变我们的国内外政策，他们只是很慷慨地在资金及人力方面向我们提供援助。"③ 邓小平后来对援助问题提出了新思路。他在1974年联合国第六届特别会议上明确提出在援助过程中应当尊重受援国的主权，不附带任何政治、军事条件。此后，对外援助不附带任何政治条件成为原则，至今主导着中国对外援助。④ 从20世纪90年代后期起，中国从非洲进口的能源大大增加，从而引起西方大国的不安，认为中国的这种"扩张"侵害了西方的传统利益。⑤ 2004年以来西方多次批评中国这一原则，而且往往以津巴布韦、安哥拉以及苏丹为例，认为中国为获取能源，对这些国家的援助不带任何条件。这种指责毫无道理。不干涉他国内政及援助不带任何条件是中国政府从50—60年代以来的一贯政策，并非始于今日。与代表着非洲国家的非洲联盟相比，中国（或其他任何大国）在非洲事务上不可能也不应该更有资格作出评判，也不可能

---

① 中国外交部、中共中央文献研究室编：《毛泽东外交文选》，第249页。
② 有关中国援建坦赞铁路历史的研究，可参见：Jamie Monson, *Africa's Freedom Railway: How a Chinese Development Project Changed Lives and Livelihoods in Tanzania*, Indiana University Press, 2009；沈喜彭：《中国援建坦赞铁路研究》，黄山书社2018年版。
③ 朱利叶斯·尼雷尔：《尼雷尔文选》（第三卷·自由与发展 1968—1973），王丽娟、聂莹、王磊译，华东师范大学出版社2014年版，第177页。
④ 有关这一议题，可参见吕晓莉、张秀燕《中国对外援助中坚持"不附加任何政治条件"原则的历史追索与原因分析》，《国际援助》2016年第1期，第48—56页。
⑤ Bernt Berger, "China's Engagement in Africa: Can the EU Sit Back?" *South African Journal of International Affairs*, 13: 1 (Summer/Autumn, 2006), pp. 115 – 127; Princeton Lyman, "China's Involvement in Africa: A View from the US," ibid, pp. 129 – 138.

拥有更多的发言权。津巴布韦的事件即是明证。① 耐人寻味的是，多次对中国大加鞭挞的美国在对待赤道几内亚的政策上似乎开始采取类似政策。②

共同发展，合作双赢。这是中国对外援助的另一条重要原则。改革开放将中国的战略重点放到经济建设上。中共十二大召开3个月后，时任国务院总理访问非洲。他表示这是中国政府的一个"重大外交行动"，并宣布了对非经济技术合作四项原则：平等互利、讲求实效、形式多样、共同发展。这四项原则与对外援助工作八项原则一道，构成中非经济互利合作的整体框架，是目前中国援外工作的指导方针。四项原则是对八项原则的补充和发展。两项政策具有互补作用；前者主要是约束中方，后者强调双向合作和共同发展，以提高非洲国家的自力更生能力。这无疑是对新形势的政策调适。两者构成中非经济援助和互利合作的整体原则。2014年，中非双方的贸易额突破2200亿美元。

中国从20世纪90年代开始对外援助改革，探索各种援助方式。2000年成立并召开首次会议的中非合作论坛部长会议开启了中非友好合作的新阶段，中国在后续行动中表现出一个负责任的大国所为：承诺继续提供对非援助，减免非洲部分到期债务，帮助非洲国家开发人力资源，推动中国企业到非洲投资办厂。到目前为止，中国对非援助大致有以下方式：无偿援助（包括人道主义援助）、援外项目合作合资方式、政府贴息优惠贷款和中非发展基金贷款、援非医疗队、人力资源开发和发展经验交流。这些合作不仅使中国在国际上的地位得以提升，在国际发展合作领域里开始具有引领作用，在非洲和国际舞台上也得到了普遍认可。

---

① 津巴布韦政府2005年发起了摧毁首都贫民窟的行动。当时，一些西方大国对此表示谴责，认为侵犯人权，但非盟支持穆加贝的行动。见："African Union defends Mugabe," *The Guardian*, January 25, 2005. 在津巴布韦2007年3月发生的政治事件中，津巴布韦总统穆加贝为稳定局势对反对派领袖采取措施而受到英美等国政府的严厉指责，但南部非洲发展共同体领导人专门开会，最后一致表态支持穆加贝，并要求西方国家取消对津巴布韦的经济制裁。这说明他国对非洲政局的干涉不得人心。见："Africa gives Mugabe its blessing to fight West's sanctions," *The Times*, March 30, 2007。

② Alex Vines, "The Scramble for Resources: African Case Studies," *South African Journal of International Affairs*, 13: 1 (Summer/Autumn, 2006), p. 72.

三　中国对外援助：方式与效益

援助方式的改革。胡耀邦在1982年在谈到对外经济援助时指出，"那种完全奉送的办法，对双方都不利"①。这样，中国开始探讨对外贸体制及援外方式进行改革。20世纪80年代后期和90年代前期正是中国外贸及援外工作的改革期。中国无偿援助对非洲发展起到一定作用，非洲国家以其特有方式给予回报：帮助中国恢复了在联合国的合法地位，用毛泽东主席的话来说："这是非洲黑人朋友把我们抬进去的。"② 然而，实践说明，单靠无偿援助很难改变非洲的贫困现实，中国政府开始探讨援助方式的改革。1987年开始的外贸体制改革有一定成效。③ 1987年，多哥由于缺乏技术力量和管理经验，中国援建的阿尼耶糖厂由中方派专家租赁经营，企业效益显著提高，受到多哥政府的赞扬。④ 这演变为一种新援助方式——援外项目合作合资方式，并于1992年开始试行。1991年，马里政府宣布对中国援建的塞古纺织厂实行私有化，希望中方企业合资经营。经过协商，马里政府将80%的股份转让给中国海外工程公司，该公司负责偿还马里所欠中国政府的债务，双方政府给合资企业以优惠。合资企业从1994年起，到1996年产值达76亿非洲法郎，取得良好的经济效益。⑤ 援非项目注意到对弱势群体的关怀，援建项目包括苏丹职业培训中心（1989年）、布基纳法索儿童乐园（1991年）、毛里求斯老年人活动中心和喀麦隆残疾妇女宿舍（1999年）等。

中国对非洲援助主要集中在发展方面。就对外援助资金而言，截至

---

① 中共中央文献研究室编：《三中全会以来重要文献选编》（下），人民出版社1982年版，第1127—1128页。
② 翁明：《临行点将——"乔老爷"首次率团赴联大》，载符浩、李同成主编《经天纬地——外交官在联合国》，中国华侨出版社1995年版，第9页。
③ 吴仪：《中国外贸体制改革的成效和方向》，《国际贸易》1991年第12期。
④ 严益吾：《1989年我国的对外援助工作》，《中国对外经济贸易年鉴1990》，中国财经出版社1990年版，第55页。
⑤ 何晓卫：《继续推行援外方式改革，严格履行对外援助协议》，载《中国对外经济贸易年鉴1997/98》，中国经济出版社、经济导报社1997年版，第75页。

2009年底，中国累计对外援助金额达2562.9亿人民币，其中无偿援助1062亿元，无息贷款765.4亿元，优惠贷款735.5亿元，其中的45.7%是援助非洲国家。① 根据2015年发表的对外援助白皮书，2010—2012年，中国对外援助金额为893.4亿元人民币。对外援助资金包括无偿援助（36.2%）、无息贷款（8.1%）和优惠贷款（55.7%）三种方式，援助项目的分布领域包括社会公共设施、经济基础设施、农业和工业。非洲国家仍是中国对外援助的重点，占援助资金的51.8%。② 近年来，中国在人道主义方面也加大了对非援助力度。2014年西非发生的埃博拉将中国援外医生推上风口浪尖。当他国人员离开西非感染国家时，中国医生急赴当地救援；当他国外交人员撤离西非时，中国外交人员坚守岗位；当他国飞机绕道飞行时，中国派专机向当地运送救援物质。③

令人不解的是，目前西方千方百计希望将中国纳入现有的"国际援助体系"。既然约半个世纪的西方对非援助并不十分奏效，既然中国的对非援助正在有效运行，为何要将中国纳入现有的体系呢？是否有其他目的？我曾谈到中国在非洲遇到的挑战之一是与西方大国既得利益的矛盾。④ 汉堡大学布恩特·伯格（Bernt Berger）的文章表达了这种忧虑："中国在该地区（指非洲）的卷入与日俱增，这已成为欧盟决策者关注的原因。中国与印度等局外人（external player）的兴起对欧洲的战略形成了一种挑战。"⑤ 这大概说明了为何西方大国力图通过各种手段使中国（还有印度等新兴国家）遵守它们制定的游戏规则，纳入它们的体系之内。

---

① 中华人民共和国国务院新闻办公室：《中国的对外援助（2011年4月）》，人民出版社2011年版。
② 中华人民共和国国务院新闻办公室：《中国的对外援助（2014年）》，人民出版社2014年版。
③ 《埃博拉病毒肆虐非洲四国 中国医疗队在西非坚守》，2014年8月8日，新华网、人民日报，http：//news. xinhuanet. com/2014 - 08/08/c_1111986545. htm。"Liberia lauds Chinese aid to combat Ebola"，August 14，2014，The BRICS Post，http：//thebricspost.com/liberia-lauds-chinese-aid-to-combat-ebola/。
④ 李安山：《论中国对非洲政策的调适与转变》，《西亚非洲》2006年第8期，第11—20页。
⑤ Bernt Berger，"China's Engagement in Africa：Can the EU sit back？"，*South African Journal of International Affairs*，13：1（Summer/Autumn 2006），pp. 124 – 125.

对中国援助非洲还有一种说法：中国为了得到自然资源，就不顾国际舆论的反对，支持那些人权记录不佳的国家，并通过援助来达到自己的目的。对此，本人曾有过回应。[①] 实际上，中国从其他国家（如澳大利亚）同样输入大量资源，为什么没有人说三道四呢？中国和美国各自就对方的人权状况作出批评，这并未影响中美之间的贸易往来，为什么对非洲就非得有一种特殊政策呢？这是否有双重标准之嫌？

2015年12月，中非合作论坛峰会在南非约翰内斯堡召开。会上习近平主席代表中国政府宣布：愿在未来3年同非洲重点实施"十大合作计划"，包括中非工业化合作计划、中非农业现代化合作计划、中非基础设施合作计划、中非金融合作计划、中非绿色发展合作计划、中非贸易和投资便利化合作计划、中非减贫惠民合作计划、中非公共卫生合作计划、中非人文合作计划、中非和平与安全合作计划。为支持这10大项目，中国将给予非洲600亿美元资金支持，其中包括50亿美元的无偿援助和零息贷款，350亿美元的出口信贷等贷款支持，为中非发展基金和非洲中小企业发展专项贷款各增资50亿美元，设立首批资金100亿美元的"中非产能合作基金"。[②] 这必将为新形势下的中非合作注入新的活力。

四　挑战：对外援助抑或发展合作？

然而，正如肯尼亚学者史夸提指出，全球发展援助构架是建立在一个假设之上，"这种假设认为世界上一些国家具备解决问题的能力，而其他国家则永远是被动地等着别人提供解决方案。这种认识掩盖了一个事实，即由美国、欧洲、澳大利亚、日本及其同盟国主导的援助的目的是为了捐助国自身的利益，从市场准入，担心由于政治、经济和气候变化导致非洲移民的泛滥，到广义的安全担忧、恐怖主义、疾病，再到获得

[①] 李安山：《论"中国崛起"语境中的中非关系——兼评国外的三种观点》，《世界经济与政治》2006年第11期，第7—14页。

[②] 周永生：《中国模式引领非洲的建设与发展——中非约翰内斯堡合作论坛峰会对非洲经济援助的创新》，《国际援助》2016年第1期，第14—19页。

和控制非洲大陆巨大自然资源以及地缘政治博弈。"① 这种施援者/受援者体系衍生出方案提供者/方案接受者体系。方案提供者为了自身利益为并不了解的非洲提供一种有利于自己的解决方案，而处于失语状态的作为方案接受者的非洲人则只有被动承受的资格。正如刚果（金）历史学家德·佩尔钦所言：问题的根源在于西方将非洲人看作是需要被殖民的野蛮人，需要被发展的穷人。② 在这种既定体系存在的基础上，中国很难与西方国家合作，除非西方改变既定的理念和政策。在非洲国家日益觉醒、新兴国家力量日益壮大的情况下，这种改变并非不可能，且已有某种迹象。

目前，我们可以就"国际援助"问题明确以下几点：

1. 西方国家一直热衷于国际援助体系，并努力证明该体系存在的必要性和合理性；

2. 实施了半个多世纪的国际援助体系并未改变非洲状况，非洲贫困局面变得更糟；

3. 明智的非洲国家领导人明确表示这种体制不合理，提出投资和贸易比援助更重要；③

4. 明智的非洲学者指出国际援助体系假设的荒谬性并提出非洲人应有自己的主动性；④

5. 西方国家认识到"国际援助"提法的不合时宜，在话语上正用"国际发展合作"取而代之。

面对新形势，中国应该适时应变。

首先，中国应有高举国际发展合作道义旗帜的勇气和魄力。西方援助体系在战后半个多世纪的实践已失去信誉。非洲国家提出"向东看"

---

① ［肯尼亚］詹姆斯·希夸提：《援助与发展：非洲人为何要有梦想并走出去》，李安山、潘华琼主编《中国非洲研究评论2014》，社会科学文献出版社2015年版，第239页。

② Jacques Depelchin, *Silences in African History: Between the Syndromes of Discovery and Abolition*, Dar Es Salaam: Mkuki na Nyota Publishers, 2005, pp. 6–10.

③ 这种看法日益成为共识。2016年7月底在北京召开的"中非合作论坛峰会成果落实协调人会议"上，100多名来自非洲各国的高官将注意力集中在积极争取合作投资项目而非援助项目上。

④ 我的刚果（金）博士生龙刚（Antoine Roger Lokongo）多次表明，他的国家有丰富的自然资源，根本不需要援助，需要的是公平的贸易和投资。诸多非洲知识分子均表达过这种观点。

是怀疑西方模式的具体体现。中国的发展在南方国家具有示范效应，是自主发展与国际合作相结合的典范。我们要在总结对外援助经验的基础上研究适合南方国家特点的国际发展合作理论，对内对外建立国际发展合作新体系。

其次，推动改革不合理的国际援助体系。以经合组织为代表的这种百孔千疮的体系虽然还在修修补补，但其建立在"施舍/受惠"这种不平等理念上的框架难以持续。中国在引领建立新国际发展合作体系的过程中，要有为人类共同体服务的理想和情怀并付诸行动。只有这样，才能产生感召力。中国应欢迎其他国家加入（如亚投行），但必须依照互相尊重和平等互利的南南合作原则行事。

再次，努力完善发展援助与合作的机构和机制。商务部在主管对外援助事务过程中做出了巨大贡献，但也出现了不少问题，最根本的问题是容易使人（包括外国人）将中国援助与谋取经济利益挂上钩。商务部业绩的评判标准是会更好地赚钱，而援外工作的评判标准是有效地给钱。这种行为逻辑上的矛盾性使援外机构的调整成为当务之急。成立国际发展合作署应是可取之道。

最后，必须为打造人类命运共同体而大胆创新。国际发展合作既是代表国家利益的行为，也是为人类共同体提供公共产品的实践。市场力量的介入对国际发展合作是一种推动，但将两者有机结合尚需逐步推进。以前的做法弊病不少，既要认识和调动市场力量，又不能将国际发展合作庸俗地理解为经济活动。将国家、企业、市场和公民社会组织等力量整合到国际发展合作中来是一盘大棋，它呼吁创新精神。

（原载《中国国际战略评论2017》，世界知识出版社2017年版）

第三部分

历史与现实

古代中非交往：史料与推论[*]

内容提要：本文发表于 2019 年，探讨了早期中非交往的可能性及相关史实。文章涉及早期中非关系的史料问题，主要分为四部分。第一、二部分是关于中国人在非洲的相关线索。作者分析了国外学者有关南部非洲、苏丹、埃塞俄比亚和东非海岸的相关发现和研究成果。第三部分是关于汉代黑人在中国的有关记载，讨论了居延汉简中有关"黑肤人"的记载及相关研究成果。第四部分涉及唐代黑人（昆仑和僧祇）的来源，对张星烺的"非洲来源说"和葛承雍的"南海来源说"进行了分析。作者得出三点结论：黑人早于唐朝存在于中国社会；对唐朝黑人来源的解释宜采用多元说而非单一说；中非早期交往只有经过长期细致的研究并整合各方面的证据，才能得出有说服力的结论。

人类历史即是移民史。从古代始，人们从此地迁移彼地，或为生存，或为发展。海上交通促使人们在亚洲和非洲之间进行移动和交流。这种人口迁移留下诸多值得探讨的问题。中非关系的快速发展和不断增多的双向移民日益引起学术界的兴趣，并成为国际政治话语中的一个议题。[①]

---

[*] 本文标题为《古代中非交往史料补遗与辨析——兼论早期中国黑人来源问题》，《史林》2019 年第 2 期，稍有删改。此为 2016 年度国家社会科学基金重大项目"中非关系历史文献和口述史料整理与研究"（项目编号：16ZDA142）阶段性成果。

① 李安山：《国际政治话语中的中国移民：以非洲为例》，《西亚非洲》2016 年第 1 期。

中非交往在中国典籍中有所记载。① 中外学术界对此已有一定研究成果。② 本文拟对早期中非交往的部分未引起重视的史料和观点进行剖析。文章分为四部分，分别探讨了在非洲本土发现的相关证据、郑和船队后裔的传说及考证、汉代发现的有关中国黑人的记载以及学界对唐代黑人的观点及分析。

一 非洲华人的起源：本土证据与推测

中国人何时出现在非洲？这是一个十分有趣且能激发人们想象的问题。中外学者对这一问题有所研究。③ 然而，一些在非洲发现的物证和相关记载为我们提供了证据和疑问。

（一）南部非洲："中国尖帽"与"田"字形装饰

南非开普省东部的河谷是原住民桑人（San，早期欧洲人蔑称为"布须曼人"，Bushman，即丛林人）的活动区域，他们在那里留下了大量的岩画。欧洲人海伦·通格小姐（Miss Helen Tongue）早在1909年就出版了《布须曼人绘画》（Oxford，1909）并发表了从奥兰治自由邦东部地区和开普省收集的很多桑人的岩画插图，其中不少是描绘着装的外国人。在位于东巴克利的马格达拉，她发现了一幅有趣的桑人岩画。她认为此画"从整体上看是古代的"。上面有一位浅棕色的人和一位深棕色的人。奥托（Brother Otto）也多年从事桑人岩画的收集工作，他在

---

① 有关古籍中对非洲的记载，参见许永璋《我国古籍中关于非洲的记载》，《世界历史》1980年第6期，第53—61页；唐锡仁：《我国古籍关于非洲地区的记载与认识》，《世界地理集刊》1981年第2集，第60—63页；许永璋：《"二十四"史中记载的非洲》，《河南大学学报》（社会科学版）1984年第4期，第95—101页。

② J. J. L. Duyvendak, *China' Discovery of Africa*, Stephen Austin and Sons, 1947; Teobaldo Filesi, *China and Africa in the Middle Ages*, Frank Cass, 1972；沈福伟：《中国与非洲——中非关系二千年》，商务印书馆1990年版；Li Anshan. "Contact between China and Africa before Vasco da Gama: Archeology, document and historiography", *World History Studies*, 2: 1 (June, 2015), pp. 34 – 59.

③ 有关中国学者对这一问题的探讨，参见许永璋《古代到过中国的非洲人》，《史学月刊》1983年第3期，第96—97页；艾周昌：《非洲黑人来华考》，《西亚非洲》1987年第3期，第49—55、82页。

凯河（Kei River）沿岸约 20 海里的地区发现了 28 处地方存有桑人的绘画，收集整理了 250 多幅岩画，细心描绘了这些桑人早期艺术家的作品细节。

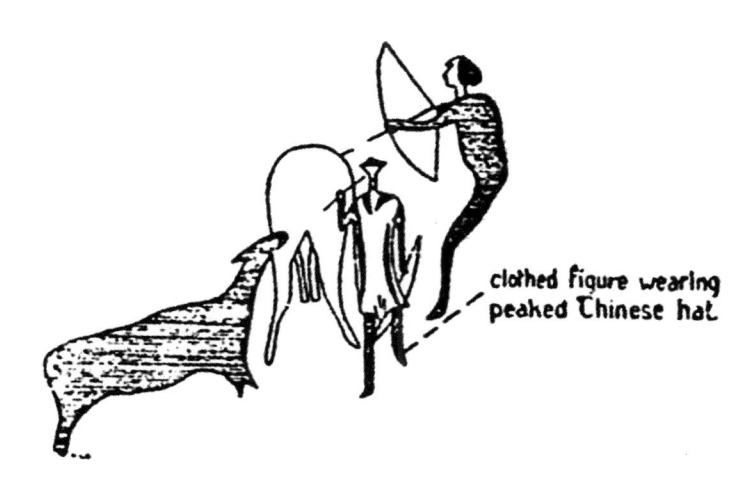

图 1　桑人岩画：戴中国尖帽的人

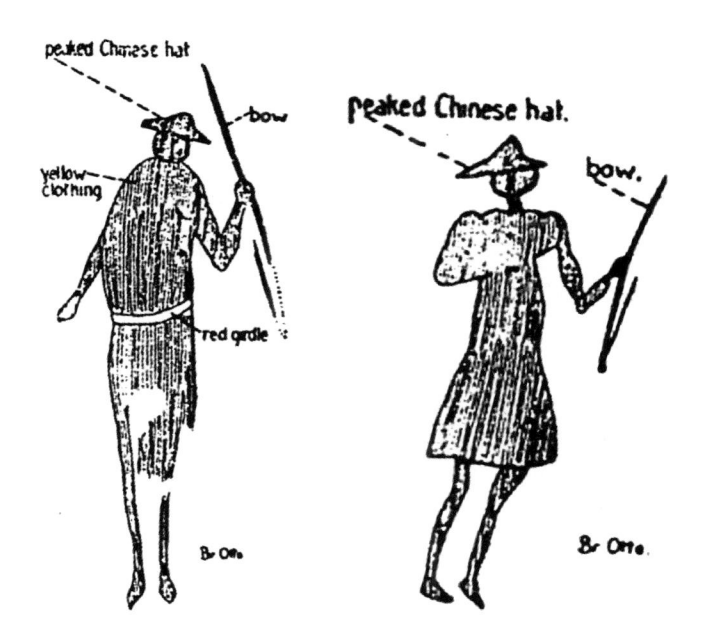

图 2　桑人岩画：戴中国尖帽的外国人

著名人类学家和考古学家雷蒙·达特（Raymond Dart）[①] 对不同地方文化的相互影响这一问题十分感兴趣。在一篇有关外来文化对南非桑人产生影响的文章中，他展示了三张在开普省凯河地区发现的岩画。雷蒙·达特对海伦小姐收集的画（图1，Fig.8）中那位脖子上戴着两个项圈的浅棕色人和奥托兄弟收集的两幅画中的戴帽人特别感兴趣。通过研究，他推测这些人戴的帽子具有中国特色。这些岩画中出现的帽子很像中国南方人戴的斗笠（又称笠、笠子、笠帽）。雷蒙·达特认为这种帽子可能标志着中国文化的影响。由于他对当地民族和文化的熟悉，他认为第二幅岩画中戴帽者为外国人。雷蒙·达特将这些人的帽子标为"中国尖帽"（Peaked Chinese hat），认为这可能是中国文化的影响。[②]

雷蒙·达特教授这篇发表于1925年的有关外来文化对南非产生影响的文章并未引起人们的注意。然而，达特一直专注于当地与外界的文化交流。无独有偶，他在19世纪30年代又发现了另一种物证。当时，中国教育代表团访问南罗得西亚（津巴布韦）的恩达兰格瓦（Ndarangwa）时，发现墙壁和碗上流行以"田"字作为装饰。这一现象引起考察当地教育情况的田中修的惊讶。当地官员问他为何如此关注，他回答：因为这看上去像我的姓。他的回答令当地陪同十分诧异。回到中国驻南非领事馆后，田中修将自己的姓名和籍贯留下来（图3）。这一史实引起了雷蒙·达特的注意，他认为，这一装饰物有可能标志着中国文化的影响。[③] 我们对看似"田"字形的装饰物的起源并不了解，单一物证也难以解释这究竟是不同地区人民审美观的类似，还是中国与非洲文化的双向影响。

[①] 雷蒙·达特祖籍澳大利亚，长期在南非金山大学工作。他曾于1924年在贝专纳兰（今博茨瓦纳）的汤恩（Taung，一译"塔翁"）的洞穴里发现了一个5—6岁小猿的不完整头骨，包括部分颅骨、面骨、下颌骨和脑模。当他宣布发现了"汤恩小孩"后，在世界引起了轰动。然而，当时的种族偏见拒绝接受热带非洲是人类起源的地方。傲慢与偏见使雷蒙·达特的这一发现的重要意义长期埋没。Raymond A. Dart, "Australopithecus africanus The Man-Ape of South Africa", *Nature*, 115 (7 February 1925), pp. 195–199。

[②] Raymond Dart, "Historical succession of cultural impacts upon South Africa", *Nature*, Vol. 115, No. 2890 (March 1925), pp. 425–429.

[③] Raymond Dart, "A Chinese character as a wall motive in Rhodesia", *South African Journal of Science*, Vol. 36 (1939), pp. 474–476.

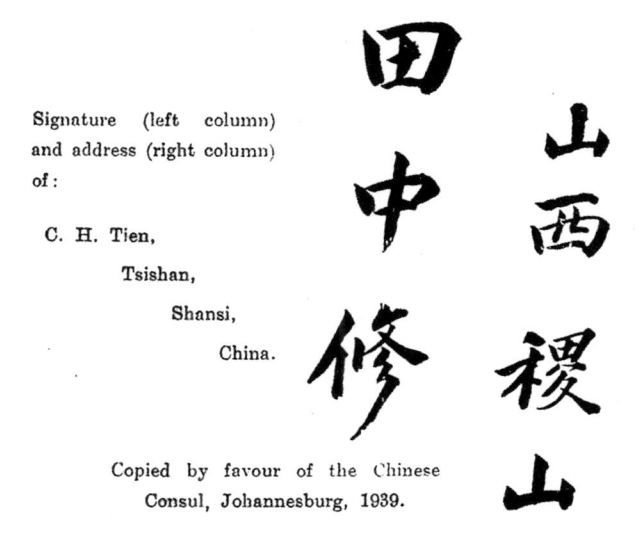

图3 发现"田"字装饰的田中修先生的字迹

此外，根据一些观察和记载的资料，在西非也存在着一些零星的疑似证据。例如，很早就有人发现，在尼日利亚北部存在着一个与中国人相似的民族。①

（二）苏丹与埃塞俄比亚的证据与推测

在位于苏丹北部的麦罗埃的废墟里发现了一个中国式的鼎。此鼎为盛装食物的三足鼎，现存于苏丹首都喀土穆的国家博物馆里。② 这件三足烹饪器被西方考古学家称为中国式铁鼎，因为其特征为翻唇、圆口、平腹、直足，但无双耳。"形状介于汉鼎和晋代瓷洗之间。"③ 在古埃及有过仿造中国瓷器的现象。此鼎究竟来自中国，或由当地工匠仿制，不得而知。公元前280年至公元525年是麦罗埃文明的繁荣时期，中国的汉朝（公元前202年—公元220年）几乎同一时期兴起和强盛。英国学者菲利

---

① 许永璋：《古代中国人移居西非内地的探讨——试解一个历史之谜》，载李安山主编《中国非洲史研究会文集（2015）》，社会科学文献出版社2016年版。清华大学国际关系学系何茂春教授在访问西非时也发现了有关古代中国人移居此地的线索。
② 张俊彦：《古代中国与西亚非洲的海上往来》，海洋出版社1986年版，第10页。
③ 沈福伟：《中国与非洲——中非关系二千年》，中华书局1990年版，第186页。

普·斯诺在著作中援引中国学者的观点时指出，汉朝的统治者在基督教兴起时期与外界通商相当发达，应该与苏丹北部麦罗埃的库施王国和埃塞俄比亚的阿克苏姆王国均有联系。他指出，库施王国的陶器与铜器都是按照从中国进口的同类商品的样式设计的。[①]

苏丹学者加法尔·卡拉尔·艾哈迈德长期从事中国—苏丹关系史的研究。他指出，从约公元1世纪起至16世纪，苏丹东部港口和埃塞俄比亚港口早与中国建立了联系。"在麦罗埃出土的中国瓷器以及大量据推测是根据中国瓷器的形制与设计制造的麦罗埃瓷器都可以表明麦罗埃对中国瓷器的制造技艺及艺术相当了解。此外，一些中国学者也认为，汉朝的统治者与苏丹北部的库施王朝确有关系。"[②] 他从多方面指出中国与非洲的早期交往，一是中国学者有关西王母即麦罗埃女王即"王母"的推测。二是从埃及运输出口到中国的产品部分来自苏丹。三是苏丹红海地区港口曾隶属于埃及管辖之下，苏丹特产被误认为是埃及所产。

中国人在东汉时期（公元25—220年）与统治着红海地区的罗马帝国通商，也曾到过非洲大陆。沈福伟根据对《后汉书》中提到的"弱水""流沙""几于日所入"这一近西王母的地方的分析，认为西王母指的应该就是在麦罗埃统治的库施女王。[③] 加法尔发现，在麦罗埃文明残留的画作和雕刻上对女士的称呼为"Kandake"，意为"王母"，几位统治过麦罗埃的女王也都被冠以"王母"的称号，"王母"一词在麦罗埃的古代画作中共出现7次。"因此，中国所说的西王母很有可能就是这些库施女王们，如果这种说法真实可信，那么中国古代一定对当时北部苏丹的政治、社会制度有所了解。"[④]

埃塞俄比亚学者对于该国与中国的交往有自己的说法。位于埃塞俄比亚的阿克苏姆王国（公元100—940年）曾显赫一时。公元350年前后

---

① Philip Snow, *The Star Raft: China's Encounter with Africa*, London: Weidenfeld and Nicolson, 1988, p. 2.

② ［苏丹］加法尔·卡拉尔·艾哈迈德：《跨越二千年的苏丹中国关系探源求实》，史月译，时事出版社2014年版，第14页。

③ 沈福伟：《中外文化因缘》，外文出版社1996年版，第5—7页。

④ ［苏丹］加法尔·卡拉尔·艾哈迈德：《跨越二千年的苏丹中国关系探源求实》，第13—14页。

埃扎纳（Ezana，公元 320—360 年在位）国王曾一举攻克麦罗埃，他以"众王之王"的身份在麦罗埃留下了自己的印记。阿克苏姆王国在埃扎纳统治下国力强盛。中国汉朝兴盛一时，对外交往活跃。《汉书》有关"黄支国"的记载如下："自日南障塞、徐闻、合浦船行可五月，有都元国；又船行可四月，有邑卢没国；又船行可二十余日，有湛离国；步行可十余日，有夫甘都卢国。自夫甘都卢国。船行可二月余，有黄支国，民俗略与珠厓相类。其州广大，户口多，多异物，自武帝以来皆献见。有译长，属黄门，与应募者俱入海市明珠、璧流离、奇石异物，赍黄金杂缯而往。所至国皆禀食为耦，蛮夷贾船，转送致之。亦利交易，剽杀人。又苦逢风波溺死，不者数年来还。大珠至围二寸以下。平帝元始中，王莽辅政，欲耀威德，厚遗黄支王，令遣使献生犀牛。自黄支船行可八月，到皮宗；船行可二月，到日南、象林界云。黄支之南，有已程不国，汉之译使自此还矣。"① 荷兰史学家戴闻达（J. J. L. Duyvendak）认为汉代中国已经存在着"惊人的贸易组织"。② 实际上，这种对外关系从汉代复杂的外交制度的设置也可见一斑。③

关于"黄支国"究属何处，学界意见似比较一致。日本学者藤田丰八、法国学者费琅认为该国为"建志（Kanchi）"，张星烺、冯承钧、苏继庼、韩振华、岑仲勉、朱杰勤等多位中国学者认可这一观点："建志"即《大唐西域记》中达罗毗荼国的都城建志补罗（梵文 Kanchipura，pura 意为城），今称甘吉布勒姆（Kanchipuram, Kāñcipura, Conjevaram, Conjeveram, 又译坎奇普南），位于印度东海岸偏南部，在马德拉斯（Madras）西南 35 英里处。长期从事中非关系史研究的沈福伟也认可此说。④ 近年来有文章认为黄支为斯里兰卡岛。⑤ 然而，德国学者赫尔曼（A. Herrmann）在题为《关于纪元初阿比西尼亚与中国南部的海上交通》的文章中认为，黄支位于盖兹人（Agazian，即 Ge'ez）所在地区，即古代

---

① 《汉书·地理志》。
② ［荷］戴闻达：《中国人对非洲的发现》，胡国强、覃锦显译，商务印书馆 1983 年版，第 9 页。
③ 黎虎：《汉唐外交制度史》，兰州大学出版社 1998 年版，第 3—122 页。
④ 沈福伟：《中国与非洲——中非关系二千年》，中华书局 1990 年版，第 78 页。
⑤ 杨晓春：《黄支国新考》，《历史地理》2007 年第 22 辑，第 140—144 页。

埃塞俄比亚的阿克苏姆王国；"已程不国"即埃塞俄比亚。①

　　埃塞俄比亚学者塞尔格·哈布勒·塞拉西同意赫尔曼的观点。阿克苏姆时处鼎盛，国力强大，拥有大船。更重要的是，其东西方贸易的中心位于阿杜里斯，完全存在长途航海的可能性。中国到黄支需要12个月的航行，或是3000里/1500公里的距离，黄支不应是那些靠近中国的邻国。此外，黄支国王将犀牛等物作为礼品赠予中国皇帝，而这些都是埃塞俄比亚的特产。因此，埃塞俄比亚与中国存在贸易关系的可能性很大。到公元3世纪末，波斯人控制了从中国来的丝绸贸易。② 当时，埃塞俄比亚的首都在阿克苏姆，距阿杜里斯港口有8天的陆路。塞拉西在著作中提到了从国外进口的25种商品。"尽管大部分商品是与西方来往进行，但埃塞俄比亚与东方的商业关系并非不重要。波斯、印度和中国是与埃塞俄比亚进行有规律贸易的主要国家。"他还引用赫尔曼文章中提到的"公元前1世纪的中国资料提到中国船只访问非洲海岸以交换商品"。③ 此论并不准确。目前的研究还未发现在公元前后有中国船只抵达非洲海岸。④ 地缘政治和地理位置使埃塞俄比亚与阿拉伯半岛关系密切。埃塞俄比亚的商品通过也门抵达阿拉伯贸易中心巴格达，与来自印度、中国等地的商品一起销售。另一个贸易中心是亚丁，来自汉志、信德、中国或埃塞俄比亚的船只进出繁忙。⑤

　　张星烺同意赫尔曼的观点："已程不国"即埃塞俄比亚。他指出："唐以前，中国史书记载非洲者，据余所考，以《汉书·地理志》为最早：'黄支之南，有已程不国，汉之译使自此还矣。'（《汉书》卷二八下）已程不疑为希腊语依梯俄皮亚（Ethiopia）之译音，今闽南人读已程不之音，尚与希腊文 Ethiopia 相同。依梯俄皮亚即阿比西尼亚，在非洲东

---

① A. Herrmann, "Ein alter Seeverkehr zwischen Abessinien und Süd-China bis zum Beginn unserer Zeitrechnung", *Zeitschrift der Gesellschaft fuer Erdkunde*, 10（1913）, pp. 553 – 561. Sergew Hable Sellassie, *Ancient and Medieval Ethiopian History to 1270*, Addis Abab: United Printers, 1972, p. 85. Note 127.

② Sergew Hable Sellassie, *Ancient and Medieval Ethiopian History to 1270*, pp. 84 – 85.

③ Ibid., pp. 71 – 74.

④ 孙毓棠：《汉代的中国与埃及》，《中国史研究》1979年第2期，第142—154页。

⑤ Sergew Hable Sellassie, *Ancient and Medieval Ethiopian History to 1270*, pp. 207, 249.

部。"① 陈乐民也认可这一观点:"准此,则汉使已经到过今埃塞俄比亚了。"② 吴长春指出,"从公元1世纪开始到公元后几百年,东非出现过一个强大的阿克苏姆王国,曾控制红海南口,这个国家有阿杜利斯等重要港口,同南阿拉伯、印度往来频繁,对中非海上关系有影响。"③ 沈福伟认为《魏略》上提到罗马的温色布是来自埃塞俄比亚的优质棉布,但产自苏丹;《后汉书》所载"兜勒"指埃塞俄比亚的海港阿杜里斯;最早抵达中国的非洲使节是于公元100年来自埃塞俄比亚的使节。④

(三)东非海岸:伊德里斯与宋代钱币

古代著名学者伊德里斯(Al Idrisi,1100—1166年)是一位享誉全球的阿拉伯地理学家。他的著述至今仍是人们理解古代阿拉伯和相关地区历史的重要资料。根据他的记载,中国人曾居住在桑给巴尔并与当地人进行贸易活动。他指出,他曾听说一些中国人住在桑给巴尔。这些中国人在中国或印度出现动乱时会将贸易活动转移到桑给巴尔或附近岛屿。

"这个岛屿(桑给巴尔岛)有许多联结在一起的建筑,岛上许多村庄也养牛。他们栽种稻谷。这里的人商业活动频繁,每年进口的商品种类繁多。据说,一旦中国国内发生叛乱或是在印度发生不法情事和暴乱,中国人就会将主要商务活动迁移到桑给巴尔及附近岛屿。中国人对与岛上居民开展贸易关系感到非常愉快,因为岛上的居民处事公道,经营方式令人喜爱,跟他们做生意也很轻松。由于这一点,桑给巴尔岛因此繁荣了起来,旅行到这里的人也相当多。"⑤ 从时间上推断,这种贸易活动应该发生在宋代。美国作者李露晔(Louise Levathes)针对伊德里斯的这一描述指出,"伊德里斯用阿拉伯字'ishra来形容中国人与斯瓦希里人之

---

① 张星烺编注:《中西交通史料汇编》,朱杰勤校订,中华书局1977年版,第二册,第7页。
② 陈乐民:《古代中非关系中的黎轩和"已程不国"究竟在哪里?》,《西亚非洲》1994年第1期,第72页。
③ 吴长春:《早期中非海上交往方式、途径及相关的几个问题》,《西亚非洲》1991年第6期,第62页。
④ 沈福伟:《中国与非洲——中非关系二千年》,中华书局1990年版,第70—72、102页。
⑤ Al-Idrisi, *Opus geographicum*, Neapoli-Romai, Instituto Universitario Orientaledi Napoli, 1970, p. 7, p. 62. Louise Levathes, *When China Rules the Seas*, *The Treasure Fleet of the Dragon Throne*, *1405 – 1433*, Oxford University Press, 1994, pp. 200 – 201.

间的关系，'ishra 的意思是友谊随着时间的扩展而日益密切，有时候甚至是亲密的同盟关系。"①

在东非海岸的多个地区如摩加迪沙、布腊瓦、马菲亚岛及桑给巴尔，确实发现了大量的宋代钱币。在桑给巴尔岛还发现了多批次甚至大批量的中国钱币。据不完全统计，共发现钱币12批次，共计300余枚。其中一次发现在一个特定贮藏处的宋代钱币达250枚之多。②

表1　　　　　　　　非洲发现的宋代钱币线索一览

时间	地点	枚数	钱币年代	发现者	资料提供者
1888?	桑给巴尔	?	宋代（与宋代瓷器一起发掘，后存大英博物馆）	John Kirk	F. Hirth（夏德）
1898	摩加迪沙	8	13世纪前，多为11—12世纪	Stuhlmann	同上
1898	同上	7	同上（均现存于柏林民族学博物馆）	Strandes	同上
1916	马菲亚	1	宋神宗	F. R. Pearce	张铁生引自 F. R. Pearce
?	摩加迪沙		713—1201	?	F. Greenville
?	摩加迪沙和布腊瓦	24	16枚为宋真宗—宋理宗时期；6枚明代，2枚清代	?	张铁生引自 F. Greenville
1939	桑给巴尔	5	宋代?	Walker	F. Greenville
1945	桑给巴尔卡珍瓦	176	4枚为唐代，8枚无法辨认，其余为宋真宗至宋度宗时期（共有250枚左右）	Makam bin Mwalimu Mhadimu	同上
1954	桑给巴尔格迪	2	宋宁宗、宋理宗	Kirkman	同上
1955	基斯马尼马菲亚	2	宋代?	G. E. Organ	同上

---

① Louise Levathes, *When China Rules the Seas, The Treasure Fleet of the Dragon Throne, 1405 – 1433*, p. 201.

② G. S. P. Freeman Greenville, *The Medieval History of the Coast of Tanganyika*, pp. 184 – 185; F. Hirth, "Early Chinese notices of East African territories", *Journal of the American Orient Society*, Vol. 30, No. 1 (Dec. 1909), pp. 46 – 57; 张铁生:《中非交通史初探》，生活·读书·新知三联书店1963年版，第49—50页。

续表

时间	地点	枚数	钱币年代	发现者	资料提供者
?	基尔瓦	5	宋太宗、宋徽宗	斯密士	张铁生
?	基尔瓦	1	宋太宗	F. R. Pearce	张铁生
1991	阿宜宰布	?	宋代	川床睦夫	加法尔

* 并非宋钱被发掘的时间，而是展现或公示时间。

注：表中问号为时间或数量不确定。

1939年、1954年和1955年发现这三批铜钱的地址与1945年发现大批宋钱的地址不远。克尔克曼认为中国人喜欢将过时的钱币输出以作为装饰物，格伦维尔不同意此说。有意思的是，最大那批钱币是当地人从一贮藏处发现的。1945年，穆哈迪姆（Makame bin Mwalimu）用一根铁棍将一些小片珊瑚清除，突然发现一个隔地面约3英尺的洞穴，里面有大量铜钱。当他展现这些铜钱时，一些乡亲随手拿走了一些，他估计总共约有250枚左右。这些铜钱的年代跨度较大，约为公元618—1295年。[1]

在一个洞穴里发现如此多的宋代钱币，这需要解释以下几个重要问题。

（1）收藏这些货币的人是谁？

由于这些货币或成堆出现，或相对较为集中，可以推测这些人应该是中国人。加上货币的量比较大，这些人应该是早期华商。

（2）目的何在？为什么要收藏这些货币？

伊德里斯有关中国商人在桑给巴尔岛上与当地人从事贸易的描述应该是真实的记载。从这一点看，那些中国商人很可能准备以后返回中国，这样便可解释他们的动机。

（3）他们为什么会有这些货币？特别是收藏集中存放的大量货币？

可以肯定，这些是早期华商出国时带来的货币。在买卖过程中，多为以货易货，这些货币暂时没有用处。因此，商人倾向于将货币收藏以作回国之用。这些货币揭示了当时存在于中国与东非之间的贸易关系。

---

[1] G. S. P. Freeman Greenville, *The Medieval History of the Coast of Tanganyika*, Berlin: Adademie Verlag, 1962, pp. 184 – 185.

二　郑和船队后裔之传说与考证

自从 1903 年国内开始研究郑和远航这一话题以来，人们一直在问一个问题：郑和船队是否有人留在非洲？或是换一种说法：中国在古代是否有人移民非洲？对于这一问题，一直没有人进行过系统研究。究其原因，主要是缺乏资料和学术兴趣及语言障碍。中国古籍中似乎没有人涉及这一问题。国际学术界的讨论整理如下。

（一）郑和船员后裔与上加村的存在

拉瓦尔的见闻。关于中国船员后裔留在非洲的最早传说应是来自法国航海者拉瓦尔（Pyrard de Laval）。他在 1602 年出版的航海游记中提到在马达加斯加碰到中国面孔的居民。这些人自称自己的祖先航行到此地后迷失了方向。[①] 这种描述很容易让人联想到郑和船队的人因迷失方向而在当地定居。然而，值得注意的是，欧洲人当时了解的亚洲民族主要是中国人，对几乎所有具有蒙古人种面孔的人都称为中国人。马达加斯加人的主要民族梅里纳人（Merina，亦称"伊梅里纳人"）属蒙古人种。虽然不排除这位法国海员看到的是中国船员的后裔，但也完全可能是马达加斯加的主要民族梅里纳人。

弗兰索瓦·瓦伦丁的猜测。早期欧洲人还发现在东非沿海地区存在着一些皮肤与当地人不同的人。1705 年，荷兰商人弗兰索瓦·瓦伦丁（Francois Valentyn）曾记载了他在东非地区碰到的一件奇怪的事。在这里，他注意到一些皮肤很白的人。"他们的妇女和小孩的皮肤异常白皙，甚至可以与许多欧洲的小孩相提并论。"他谈到那些皮肤淡色的小孩的一种举动：不知为了什么原因，他们总会在身体上涂泥，让自己的外表变黑。这种做法很可能是外来移民后裔力图融入当地所为。1935 年，一位意大利人类学家在帕泰岛做调研，发现上加人（Washanga）认为自己的

[①] A. and G. Grandidier, *Collection des Ouvrages anciens concernant Madagascar*, tome 1, Comité de Madagascar, 1903, p. 299. Quotes from P. Snow, *Star Raft——China's Encounter with Africa*, London: Weidenfeld & Nicolson, 1988, p. 32.

祖先是中国航船遇难而侥幸存活下来的中国水手。①

上加村＝上海？真正有所依据的事件发生在 1980 年。当时，英国考古学家霍顿在肯尼亚的帕泰岛（Pate）做考古调查。当地的上加村（Shanga）的头人告诉他：根据这里流传了 700 年的传说，自己的祖先来自上海，"上加"因此得名。这些由研究助理伊丽莎白·万佳丽·鲁戈伊约（Elizabeth Wangari Rugoiyo）收集的资料被霍顿保存下来。② 虽然在肯尼亚的各个沿海地区发现了不少中国的瓷器或钱币，但帕泰岛的"上加村＝上海"的这种有关当地居民的祖先来自上海的说法仍有待考证。

李露晔对上加村居民的说法进行了求证。她发现上加人曾经呆过但后被烧毁的城镇及法茂人（Wafamau③）中 20 余支自称为中国人后裔的上加人，他们为祖先是中国人而骄傲。在帕泰岛流传着中国航船在西游村（Siyu，一译"西尤村"）附近遭遇海难的故事。上加村里也发现了大量瓷器，这里也存在着人们中间长期流传的故事：马林迪将长颈鹿送给中国皇帝作为礼物并使之成为中国人与斯瓦希里人之间友谊的象征。李露晔不无感慨地表示："这件事只在中国古籍上有所记载，通常也只有少数学者曾经阅读过。然而，在非洲沿岸的这个偏远角落，连中文都不会说的上加人却对此事细节知道得清清楚楚，确实值得注意。"④

1999 年，《纽约时报》记者纪思道（Nicholas D Kristof）对有关郑和船队的海上历程进行了长篇报道。他认为郑和船队下西洋是一次可以与哥伦布 1492 年大西洋航行媲美的世界远航。文章叙述了郑和在亚洲诸岛及印度洋的历险，也提到多名自称是中国人后裔的上加人的故事。他在采访中遇到负责保存村庄口述历史的布瓦纳·姆库·巴乌里（Bwana Mkuu Al-Bauri）。老人自称 121 岁，但思维清晰。"我从我的祖父那里得

---

① Louise Levathes, *When China Rules the Seas, The Treasure Fleet of the Dragon Throne*, 1405 - 1433, p. 198.

② Mark Horton, *Shanga 1980: An interim report of the National Museums of Kenya Archaeological project at Shanga, during the summer of 1980, as part of the work of Operation Drake*, Appendix 5, Elizabeth Wangari Rugoiyo, "Some Traditional Histories of Pate, Siu and Shanga", Operation Drake, London, Nairobi: National Museum of Kenya, 1980. 无页码。

③ 即法茂人，Wa 是表示民族的前缀。

④ Louise Levathes, *When China Rules the Seas, The Treasure Fleet of the Dragon Throne*, 1405 - 1433, p. 200.

知了这一切，他在这里负责保存历史。很多很多年以前，一艘来自中国的船在离岸边不远的地方触礁遇难，水手们游到离上加村附近的地方上了岸——我的祖先当时在，看到了这一切。这些中国人是来访者，我们就帮助这些人，给他们食物和住的地方，他们后来就与我们这里的女人结婚。尽管他们不是住在我们这个村，但我相信他们的后代仍然可以在这个岛的其他地方找到。"一位名叫哈里发·穆罕姆德·奥马尔（Khalifa Mohammed Omar）的法茂族渔民告诉了他较为完整的历史。一艘中国航船在帕泰岛附近遇难，一些船员游上岸后定居下来，在此结婚生子。①

（二）李新烽的帕泰岛调研②

李新烽对帕泰岛的实地调查有诸多发现。他从帕泰村村长那里初步得到中国船只遭遇海难后在当地安家的基本情况。中国人登陆帕泰岛后，有的留在上加村，有的来到帕泰村，大部分人去了西游村，他们逐渐与当地女子结婚成家。"中国人只剩下三户，法茂人是他们的共同姓氏，也成为帕泰岛上'中国人'的代称。"③ 西游村的头人库布瓦·穆罕默德（Kubwa Mohamed）告诉他："没有中国人，也就没有现在的西游村……来到帕泰岛的中国人全是男人，他们在上加时就与当地妇女结婚成家，生儿育女。举家来到西游时，又不断地受到骚扰，加之西游村自然条件不断恶化，为了生计和逃命，他们逐渐地离开了，沿着大陆海岸南下，不知具体去向。有的讲他们去了马林迪，有的说他们去了蒙巴萨，总之是沿海一带的城市。"西游村至今还有铁匠、中医等，都是受了中国人的影响。④ 上加村村长斯瓦雷·穆罕默德（Swaleh Mohamed）介绍了上加村的历史及马林迪国王向中国皇帝赠送长颈鹿的故事。

经过调查和分析，李新烽认为，上加村就是中国村，落难东非的中国船员应是郑和部属。其理由如下：首先，如果海难发生在郑和下西洋

---

① Nicholas D. Kristof, "1492: The Prequel", *The New York Times*, June 6, 1999.
② 李新烽曾是《人民日报》高级记者。为了对有关拉穆群岛特别是帕泰岛的中国人后裔的传闻进行核实，他于2002年3月和2003年5月专程到这个岛进行了大量的个人访谈和实地调查。
③ 李新烽：《非洲踏寻郑和路》，中国社会科学出版社2013年版，第31页。
④ 同上书，第39—44页。

之前，船员后人不可能听说过长颈鹿的故事；此外，船难幸存者会与多次抵达东非的郑和船队沟通，郑和船队也会将他们带回中国。在郑和下西洋之前，中国船只直接访问东非沿岸的可能性很小，中非海上贸易多通过阿拉伯商船完成。帕泰岛的船难也不可能发生在郑和之后，因为原来的上加村约在公元1440年左右遭到毁灭，幸存水手不可能在上加村安家落户。

李新烽的结论是：落难船员是中国"移民"非洲的首批华人。①

（三）中国—肯尼亚联合考古的发现

北京大学秦大树教授领导的团队与肯尼亚考古学家于2010年在肯尼亚沿岸进行了考古发掘。② 他们发现了一些明代初年的官用瓷器，如龙泉窑的官瓷和景德镇的永乐时期官窑青花瓷片。在肯尼亚各地发现的龙泉官器如格迪古城出土的青瓷刻花折枝莲荷纹盘、伊沙卡尼（Ishakani）遗址出土的青釉刻花碗、恩瓜纳（Ungwana）遗址出土的青釉印花团花纹碗和曼布鲁伊出土的永乐时期的官窑青花瓷片。明代初年的龙泉窑瓷器较多用于海上贸易，其中官瓷由工部委派烧制，专门用于外贸或赏赐。秦大树认为：这些瓷器部分是为郑和航海制造，用作对各地统治者的赏赐器物，在肯尼亚发现这些官瓷"反证了在郑和下西洋时曾经到达过肯尼亚沿海地区"。③ 丁雨的结论较为谨慎，"综合文献、考古证据和当时的历史条件，郑和船队到达过东非海岸的可能性是非常大的。"④

另一个证据也可间接说明中国人在帕泰岛的影响。16世纪中期，葡萄牙人曾派出舰队征服姆拉姆塔帕王国以夺取这里的金矿资源。1596年，由于帕泰岛人民反抗过葡萄牙人，葡萄牙的舰队从基尔瓦驶向帕泰岛，还有三位耶稣会士同行。蒙克拉罗神父在航海日志中提到，帕泰是

---

① 李新烽：《非洲踏寻郑和路》，第44—46、366—370页。
② 有关此次考古发掘的成果总汇，参见丁雨《肯尼亚曼布鲁伊遗址及马林迪遗址的考古学研究》，博士学位论文，北京大学，2015年。
③ 秦大树：《肯尼亚出土中国瓷器的初步观察》，Qin Dashu & Yuan Jian, eds., *Ancient Silk Routes*, Singapore: World Scientific Publishing Co., 2015, pp. 89–109。
④ 丁雨：《肯尼亚曼布鲁伊遗址及马林迪遗址的考古学研究》，博士学位论文，北京大学，2015年，第393页。

一个很大的城市，有不同类型的贸易。主要原因是这个城市盛产丝绸，而且只有这个地方产丝绸。葡萄牙人只能用其他商品如铁器、珠子或棉布来交换。① 根据帕泰岛老人的回忆，这个岛在半个世纪前仍然生产丝绸。②

综合中国学者的采访调查、考古挖掘，他们的发现可概括为以下几点。

（1）在拉穆群岛发现了大量与中国人相似的人群，他们居住相对集中，以帕泰岛上的上加村和西游村为最。

（2）这些人都自称中国人的后裔，多少能回忆一些与中国船员有关的事情或相关家史，并对自己祖先是中国船员表示自豪。

（3）这些自称为中国人后裔的人或家庭在身形体态、面貌特征、风俗习惯以及家族家规方面似乎都有中国人的特点。

（4）在这些人聚集的村落里，仍然保持着一些中国人的生活用品及装饰物，有的在娱乐活动或其他方面均有所体现。

（5）北京大学与肯尼亚考古学家联合考古发掘项目在东非海岸发现的明初官窑瓷片和"永乐通宝"铜钱大大提升了郑和舰队曾经到达过东非海岸的可能性，为以往学者基于文献的研究提供了非常重要的证据。③

三　有关非洲人在中国的证据

学者早已有人注意到中国早期历史（唐朝以前）黑色人种的存在，

---

①　G. S. P. Freeman-Greenville, *The East African Coast, Select Documents from the first to the earlier nineteenth century*, Oxford: Clarendon Press, 1962, pp. 138 – 143.

②　Nicholas D. Kristof, "1492: The Prequel", *The New York Times*, June 6, 1999.

③　丁雨：《肯尼亚曼布鲁伊遗址及马林迪遗址的考古学研究》，博士学位论文，北京大学，2015年，第392页。有关这一专题，秦大树、丁雨、戴柔星：《2010年度北京大学肯尼亚考古及主要收获》，载李安山、刘海方主编《中国非洲研究评论2012》，社会科学文献出版社2013年版，第247—272页；秦大树、丁雨：《肯尼亚滨海省曼布鲁伊遗址的考古发掘与主要收获》，载李安山、潘华琼主编《中国非洲研究评论2014》，社会科学文献出版社2015年版，第253—271页；秦大树：《肯尼亚出土中国瓷器的初步观察》，Qin Dashu & Yuan Jian, eds., *Ancient Silk Routes*, Singapore: World Scientific Publishing Co., 2015, pp. 89 – 109。

但似乎认为这些黑人来自南海地区。① 然而，中国早期典籍中提到的许多物产如黄金、珠母、玳瑁、树胶、犀牛角、象牙、珍珠、祖母绿等盛产于苏丹红海地区港口。"中国古籍中提到的埃及矿藏的一部分实际上位于苏丹东部，因为在很长一段时期内苏丹红海的港口均隶属于埃及管辖，因此中国及西方的许多典籍都以为这些港口属于埃及。"② 这种文化交往的使者应该是这些地区的人，或者至少是与这些地区有直接关系的人？如果是非洲人，他们何时来到中国？对这一问题的研究甚少。③

（一）居延汉简上有关黑肤人的记载

1927—1935 年，中国和瑞典合组的西北科学考查团在西北广袤地区进行考察，发现了居延汉简。1927 年 10 月 24 日，中方考古学家黄文弼在居延汉代烽燧首次发现一枚汉简。在第二天的发掘中仅得数枚后，他放弃了此地的发掘而转向其他地区，成为中国考古史上一件憾事。1930 年 4 月 20 日至 5 月 8 日，考查团成员瑞典学者弗克·贝格曼（Folke Bergman）在额济纳河流域北部的居延都尉与南部的肩水都尉所属地段发现汉代简牍，在随后的发掘活动中，共发掘出汉简一万余枚。居延汉简中有一批个人名籍等方面的记录，大约包括姓名、身份、郡、县、里、爵位、年岁、身形、身高和（肤）色。身形方面有"大状"和"中状"的说法。身高（汉简中用"身长"）以尺寸为测量标准。值得注意的是，汉简上相关人物的肤色多为黑色。下面是居延汉简上有关黑肤人的相关记载。

---

① 凌纯声：《中国史志上的小黑人》，《中央研究院年鉴》1956 年第 3 期，第 251—267 页。近期研究参见汪受宽《元以前来华黑人考》，《社会科学战线》2001 年第 1 期，第 119—124 页。
② ［苏丹］加法尔·卡拉尔·艾哈迈德：《跨越二千年的苏丹中国关系探源求实》，第 16—17 页。孙毓棠指出从红海至亚洲的三条重要海路，并列出了中国典籍所涉汉代的多种埃及特产。参见孙毓棠《汉代的中国与埃及》，《中国史研究》1979 年第 2 期，第 142—154 页。
③ James Brunson, "African presence in early China", in Runoko Rashidi & Ivan Van Sertima, eds., African Presence in Early Asia, New Brunswick and London: Transaction Publishers, Tenth Anniversary edition incorporating with Journal of African Civilization, 1995, pp. 121 – 137; Li Anshan, "African Diaspora in China: Reality, Research and Reflection", The Journal of Pan African Studies, 7: 10 (May, 2016), pp. 10 – 43. 中国学者多研究唐代以后来华的非洲人，关于此前来华非洲人一般只提"黎轩善眩人"，即亚历山大来的魔术师。参见许永璋《古代到过中国的非洲人》，《史学月刊》1983 年第 3 期，第 96—97 页；艾周昌《非洲黑人来华考》，《西亚非洲》1987 年第 3 期，第 49—55、82 页。

（1）永光四年正月己酉橐佗吞胡隧长张起祖符妻大女昭武万岁里□□年卅二子大男辅年十九岁子小男广宗年十二岁子小女女足年九岁辅妻南来年十五岁皆黑色

（2）居延都尉给事佐居延始至里万赏善年卅四长七尺五寸黑色

（3）河南郡河南县北中里公乘史孝年卅二长七尺二寸黑色

（4）□□□□里上造王福年六十长七尺二寸黑色

（5）书佐忠时年廿六长七尺三寸黑色

（6）五十二长七尺一寸黑色

（7）里贾胜年卅长七尺三寸黑色

（8）都里不更司马封德年廿长七尺二寸黑色

（9）里王望年廿五岁长七尺五寸黑色

（10）都尉丞何望功一劳二岁一月十日北地北利鄣候杜旦功一劳三岁李则年卅五长七尺三寸黑色

（11）骊靬万岁里公乘儿仓年卅长七尺二寸黑色剑一已入牛车二

（12）年卅八长七尺二寸黑色

（13）□车毚得安世里公工乘未央年卅长七尺二寸黑色

（14）公乘孙辅年十八七尺一寸黑色

（15）给车毚得郡都里郝毋伤年卅六岁长七尺二寸黑色

（16）河内郡温西故里大夫苏罢军年卅五长七尺三寸黑色

（17）诏所名捕平陵长藋里男子杜光字长孙故南阳杜衍……□□黑色肥大头少发年可卅七……

（18）□就里唐宜年廿三长七尺三寸黑色□□

（19）葆鸾乌宪众里上造顾收年十二长六尺黑色皆六月丁巳出

（20）魏郡繁阳高武里大夫谢牧年卅二长七尺二寸黑色

（21）弟子公士传出黑色年十八

（22）当阳里唐芝年十九长七尺三寸黄黑色八月辛酉出

（23）东郡田卒清灵黑里大夫聂德年廿四长七尺二寸黑色

（24）尺五寸黑色 轺车乘

（25）□年廿年七尺五寸黑色十月辛

（26）卅年七尺七寸黑色

（27）尺五寸黑色 十月二

（28）居延安故里孙罢军年廿三剑一黑色长

古代中非交往：史料与推论 / 205

（29）坚年苑钳金左（一字）左右年廿七八岁中壮□长五六寸青黑色……

（30）二月癸酉河南都尉忠丞下郡太守诸侯相承书从事下敢用者实字子功年五十六大状黑色枭头

（31）八长七尺二寸黑色

（32）□□□□□□阳里大夫封车口（一字）年廿八长七尺二寸黑色牛一车一辆五月戊戌□弓一□持

（33）河南郡荥阳桃虫（？）里公乘茌吁廿八长七尺二寸黑色四月癸酉

（34）□顺年卅二岁七尺二寸黑色

（35）侯丈□非子长七尺黑色

（36）鳒得成汉里大夫X建德年卅二长七尺寸黑色

（37）□□□□年卅七长七尺二寸黑色

（38）□□里上造史则年廿五长七尺二寸黑色

（39）一长七尺五寸黑色

（40）X安国年卅长七尺二寸黑色

（41）永光四年正月己酉橐佗延寿隧长孙时符妻大女昭武万岁里孙弟卿年廿一子小女玉女年三岁弟小女耳年九岁皆黑色①

（42）长七尺黑

（43）黑色　不出

（44）X尺三寸黑色

（45）二寸黑色

（46）二寸黑色

……

以上个人记录实有60片左右。在60人的记录中，肤色明确标有"黑色""黑"的共有46例，如果加上其中张、孙二家的亲属，黑肤人达50余人，其中包括1人"青黑色"，1人"黄黑色"。在这些个人记录中，尚有妻儿子女"皆黑色"。

---

① 张春树：《汉代边疆史论集》，台北：食货出版社1977年版，第181—191页。

居延汉简上出现的这些有关肤色的记录,引发了一场争论。

(二) 张春树的观点

美籍华人历史学家张春树根据劳贞一先生编的居延汉简考释的图版,对汉代人的身形与肤色进行了专门研究。他将居延汉简分为两类,一类为个人记录,一类为群体记录。为了说明肤色问题,张春树对有关典籍的记载和相关说法进行了分析,确定汉简中有关"黑色"记载中的"色"似可确定为肤色。① 他根据劳先生对居延汉简的考释,加上自己的研究、分析与统计,提出以下几个观点。

(1) 汉简中关于形貌之颜色记载共有 55 条,其中竟然有 98% 为黑色,另外 2% 虽然不是黑色,也是青黑色和黄黑色。

(2) 汉简中"黑色"等记载中的"色"字似可确定其意为肤色。

(3) 肤色为黑色的人群中,16 人有爵位,最高者是汉代列为第八位的公乘。

(4) "黑色"形貌的人在身份、社会地位和种族上没有任何特殊的地方,这"可能是经过长期的种族混合与同化的结果"。

(5) 从汉简中有关籍贯的记载(14 人属河西,7 人来自内郡)推论,"河西人之平均身高略高于内郡人",但由于选样少,"这个统计推断是当存疑的"。

(6) 从汉简将肤色作为体质特征这一点看,可以推论肤色这个问题在中国古代社会中必有一特殊的历史含义。②

(三) 杨希枚的观点

杨希枚先生是著名的历史学家。③ 他通过分析相关史料,针对张春树

---

① 张春树:《汉代边疆史论集》,台北:食货出版社 1977 年版,第 193 页。
② 同上书,第 180—199 页。
③ 杨希枚,1916 年生于北京,武汉大学生物系毕业后约一年进入中央研究院史语所工作。先担任吴定良先生的助理,后来在著名人类学家李济的嘱托下研究殷墟头骨。杨希枚先生曾任中研院历史语言研究所助理员、中研院体质人类学研究所筹备处助理员、中研院历史语言研究所助理员、副研究员(1955.8—1961.7)。1961 年任研究员(1961.8—1980.1)并担任人类学组主任(1973.8—1974.7)。1980 年从中研院退休,1981 年定居于北京并参加中国社会科学院历史研究所工作,继续从事先秦等史学研究。1993 年病逝北京。

先生有关"'黑色'形貌的人在身份、社会地位和种族上没有任何特殊的地方"这一观点,提出了不同意见。他认为,在张文引用的汉简材料(六十条)中,计有四十六条事涉"黑色"人,虽然材料并不详尽,有的缺漏姓名、居地、年龄,或是体高。"春树考订'黑色'一词指肤色,这一点是无可置疑的。因此,这四十六简的'黑色'人应是黑肤人。"①

杨先生通过对居延汉简中有关记载的分析,加上对汉籍《易林》中有关资料的引证,提出了疑问和自己的推论,其主要论点是:这些汉简中的黑色人应是另外的特殊种族,而非张先生所说的"汉人"。主要结论如下。

(1) 汉简中的黑肤人应是异于汉人的特殊群体。居延汉简的描述中,不仅大量的个人记录为黑色,有的举家全部是黑色人。例如,名为张起祖的黑色人:"妻大女……年卅二。子大男辅,年十九岁。子小男广宗,所十二岁。子小女女足,年九岁。辅妻南来,年十五岁。皆黑色。"另一位名为孙时符的黑色人,"妻大女昭武万岁里孙弟卿年廿一。子小女玉女,年三岁。弟小女耳,年九岁。皆黑色。"杨先生认为,"汉简的黑肤人,至少其中某些黑肤人的肤色并非原于个体偶然的差异,而显属先天的遗传性体质。因为这里所知的张、孙两家族,老幼共十人皆'黑色',而竟无一例外!"因此,他认为,这些举家黑肤色者原是以黑肤色为其体质特征之一的特殊种族。"先秦时代中国西北边裔分布的西戎民族中的骊戎应即'黑戎'(the 'Black Barbarians'),且极可能即与本文所论有关黑肤人有关的一个黑肤族群。"他的结论也很明确:"汉简黑肤人的肤色应属遗传而非偶然的个体差异。"②

(2) 这些黑肤人的体高与普通汉人不同,其平均身高明显高于汉人。杨先生指出:汉简兼记载肤色和身高的有 40 人。根据汉简三十九,黑肤人的身高为七尺至七尺七寸(161—177.1 公分),按此推算,汉简黑肤人平均体高约为 7.27 汉尺(167.2 公分)。然而,汉族人的身高为 161.2—167.6 公分,其中华北人最高,为 168.5 公分,华中人其次,164.2 公分,华南人最矮,为 160.9 公分。由此看来,汉简黑肤人的身高不仅应列入中

---

① 杨希枚:《先秦文化史论集》,中国社会科学出版社 1995 年版,第 971 页。
② 同上书,第 972、984—985、976 页。

高型（164.2—168.7公分），其上限已超过中高型体高的上限，与平均身高为161.2—167.6公分的汉族人身高不同。

（3）汉简黑肤人接近非洲尼罗［河］区的黑肤人。如果加上肤色这一因素，与非洲和亚洲的黑肤人相比，"非洲的纯正尼格罗黑肤人，尤其是东北非区的尼罗河黑肤人的体高（170—178公分），也显与汉简黑肤人体高（165.6—177.1公分）是最近似的。"其结论为"汉简黑肤人的肤色和体高异乎一般汉族人，而要近乎非洲尼罗［河］区的黑肤人。"①

（4）汉简黑肤人要集居于河西尤其张掖郡。根据记载，这些黑肤人主要集中在张掖郡，而非张先生所言并不集中。根据张文对居延汉简的统计，有身高和籍贯的21人中计有"十四人属河西"，余者7人来自内地各郡。换言之，21人中三分之二来自河西，即在地理上具有显著差异。"尤值得注意的，即《张文》指出载有籍贯而未必兼载体高的二十五黑肤人中竟有十七人隶属河西，仅八人分隶内地各郡！而且分布河西区的黑肤人似集中于张掖郡（计有六人）；分布内郡的黑肤人刚见于六地。"②

（5）黑肤人曾寓居于汉代京师及周边地区。汉代至迟在宣帝朝，京师或其近区有外国侨民数万以至十数万，长安应为当时的国际观光都市。此外，汉籍《易林》中有一些资料说明外族人的存在，如"蜗螺生子，深目黑丑，似类其母，虽或相就，众人莫取""蜗螺生子，深目黑丑，虽饰相就，众人莫取""乌孙氏女，深目黑丑，嗜欲不同"等。根据居延汉简及《易林》等所记资料，黑色人曾存在于中国河西等郡或京师大都。

（6）汉简黑色人均任职为汉室边吏，其定居于河西等地之初或可早至汉昭帝初际。

概而言之，"自先史时代迄于殷、周、东汉，中国境内既曾陆续不断地有黑肤人（且可能非同一种黑肤人）存在的史实或迹象，则汉简及《易林》所载河西及内地的深目且体型较高的黑肤人应即特殊种族的看法应非新奇或怪异之论"。③

---

① 杨希枚：《先秦文化史论集》，中国社会科学出版社1995年版，第974—975、977页。
② 同上书，第976—977页。他还提出："张掖郡的骊靬县或以骊靬国的降人而建置。"然而，这一观点目前似不为多数中国史家所接受。
③ 杨希枚：《先秦文化史论集》，中国社会科学出版社1995年版，第985页。

根据古人记录和前人研究，汉代的长安是一个国际大都会。《汉书·西域传》载："孝武之世……明珠、文甲、通、翠羽之珍盈于后宫，蒲梢、龙文、鱼目、汗血之马充于黄门，巨象、师子、猛犬、大雀之群食于外囿，异方异物，四方而至……设酒池肉林，以飨四夷之客。"白寿彝先生认为：长安都城里杂错不纯的风俗，正是一个巨型的都会之特殊的表征。他指出，"长安不只是国内最大的都会，并且在中外交通上也具有特殊的意义。它成了一个四夷宾客荟萃的所在，殊方异物聚合的场所了。"①由此看来，当时的长安都城，有包括黑人在内的四方宾客欣然而至，应在情理之中。

（四）有关黑人移民中国的各种推测

关于黑人早年移居中国有各种推测，目前存在着多种论点。近年来，遗传学在人类起源问题上有新的研究。在对1.2万条染色体进行研究后，结果在东亚人身上发现了7.9万年前非洲人特有的遗传标记。②早期学者还从语言学、人类学和历史考古学等方面论及这一问题。③在考古发掘中，确实发现了一些与黑人头骨相似的特征。对此至少有三种论点。

美拉尼西亚人说这种观点比较普遍，凌纯声先生曾撰《中国史志上的小黑人》一文，在提到各类小黑人之后，最后专门论及此问题。这种黑人也被称为马来黑人、尼格利陀人（Negrito），或是海洋黑人（oceanic

---

① 白寿彝：《白寿彝文集·朱熹撰述丛考·中国交通史》，河南大学出版社2008年版，第247—248页。

② Ke Yuehai, et al., "African Origin of Modern Humans in East Asia: A Tale of 12, 000 Y Chromosome", *Science*, 292 (May 11, 2001), pp. 1151 – 1153. 当然，也存在不同意见，如斯坦福大学遗传学家布伦娜·亨为首的研究小组在2011年发现，说某种科伊桑语的卡拉哈里沙漠的布须曼人（即桑人）拥有非洲乃至全世界最具遗传多样性的基因。另一个国际研究小组2012年6月表示，在缅甸发现的化石表明，更多论据表明亚洲而不是非洲是最早类人猿灵长目动物的起源地。

③ 有关早期亚洲黑人存在的早期研究，参见 Terrien de Lacouperie, *The Languages of China Before the Chinese*, London: David Nutt, 1887; Li Chi, *The Formation of the Chinese People*, Harvard University Press, 1928; F. Weidenreich, "On the Earliest Representatives of Modern Mankind Recovered on the soil of East Asia", *Peking Natural History Bulletin*, 13: 3 (1939), pp. 161 – 174.

Negroid），张光直在著作中也提到过。①

安塔·迪奥普的杂交论。塞内加尔学者安塔·迪奥普是一位百科全书般的学者，对非洲古代文明有精深的研究，并极力主张埃及文明与黑非洲文明同根同源。他认为，黄种人是黑人和白人融合的结果。他在其名著《文明的非洲起源：神话还是现实》的一个注释中，较为详细地表达了自己的观点，认为黄种人从面貌及体质上明显表现出混血特征。②

中国人具有非洲人血统。米恩斯在 1980 年出版的著作中指出，"中国的居民是黄种人类型，但无疑有黑人的基础。民族学家在那里发现，中国人中存在着古老的俾格米人和黑人（Negroid）的证据。"③ 詹姆斯·布伦森明确将中国早期黑人界定为非洲人。他认为"要充分研究夏、商、周诸朝代的历史，更多地洞察非洲在中国历史上所起的作用。需要抹去这些早期朝代及中国最早历史的神秘色彩。例如，一些学者和历史学家不顾明显的证据而认为商朝不存在种族结构。一位历史学家奇怪地将商朝人称为'黑发'人，好像所有别的东方人的头发具有某种其他颜色。"④ 其论据包括张光直有关柳江人头骨的考古分析和相关论点。他还对各种证据包括随葬品、古代雕刻等进行了分析，并针对所谓的美拉尼西亚黑人和非洲黑人形象进行了比较。这篇文章首先发表在《非洲文明》杂志上，后来被编入由雷诺科·拉西迪和伊万·凡·塞尔迪玛主编的《非洲人存在于早期亚洲》一书中。⑤

---

① 凌纯声：《中国史志上的小黑人》，《中研院年鉴》1956 年第 3 期，第 251—267 页；Kwang-chi Chang, *The Archaeology of Ancient China*, New Heaven and London: Yale University Press, 1977, pp. 68, 76。

② Anta Diop, *The African Origin of Civilization: Myth or Reality* (edited and translated by Mercer Cook), Chicago: Lawrence Hills, 1974, No. 2. pp. 280 – 281.

③ Sterling Means, *Ethiopia and the Missing Link in African History*, Harrisburg: The Atlantis Publishing Company, 1980, p. 58.

④ James Brunson, "African presence in Early China", p. 135.

⑤ James Brunson, "African Presence in Early China", in Runoko Rashidi & Ivan Van Sertima, eds., *African Presence in Early Asia*, New Brunswick and London: Transaction Publishers, Tenth Anniversary Edition Incorporating with *Journal of African Civilization*, 1995, pp. 121 – 137.

（五）尚待探讨的结论

学者从 19 世纪起一直在探讨早期中国出现的黑人。① 在他们的研究中提到的黑人似乎主要指俾格米人、尼格利陀人或马来人类型的海洋尼格罗人。有的推测他们为月氏（Rouzhi），② 有的则将这些黑人与波斯人相连（"他们将波斯人也称作'黑人'！"③）。杜波伊斯曾在著作中列出专章，研究亚洲的非洲人。他通过对印度早期历史上黑人的研究，得出结论："早在基督教时代之前的数千年，德拉威黑人奠定了印度文化的基础。"他认为，"德拉威黑人文化构成了整个印度文化的基础，其最伟大的宗教领袖总是被描绘为黑人或是卷发者。"④ 相传来华传播佛教的 30 名僧人的肤色中有 10 名黄色，10 名棕色，10 名黑色。⑤

汉代典籍关于非洲的一些零星记载并不清晰，致使学者见解各异。⑥ 震惊世界的三星堆古迹给这一文化考古遗产蒙上了一层神秘的面纱。特别是带有非中原脸面的青铜器以及权杖、金面具的出现，给人们插上了想象的翅膀。我们知道，权杖和金面具在古代埃及和非洲流行。可以推测，这两种文化之间很早就开始了交流。2016 年 9 月 2 日，一篇有关中国文明可能起源于埃及的文章在美国《外交政策》上面世，为研究中非

---

① Terrien de Lacouperie, *The Languages of China Before the Chinese*, London: David Nutt, 1887; Li Chi, *The Formation of the Chinese People*, Harvard University Press, 1928; F. Weidenreich, "On the Earliest Representatives of Modern Mankind Recovered on the Soil of East Asia", *Peking Natural History Bulletin*, Vol. 13, No. 3 (1939), pp. 161 – 174; 凌纯声：《中国史志上的小黑人》，《中研院年鉴》1956 年第 3 期，第 251—267 页。

② 陈健文：《月氏的名称、族属汉代西陲的黑色人问题》，《国际简牍学会会刊》1993 年第 1 期，台北：兰台出版社 1993 年版。

③ [美] 薛爱华（Edward Schafer）：《撒马尔罕的金桃：唐代舶来品研究》，吴玉贵译，社会科学文献出版社 2016 年版，第 138 页。

④ W. E. B. Du Bois, *The World and Africa, An inquiry into the part which Africa has played in word history*, New York: International Publishers, 1965, p. 176. 有学者研究了波斯历史上的黑人以及古代印度王朝的黑人，有些甚至已经当上君王。参见 Runoko Rashidi & Ivan Van Sertima, eds., *African Presence In Early Asia*, Transaction Publishers, 1985。

⑤ W. E. B. Du Bois, *The World and Africa*, p. 178.

⑥ 汪受宽：《元以前来华黑人考》，《社会科学战线》2001 年第 1 期，第 119—124 页。

关系增加了新元素。①

四 有关唐代黑人来源的观点

学界对唐代存在着黑人的意见一致。然而,对其来源却有不同说法,主要有两种:张星烺的"非洲来源说"和葛承雍的"南海来源说"。

(一)张星烺的"非洲来源说"

在中外关系研究领域做出巨大贡献的张星烺,在 1928 年和 1930 年发表了两篇内容相似的中、英文文章。② 文章论述了八个问题,试图定义"昆仑",确定他们的来源和与阿拉伯人的联系,以及"昆仑""昆仑奴"在中国文学中的使用情况。张星烺的结论是十分肯定的,"昆仑"作为地名指"暹罗"(今泰国),与文中的"昆仑"没有关系。"昆仑""昆仑奴"被用来指在中国的黑人仆役和奴隶,他们来自昆仑层期国,即桑给

---

① Ricardo Lewis, "Does Chinese Civilization Come from Egypt?" *Foreign Policy*, September 2, 2016. http://foreignpolicy.com/2016/09/02/did-chinese-civilization-come-from-ancient-egypt-archeological-debate-at-heart-of-china-national-identity/. 2016 年 10 月 20 日。作者是在中国科技大学工作的葡萄牙学者,该文主要介绍了中国学者孙卫东的观点。实际上,17 世纪的德国耶稣会士柯切尔(A. Kircher)认为中国人是埃及人的后裔。18 世纪法国汉学家德经(Joseph de Guignes)认为,中华文明从各方面如文字、法律、政体、君主,甚至于政府中大臣及整个帝国均源自埃及,而所谓中国上古史即埃及史。1887 年法国人拉库普利(Albert Étienne Terrien de Lacouperie,一译拉克佩里)出版了《中国人之前的中国诸文字》(*The Languages of China Before the Chinese*),认为《易经》是"古代西亚亚卡地(Accad)的词汇"。他又于 1894 年出版《中国早期文明西源说》(*Western Origin of the Early Chinese Civilisation from 2,300 BC to 200 AD*)一书,以当年考古成果为基础,根据天文历法、科技发明、语言文字、政治制度、历史传说的相似性提出,中国文明源于两河流域的古巴比伦文明,汉族于前 2200 年左右从西亚迁入中原。英国比较神话学教授赛斯(A. H. Sayce)在《古代东方诸帝国》(*Ancient Empires of the East*)一书中也认为亚卡地是西亚的中国。"清末民初,这一学说在中国广为流传,一度为中小学历史教科书普遍采纳。北京大学史学系的朱希祖和陈汉章等人则从各种角度对这一学说进行了系统性批评。之后,中华文明乃至中国人独立起源和演进的学说逐渐成为主流。"参见黄文政《古埃及与华夏文明起源真有关系吗?》, http://cul.qq.com/a/20160206/025007.htm. 2016 年 10 月 20 日。

② 张星烺:《唐时非洲黑奴输入中国考》,《辅仁学志》, 1: 1—2 (1928—1929 年),第 93—112 页; Chang Hsinglang, "The Importation of Black Slaves to China in Tang Dynasty (618 - 907)", *Bulletin of Catholic University of Peking*, No. 7, 1930, pp. 37 - 59. http://library.uoregon.edu/ec/e-asia/read/tangslave - 3.pdf. 2016 年 9 月 20 日。

巴尔，他们被长期从事奴隶贸易的阿拉伯人带到中国，其中一些通过海路，经南海而来。张星烺认为黑人奴隶来自非洲。他的研究成果为国际学术界提供了便利，但存在的问题也比较明显。第一，文中诸如"昆仑奴存在的证据""昆仑奴的来源""中国的昆仑奴贩奴贸易"的小标题及他的论据，将所有"昆仑"都归为奴隶。其二，张星烺认为："唐代之昆仑奴，皆由阿拉伯人输入中国。……昆仑奴为非洲黑人，既已考定，毫无疑义"。① 这两点结论并非"考定"，亦非"毫无疑义"，均值得商榷。实际上，《隋书》中用的是"昆仑"而非"昆仑奴"来表示黑人。从历史上看，黑人在中国所从事的职业多种多样，除仆役外，还有驯兽师、魔术师、乐师、耕工、商人、卫兵和宫中卫官。此外，如果将黑人的来源仅限于非洲，则难有说服力。②

张星烺先用中、英文发表论文，在学界产生一定影响；后又将《昆仑与昆仑奴考》一文作为《中西交通史料汇编》的附录出版发行，对后世海内外研究中非关系的学者造成较大影响。③ 张星烺的观点受到诸多学者的支持。他们认为，中非关系源远流长，并直接或间接地引用张星烺的观点来表明中国的黑人是来自非洲的。唐代的非洲人是如何到达中国的？因为《新唐书》中记载了坦桑尼亚的达累斯萨拉姆与中国之间的一条海上航线，所以一些学者认为非洲人是通过海路或"海上丝绸之路"而来。④

---

① 张星烺编注、朱杰勤校订：《中西交流史料汇编》，第二册，第 22 页。

② 如《新唐书·南蛮传》记载：咸亨至开元年间，室利佛逝国（在今印尼苏门答腊）曾向唐朝"献侏儒、僧祇女各二"。又说：元和八年（公元 813 年），诃陵国（今印尼爪哇）"献僧祇奴四"。

③ 张星烺编注、朱杰勤校订：《中西交流史料汇编》，第二册，第 16—24 页。早期研究还可参见吴春晗《昆仑奴考》，《现代学生》1930 年第 1 期。

④ 胡肇椿、张维持：《广州出土的汉代黑奴俑》，《中山大学学报》1961 年第 2 期，第 84—87 页；张铁生：《中非交通史初探》，生活·读书·新知三联书店 1965 年版；张俊彦：《古代中国与西亚非洲的海上往来》，海洋出版社 1986 年版，第 89—94 页；许永璋：《古代到过中国的非洲人》，《史学月刊》1983 年第 3 期，第 96—97 页；艾周昌：《非洲黑人来华考》，《西亚非洲》1987 年第 3 期，第 49—55、82 页；景兆玺：《唐代非洲黑人来华述论》，《西北第二民族学院学报》1998 年第 4 期，第 51—54 页；程国赋：《唐代小说中昆仑奴现象考述》，《暨南大学学报》2002 年第 5 期，第 79—84 页；Li Anshan, "African Diaspora in China: Research, Reality and Reflection", *The Journal of Pan African Studies*, 7: 10 (May, 2016), pp. 10–43.

（二）葛承雍的南海来源说

2001年，中国历史学家葛承雍在一篇文章中批判了张星烺关于唐代长安城黑人来源的观点，并得出了不同的结论。葛承雍认为张星烺关于"中国黑人来源于非洲"的论断没有说服力，他认为这些黑人不是来自非洲的尼格罗人（Negroid），而是来自"南海"（今东南亚）的尼格利陀人（Negrito）。这一观点实际上因袭了清朝学者一直秉持的观点，即"昆仑奴"来自真腊（今柬埔寨）等东南亚地区。

一部分昆仑是作为外国每年进献的贡品，送给中国朝廷的，一部分则是被外国使节留在中国的，还有一部分是贩卖到沿海地区的。"僧祇"（Zenji）一词，一般被认为等同于"桑给"（Zanzi），阿拉伯人用它来指代非洲东海岸，即桑给巴尔（Zanzibar）。阿拉伯人将来自非洲东海岸的非洲人称为"僧祇人"。葛承雍反对这一观点，他认为"僧祇"一词是用来指代古代东南亚地区佛教的。他的结论是：中国黑人来源于东南亚的说法，比来源于非洲的说法更有说服力。① 这一观点也被一些中国学者所接受。②

（三）多元来源说

关于唐代黑人的来源，张星烺和葛承雍都秉持"单一来源说"，张认为来源地是非洲，葛认为来源地为东南亚。在仔细分析各方论据后，我们会发现虽然双方都运用了丰富的材料和严谨的逻辑，但他们都只使用或强调有利于自己所持观点的证据，而忽视那些与其观点相悖的材料。张星烺强调被阿拉伯人带来的黑人，却忽视那些来自真腊（今柬埔寨）及室利佛逝国（今苏门答腊）和诃陵（今爪哇）的黑人。葛承雍也犯有同样的错误，强调来自南海（东南亚）的黑人，举出各种有力证据，却有意无意忽略被阿拉伯人带来的黑奴。历史研究应该更谨慎，同时包容不同的观点。总之，"多元来源说"可能是对此问题更合理的解释。

笔者觉得对"昆仑"和"僧祇"的研究要注意以下几点。首先，多

---

① 葛承雍：《唐长安黑人来源寻踪》，《中华文史论丛》2001年第65期，第1—27页。
② 梁静文：《唐代昆仑奴来源刍议》，《海交史研究》2004年第2期，第58—62页。

元来源说可以较好地解释这一问题。对唐代黑人的来源问题，可以秉持更开放的态度。从中外关系史的发展以及目前发现的史料看，唐代黑人的来源可以说是多元的，即他们有些是从阿拉伯地区转来的非洲黑人，或是直接来自摩洛哥、埃及等地的非洲人，因为这些地区的民族本身也有多种，包括混血人种。有些应来源于"南海"地区，即我们今天所说的东南亚地区。有些也可能来自印度，一是在印度南部，本身就存在着黑色人种；二是因为印度很早也出现了黑人奴隶贸易。[1] 第二，当时的黑人并非都是奴隶。从壁画、绘画和其他记载看，他们的职业是多种多样的。例如有的是驯兽师（驭狮、驯狮、驯象），有的是船员、乐师、耕者或士兵等。[2]

（四）国际学术界有关古代中国黑人的观点

国际学术界近年来对古代存在于中国的黑人研究不多，究其原因，看不懂中国古籍显然是重要的一点。朱莉·威林斯基和唐·怀亚特的研究成果值得一提。威林斯基对"昆仑"的概念、中国人对黑色人观念的变化及中国古代对非洲的了解进行了详细研究。虽然其文前两节较多借鉴了张星烺的研究成果，但作者运用了包括正史、小说、地理游记等各种文献。由于这个问题的时间跨度长、材料数量庞大，其结论有些模棱两可。作者一方面认识到"很难评估前现代的中国人对非洲和深肤色民族的认知的复杂遗产"；另一方面又认为中国人对于非洲人和深肤色的其他民族持一种"否定态度"（negative attitude）。[3] 这似乎是西方学者对古代中国人之中存在的种族歧视的一个较为普遍的观点。[4]

怀亚特的书与其雄心勃勃的书名相比，显得差强人意，但仍然是该领域的重要研究成果。作为历史学教授，怀亚特以其技巧最大限度地运

---

[1] Lawrence J. Sakarai, "Indian Merchants in East Africa, Part I. The Triangular Trade and the Slave Economy." *Slavery and Abolition*, 1：3（1980）, pp. 292 – 338；Sakarai, "Indian Merchants in East Africa, Part II. The Triangular Trade and the Slave Economy." *Slavery and Abolition*, 2：1（1981）, pp. 2 – 30.

[2] Li Anshan, "African Diaspora in China: Reality, Research and Reflection", pp. 10 – 43.

[3] Judie Wilensky, "The Magic Kunlun and 'Devil Slaves'", *Sino-Platonic Papers*, 122（2002）, p. 43. http：//www. sino-platonic. org/complete/spp122_chinese_africa. pdf. 2015 年 10 月 4 日。

[4] Frank Dikotter, *The Discourse of Race in Modern China*. London：C. Hurst & Co. , 1992.

用了两则案例。一是路元睿被刺一案。路元睿是武则天时期的广州都督，贪得无厌，冒取外商之货。一名勇敢的昆仑在众目睽睽之下杀死了他和其他几位官员，逃之夭夭。怀亚特将这个案例置于一个更大的历史背景下，阐释了昆仑谋杀案的影响。二是朱彧所作的《萍洲可谈》，这部书记录了广州社会生活的趣闻轶事，还有部分篇幅是特别描写外国居民的。书中记录了昆仑奴因为水性好，被船商雇佣，去修补船底的漏缝。"然而，对于任何与史实相隔千百年时间的现代西方观察者而言，试图对前现代中国原文中这些不可期待的参考之处进行深入解读，并合理有据地致力于重构朱彧的引人注目的评论的背景，最重要的是根据对来源问题的回答。简言之，这些奴隶究竟是什么人？"[1] 他的答案："他们一定来自非洲"。[2] 这个答案正是张星烺80年前给出的。怀亚特在书中指责中国的"文化帝国主义"。为了说明自己的观点，他用的一个例子是对"换肠"的解释。中国地域辽阔，气候和食物种类因地而异，外人需要时间来适应某地的食物。比如，一个湖南人初到广东的几天也会发生腹泻的情况，我们习惯称之为"换肠"。朱彧在关于奴隶的文章中写道，他们平时吃生食："捕得时，与火食饲之，累日洞泄，谓之换肠。"怀亚特将"换肠"译成"强迫转换肠子"（converting the bowls），以符合他将"换肠"形容为"文化帝国主义"。[3] 这种解释实在牵强，其政治化倾向过于明显。

此外，威伦斯基和怀亚特均认为，在古代阿拉伯人对华贸易中除其他商品外，还有黑人奴隶。威伦斯基认为，"黑奴仅仅是阿拉伯人与中国进行的大规模海上贸易的众多商品之一"。换言之，中国人早已参与了阿拉伯人的黑奴贸易，或是中国像美国或西方国家一样拥有非洲黑人奴隶。[4] 这一观点受到非洲学者的质疑，目前在维也纳大学任教的加纳学者

---

[1] Don J. Wyatt, *The Blacks of Premodern China*. University of Pennsylvania Press. 2010, p. 55.

[2] Wyatt, *The Blacks of Premodern China*, pp. 10, 78.

[3] Wyatt, *The Blacks of Premodern China*, p. 60. 值得注意的是，荷兰中国学家冯客将"换肠"译成"changing the bowls"。Frank Dikotter, *The Discourse of Race in Modern China*. London: C. Hurst & Co., 1992, p. 9.

[4] Wyatt, *The Blacks of Premodern China*; Judie Wilensky, "The Magic Kunlun and 'Devil Slaves'", p. 1.

亚当·伯多姆对怀亚特的三个主要观点进行了批判。① 中国学者也认为中国参与奴隶贸易的观点难以成立。从早期典籍中我们看到，僧祇或昆仑均是由外国商人或使节作为礼品或贡品给予中国官员或商人的。正如艾周昌所言，16 世纪以前，黑人多是波斯人、阿拉伯人和爪哇人送给而不是卖给中国权贵的。在中国与非洲之间没有贩奴通道。在"跨大西洋奴隶贸易"开始后，欧洲人也将非洲人带到了中国，荷兰人将黑人奴隶带到了中国台湾，葡萄牙人将他们带到了澳门，中国沿海地区的英国人和法国人也让他们充当仆人。明、清两代，中国政府都禁止非洲奴隶进入中国，同时也禁止殖民者对中国人的奴役。②

除中国古瓷外，在非洲还发现了少量唐钱。根据弗里曼—格伦维尔的分类，其中四枚出土于桑给巴尔岛的卡珍瓦，铸于唐高宗时代（649—683 年）。③ 另一件发现于索马里的摩加迪沙，但所据报道模糊不清，只能存疑。另据记载，在摩加迪沙、基尔瓦和马菲亚发现了公元 713—742 年的唐钱，还有的是公元 845 年以后的。④ 唐钱之所以较少出现在国外，其中一个主要原因是唐代严禁金、银、铜、铁和钱币出口，不许商人们拿这些"与诸蕃互市"。⑤

三点结论。第一，中国学术界一般认为，非洲黑人主要出现在唐朝。我们对这一观点提出质疑。综上所述，早在汉代前后，中国人中已经出现黑人。他们来自何方，我们目前虽然不能肯定，但他们很可能属于东非海岸或古埃及的非洲人，通过海上贸易、迁移或其他途径抵达阿拉伯地区或波斯，再到印度，最后抵达中国。第二，唐代存在不少记载形容

---

① "Adams Bodomo's review of the Don Wyatt's *The Blacks of Premodern China*", *African Studies Review*, 56（2013）, pp. 244 – 246.

② 艾周昌：《非洲黑人来华考》，《西亚非洲》1987 年第 3 期，第 49—55、82 页。

③ G. S. P. Freeman Greenville, *The Medieval History of the Coast of Tanganyika*, p. 184. 原日期为（618—627），有误，张铁生先生更正。参见张铁生《中非交通史初探》，生活·读书·新知三联书店 1972 年版，第 49—51 页，注 5。还可参见夏鼐《作为古代中非交通关系证据的瓷器》，《文物》1963 年第 1 期，第 17—19、7 页；张俊彦《古代中国与西亚非洲的海上往来》，海洋出版社 1986 年版，第 93 页。

④ W. H. Ingrams, *Zanzibar: Its history and its people*, New York: Barnes & Noble, Inc., 1967 [1931], p. 88.

⑤ 《唐会要》卷 86；《新唐书·食货志》。

黑人的用词"昆仑"和"僧祇"的相关记载，既表明存在黑人这一事实，也证明唐代都市的国际化特点。对于这些黑人的来源，我们认为多元说比较适宜。第三，中非之间民间交往早于官方交往，间接交往早于直接交往。中非早期交往只有经过长期细致的研究并整合各方面的证据，才能得出有说服力的结论。

中国援非医疗队的影响[*]

内容提要：本文发表于2009年，北欧非洲研究院（位于瑞典的乌普萨拉）于2011年发表了文章的英文版。中国援外医疗队是南南合作的一种重要形式，中国于1963年派出首支援助阿尔及利亚医疗队，至今已有50余年的历史。本文以各种资料为依据，对援外医疗队的历史、规模进行了系统梳理，订正了此前公开发表的有关援外医疗队的数字和媒体引用的数据，并着力探讨和分析了中国援外医疗队对中国外交与世界和平的作用和影响。此文的另一个英文版在瑞典的北欧非洲研究院发表（2011年）。中国援外医疗队不仅为非洲人民治病救人，也以其特殊身份为中国外交服务，并在传播平等思想、弘扬人道主义精神和加深对传统医学的认识等方面为世界和平做出了贡献。

---

[*] 本文原标题为《中国援外医疗队的历史、规模及其影响》，《外交评论》2009年第1期，稍有删改。本文另一版本在北欧非洲研究院出版。Li Anshan, *Chinese Medical Cooperation in Africa: With special emphasis on the medical teams and anti-Malaria Campaign*, Uppsala: Nordiska Afrikainstitutet, 2011. 本文是在北京大学国际战略研究中心2008年研究项目"中国援非医疗队：历史、规模及其影响"的基础上补充修改而成，也是国家社科基金项目"非洲—中国合作机制的可持续发展研究"的子课题之一。写作过程中得到外交部、卫生部相关部门及北京大学医学部IGH同仁的帮助，IGH负责人陈鲁新博士邀请本人参加卫生部赴苏丹、坦桑尼亚和博茨瓦纳三国考察援非医疗队的情况，受到中国驻当地大使馆及援非医疗队的热情接待。北京大学国际关系学院的袁明教授、王栋博士提供过相关资料，我的学生伊美娜（突尼斯）、许亮、赵光锐、曾爱平、叶啸林、杨廷智、王亚林、朱晓琦、蒋华栋、项尹、麻永红、李欣然、姬晴晴等约20名同学分别到各省市收集资料；两位匿名评阅人曾对本文初稿提出过修改意见，在此致谢。文章的内容和错误由本人负责。

随着中国"走出去"战略的实施和全球化导致的国际秩序的动荡,南南合作的作用日渐明显。中外医疗卫生合作是南南合作的重要部分,指以援外医疗队为主的包括援建医院、提供医疗设备和药品、培训医疗人员、建立疟疾防治中心和在治疗疟疾和艾滋病等传染病方面的合作。援外医疗队是官方发展援助的重要组成部分,也指由中国政府根据与相关国家签订的议定书派遣到对方国家义务工作的医疗队;医疗队员出国前培训、在国外的工资及相关费用由中方提供,对方负责提供中国医疗队在其国家工作所需的医疗设施、药品、医疗器械等相关用品及住房和相关设施,并负责保障中国医疗队员及家属的人身财产安全。[1]

从1963年向阿尔及利亚派遣医疗队以来,中国已向以非洲为主的五大洲派出医疗队队员2万多人,诊治病人2.4亿人次。2002年以来,中国向45个国家和地区派遣医疗队,签订46个医疗队派遣议定书;目前47支医疗队分布在122个医疗点。[2] 这种援助模式为南南合作提供了一个典范。遗憾的是,国内外学者对此研究甚少。[3] 近年,国际上对中非关系

---

[1] 中国援外医疗队员的国际旅费一般由双方分担,有的全由中方负责,如中国派至刚果(金)的医疗队。参见卫生部文件/卫报国际发〔2008〕39号"卫生部关于《中华人民共和国政府和刚果民主共和国政府关于中国派遣医疗队赴刚果民主共和国工作的议定书》呈请备案的报告",2008年4月1日,第三条/1。

[2] 陈竺:《深入贯彻落实党的十七大精神全面推进卫生国际合作与交流》,在全国卫生外事工作会议上的讲话,2008年1月10日,北京,第6页。

[3] 一般概述参见黄树则、林士笑主编《当代中国的卫生事业》(下),中国社会科学出版社1986年版,第59—62页;卫生部国际合作司:《加强实施新战略改革援助非洲医疗工作——记中国援外医疗队派出40周年》,《西亚非洲》2003年第5期,15—18页;王立基:《中非医疗卫生合作成绩斐然》,载陆苗耕、黄舍骄、林怡主编《同心若金——中非友好关系的辉煌历程》,世界知识出版社2006年版,第308—313页。国外论述参见George T. Yu, *China's African Policy — A Study of Tanzania*, New York: Praeger Publishers, 1975, pp. 110 – 114; Drew Thompson, "China's Soft Power in Africa: From the 'Beijing Consensus' to Health Diplomacy," *China Brief*, Vol. 5, Issue 21 (October 13, 2005), pp. 1 – 4; Ambassador David H. Shinn, "Africa, China and Health Care," *Inside AISA*, Number 3 & 4 (October/December, 2006), pp. 14 – 16; Elisabeth Hsu, "Chinese Medicine in East Africa and its effectiveness", *IIAS Newsletter*, No. 45 (Autumn 2007), p. 22; Elisabeth Hsu, "Medicine as Business: Chinese Medicine in Tanzania", Chris Alden, Daniel Large and Richardo Soares de Oliveira, eds. *China Returns to Africa: A Rising Power and a Continent Embrace*, London: Hurst & Company, 2008, pp. 221 – 35.

和中国对非政策甚为关注。① 本文以援非医疗队为重点，探讨中国援外医疗队的历史、规模及其影响，以促进对这一专题的深入研究。

中国援外医疗队：历史

1962 年 7 月 3 日，阿尔及利亚人民经过长期的反法武装斗争赢得独立。面临法籍医生几乎全部撤走、国民缺医少药的困难境地，阿尔及利亚向世界求救。中国政府从两条渠道得到呼救信号：国际红十字会吁求国际社会紧急救援，阿卫生部长请求中国提供医疗援助。1963 年 1 月，中国第一个向世界宣布派医疗队赴阿，开创了共和国援外医疗队的历史。这一年，中国向阿派出 3 支医疗队。② 援阿医疗队后来主要由湖北负责。至 2006 年，湖北向阿尔及利亚和莱索托派遣医疗队员 3000 余人次。③ 中国还向桑给巴尔（江苏 1964）④、老挝（云南 1964）、索马里（吉林 1965）、也门（辽宁 1966）、刚果（布）（天津 1967）、马里（浙江 1968）、坦噶尼喀（山东 1968）、毛里塔尼亚（黑龙江 1968）、越南（云南 1968）和几内亚（北京 1968）派出医疗队。周总理和陈毅副总理在 1963 年 12 月访阿时会见了医疗队。周总理指示："你们要更好地工作，把阿尔及利亚人民的健康当作中国人民［的］健康一样对待……你们要学习发扬白求恩精神。"⑤ 援外医疗队为中外合作注入了新活力。

20 世纪 70 年代，援外医疗队数量大增，主要有三个原因。中国医疗队的名声在非洲传开，一些国家纷纷要求中国提供医疗援助；中国与新独立的 25 个非洲国家建交，60 年代与中国断交的 7 个国家［扎伊尔即今

---

① 关于中国对非政策的基本脉络和演变，参见李安山《中国对非洲政策的调适与转变》，《西亚非洲》2006 年第 8 期，第 11—20 页；Li Anshan, "China's New Policy towards Africa", Robert Rotberg, ed., *China into Africa: Trade, Aid, and Influence*, Washington, D. C.: Brookings Institution Press, 2008, pp. 21 – 49.
② 《我医疗队成员赴阿尔及利亚》，《人民日报》1963 年 4 月 7 日；湖北卫生厅主编：《名医风流在北非》，新华出版社 1993 年版，第 6、14—16 页。3 支医疗队的队员来自多个省市。
③ 《晚报连线湖北援阿医疗队总队长段维玉》，引自 http://www.sina.com.cn 2006 年 11 月 05 日 09：21.
④ 括号内为具体负责援外任务的省市或自治区和派遣医疗队的年份。
⑤ 湖北卫生厅主编：《名医风流在北非》，第 22—23 页。

刚果（金）、布隆迪、中非、贝宁、加纳、肯尼亚、突尼斯〕同中国复交，同中国建交的非洲国家达 44 个；中国在发展中国家的支持下恢复了在联合国的合法席位，为表达互相支持和感激之情，加大对外援助力度。1971—1978 年被称为中国对外援助的"急剧增长阶段"。[①] 1970 年，中国向也门民主共和国（安徽）派出医疗队。1971 年，中国医疗队抵达苏丹（陕西）和赤道几内亚（广东）。中国分别于 1973 年向塞拉利昂（湖南）、突尼斯（江西）、扎伊尔（河北）、阿尔巴尼亚（辽宁），1974 年向埃塞俄比亚（河南）和多哥（上海）派出医疗队。1975 年援外医疗队的派遣又增加 5 国：喀麦隆（上海）、柬埔寨（山西）、塞内加尔（福建）、马达加斯加（甘肃）和摩洛哥（上海）。中国医疗队于 1976 年抵达尼日尔（广西）、莫桑比克（四川）、圣多美—普林西比（黑龙江）、上沃尔特（北京）、几内亚比绍（贵州）和科威特（辽宁），于 1977 年抵达加蓬（天津）和冈比亚（广东），1978 年抵达贝宁（宁夏）、赞比亚（河南）、中非（浙江）、乍得（江西）、叙利亚（卫生部中医研究院）和伊朗（江苏）。70 年代，中国中断了与一些国家的医疗合作，包括越南（1971）、老挝（1974）、阿尔巴尼亚（1974）以及喀麦隆、埃塞俄比亚、乍得和伊朗（均为 1979 年）。

　　70 年代末与 80 年代初是中国结束"文化大革命"开始改革的转型期。对国际形势的重新判断（和平与发展成为两大主题）和战略思想的转变（重点转入经济建设）导致中国战略转型。1979—1982 年，中非关系出现短暂波动，表现在对非援助减少、双方贸易额下滑和医疗队人数下降。[②] 这种变化有以下原因："文化大革命"结束，百废待兴，国内建设需要资金；中西关系缓和，中国为引进技术资金加强与发达国家的关系；与阿尔巴尼亚和越南关系恶化使中国重新考虑对外援助方式。80 年

[①] 《中国对外经济贸易年鉴·1990》，中国财政经济出版社 1990 年版，第 55 页。1971—1978 年，中国政府除继续向原来的 30 个国家提供援助外，再向 36 个国家提供新的经济技术援助，其中非洲国家占 27 个。石林主编：《当代中国的对外经济合作》，中国社会科学出版社 1989 年版，第 56—57 页。

[②] 参见 Samuel Kim, *The Third World in Chinese World Policy*, Princeton University, 1989, p. 38；《中国对外经济贸易年鉴》（1984—1988 年）；"1963—1983 年我国派遣援外医疗队情况"，载《中国对外经济贸易年鉴·1984》，中国对外经济贸易出版社 1984 年版，第 IV—219 页。

代，中国向博茨瓦纳（福建1981）、吉布提（山西1981）、阿联酋（四川1981）、卢旺达（内蒙古1982）、津巴布韦（湖南1983）、乌干达（云南1983）、利比亚（北京1983）、佛得角（黑龙江1984）、利比里亚（黑龙江1984）、马耳他（江苏1984）、萨摩亚（安徽1986）、布隆迪（广西1987）和塞舌尔（广西1987）等国派出医疗队。① 1988—1995年未向非洲增派医疗队，这是因为中国已基本满足希望医疗援助的国家之愿望；冷战结束使非洲战略地位受影响，边缘化加剧，内乱频生。

1994年，援外医疗队抵达圭亚那，这是中国首次向拉美派出医疗队。中国还向纳米比亚（浙江1996）、科摩罗（广西1996）、莱索托（湖北1997）、厄立特里亚（河南1997）和尼泊尔（河北1999）派遣了医疗队。21世纪以来，中国向巴布亚—新几内亚（重庆2005）和马拉维（陕西2008）派遣了医疗队。援外医疗队在20世纪90年代出现各种变动。1994年，援外医疗队因合同期满撤出利比亚，因战乱撤离索马里（1991）和刚果（金）（1997）。利比里亚于1989年承认台湾，中国医疗队撤离，几经周折后双方于2005年复交，中国医疗队重返。援外医疗队因同样原因撤离中非（1991）和尼日尔（1992），后于1996年和1998年因关系正常化而重返两国。布基纳法索（1994）、冈比亚（1995）和圣多美—普林西比（1997）因承认中国台湾导致医疗合作中断。中国援塞内加尔医疗队始于1975年，1996年双方外交关系中止，2007年医疗队重返。援外医疗队于2006年重返刚果（金）。中国与马拉维于2007年建交，医疗队于2008年6月抵达。此外，中国派往安哥拉的医疗队2007年未能成行，援加纳医疗队将于近期（2009）派出。当然，中国也在特殊情况下对外进行医疗援助，如在海啸期间向泰国、印尼和斯里兰卡以及在巴基斯坦和缅甸地震时派出救灾医疗队；中国还向刚果（金）（2003）和黎巴嫩（2007）派出维和医疗队。此外，内蒙古自治区还向蒙古国派出了援外医疗队。

从中国援外医疗队的历史看，援外医疗队或因当地局势动荡而多次撤离，或因外交关系中断而停止合作。由此可得出以下结论：援外医疗队的派遣与中国外交密切相关；医疗队的正常工作与被派遣国家的政治局势密切相关。

---

① 黄树则、林士笑主编：《当代中国的卫生事业》（下），第61—62页。

中国援外医疗队：规模

40多年来，中国坚持不懈地向友好国家派出医疗队，无偿提供医疗援助，这在当代国际关系史中实属罕见，也引起国外学者的注意。[①] 中国向国外派遣了多少医疗队员？诊治了多少病人？中国向多少个非洲国家派遣过医疗队？关于第一和第二个问题，近年公布的统计数据如下。

2003年卫生部的资料表明："40年来，我国派出援外医疗队员累计已达1.8万人，遍及亚、非、拉、欧、大洋洲的65个国家和地区。"[②] 2006年的报道称："从1963年至今，中国先后向非洲、亚洲、拉丁美洲、欧洲和大洋洲65个国家和地区派出医务人员18000余人次。""中国医疗队共诊治疾患约2.4亿人次。"[③] 2006年卫生部官员的文章指出："43年来，中国政府先后派出医疗队员1.9万人次。""共诊治疾患约2.4亿人次。"[④] 2007年的资料表明："目前，我国在45个国家派有47支医疗队，分布在122个医疗点，有1235名队员。44年累计派出20029名队员，诊治病人2.4亿人次。"[⑤]

中国向多少个非洲国家派遣过医疗队？这一简单问题却无明确答案。一些官方出版物和网站谈及这一问题。值得注意的是，官方媒体的数据有误。

2003年："40年来，中国援外医疗队从小到大，先后向非洲47个国家和地区派出过医疗队，累计派出医务人员一万五千多人次。"该文注明由《今日中国·中非特刊》供稿。[⑥] 这是本人搜集到的第一条用文字表述

[①] Drew Thompson, "China's Soft Power in Africa: From the 'Beijing Consensus' to Health Diplomacy," pp. 1-4; Ambassador David H. Shinn, "Africa, China and Health Care," pp. 14-16.

[②] 卫生部国际合作司：《加强实施新战略改革援助非洲医疗工作》，第15页。

[③] 《天使在这里起舞——中国援外医疗队纪实》，2006年10月14日，新华网，news.xinhuanet.com/world/2006-10/14/content_5203028.htm。

[④] 王立基：《中非医疗卫生合作成绩斐然》，第308页。

[⑤] 北京大学医学部：《关于加强对非卫生外交工作的意见和建议（草案）（2007）》，第1页。

[⑥] 《中国医疗队在非洲》，《今日中国·中非特刊》供稿，http://www.china.com.cn/zhuanti2005/txt/2003-10/22/content_5426974.htm，2007年11月25日查。

的关于援非医疗队派驻国家的统计数。"向非洲47个国家和地区派出过医疗队"这一说法被多篇中外文章引用。① 遗憾的是，这一数据有误。② 2006年《人民日报》报道："自1963年中国向非洲派出第一支医疗队以来，中国向47个非洲国家和地区派出了1.6万名医务工作者，救助非洲民众2.4亿人次。"③ 中非合作论坛的官方网站也采用这一说法。④ 2007年《人民日报》为纪念中非峰会召开一周年开辟了"落实中非合作论坛北京峰会成果"的专栏，报道指出："中国医疗队的足迹遍及非洲48个国家。"⑤ 可以肯定，这一数据有误。

对援外医疗队的历史考察表明：中国向以下45个非洲国家和地区派遣过医疗队：阿尔及利亚、桑给巴尔（坦桑尼亚）、索马里（1991年因内战撤离）、刚果（布）、马里、坦噶尼喀（坦桑尼亚）、毛里塔尼亚、几内亚、苏丹、赤道几内亚、塞拉利昂、突尼斯、刚果（金）、埃塞俄比亚、多哥、喀麦隆、塞内加尔、马达加斯加、摩洛哥、尼日尔、莫桑比克、圣多美—普林西比（1997年因中止外交关系撤离）、布基纳法索（1994年因中止外交关系撤离）、几内亚比绍、加蓬、冈比亚（1995年因中止外交关系撤离）、贝宁、赞比亚、中非、乍得、利比亚（1994年合同结束未续）、博茨瓦纳、吉布提、卢旺达、乌干达、津巴布韦、佛得角、利比里亚、塞舌尔、科摩罗、布隆迪、纳米比亚、莱索托、厄立特里亚、马拉维（参见表一）。中国从未派遣过援外医疗队的非洲国家如下：埃及、南非、尼日利亚、加纳、肯尼亚、科特迪瓦、斯威士兰、毛里求斯、

---

① 如《天使在这里起舞——中国援外医疗队纪实》，2006年10月14日，新华网，news. xinhuanet. com/world/2006 - 10/14/content_5203028. htm，2007年11月30日查；"中国援外医疗43年"，北京卫生信息网，http：//www. bjhb. gov. cn/news. do? dispatch = readById&id = 10350，2007年11月30日查；Wang Zhe, "Man on a Mission", CHINAFRICA, March 2008, Vol. 3, No. 3, p. 7；Drew Thompson, "China's Soft Power in Africa: From the 'Beijing Consensus' to Health Diplomacy", pp. 1 - 4；Ambassador David H. Shinn, "Africa, China and Health Care", p. 14。

② 这一年中国援外医疗队在34个非洲国家工作。《中国援外医疗队在非洲分布情况》，《西亚非洲》2003年第5期，第67页。

③ 李新烽：《海内存知己 天涯若比邻——记温家宝总理看望中国援刚果（布）医疗队和参观布拉柴中学》，《人民日报》2006年6月21日第3版。

④ 《中国援外医疗队纪实［组图］，发表时间，2006—10v15，资料来源：新华社。引自中非合作论坛网站http：//www. focac. org/chn/tptb/tptb/t400292. htm，2008年6月10日查。

⑤ 裴广江：《白衣天使——中国医疗队在非洲》，《人民日报》2007年11月5日第7版。

安哥拉。中国派往安哥拉和加纳的医疗队将于近期成行。

中国向多少个非洲国家派遣过医疗队？正确答案是：中国向 45 个非洲国家和地区派遣过援外医疗队。

中国援外医疗队：对受援国人民的贡献

中国医疗队员经受了环境、疾病、灾害甚至战火的考验，有的献出了生命。胡耀邦同志指出："群众性的东西，影响不易消失，而钱却花得很少，中国在对第三世界的友好活动中，比较成功的就是医疗队。"[1] 医疗队员对受援国医疗卫生方面的贡献表现为全心全意为患者服务、完善受援国医疗卫生体系和提高当地医护人员的工作水平。

本着治病救人的目的，中国援外医疗队遍及五大洲，主要集中在非洲。热带病和传染病威胁着非洲人民的生命安全。据统计，非洲每年约 100 万儿童死于疟疾，因疟疾而亡者约占死亡数的 90%；2002 年非洲占世界因传染病和寄生虫病死亡数的 50%；2004 年世界因霍乱死亡数的 99% 在非洲；非洲十分缺乏医生，外科医生与人口的比率为 1 比 4 万，30 多个非洲国家每一万人才有一名医生。[2] 最近发表的联合国儿童基金会有关非洲儿童状况的白皮书指出，2006 年，非洲 5 岁以下的儿童死亡数达 500 万。非洲大陆缺医少药的情况极其严重。

从 1963 年开始，中国援外医疗队免费为群众服务，给贫困地区患者的生活带来巨大变化。以阿尔及利亚为例。45 年来中国援阿医疗队达 3000 余人次，遍及 21 省市，涉及普外、脑外、骨科、妇产、心内、整形、眼科、麻醉、针灸、护理等 10 多个专业，建立医疗点 16 个，成为人数最多、规模最大、影响最好的医疗队。[3] 他们的最大优势是中医和针灸

---

[1] 浙江省卫生厅国际合作处编：《走进非洲的浙江医生——浙江省派遣援外医疗队 35 周年》，浙江省卫生厅国际合作处，2003 年，第 36 页。

[2] Samuel Siringi, "Africa and China join forces to combat malaria", The LANCET, Vol. 362 (August 9, 2003), p. 456; Ambassador David H. Shinn, "Africa, China and Health Care," p. 14.

[3] 湖北卫生厅主编：《名医风流在北非》，第 17—21 页；《援阿——45 个春秋谱写的友谊》，荆楚网，http://www.cnhubei.com/hbrb/hbrbsglk/hbrb07/200804/t285834.shtml, 2008 年 7 月 6 日查。

疗法。阿国防部部长萨布因骑马摔伤瘫痪在床，经各国名医诊治均无好转。石学敏医生用银针手到病除，萨布的腿居然能抬起来。① 针灸治病的奇迹使针灸医疗术在阿广泛传播，摩洛哥乃至阿拉伯世界也掀起针灸热。阿卫生部部长奥马尔·布杰拉卜指出："中国医疗队的影响已超越了阿尔及利亚的国境，影响到了整个世界。"②

中国针灸在各国口碑极好。喀麦隆总统保罗·比亚得知针灸的奇效后，邀请文洪大夫为他提供医疗保健服务。③ 文大夫深刻体会到中医的优势，认为其作用西医不可替代，"非洲的针灸推广和医疗队真的有很大关系，不管是任何一个医疗队，哪怕就是一个医疗点，只有两个人，其中一个就是针灸大夫"④。马里的气候和生活条件导致风湿病、关节炎和腰肌劳损频发，针灸对这些疾病颇具疗效。⑤ 不平衡的饮食习惯、疟疾横行以及滥用奎宁很容易造成肢体偏瘫，20—70 岁的中风患者很多。蔡卫根医生用银针治疗了不少这类病人。⑥ 援尼日尔医疗队在 2006 年诊治 57330 名病人，其中用针灸术治疗 5120 名病人，多位政府部长对中医针灸产生了浓厚兴趣。⑦

中国医疗队的最大特点是为普通百姓服务，民众亲身感受到中国医生的精湛医术和敬业精神。阿尔及利亚一家医院院长胡里阿表示："马斯卡拉医院是因为中国医生的到来而驰名的。"⑧ 中国援外医疗队谱写了很多可歌可泣的事迹。援阿尔及利亚医生戴植本等成功完成了为青年奥斯

---

① 《针尖上的凤凰之舞——记中国工程院院士石学敏》，针灸中国网，http：//www. acucn. com/sub/zhongfei/zhenjiu/200611/2027. html，2007 年 11 月 28 日查。

② 湖北卫生厅主编：《名医风流在北非》，第 151—156 页。

③ 《喀麦隆的中国医疗队：用针灸等传统医术服务患者》，中国新闻网，http：//news. so-hu. com/20070822/n251723582. shtml，2008 年 7 月 6 日查。

④ 《喀麦隆——针灸医好非洲公主》，自针灸中国网，http：//www. acucn. com/sub/zhong-fei/zhenjiu/200611/1956. html，2007 年 11 月 29 日查。

⑤ 浙江省卫生厅国际合作处编：《走进非洲的浙江医生——浙江省派遣援外医疗队 35 周年》，第 50 页。

⑥ 《用中医针灸技术造福马里人民》，金华网，转引自针灸中国网，http：//www. acucn. com/sub/zhongfei/zhenjiu/200709/3428. html，2008 年 3 月 18 日查。

⑦ 《中国驻尼日尔医疗队热心为当地居民服务》，针灸中国网，http：//www. acucn. com/sub/zhongfei/zhenjiu/200611/1961. html。

⑧ 湖北卫生厅主编：《名医风流在北非》，第 77 页。

曼断肢再植这一非洲首例神奇手术,被称为"中国妈妈"的宋颖杰在阿行医 7 年被授予阿国家勋章,援阿医疗队不仅得到与总统同座吃饭的殊荣,也被当地人民称为"最值得信任的人"。[①] 浙江医生李世骐将病人手上肿瘤切除后断肢再植成功,陈毅军医生完成首例股骨一次性延长术,姜修羔医生摘除颈部巨大肿瘤,在马里引起轰动。[②] 宁夏医疗队为贝宁妇女摘除 23 公斤的卵巢肿瘤,商延均等大夫为生命垂危的病人实施开颅术成为贝宁医学史上的奇迹。[③] 江西医生邱晓洪运用闭式灌注引流技术为摩洛哥老人治疗骨折手术后感染症取得神奇疗效。[④] 江苏医生熊人杰等将心脏停止跳动 30 分钟的女孩抢救回来,在当地引起轰动。[⑤] 四川医生江永生以高超的医术在短时间内治好 22 位莫桑比克偏瘫病人。[⑥] 湖南援外医疗队在塞拉利昂启动"光明行动",免费为 248 名塞拉利昂白内障患者成功实施手术,赢得一致好评。[⑦] 这些都成为非洲国家医学史上具有重要意义的案例。

完善当地医疗卫生体系。中国医疗队的另一成就是协助受援国完善医疗卫生体系。中国政府在派遣医疗队时,还援建医院或医疗设施。刚果(布)的达朗盖医院在 20 世纪 60 年代是一座小型妇产医院,1970 年经过中国的援建成为布拉柴维尔市的第三大综合医院,在医院工作的 23 名中国医生承担起主要医务工作。中国医疗队已充实到受援国的主要医院,一些新的专业或科室随之建立,针灸科在多个国家设立。喀麦隆妇

---

① 湖北卫生厅主编:《名医风流在北非》,第 33—34 页。
② 浙江省卫生厅国际合作处编:《走进非洲的浙江医生——浙江省派遣援外医疗队 35 周年》,第 62—63、119—128 页。
③ 吕书群、吴琼主编:《走进贝宁》,宁夏人民出版社 2003 年版,第 26—31 页。
④ 应鸣琴主编:《白衣使者——纪念江西省援外医疗队派遣 30 周年 1973—2003》,江西省卫生厅对外合作交流办公室,2003 年,第 78—79 页。
⑤ 江苏省卫生厅编:《辉煌的足迹——江苏省援外医疗队派遣四十周年纪念文集》,江苏科学技术出版社 2004 年版,第 119—121 页。
⑥ 魏奕雄:《江永生:让中国传统医学奇葩在莫桑比克大放异彩》,《华人时刊》,引自针灸中国网,http://www.acucn.com/sub/zhongfei/zhenjiu/200611/1959.html,2007 年 11 月 29 日查。
⑦ 《光明行动造福塞拉利昂白内障患者》(2006 年),中国眼网,http://www.eyenet.com.cn/columns/news/3029.html,2007 年 11 月 20 日查;《援塞拉利昂"光明行动 II 期"和"女性健康关怀行动"启动仪式在弗里敦举行》,2007—12—19 06:52,驻塞拉利昂经商参处,http://sl.mofcom.gov.cn/aarticle/todayheader/200712/20071205291533.html,2008 年 2 月 10 日查。

儿医院新针灸科"中国针"的名声不胫而走,看病者人满为患。① 援莱索托医疗队设立的针灸科的服务对象上至国王、下至百姓,让莱索托人第一次领略到中国医术的神奇。② 中国援纳米比亚医疗队设立的针灸科很快改变了人们对针灸的看法,总统夫人也专门邀请中国医生到总统府服务。③ 突尼斯国家健康保险公司为满足人民需要,决定在比塞塔医院筹建针灸科。两国合作催生了突尼斯首个针灸科。④ 两国医生于2007年举办了"中医与针灸"活动日,现场演示中医诊疗过程,电视台纷纷报道,在当地反响强烈。⑤ 援圭亚那医疗队克服困难,在乔治敦医院新建病理科,受到当地的普遍好评。⑥

中国医疗队还促成了受援国医疗医学体制上的创新。应突尼斯政府要求,中国决定在突首都援建一所针灸中心。1994年,马尔萨针灸中心落成。中心的医务人员分两部分,4—5名中国医生和突尼斯护士及工勤人员。双方紧密配合,和睦相处。除治疗外,中心还承担教学任务,每两年举办一期针灸培训班,学员是医疗机构的在职医生,经过理论和临床学习、闭卷考试和论文答辩后可取得针灸专科医生证书。1996—1998年,针灸中心共诊治病人20530人次。突尼斯卫生部长在中心的开业典礼上骄傲地宣称:针灸中心是中突友谊的象征,是阿拉伯世界第一,非洲国家第一,发展中国家第一。⑦ 中国与马耳他合作创办的地中海地区中医中心使当地民众有机会接受中医治疗,为两国中医合作设立了一个平台,

---

① 《喀麦隆的中国医疗队:用针灸等传统医术服务患者》,针灸中国网,http://www.acucn.com/sub/zhongfei/zhenjiu/200608/1375.html,2007年11月30日查。

② 《中国医生支援非洲古国莱索托　医术高超倍受尊重》,http://www.acucn.com/sub/zhongfei/zhenjiu/200608/1375.html,2007年11月29日查。

③ 浙江省卫生厅国际合作处编:《走进非洲的浙江医生——浙江省派遣援外医疗队35周年》,第204页。

④ 应鸣琴主编:《白衣使者——纪念江西省援外医疗队派遣30周年1973—2003》,第31页。

⑤ 涂子贤:《第十七批援突尼斯医疗队工作总结(2006.10—2007.6)》,《江西援外医疗队通讯》2007年第1期,第64页。

⑥ 江苏省卫生厅编:《辉煌的足迹——江苏省援外医疗队派遣四十周年纪念文集》,第271—76、311—19页。

⑦ 应鸣琴主编:《白衣使者——援外医疗队派遣30周年1973—2003》,第65、110、163页。

为中医的传播创造了条件。

一些受援国的大学相继开设针灸课程。卡马拉是中国和几内亚建交后第一批留华学生之一，从1973年开始在中国花8年时间系统学习了医学和中医。回国后，他一直从事针灸治疗。2000年，几内亚科纳克里大学医学院将针灸康复列为必修课，属非洲首创。① 针灸医生江永生在莫桑比克先后诊治了14万人次，培养了一批可从事一般针灸治疗的当地护理人才，还在蒙德拉大学医学院开设针灸课程，使针灸这一中国传统医学得以在莫桑比克发扬光大。② 在中国援外医疗队的帮助下，马达加斯加国家公共卫生学院也设立了针灸专业班。③

致力于当地医护水平的提高。1965年周总理访问桑给巴尔时告诫医疗队员："中国医疗队迟早要走的，我们要培训桑给巴尔医务人员，使他们都能独立工作，为了非洲人民的解放事业，给当地人民留下一支永远不走的医疗队。"④ 毛主席与尼雷尔总统谈话时曾指出：我们医疗队在坦桑的工作应是"帮忙""教会"，周总理继而解释："现在我们有几十个医疗队在国外，但是这还不够，医疗队不但要治好病，而且还要帮助进行培养训练工作。还要援助点药品器材，培养一批医务人员，让他们自力更生，医疗队走了也好办事"，"我们要真心诚意帮助任何一个独立国家，我们的援助就是要使这个国家能够站立起来，就好像，帮助搭一个桥梁好走过来，而且不用拐杖，这样就好了"。⑤ 中国医疗队以讲座、培训和临床传授等方式尽可能将医疗技术传授给当地医护人员。

为了培训坦桑尼亚医护人员，中国医疗队员用自己身体供非洲学员实习针灸，指导他们做手术，培养了大批医护人员，并利用当地报刊介

---

① 《中国针灸非洲后继有人：记针灸专家塞古—卡马拉》，针灸中国网，http：//www.acucn.com/sub/zhongfei/zhenjiu/200610/1895.html，2007年11月29日查。

② 魏奕雄：《江永生：让中国传统医学奇葩在莫桑比克大放异彩》，《华人时刊》，针灸中国网，http：//www.acucn.com/sub/zhongfei/zhenjiu/200611/1959.html，2007年11月29日查。

③ 《中国驻马达加斯加大使李树立出席马国家公共卫生学院针灸专业班开学典礼》，外交部网站，http：//www.fmprc.gov.cn/chn/wjb/zwjg/zwbd/t296059.htm，2008年6月30日查。

④ 江苏省卫生厅编：《辉煌的足迹——江苏省援外医疗队派遣四十周年纪念文集》，第3页。

⑤ 转引自刘继锐主编《中国医疗队在坦桑尼亚》，山东省卫生厅，1998年，第74页。

绍防病知识。① 援阿医疗队举办针灸培训班，传授针灸技术，并采取传、帮、带和讲小课等形式帮助阿方医务人员提高水平，尤其是"断肢再植""针刺麻醉临床观察"等学术报告和手术表演，深受阿方同行欢迎。据不完全统计，援阿医疗队举办培训班 20 多期，讲座 30 余次，经过培训的 3000 余名医技人员大多具备治疗常见病、疑难病和进行较大手术的能力，成为当地医疗机构的骨干。② 利比里亚战乱导致病人剧增。中国医疗队不仅治病，还将技术传授给当地医护人员，培训了一批专业队伍。美国前驻布基纳法索和埃塞大使希恩注意到这一点。③

援桑医疗队从 1971 年就开始培养当地医生。桑给巴尔政府交给医疗队 4 名学生分别学习内科、外科、妇产科和口腔科。4 位中国医生研究了课程安排、上课方式及考查等教学计划。主攻外科的是总统琼布的长子苏莱曼，由外科医生徐五音负责。苏莱曼在张祖荀医生指导下完成的《前列腺切除——纱布填塞法介绍》和《世界第二巨大前列腺切除的报告》等论文在东非医疗杂志发表，引起极大反响。琼布总统说：我只给了他一个身体，中国医生使他成为有用之才。纳苏尔与莫约曾是医助，在中国医生的辅导下考上蒙巴萨大学医学院。奥马经过医疗队员的培养，已成为当地著名眼科医生。琼布总统深有感触地说：中国医疗队培训的方法很好，理论联系实际，学两三年就能做很多手术，而在其他国家学习六七年，还只能做一些小手术。④

1975 年，援阿医疗队在梅迪亚省医院开办了首个全日制中医针灸培训班。中国医生编教材、定教学计划，将教材译成法文，在短短两年时间内培养了 25 名针灸技师。⑤ 宁夏医疗队为培训贝宁医务人员，举办"硬脊膜外麻醉"、"小儿中毒性痢疾"、"正常分娩过程"、"贫血的诊断与治疗"、"肝功能检验"、"胸部透视"和"无菌操作"等讲座，

---

① 刘继锐主编：《中国医疗队在坦桑尼亚》，山东省卫生厅，1998 年，第 74—78 页。
② 湖北卫生厅主编：《名医风流在北非》，第 17—21 页；"援阿——45 个春秋谱写的友谊"，荆楚网，http://www.cnhubei.com/hbrb/hbrbsglk/hbrb07/200804/t285834.shtml，2008 年 7 月 6 日查。
③ Ambassador David H. Shinn, "Africa, China and Health Care," p. 15.
④ 江苏省卫生厅编：《辉煌的足迹——江苏省援外医疗队派遣四十周年纪念文集》，第 3—9、63—65 页。
⑤ 湖北卫生厅主编：《名医风流在北非》，第 181—186 页。

将撰写的《非洲小儿脑型疟疾 100 例防治经验》留给贝宁医生参考，为当地留下了一支"永不撤走的医疗队"。① 1985 年，中国医疗队在喀麦隆举办了针灸、妇产科、儿科水电解质平衡和内科心电图 4 个培训班；他们备课到深夜，将讲稿译成法文后发给学员，自制讲课图表，没有毛笔墨汁就用棉签蘸龙胆紫药水代替，还给学员颁发结业证书。医院院长阿里在总结会上说："中国医疗队为我们的医务人员提高了医学理论水平，开展了新的临床诊疗技术，为我们培养了一批不走的医生。我们非常感激在吉德市马约芦蒂州医院工作的全体中国医生。"② 在加蓬、纳米比亚、马达加斯加和利比里亚，医疗队通过各种培训方式提高了非洲医生的水平。

一些受援国的国家元首和政府首脑对中国医疗队的评价极高。坦桑尼亚总统尼雷尔表示："我相信中国医生，他们不但医术高，而且责任心强。"津巴布韦副总统穆增达表扬"中国医疗队帮助发展了津巴布韦的卫生医学事业"。加蓬总统邦戈称赞"医疗队的工作卓有成效"。毛里塔尼亚总统海拉德赞扬："中国专家最善于埋头工作，工作效率最高。中国医生不畏艰苦，在我国历来缺医少药的地方工作，受到群众热烈称赞。"中国医疗队的辛勤工作为他们带来了崇高荣誉。40 余年来共有 600 多名中国医疗队员获得发展中国家颁发的各种勋章。③

中国援外医疗队：对中国外交的贡献

万里同志指出："派遣援外医疗队是我国同第三世界友谊与合作的重要渠道。""这是一项政治任务，这项工作要长期坚持下去，以后必须加强这方面的工作，把援外医疗队工作做得更好。"④ 历史证明，中国援外

---

① 吕书群、吴琼主编：《走进贝宁》，宁夏人民出版社 2003 年版，第 29 页。
② 刘晚：《22 年前在喀麦隆》，2007 年 5 月 2 日，山西新闻网/山西晚报，http：//ju. qihoo. com/topframe/dingzhen. php？ ju = 2056840&ml = 2056884&u = 5dcfd8e21374467b2a596795108fb7ab&r = 2056848&d = 2056853&surl = http% 3A% 2F% 2Fwww. daynews. com. cn% 2Fsxwb%2Faban%2F21%2F194613. html，2007 年 11 月 28 日查。
③ 卫生部国际合作司：《加强实施新战略改革援助非洲医疗工作》，第 16 页。
④ 浙江省卫生厅国际合作处编：《走进非洲的浙江医生——浙江省派遣援外医疗队 35 周年》，第 36 页。

医疗队是一种花钱少、见效快、影响大的对外援助方式。这种援助改善了受援国人民特别是患者的生活，成为中国外交的重要组成部分。援外医疗队的成绩在对外援助会议上多次得到国家领导人的肯定，也通过中国与发展中国家在国际舞台上的互相支持而验证。中国医疗队员的奉献精神、医德医风和精湛医术加强了中国的软实力，甚至影响到政府高层政策的制定。

服务基层树立友好中国形象。自1949年新中国成立以来在短短半个世纪逐渐成为一个对国际事务具有影响力的大国。这种地位的取得离不开包括非洲国家在内的发展中国家的支持，这种支持源于互相尊重和互相信任。这种互信在中非合作论坛召开以来进一步得到巩固。

医疗队的服务使民众进一步了解中国，是软实力的展现。20世纪60年代初，一些国家力主恢复中国在联合国的合法席位。在第26届联合国大会上，阿尔及利亚与阿尔巴尼亚等23国提出恢复中华人民共和国在联合国一切合法权利的提案（即"双阿提案"）。23个提案国中的11个是中国派有医疗队的国家。[①] 对提案投赞成票的76个国家中绝大部分是发展中国家。当表决结果宣布时，17个非洲国家常驻代表站起来欢呼，坦桑尼亚代表竟离开代表席尽情跳起舞来表达喜悦之情。[②] 中国外交的这一丰硕成果有援外医疗队的一份功劳。

中国医疗队与当地人民建立起深厚友情。阿尔及利亚有21支外国医疗队，中国医疗队是"最受欢迎的一支队伍"。[③] 1965年援桑医生张宗震因病逝世后，300多名桑给巴尔各界人士冒雨前来瞻仰遗容。[④] 20世纪80

---

① 23个"双阿提案"国为阿尔巴尼亚、阿尔及利亚、缅甸、斯里兰卡（锡兰）、古巴、赤道几内亚、几内亚、伊拉克、马里、毛里塔尼亚、尼泊尔、巴基斯坦、也门民主人民共和国、刚果人民共和国、罗马尼亚、塞拉勒窝内（塞拉利昂）、索马里、苏丹、叙利亚、坦桑尼亚、阿拉伯也门共和国、南斯拉夫和赞比亚。

② 这17个国家是阿尔及利亚、博茨瓦纳、布隆迪、喀麦隆、埃及、赤道几内亚、加纳、几内亚、肯尼亚、马里、毛里塔尼亚、摩洛哥、尼日利亚、卢旺达、多哥、乌干达、坦桑尼亚。吴妙发：《非洲支持中国恢复在联合国合法权益斗争始末》，《党史纵横》2006年第10期，第22—25页。

③ 湖北卫生厅：《名医风流在北非》，第7页。

④ 江苏省卫生厅编：《江苏援外医疗35周年纪念》，1999年，第26页。

年代初，当赞比亚政府决定将中国医疗队调到另一城市时，医疗队所在城市的媒体表示"我们需要中国医生""不能调离他们"，群众自发上街游行，高呼"中国医生不能走"。当地媒体评论："中国医生以其出色的工作赢得了赞比亚人民的心。"[1] 一位贝宁老者面对挽救了其曾孙生命的中国医生时，只能用当地的最高礼节即抱着医疗队长的胳膊单腿跪倒以示感谢，并表示无以为报，只待来生。[2]

20世纪80年代末，援几医疗队接到几内亚政府通知：在几内亚国庆时，中国医疗队员将到检阅台上观看阅兵和游行。由于具体时间通知有误，医疗队员赶到时游行已近结束。几内亚大区领导和省领导知道后，立即通知游行队伍从头再来，医疗队员被几方的真诚深深感动。[3] 宁夏医疗队与贝宁人民建立了极好的关系。当比利时医生撤走时，一位贝宁医生来信说："很多病人都到中国医疗队工作的医院去看病。喜欢与中国人的合作，而且大家都想再见到你们。你们在这里救治了很多病人，人们不愿让中国医疗队离开纳迪丹古。比利时人可以走，但中国人不能走！"[4] 马达加斯加总理认为"与当地人民建立了良好的关系与深厚的情谊"是中国医疗队成功原因之一。援外医生在其他方面也留下了好印象。齐继鹏医生在工作的布拉柴维尔马格莱格莱医院拾到装有80万西非法郎的钱包。他逐个病房询问，最后找到了丢失这笔住院治疗费的刚果妇女。此事被当地《星报》报道，首都群众纷纷赞扬中国医生的高尚品德。[5] 这种中非友好情谊成为非洲国家对华政策的基础。用医疗队员的话说："医疗队的品牌就是中国品牌。"

服务高层，建立互敬互信关系。受援国的国家领导人或受惠于中国医生的精湛医术，或非常信任地将医疗保健工作交给中国医疗队。在中国医疗队就诊的政府高官不少（参见表2）。他们十分信任中国医生的敬业精神；援外医生也充分展现中国人的精神风貌，宣传中国政府的原则立场。一位援外医生指出，"他们给总统、总理、部长们治病，久而久之，同他们

---

[1] 王立基：《中非医疗卫生合作成绩斐然》，第310页。
[2] 吕书群、吴琼主编：《走进贝宁》，宁夏人民出版社2003年版，第55页。
[3] 王立基：《中非医疗卫生合作成绩斐然》，第311—312页。
[4] 吕书群、吴琼主编：《走进贝宁》，第321页。
[5] 《足迹：纪念天津市派遣援外医疗队40周年》，天津市卫生局，2007年，第71页。

关系更为密切，能起到大使等外交官们起不到的作用。"① 桑给巴尔总统琼布有一次请翻译张美兰将自己即将出国的消息转告负责医疗保健的中国医生。他将行程一一告诉张翻译，并将正在批阅的文件展示给她看。总统对中国医生的这种信任深深震撼了张美兰。"琼布总统要批阅的文件怎么能对我一点都不忌讳呢？可以看出，桑给巴尔的领袖对我们中国人是何等的信赖啊！"中国医生可以自由往来于总统府或政府部门，总统在国事上对中国医生毫不回避。1972 年 4 月桑给巴尔总统卡鲁姆遇刺后街上实行戒严，但对中国人例外。② 这些都充分体现了桑方对中国医生的高度信任。

尼雷尔总统得知援坦医疗队郑素芳医生得病后，派专机接送郑医生去首都治病。当中国驻坦大使得知此事后表示："你们医生的外事工作可做到家了，既在总统家里做客，又坐总统的专机，连我们大使都没享受过这种待遇。"③ 突尼斯—中国友好协会的成立得力于突尼斯总统本—阿里和前总理、总统资深顾问、执行党第一副主席卡茹威先生的努力。他们俩都受到援外医疗队无微不至的医疗服务。卡茹威因患病行动不便，经过中国医生的精心治疗后得以康复。在他的提议下，突—中友好协会正式成立，以促进两国人民的友谊。④

非洲国家元首以各种方式表达他们对中国医疗队的感激之情。为了表彰中国医生的贡献，尼雷尔总统向他们赠送活羊；阿尔及利亚总统本·贝拉和国防部长布迈丁请医疗队员同座就餐；中非总统科林巴与中国医生促膝长谈并为医疗队员颁发中非复兴勋章；贝宁总统克雷库及夫人亲自出席因劳累过度而去世的王舒拉医生的葬礼，并向援外医疗队队长郝永存授予贝宁共和国国家骑士勋章；马里总统科纳雷在元旦前夕送给医疗队 5 只大肥羊以示吉祥如意，并在宰羊节时送来大肥羊以示庆贺。⑤ 1997 年 7 月底，

---

① 浙江省卫生厅国际合作处编：《走进非洲的浙江医生——浙江省派遣援外医疗队 35 周年》，第 44 页。
② 江苏省卫生厅编：《辉煌的足迹——江苏省援外医疗队派遣四十周年纪念文集》，第 46、60 页。
③ 刘继锐主编：《中国医疗队在坦桑尼亚》，山东省卫生厅，1998 年，第 84 页。
④ 应鸣琴主编：《白衣使者——援外医疗队派遣 30 周年 1973—2003》，第 113 页。
⑤ 中国驻马里大使武东对此事极为重视，他在医疗队致总统的感谢信中特意加上一句："总统阁下向中国专家馈赠羊之事，是中马友好关系上的首次。您的这份情谊，不仅使我们在马里服务的专家永怀不忘，而且必将成为中马两国传颂的佳话。"浙江省卫生厅国际合作处编：《走进非洲的浙江医生——浙江省派遣援外医疗队 35 周年》，第 53 页。

科纳雷总统决定欢迎和欢送新老中国医疗队员，礼宾司认为国家元首亲自接见和欢送外国医疗队不妥。为表达自己的情意，总统以看病为由接见正在交接班的新老医疗队员，并送给每人一件礼物。① 从某种意义上说，国家间的关系是由若干个体组合而成，国家领导人的作用尤为突出。西方热衷于就中国对非援助说三道四，中国医疗队与非洲国家领导人之间的这种互信无疑是对西方恶意中伤最好的驳斥。②

立足医术，服务外交政策目标。中国医疗队高质量的服务产生了极大影响，一些国家与中国建交或复交时提出的条件之一即中国派遣医疗队。纳米比亚总统努乔马是中国的老朋友，曾十次访华，对中国医术和针灸疗法早有所闻。卫生部长伊扬波在民族解放运动期间是纳人民解放军卫生院院长，十分赞赏安全简便的中医和针灸疗法，1992年9月努乔马作为国家元首首次访华时，他陪同访问。当时，纳方正式向中方提出了一个特殊要求："请中方提供文明的具有中国特色的医疗援助"，即向纳米比亚派遣针灸大夫。③

尼日尔于1996年与中国恢复了中止4年的外交关系。尼外长在复交谈判中有一个重要条件——复交公报签订后15天中方恢复派出医疗队。复派医疗队考察组抵达尼亚美国际机场时，尼日尔总统府礼宾官员，外交部、卫生部、尼亚美市政府、首都医院的代表以及留华学生在机场列队迎接，队员们深受感动。礼宾官员告诉考察组："当总统得知中国卫生代表团和医疗队先遣人员要到尼亚美的消息后，亲自安排了考察组的工作日程，通知机场开放总统休息室，让各新闻媒体前往现场采访报道。"尼卫生部长说："尼日尔人民等望中国医疗队已经4年了，尼日尔人民热烈欢迎中国医疗队。"④ 可见，中国医疗队在尼日尔的工作得到了当地人民的认可和赞扬。

---

① 浙江省卫生厅国际合作处编：《走进非洲的浙江医生——浙江省派遣援外医疗队35周年》，第53页。

② 对西方的批驳参见李安山《为中国正名：中国的非洲战略与国家形象》，《世界经济与政治》2008年第4期，第6—15页；Li Anshan, "China and Africa: Policy and Challenges", *China Security*, 3: 3 (Summer, 2007), 69–93。

③ 浙江省卫生厅国际合作处编：《走进非洲的浙江医生——浙江省派遣援外医疗队35周年》，第187页。

④ 王立基：《中非医疗卫生合作成绩斐然》，第311页。

援外医生也为对台工作做出了贡献。江永生医生在为莫桑比克总统希萨诺治疗时不断讲述中国改革开放的成就和和平统一"一国两制"的方针，以至于希萨诺总统说：我的老母亲都知道什么叫"一国两制"了！2002年，莫桑比克中国和平统一促进会成立，江永生被公推为会长。他邀请总统担任名誉会长，希萨诺愉快地接受了，成为全世界第一位出任海外华人和平统一促进会名誉会长的国家元首。① 为了表示对中国医疗队的敬意，2005年，格布扎总统和迪奥戈总理分别接受江永生的邀请，出任莫桑比克中国和平统一促进会的名誉会长和名誉顾问。②

2006年，中国重要的外交任务之一是推荐香港前卫生署署长陈冯富珍竞选世卫总干事。中国在竞选中主要依靠的是发展中国家的支持。选举之前，马里对中国候选人的态度不明确。当时，正好有两位马里高层亲戚来卡地医院治病。中国驻马里大使馆领导叮嘱在当地工作的中国医生尽最大努力将病人治好。骨科医生王临查阅大量资料，制定了理想的方案。由于术前准备充分，手术进展成功。术后，王医生及时观察病情变化，指导家属进行术后护理和功能锻炼，病人恢复良好，家属十分满意。医疗队的敬业精神赢得了马里高层的好感。后来，马里政府明确表示支持陈冯富珍，并为此在世卫组织大会上做专门演讲，支持中国。③

在驻外使领馆的大力支持下，医疗队还在对外经贸合作等方面发挥了力所能及的作用。宁夏援外医疗队发挥不可替代的优势，积极探索医疗合作和经贸活动的新渠道。他们或为中国企业家引见商业部长，或为中国海外公司争取贝宁卫生部的基建项目，或帮助解决多年未决的医疗队汽车肇事争端，或为贝宁的华人解决脑炎和霍乱疫苗供应的困难，"真正成为中国在驻在国的窗口和形象大使"。医疗队员表示："在异国他乡，在外国人的眼里，我们的一举一动都代表中国，所以，不管是工作还是

---

① 魏奕雄：《江永生：让中国传统医学奇葩在莫桑比克大放异彩》，《华人时刊》，引自针灸中国网，http：//www.acucn.com/sub/zhongfei/zhenjiu/200611/1959.html，2008年3月2日查。
② 《中国医生为莫桑比克总统针灸治病结友谊》，《人民日报海外版》，引自针灸中国网，http：//www.acucn.com/sub/zhongfei/zhenjiu/200611/1960.html，2007年11月28日查。
③ 《援马里医疗队：为了一双双渴望的眼睛》，《台州日报》，引自针灸中国网，http：//www.acucn.com/sub/zhongfei/zhenjiu/200709/3427.html，2008年6月20日查。

言行,都不能给中国人脸上抹黑。"① 这种国家荣誉感是中国援外医疗队员工作的动力所在。

中国援外医疗队:对世界和平的贡献

一篇关于中国援阿医疗队的报道用"世界很小,是个家庭"作为小标题。从更高层面上看,中国援外医疗队是国际主义的实践者,体现了人道主义精神,为世界和平做出了贡献。这种贡献表现在三个方面:对平等思想的传播,对人道主义精神的弘扬以及加深对传统医学的认识。

平等思想的传播。由于发展中国家长期受殖民主义的统治,种族主义思想和上下等级观念成为社会意识形态中根深蒂固的一部分。中国援外医疗队带来了一种新的平等观念:种族平等、上下平等、医护平等和医患平等。他们对非洲人像亲人一样,同时也得到了非洲人民的善待和尊敬。在殖民主义时期,医生与护士是两个等级,护士处于下层,医生则高高在上。这种旧习惯在中国医疗队到来后得以改变。特别值得一提的是医患平等的观念。

人们一般都是从乡下到城市去看病,中国医疗队却打破了这一陈规,带来了革命性的观念变迁。为了更好地为当地民众服务,援外医疗队经常巡回医疗,到边远地区义诊。病人找医生天经地义,下乡巡回医疗则是中国医生的独创,其他国家的专家根本做不到。当第一批援阿医疗队抵达沙漠边缘的赛义达省时碰到的第一个问题是:"你们为什么要到赛义达来呢?"回答是"为广大农牧民治病"。1968年卫生部先遣组考察坦桑尼亚后送给周总理的报告描述了当地的缺医情况。② 姜曰读医生记录了在坦桑尼亚巡回医疗的经历,可谓条件艰苦,业务繁忙。③ 坦桑尼亚卫生部

---

① 吕书群、吴琼主编:《走进贝宁》,第19—20、406页。
② 刘继锐主编:《中国医疗队在坦桑尼亚》,第11页。
③ "1971年12月我与五官科医师于秀英一起到卢夸堤巡回医疗,这里离医疗队驻地有300公里,我们住了3天,诊病200余人次,做小手术10次,还接生一次,业务工作很紧张,还要自己烧水做饭,夜晚尤其难熬。我们的住处是教堂的一间破房子,房顶有个窟窿,晚上可以透过窟窿看到天上的月亮与星星,房子脏乱不堪,大概是长期没有人住的缘故。一天紧张的工作之后,非常疲乏,晚上本想睡个好觉,可是屋里的老鼠乱窜乱叫,屋顶上还有不少鸽子和麻雀乱飞乱撞,使人根本不能入睡。在异国他乡环境不熟,更增加了心中的恐怖,只好伴着长明灯盼着天亮。"刘继锐主编:《中国医疗队在坦桑尼亚》,第12页。

首秘姆库帕指出:"中国医生主要在坦桑尼亚的农村工作,而我们在农村的医疗服务正好存在许多问题,最需要援助。其他国家的医生很难适应那里的生活环境,而中国医生在那些地方满怀热情地工作。"[1] 马达加斯加总理认为,中国医生以治病救人为重对事业尽心尽责的表现为当地医务人员树立了榜样,也体现了发展中国家团结互助的精神。[2] 这些既是一种评价,也是一种赞扬。

人道主义精神的弘扬。援外医疗队员弘扬人道主义精神的事迹可歌可泣。1965 年 1 月 26 日晚,阿尔及利亚病危产妇斯累玛尼因失血过多,身体虚弱,动手术需大量输血。援阿医疗队队长动员队员献血。沈行智和徐泽贤与产妇血型相同,便毫不犹豫地将鲜血输给奄奄一息的产妇,病人最终获救。[3] 坦桑尼亚一位孤寡农妇在中国医疗队的治疗下切除了重达 7.5 公斤的子宫肌瘤后,因失血过多处于休克状态,急需抢救。刘芳仪医生毅然将自己的 250 毫升鲜血输进了这位异国姐妹的血管。刘医生曾三次赴非工作,最后因身患绝症倒在手术台上,被尼雷尔总统誉为"传播友谊与慈爱的医疗大使"。[4] 中国医生将自己的鲜血献给非洲病人的情况很多。援助加蓬的王敦美医生后因肺癌不幸去世,遗言中表示将骨灰撒在加蓬土地上。[5]

援外医生每次接受艾滋病检查后等待检测报告的日子可谓度日如年,紧张的心情无法用语言表达。[6] 在救死扶伤的过程中,他们没有时间考虑自己的生命安全。陈淑明医生的亲身经历说明了这一点:"我有一次做剖腹产手术,那个刚剖腹出生的婴儿,心跳呼吸都停止了。当时我没考虑那么多,感染艾滋病病毒什么的,争分夺秒地抢救病人,马上进行口对

---

[1] 刘继锐主编:《中国医疗队在坦桑尼亚》,山东省卫生厅,1998 年,第 32 页。
[2] 王立基:《中非医疗卫生合作成绩斐然》,第 311 页。
[3] 湖北卫生厅主编:《名医风流在北非》,第 33 页。
[4] 刘继锐主编:《中国医疗队在坦桑尼亚》,第 62—63 页。
[5] 《足迹:纪念天津市派遣援外医疗队 40 周年》,第 69 页。根据她的遗言,加蓬卫生部将一部分骨灰撒在她亲手种植的象征中加友谊的九重葛树下,另一部分撒在大西洋里。
[6] 《艾滋病威胁下的中国援外医生》,健康网,http://www.39.net/aids/channel/world/77809.html,2007 年 11 月 21 日查。

口呼吸，效果很好，病人的心跳呼吸都恢复了。"① 中国援外医生已有 2 名因公感染艾滋病；有 45 位中国医护人员为援助非洲而牺牲。② 中国医疗队在为当地人民服务时表现了一种大爱。一位医疗队员说："现在的我每天只能以微薄的力量去救助有疾苦的人，以一颗善良的心去感受不同肤色的人对生命的渴望。当他们向我们伸出拇指说：'medico chino bien'（"中国医生，真棒！"），我总有一种自豪感与欣慰。"③ 这种对人类的大爱是不能用外交需要或物质标准来衡量的。

中国医疗队的服务对象并未局限于驻在国。援阿医疗队树立了良好声誉，美、英、德、日等 60 多个国家驻阿人员都愿找中国医疗队治疗。美国大使在中美建交的第二天就找中国医生治疗腰痛病；④ 刚果（金）、马里、沙特、摩洛哥和巴勒斯坦等国元首与要人均利用到阿访问和疗养时请中国医生治病。⑤ 驻马里医疗队也如此。来中国医疗队就诊的除马里人外，还有 33 个国家和地区的病人。⑥ 江西医疗队在突尼斯为印尼、罗马尼亚、德国、科特迪瓦、古巴等国外交官员治病，受到他们的称赞。⑦

加深对传统医学的认识。由于西方现代医术的广泛传播和欧洲中心论的影响，传统医学往往被人忽略。中国医疗队改变了这一现象。中国医学重视整体，强调传统和现代医学的结合，这是一种创新和突破。援外医疗队在治病过程中积极使用中医，特别是既简易又有疗效的针灸使其他国家的医生认识到中医的神奇作用。马达加斯加总理西拉认为，中国医疗队成功的表现之一就在于开拓了马达加斯加卫生服务的新思路，

---

① 《播撒健康与友谊的中国援外医疗队》，国际在线，www. crionline. cn 2006 - 06 - 21 09：59：04，2007 年 11 月 21 日查。

② 薄哲：《湖北医生的援外生活》，引自 http：//www. africawindows. com/bbs/thread - 9931 - 1 - 1. html。

③ 《访客巴塔 APOCC 的留言》，"拾穗者的文影录"，http：//nilixiang. blshe. com/post/754/48732。

④ 美国大使风趣地说："这是以实际行动来庆祝美中两国建立外交关系。"湖北卫生厅主编：《名医风流在北非》，第 337 页。

⑤ 湖北卫生厅主编：《名医风流在北非》，第 12 页。

⑥ 浙江省卫生厅国际合作处编：《走进非洲的浙江医生——浙江省派遣援外医疗队 35 周年》，第 25—26 页。

⑦ 应鸣琴主编：《白衣使者——援外医疗队派遣 30 周年 1973—2003》，第 65 页。

对传统医药有了积极认识。传统医药与西医同等重要，构成了医学系统的两个互补成分。例如，贝宁一位 70 多岁的老人因患白内障失明 10 多年，还伴有高血压和震颤麻痹症，一上手术台血压就升高并有阵发性摇头震颤，西医对此无能为力。李清田医生用中国古代称为"金针拨障术"的医术进行治疗。[①] 中国医疗队的影响日益扩大，人们对传统医学的认识逐步提高。越来越多的国家表示愿与中国在传统医学和药用植物的研究、开发和生产上合作。

如果仅用对祖国的爱或为中国外交做出贡献来解释中国援外医疗队的所作所为，恐怕难以理解这种人间大爱的行为。中国医生从事的是国际主义事业，传播的是人道主义精神。他们不仅为受援国和中国人民做出了贡献，也对人类和世界和平做出了贡献。

40 多年来，中国坚持不懈地向需要援助的国家派出医疗队，为当地人民无偿提供医疗服务，这一义举在当代国际关系史中绝无二例。援外医疗队也是中非合作中时间最长、涉及国家最多、成效最显著、影响最广泛的项目。这种模式为南南合作提供了一个可资借鉴的范例。

表1　　　　　　　　　中国援外医疗队派驻国家一览

序号	国家或地区	派遣省份	始派时间	变动情况
1	阿尔及利亚	湖北	1963 年 4 月	1995 年 2 月因战乱撤离，1997 年重返
2	桑给巴尔（坦桑尼亚）	江苏	1964 年 8 月	
3	老挝	云南	1964 年 12 月	1974 年中断
4	索马里	吉林	1965 年 6 月	1991 年因内战撤离
5	也门共和国	辽宁	1966 年 7 月	
6	刚果（布）	天津	1967 年 2 月	1997 年因内战撤离，2000 年 12 月重返
7	马里	浙江	1968 年 2 月	

---

① 马玉章主编：《在贝宁的日日夜夜——纪念宁夏援贝宁医疗队派出二十年》，宁夏卫生厅，1998 年，第 257—258 页。

续表

序号	国家或地区	派遣省份	始派时间	变动情况
8	坦噶尼喀（坦桑尼亚）	山东	1968年3月	
9	毛里塔尼亚	黑龙江	1968年4月	
10	几内亚	北京	1968年6月	
11	也门民主共和国	安徽	1970年1月	
12	越南	云南	1968年12月	1971年中断
13	苏丹	陕西	1971年4月	
14	赤道几内亚	广东	1971年10月	
15	塞拉利昂	湖南	1973年3月	1993年战乱撤回 2003年7月重返
16	突尼斯	江西	1973年6月	1994年援建非洲第一个针灸中心
17	刚果（金）	河北	1973年9月	1997年因内战撤离，2006年6月重返；2003年曾由沈阳军区派遣维和医疗队
18	阿尔巴尼亚	辽宁	1973年9月	1974年7月中断
19	埃塞俄比亚	河南	1974年11月	1979年9月中断，1984年12月重返
20	多哥	上海	1974年11月	
21	喀麦隆	上海	1975年6月	1979年1月中断；1985年改由山西派遣
22	柬埔寨	山西	1975年6月	1981年3月中断
23	塞内加尔	福建	1975年7月	1996年撤离，2007年9月重返
24	马达加斯加	甘肃	1975年8月	
25	摩洛哥	上海	1975年9月	2000年江西加入派遣
26	尼日尔	广西	1976年1月	1992年7月因中止外交关系撤离；1996年12月重返
27	莫桑比克	四川	1976年4月	1991年返回
28	圣多美—普林西比	黑龙江、四川	1976年6月，	1997年因中止外交关系撤离
29	布基纳法索	北京	1976年6月	1994年因中止外交关系撤离
30	几内亚比绍	贵州	1976年7月	1990年因中止外交关系撤离；2002年由四川派遣

续表

序号	国家或地区	派遣省份	始派时间	变动情况
31	科威特	辽宁	1976年11月	
32	加蓬	天津	1977年5月	
33	冈比亚	天津	1977年5月	1991年由广东派遣；1995年因中止外交关系撤离
34	贝宁	宁夏	1978年1月	
35	赞比亚	河南	1978年1月	
36	叙利亚	卫生部中医研究院	1978年5月	1981年6月中断
37	中非	浙江	1978年7月	1991年7月因中止外交关系撤离 1998年8月重返
38	伊朗	江苏	1978年8月	1979年2月中断
39	乍得	江西	1978年12月	1979年7月因中止外交关系撤离，1989年7月重返；1997年因中止外交关系撤离，2006年12月重返；2008年2月因内战撤离，5月重返
40	博茨瓦纳	福建	1981年2月	
41	吉布提	山西	1981年2月	
42	阿拉伯联合酋长国	四川	1981年10月	
43	卢旺达	内蒙古	1982年6月	
44	乌干达	云南	1983年1月	
45	津巴布韦	湖南	1985年5月	
46	利比亚	江苏	1983年12月	1994年合同期满未续签
47	马耳他	江苏	1984年4月	1973年2月开始；1993年正式派遣医疗队
48	佛得角	黑龙江	1984年7月	1988年2月由四川派遣；后由湖南派遣
49	利比里亚	黑龙江	1984年7月	1986年由天津/解放军254医院派遣；1989年因中止外交关系撤离；2005年9月重返
50	瓦努阿图	陕西	1985年	

续表

序号	国家或地区	派遣省份	始派时间	变动情况
51	萨摩亚	安徽	1986 年	
52	塞舌尔	广西	1987 年 5 月	2007 年中国援外青年志愿者塞舌尔项目在广东招募 5 名医疗队员
53	布隆迪	广西	1986 年 12 月	2000 年由青海派遣
54	圭亚那	江苏	1993 年 7 月	
55	纳米比亚	浙江	1996 年	
56	科摩罗	广西	1996 年	
57	莱索托	湖北	1997 年 6 月	
58	厄立特里亚	河南	1997 年	
59	尼泊尔	河北	1999 年	
60	东帝汶	四川	2000 年 1 月	
61	巴布亚—新几内亚	重庆	2002 年 10 月	
62	泰国*	上海	2004 年 12 月	海啸期间援助
63	印度尼西亚*	武警	2005 年 1 月	海啸期间援助
64	斯里兰卡*	北京	2005 年 1 月	海啸期间援助
65	巴基斯坦*	武警	2005 年 10 月	武警总医院派队救灾援助
66	黎巴嫩*	成都军区	2007 年 1 月	成都军区派维和医疗分队
67	蒙古国**	内蒙古	2007 年	包头、乌拉特中旗和呼伦贝尔派遣
68	缅甸*		2008 年 5 月	救灾援助
69	马拉维	陕西	2008 年 6 月	
70	安哥拉	四川	预计 2007 年	因宿舍未解决暂缓派遣
71	加纳	广东	预计 2008 年	

＊特殊情况，非卫生部负责。＊＊为地方援助性质。

表 2　　中国援外医疗队治疗非洲国家要人名录（不完全统计）

国家或地区	领导人及家属	疾病及治疗	时间	省/负责医生
阿尔及利亚	布迈丁主席顾问	风湿性关节炎	1965	湖北医疗队
同上	国家民族事务管理领导人及夫人	风湿性关节痛等疾病	1969	湖北医疗队
同上	司法部部长穆罕默德·久加维	严重神经衰弱症	1970	湖北医疗队

续表

国家或地区	领导人及家属	疾病及治疗	时间	省/负责医生
阿尔及利亚	宪兵司令谢里夫	针灸治疗	1976	湖北医疗队
同上	沙德利总统	腿伤		湖北梁福煌
同上	萨布国防部部长	瘫痪		湖北石学敏
同上	总统夫人	针灸治疗	1984	湖北医疗队杜也哈组
同上	布特弗利卡总统	医疗保健	目前	湖北医疗队
桑给巴尔（坦桑尼亚）	卡鲁姆总统	医疗保健	1967—	江苏医疗队
同上	琼布总统	急性中耳炎及医疗保健	1977—	江苏苏志高等
同上	汉莫总统	医疗保健	20世纪90年代	江苏张子滇
同上	卫生部部长 Msime	慢性肝病、胆囊炎	90年代	江苏张子滇
同上	文化部部长阿夏	疟疾后遗症头痛	90年代	江苏张子滇
同上	财政部部长阿霞	医疗保健	90年代	江苏张子滇
坦桑尼亚	前总统姆卡帕	关节炎	2006—	山东刘振峰
突尼斯	本·阿里总统	腰痛病、网球肘	长期	江西吴翔、闵福林、许金水等
同上	总统夫人	偏头痛、颈椎病	1996—	江西黄教授、王医生、李宗俊等
同上	总理夫人	颈椎病、失眠症	1996—	江西李宗俊等
同上	卡茹威前总理	平衡紊乱症	2002	江西闵福林、许金水等
马里	特拉奥雷总统	慢性腹泻	1970	湖北医疗队
同上	特拉奥雷总统	医疗保健	70年代	浙江于诗俊、章士勤、何琴芳等
同上	科纳雷总统	高血压	1992—	浙江徐世杰等
同上	马中友协会长通卡拉先生	脑血管硬化症	2003—2005	浙江医疗队
喀麦隆	保罗·比亚总统	脚痛	长期	山西文洪
同上	丰班王国公主	脑出血、偏瘫失语	2006	山西医疗队

续表

国家或地区	领导人及家属	疾病及治疗	时间	省/负责医生
喀麦隆	原总理、军区司令	医疗保健	长期	山西医疗队
莫桑比克	希萨诺总统	头痛、失眠、腰痛		四川江永生
摩洛哥	阿卜杜勒亲王			
同上	阿卜杜勒亲王	粉碎性骨折后遗症	1971—1973	湖北张家声
科摩罗	莫埃利利岛总统	颈椎椎间盘突出		广西李建邦、李雪
纳米比亚	努乔马总统夫人	腰痛、膝关节炎与糖尿病	1998—	浙江骆燕宁
尼日尔	迈纳萨拉总统	心脏病、水肿	1999	广西耿宛平
同上	总理、外长、副议长等	医疗保健		广西刘五一
贝宁	克雷库总统	医疗保健	2002—	宁夏王舒拉等
厄立特里亚	阿费沃尔基总统	腰椎间盘突出术后并发症		河南医疗队
塞拉利昂	卡巴总统	风湿病	2003—2005	湖南蒋松泉等
乍得	代比总统	治疗疾病	1992—	江西医疗队
中非	科林巴总统	医疗保健	1984—	浙江郑经川、虞荣喜、秦南屏、计经华等
同上	科林巴总统	医疗保健	1980年代	浙江曲福仁
同上	帕塔塞总统	医疗保健	1993—	浙江医疗队
加蓬	邦戈总统	肩周炎、腰肌劳损		天津殷建民
马耳他	明托夫总理	医疗保健	2000年代	江苏医疗队
圭亚那	卫生部长	心绞痛	1990年代	江苏医疗队
同上	旅游部长瓦塔切尔	椎间盘突出	1990年代	江苏翁毅

（原载《外交评论》2009年第1期，http：//www.doc88.com/p-0932021009657.html）

中国—非洲的民间交往[*]

内容提要：本文原为英文，发表于 2015 年，后译成中文。中国和非洲有着相似的历史经历，民间交往也有很长的历史，从 19 世纪晚期一直持续至今。从早期的中国劳工移民到 20 世纪五六十年代中国支持非洲民族解放运动，再到近年来渐增的形式多样的中非间发展合作、医疗卫生合作、文化交流、教育培训、环境保护等，民间交往逐步加深。这种交往呈现三种形式：中非合作论坛框架下的民间交流、中非之间个体的社会文化交往和民间组织的相关活动。从总体看，中非双方民间交往的本质既不是宣传式的公共外交，也不是亨廷顿所谓的"软实力"，而是文化互鉴、文化馈赠和文化融合。民间交往的目的是双向的：理解对方的文化从而为建立良好的关系打下基础。有的学者认为中非之间问题日益增多，其蜜月期已过。对此，作者提出了辩证的观点：中非之间的问题越多越好。

在国际社会的所有双边关系中，间接接触总是先于直接接触，非正式联系总是先于正式联系，民间关系总是早于官方关系。中国和非洲都

---

[*] 本文原为英文，参见 Li Anshan, "A Long-Time Neglected Subject: China-Africa People-to-People Contact" in Garth Shelton, Funeka Yazini April, Li Anshan, eds., *FOCAC 2015: A New Beginning of China-Africa Relations*, Pretoria: Africa Institute of South Africa, 2015。研究生许明杰和贾丁为作者查找资料，许明杰将原稿译成中文，在此一并致谢。中文版的原标题为《中非合作的基础：民间交往的历史、成就与展望》，《西亚非洲》2015 年第 3 期，稍有删改。

有灿烂的文明，双方往来也有着较长历史。① 近代以来，中国和非洲有被殖民和被欺凌的相同经历，也曾为争取民族解放、国家独立、社会发展和国家尊严奋力抗争。19世纪后期，欧洲殖民者开始在非洲进行殖民主义扩张，中国志士仁人得以警醒。到了20世纪早期，中国和非洲国家部分或全部丧失了国家主权，这一时期双方几乎没有官方联系，仅有的一些联系也是被扭曲的非正常关系。1898年，清朝政府与刚果自由邦签订条约，允许刚果自由邦从中国招募劳工。② 中国还与欧洲列强签订了有关非洲的条约，如涉及从中国向殖民地派送劳工的条约。这一时期，中国在南非、埃及、马达加斯加和莫桑比克设有领事馆。除此之外，双方主要是民间往来。③ 非洲各国独立之后，双方才开始直接交往。

在中国，被经常使用的"民间交往"是指国际背景下不同国家的社区或社会之间的直接接触，这种交往一般由民间推动。本文用"民间组织"取代"非政府组织"（NGO）出于四个原因：一是在中国，"民间组织"的出现及该术语的使用早于非政府组织；二是很多非洲国家的政府和学者都对"非政府组织"持负面评价，主要因为这些非政府组织的资金大多来自西方，它们面临双重服务对象（即资金提供者和本国）的困境；三是"民间组织"一词的覆盖面更广，包括非政府组织、非营利组织（NPO）、政府的非政府组织（GNGO）等；四是在中国，民间组织必须注册，从2008年开始，每年均出版中国民间组织报告。

总体来说，国家间外交关系包括三种，即官方联系、半官方联系以及民间交流。显然，民间交往是国家外交关系中的重要部分。然而，外交并非双边关系的唯一方面，民间交往中一个很重要的内容就是文化交流和学习。"文化"是一个丰富多彩而又寓意含混的词汇。在众多定义中，笔者比较倾向于认同理查德·史威德的定义，他认为：文化是各社会共同体特定的关于真、善、美及有效率的概念，这些概念必须是社会

---

① 沈福伟：《中国与非洲——中非关系二千年》，中华书局1990年版。关于近期研究，参见 Li Anshan, "Contact between China and Africa before Vasco Da Gama: Archaeology, documents and historiography", *World History Studies*, No. 1, 2015。

② 王铁崖编：《中外旧约章汇编》第一卷，生活·读书·新知三联书店1982年版，第76—77页。

③ 李安山：《非洲华侨华人史》，中国华侨出版社2000年版，第419—431页。

的遗产且能够被普遍分享，同时又是不同生活方式的构成因素。① 在一个由不同民族和文化组成的世界中，人们需要彼此了解，理解彼此的文化并互相学习。

近年来，中国的民间组织如雨后春笋般涌现。② 然而，关于中非民间交往的专门研究不多。③ 赵明昊探讨了中非合作论坛背景下民间组织面临的挑战及发展前景。④ 冯佐库认为中非民间交往具有"以官带民、以友促经、以文促友"三大特色。⑤ 赖钰麟以中国扶贫基金会为例，探究了民间组织在对非发展合作方面的贡献。⑥ 龙小农等分析了中国的非政府组织可能发挥的作用。⑦ 布伦纳阐述了民间组织在中国"走出去"战略中的地位及其参与中非关系的功能。⑧ 阿普罗分析了民间社会在中非合作中的作用。⑨ 莫汉等人研究了中非日常交往对非洲发展的潜在影响。⑩ 冉继军研

---

① Richard A. Shweder, "Moral Maps, 'First World' Conceits, and the New Evangelists", in Lawrence E. Harrison and Samuel P. Huntington, eds., *Culture Matters, How Values Shape Human Progress*, Basic Books, 2000, p. 163.

② 在20世纪50年代，中国民间组织仅有44个，60年代不到100个，而到1989年有1600个全国性民间组织和20万个地区性民间组织。2006年，有35.4万民间组织参与各种社会活动。2010年，民间组织达43.5万个，2011年增至46.2万个，2012年已有49.9万个，到2013年底已达54.7万个之多。2008年起开始发表中国民间组织年度报告。参见黄晓勇主编《中国民间组织报告（2014）》，社会科学文献出版社2014年版。

③ 邓国胜等的《中国民间组织国际化的战略与路径》（中国社会科学出版社2013年版）是一本相关论著。

④ 赵明昊：《中非民间交往：进程及面临的挑战》，《国际展望》2010年第6期，第49—62页。

⑤ 冯佐库：《中非友协对非民间外交工作的回顾》，《公共外交季刊》2012年秋季号第11期，第105—111页。

⑥ 赖钰麟：《民间组织从事对外援助：以中国扶贫基金会援助非洲为例》，《国际论坛》2013年第1期，第36—42页。

⑦ 龙小农、陈阅：《NGO与中国在非洲国际影响力及话语权的建构》，《现代传播》2013年第7期，第57—61页。

⑧ David Brenner, "Are Chinese NGOs 'Going-out'? The Role of Chinese NGOs and GONGOs in Sino-African Relations", *Journal of Public & International Affairs*. 2012, Vol. 22, pp. 131 – 152.

⑨ Yazini April, "Civil Society Participation and China-Africa Cooperation", *Pambazuka News*, http://pambazuka.org/en/category/features/60701, 2015 – 04 – 08.

⑩ Giles Mohan, Ben Lampert, May Tan-Mullins and Daphne Chang, *Chinese Migrants and Africa's Development*, London: Zed Books, 2014.

究了中非媒体互动的特征。① 此外，还有一些学者探讨了非洲非政府组织对中非关系产生的影响。② 以上有关民间交往的研究都注重政治方面，或是对"软实力"的附会，或是关于"中国战略"的争论，或是对公共外交的诠释。从某种程度上看，这些研究对民间交往的理解尚欠全面。我认为，民间交往代表着一种平等观和分享，其中蕴含的文化交流是最重要的方面。事实上，它为建立良好的双边关系打下了基础，有助于建设一个更加和谐的世界。

本文将从五个部分讨论中非民间交往的历史与成就。第一部分是对19世纪晚期至今中非民间交往的历史性考察。第二至第四部分分别阐述中非合作论坛以来民间交往的三种形式，即中非合作论坛支持下的民间交往、个人之间的交往和组织机构性的民间交往。第五部分用两个事例说明中非之间的片面理解，分析三种民间交往的特征，并提出自己的思考。

中国与非洲民间交往的历史

20世纪上半叶，除了埃塞俄比亚和利比里亚，非洲大陆处于欧洲殖民统治之下。中国移民和劳工较早接触非洲。中国劳工多被英、法、德、西、葡、比等国雇佣，或在圣赫勒拿岛当农民，或在南非和黄金海岸的金矿采矿，或在坦噶尼喀、莫桑比克、法属赤道非洲、刚果自由邦修铁路，或在南非、马达加斯加承担多种工程，或在毛里求斯和留尼汪的种植园做工，等等，还有一些单独前往或与契约劳工一起来到非洲的自由移民。③ 中非交往中最重要的事件是6万多契约华工在1904—1910年到南非金矿做矿工。他们在陌生的环境中劳作，过着与国内完全不同的生

---

① 冉继军：《中非媒介交往：理念、范式与特征》，《西亚非洲》2015年第1期，第143—160页。

② 韦红：《非洲非政府组织对中非合作关系的压力及其对策思考》，《社会主义研究》2009年第4期，第137—141页；王学军：《非洲非政府组织与中非关系》，《西亚非洲》2009年第8期，第56—61页。

③ Li Anshan, *A History of Overseas Chinese in Africa to 1911*, New York: Diasporic Africa Press, 2012, pp. 55-93；李安山编注：《非洲华侨华人社会史资料选辑（1800—2005）》，香港社会科学出版社有限公司2006年版，第3—4、10、19—20、25、130—143、150—151、159页。

活。除了那些死于苦工、重伤、虐待以及疾病的人外，绝大部分最终回国。① 中国人正是从这些劳工和非洲华人提供的信息中开始更多地了解非洲。

1908 年，摩洛哥爆发人民反对法国殖民统治和本国统治者投降行为的运动。孙中山先生曾高度赞扬了摩洛哥人民"不甘与孱王俱死，与主权同亡，乃发奋为雄，以拒外兵，以复昏主。内外受敌，危险莫测，而么民不畏也，惟有万众一心，死而后已"。② 20 世纪 30 年代中期，埃塞俄比亚殊死抵抗入侵的意大利军队，国民政府加入了国联对意大利的制裁，中国共产党则发表声明号召国人向埃塞俄比亚学习。香港地区红十字会派出医疗志愿者援助埃塞俄比亚，许多电影院放映关于埃塞尔比亚抗意的纪录片。③ 中国报纸和杂志刊登报道、评论，对埃塞尔比亚独立抗争给予坚定支持。随着日本侵华战争的爆发，中国人民对埃塞俄比亚表示了同情和赞赏。中国主流媒体表达了热爱和平的情感，谴责帝国主义和军国主义，支持埃塞俄比亚的正义斗争，特别是埃塞俄比亚人民对意大利军队展开的游击战。中国领导人和普通百姓都受到埃塞俄比亚抗意战争的极大鼓舞。④

表 1　　中国媒体和主流报纸有关埃塞俄比亚反意战争的报道

时间	媒体名称	发行号	文章标题
1935 年 8 月 1 日	《国讯》	102	壮哉阿比西尼亚
1935 年 12 月 9 日	《救国时报》		中国救护队赴西

---

① Li Anshan, "Control and Combat: Chinese Indentured Labor in South Africa, 1904 – 1910", in *Encounter*, No. 3 (Fall, 2010), pp. 41 – 61. 有关最后一批华工回国的消息，参见《东方杂志》第 7 卷第 3 期（1910 年 3 月），中国时事汇录。

② 《论惧革命召瓜分者乃不识时务者也》，载《孙中山全集》第 1 卷，中华书局 1981 年版，第 38—381 页。

③ 1937 年 2 月 20 日，上海一家电影院放映埃塞俄比亚人民反抗意大利侵略的纪录片，观众看到人民参军场景时起而欢呼鼓掌。两百余名意大利水兵和侨民乘机生事，对中国观众大打出手，他们冲进机房，捣毁放映机，打伤放映员，抢走影片。此事引发中国人民的极大义愤，纷纷对此恶劣行径表示抗议。

④ 张忠祥：《现代中非关系史上光辉的一页——中国人民声援埃塞俄比亚抗意战争》，《西亚非洲》1993 年第 2 期，第 66—70 页。

续表

时间	媒体名称	发行号	文章标题
1935 年 12 月 28 日	《救国时报》		庆祝亚国人民的胜利
1936 年 1 月 4 日	《救国时报》		民族革命战争的教训
1936 年 1 月 9 日	《红色中华》		民族革命战争在亚国
1936 年 1 月 29 日	《救国时报》		民族存亡的关键
1936 年 4 月 20 日	《救国时报》		阿比西尼亚誓死不屈
1936 年 5 月 1 日	《世界知识》	4 卷第 4 期	民族自卫的最好榜样
1936 年 5 月 16 日	《世界知识》	4 卷第 5 篇	阿军失败的原因及其教训
1936 年 6 月 24 日	《申报》		阿军继续抗战
1936 年 8 月 9 日	《红色中华》		阿比西尼亚人民继续进行对意抗战
1937 年 2 月 1 日	《世界知识》	5 卷第 10 期	黑炭头仍在抗战
1937 年 3 月 1 日	《世界知识》	5 卷第 12 篇	阿比西尼亚的炸弹
1938 年 1 月 5 日	《救国时报》		阿比西尼亚人民继续发展游击战争反抗意大利法西斯
1941 年 11 月 30 日	《新华日报》		东非英军占领公达尔

资料来源：张忠祥：《现代中非关系史上光辉的一页——中国人民声援埃塞俄比亚抗意战争》，《西亚非洲》1993 年第 2 期，第 66—70 页。

在非洲民族解放运动时期，中国人民通过多种途径对非洲人民表示支持，包括道义支持、经济支持和政治支持。从 1949 年到 1960 年，非洲 41 个地区与国家的 1000 多人通过民间交往的途径访问中国，包括民族解放运动领导人、工会代表、青年学生以及妇女组织代表等。很多正在领导反殖斗争的著名民族主义领导人如努乔马、穆加贝等都曾应邀访华。1960 年 4 月，由中国 17 个全国性人民团体发起、20 个人民团体作为会员团体和各界热心于非洲的社会知名人士参加的中国非洲人民友好协会（简称中非友协）在北京成立。[①]

1950 年，南非政府发表《集团地区法》（亦译为《种族分区法案》或《种族隔离法案》）。南非德兰士瓦印度人领袖致电毛泽东主席请求支

[①] 冯佐库：《中非友协对非民间外交工作的回顾》，《公共外交季刊》2012 年秋季号第 11 期，第 105—111 页。

持，毛泽东主席在回电中严厉谴责南非种族隔离政策，并表达了对南非人民的坚决支持。① 何香凝代表中国人民谴责南非政府，认为《集团地区法》会影响南非商人的贸易活动和企业家的经济生产，是对非洲人包括南非华侨正当的日常生活需求的侵犯。② 中国也支持了埃及、埃塞俄比亚、坦桑尼亚等国人民争取民族独立的斗争。1951年，埃及发生反对英国殖民侵略的抗议运动，得到中国人民的热情回应。几乎所有的中国报纸都刊登了普通老百姓支持埃及人民的来信。各界人士纷纷表达他们的信念，坚决相信中、埃两国人民将在反对帝国主义强盗的斗争中获得最后的胜利。北京大学研究埃及问题的马坚教授还专门撰文介绍埃及人民反对英国殖民统治斗争。③ 1952年1月，埃及人民对英国入侵进行了英勇的抵抗，中华全国民主青年联合会给埃及学生发去电报，表示中国青年将和他们团结一致，共同反对帝国主义，保卫世界和平。

在1953年3月日内瓦举行的国际保卫青年权利大会上，中国青年代表团与来自埃及、阿尔及利亚、突尼斯、摩洛哥、马达加斯加、法属西非等国家和地区的代表团进行了广泛接触并建立联系。据统计，在20世纪50年代早期的中国报纸中，有超过540封信件、电报、报告和文章表达了对非洲人民反对殖民主义和帝国主义的支持。④ 50年代，埃塞俄比亚与中国尚未建立外交关系，但1965年中国派出文化代表团访问埃塞俄比亚，埃塞俄比亚也同样派代表团回访中国，而双方直到1970年才建立了正式的外交关系。⑤

20世纪60年代，非洲国家赢得独立后，中国派出了多个文化代表团到非洲学习不同类型的非洲舞蹈。非洲国家派年轻人到中国留学，截至1966年，14个非洲国家的学生定期到中国来留学。1966年，"文化大革

---

① 《南非杜邦城印度人大会会议联合书记要求毛主席支持他们的主张，反对南非政府歧视非白色人，毛主席复电表示完全支持》，《人民日报》1950年9月15日。

② 《何香凝发表谈话斥南非联邦政府实行"种族分区法案"》，《人民日报》1950年9月20日。

③ 《帝国主义对埃及的侵略和埃及人民的反抗》，《人民日报》1951年11月19日。

④ 陆庭恩：《五十年代初期中国与非洲的关系》，《西亚非洲》1997年第1期，第38—44页。作者的数据来自当时发行的22份报纸、期刊和杂志。

⑤ ［埃塞俄比亚］凯提马·达迪、张永蓬：《中国与埃塞俄比亚建交与关系演变（1949—1970年）》，《西亚非洲》2009年第5期，第29—32页。

命"导致中国所有大学关闭,至1970年才恢复。一位名叫哈维的加纳学生曾抱怨中国的种族主义以及他在中国的不愉快经历。① 哈维的抱怨从客观上分析是可以理解的。虽然非洲学生像其他在中国学习的留学生一样,享受着一些特权,比普通的中国老百姓生活得要好,但是中国在60年代初处于最严重的经济困难时期,很难为他们提供更好的生活条件。同时,由于教条主义、社会禁忌和严格管理,在外国学生和普通中国人特别是在外国男性和中国女性之间形成了一种互相隔离的氛围,使得留学生的生活变得十分单调。尽管如此,非洲年轻学生在这段时期亲眼见到了中国的发展现状,他们也与中国人有了最初的接触。②

60年代和70年代,坦赞铁路和中国援非医疗队这两个重要事件极大提高了中非民间交往的水平。来自坦桑尼亚和赞比亚的培训生是最大的学生群体,他们专为修建和管理坦赞铁路来到中国接受培训,他们有着丰富多彩的生活经历。坦赞铁路的修建不仅为当时的"前线国家"做出了巨大的贡献,而且极大地促进了非洲人民对中国的理解。超过6万名中国工人参与了坦赞铁路的修建工作,这也为中非双方的接触提供了契机。③ 从1963年中国向阿尔及利亚派出第一支援非医疗队开始,之后中国分别向47个非洲国家派遣了医疗队。据统计,16000多名中国医生在非洲工作过,2.4亿多非洲人接受了中国医疗队的治疗,这极大地增进了双边往来。④ 中国人民也一直牢记在困难时期得到的来自非洲国家的支持。正是这种支持,中国才得以于1971年恢复在联合国的合法席位。

如果说20世纪60年代和70年代的民间交往主要是由政府推动的,那么,八九十年代中国进行的改革开放使中非民间交往进入一个新时期。国有企业带着工程师和工人来到非洲从事基础设施建设,这些人有机会亲自认识先前完全陌生的非洲大陆。另外,一些中国人到非洲旅行,也

---

① Immanuel Hevi, *An African Student in China*, Pall Mall, 1963.
② Li Anshan & Liu Haifang, "The Evolution of the Chinese Policy of Funding African Students and An Evaluation of the Effectiveness", Draft Report for UNDP, 2013.
③ Jamie Monson, *Africa's Freedom Railway: How a Chinese Development Project Changed Lives and Livelihoods in Tanzania*, Bloomington & Indianapolis: Indiana University Press, 2009.
④ Li Anshan, *Chinese Medical Cooperation in Africa: With Special Emphasis on the Medical Teams and Anti-Malaria Campaign*, Discussion Paper 52, Uppsala: NorkiskaAfrikainstitutet, 2011.

与非洲人民有了直接的接触和联系。80 年代，很多普通中国人开始在非洲经商。也是在这一时期，中非之间开始了多种渠道的文化联系。比如，1982 年，湖南长沙与刚果共和国的布拉柴维尔成为中国与非洲之间的第一对友好城市；1983 年，中国代表团参加了在津巴布韦举办的世博会；1988 年，毛里求斯建立了第一个中国文化中心；等等。随着越来越多的海外华人回国、中国人到非洲定居，一些非洲人到中国学习和经商，中非之间建立了另一座联系的桥梁。[①]

当然，这个时期的民间交往也存在一些问题，特别是在中国的非洲留学生中表现得较为突出。这些问题是由多方面的因素引起的，比如对经济环境或生活条件的不满意，美国和中东的政治冲突导致留学生之间的矛盾，还有不同的社会价值观的碰撞等等。抱怨和怨恨导致了冲突，甚至是游行。80 年代末，天津、南京等城市发生了非洲留学生和中国学生之间的冲突。这对于有着不同价值观的人来说是一种自然现象。[②] 冲突的导火索缘于中国民众包括学生对非洲男留学生和中国女青年亲密关系的态度。这些冲突在国际上引起了较大的反响，一些学者甚至片面地将这些事件描述成"国家种族主义"。[③]

80 年代和 90 年代，除了少数民间交往以外，中国领导人频繁出访非洲成为一种新现象，随后发展成为一种惯有模式。60 年代周恩来总理访问非洲后直至 70 年代末，很少有中国高层领导人访问非洲。1982 年，中国总理访问非洲 11 国，并宣布了中国与非洲国家开展经济技术合作的四项原则：平等互利，讲求实效，形式多样，共同发展。此后，多位中国领导人先后访问非洲，如李先念主席（1986 年）、杨尚昆主席（1989 年和 1992 年）、江泽民主席（1996 年）、李鹏总理（1997 年）。江泽民主席在非盟总部提出了中非合作的六项原则，强调中国和非洲是"全天候"的好朋友，并与 6 个非洲国家签署了 20 多份协议，为民间交往提供了更多机会。另一个现象值得注意：自 1991 年 1 月外交部部长钱其琛访问非

---

① 李安山编注：《非洲华侨华人社会史资料选辑（1800—2005）》，第 318—407 页。

② Li Anshan & Liu Haifang, op. cit..

③ Michael J. Sulliven, "The 1988 – 89 Nanjing Anti-African protests: Racial Nationalism or National Racism?", *The China Quarterly*, No. 138, Jun., 1994, pp. 438 – 457.

洲后，中国外交部部长每年年初出访非洲成为惯例。这些官方联系为更广泛的民间交往铺平了道路。中非合作论坛建立后，民间交往呈多种形式，大体可分为以下三种：中非合作论坛框架下的文化交流、中非双方个体之间的交往和民间组织的相关活动。

中非合作论坛与民间交往

进入21世纪，中非之间的民间交往有了更多机会。中非合作论坛建立之后，中非关系在政治、经济、社会和文化、教育和医疗健康、环境保护等多个领域都取得了迅速发展。民间交往也逐渐引起政策制定者的注意。在第一届中非合作论坛中，《北京行动计划》以及当时的议程都没有给予民间交往足够的重视，当时强调更多的是经济合作。随着中非合作的逐步深入，中国遭到了西方和非洲的一些批评，中国政府和非洲国家逐渐注意到草根阶层之间交流的重要性，因此在议程中开始增加多种文化交流活动，诸如培训非洲人包括青年学生，促进文化交流和草根阶层的联系。比较2000年第一届中非合作论坛到2012年第五届中非合作论坛所通过的行动方案，有关文化联系和民间交往的相关举措有一些明显的特征。[①]

第一，中国和非洲国家政府开始并未注意到民间交往的重要性，但很快弥补了这一缺陷。第一届中非合作论坛的文化合作项目只有一句话，"扩大文化交流，尤其是高层文化代表团、艺术和体育团组的互访，增加各类艺术展览和加强对对方文化的研究和介绍"。而第二届中非合作论坛通过的纲领文件中则有四个条款涉及文化交流与合作，《北京行动计划》包括了"民间交往"内容。

第二，重视文化交流和民间交往的趋势日益增强。第二届中非合作论坛之后，双方政府将民间交往纳入行动计划中，对这个领域的关注也越来越多。在第五届中非合作论坛的《北京行动计划》中，专门有一章为"人文交流与合作"，其中分为六个部分，包括24项具体措施，为促进民间交往采取了进一步行动。

[①] 以下相关资料除注明外，主要取自中国外交部网站的中非合作论坛"论坛档案"。

第三，文化联系和民间交往的类型更加多样，内容也更为丰富。当"民间交往"第一次被提出来的时候，只提到了文化节和中非青年之间的交流。而在第五届中非合作论坛中，更多领域的民间交往被提上日程，包括青年、妇女、非政府组织、年轻领导者、志愿者之间的交流，议程设计上也开始引入尽可能多的领域。

第四，民间交往的视角发生了变化。在中非合作论坛创建早期，虽然使用了"交流"一词，但是具体措施主要是将中国文化介绍到非洲，交流活动主要是由中国推动，也是在中国进行的。逐渐增多的民间交往暴露了中非合作的不平衡问题，这也引发了非洲、东方和西方的普通民众和学术界的一些批评。由于多方面因素的作用，中非双方交流开始变成真正的双向交流。非洲的主动性得到了发挥，非洲国家也做出了更多努力。在中非合作论坛中，非洲方面积极参与进来，导致了视角的变化。通过相互交往，非洲和中国都意识到非洲文化可以提供更多的东西。学者们开始研究中国可以在哪些方面向非洲学习。[①]

中非合作论坛框架之下的民间交往有着多种形式，包括各种各样的论坛、如中非民间论坛、中非农业合作论坛、中非青年领袖论坛、中非文化部长论坛、中非教育合作论坛、中非妇女论坛、中非法律合作论坛、中非智库论坛、中非广播电视合作论坛等。为了促进中非文化交流，中非合作论坛设计了一些在双方建立文化交流中心的项目，包括"中非文化合作伙伴计划""20+20中非高等教育机构合作计划""中非联合研究和交流项目""中非智库10+10伙伴计划"等。中非合作论坛开展了诸多文化活动，如"相聚北京""聚焦非洲"（隔年在中国举办）、"中国文化聚焦"（隔年在非洲举办）以及频繁在双方举办的丰富多彩的展览活动。截至2009年9月，中国有281名志愿者在埃塞俄比亚、塞舌尔、津巴布韦、突尼斯、毛里求斯、厄立特里亚、利比里亚和加纳进行了志愿服务工作。

中非合作论坛框架下加强民间交往活动的一项重要措施就是对非洲年轻人的培训。其数量迅速地增加，从第一届中非合作论坛的7000人增

[①] 李安山：《中国与非洲文化的相似性：兼论中国应该向非洲学习什么》，《西亚非洲》2014年第1期，第49—63页。

加到第二届的1万人和第三届的1.5万人,第四届为2万人,到第五届达3万人。① 到中国学习的非洲青年回国后讲述自己在中国的经历,更多年轻人或由非洲国家资助或个人自费来中国学习。培训非洲人才也是促进文化交流的重要途径。非洲人将他们的价值观、技术、绘画、雕塑、艺术品、舞蹈、乐器、电影带到中国,极大地促进了中国对非洲文化的了解。

中国—非洲个体之间的文化交流

很多的文化交流活动都是在草根阶层间展开的。中国的很多城市都有关于非洲文化的各种俱乐部,比如非洲舞蹈、非洲音乐和非洲鼓俱乐部等。北京大学每年都举办国际文化节,非洲学生摆好他们各自国家的展位,介绍自己民族的文化。为了向普通的中国人介绍非洲文化,北京大学非洲研究中心与《半月谈·内部版》杂志合作开设了主题为"走入非洲文化"的专栏,该刊至今已发表15篇关于非洲文化的文章,涵盖了非洲的世界遗产、非洲语言、非洲电影、非洲酋长的作用、塞内加尔总统桑戈尔、诺贝尔奖得主沃莱·索因卡、伊本·白图泰、伊本·卡尔敦和埃塞俄比亚文明等方面的内容。

中国的艺术家或普通中国人通过多种方式表达他们对非洲文化艺术的热爱。李松山先生和韩蓉女士是一对在坦桑尼亚工作和生活了十多年的夫妻,他们在长春市建立了松山韩蓉非洲艺术收藏博物馆,该馆收藏了非洲马孔德雕塑艺术品和挺嘎—挺嘎绘画艺术品,博物馆的成立还得到了两位坦桑尼亚总统的亲笔贺词。这对中国夫妇热爱非洲文化,他们花掉了自己所有的积蓄在北京建造了一个非洲艺术小镇,展示各种非洲艺术品。② 浙江师范大学非洲研究院也开设了一个非洲艺术博物馆。企业家郭栋先生在北京、海南和成都分别举办过好几次非洲艺术展览,王少波先生也收藏了不少非洲艺术品。张象教授是非洲史专家,曾在加纳大

---

① 参见中非合作论坛网站:http://www.focac.org/eng/ltda/,2015-03-18。
② 张怡:《李松山 韩蓉 中非民间文化使者》,《中华儿女》2011年第16期,第10—17页;马林:《李松山造就的"非洲艺术小镇"》,《中华儿女》2014年第24期,第68—71页。

学做过访问学者。他退休后积极参与歌曲创作,并于 80 岁时出版了自编的《中国—非洲友好歌曲集》。歌名充满了中国人民对非洲的热爱,如《中非友谊之歌》《中非,好兄弟》《白衣天使》《坦赞铁路之情永驻非洲》《祝非洲好运》等。这些歌曲被译成英语、法语、阿语、斯瓦西里语、豪萨语。他说:"我一直渴望用一种结合了学术追求和音乐激情的方式来表达我对非洲的深厚感情。"① 艺术家李斌绘制了一幅长 38 米、高 3.8 米的画,标题为"曼德拉",包括囚徒、总统与和平缔造者三个主题,以表达对这位非洲领袖的敬仰。② 这些普通的中国人热爱非洲艺术,努力促进中国人对非洲文化的理解。

非洲的几位歌手在中国极受欢迎,经常在电视节目中表演。最出名的是尼日利亚俩兄弟,哥哥叫作伊曼纽尔·乌维苏,他的中文名字叫郝歌;弟弟叫作史蒂夫,中文名字叫郝弟。有意思的是,他们演唱的歌曲都是中文歌,中文发音极为纯正,几乎没有口音。最近,擅长中国书法的塞拉利昂艺术家爱达·杨组织了一场为埃博拉的义卖活动。她与她的中国丈夫在中非友协的帮助之下发起了为非洲国家医治埃博拉捐款的活动。活动在中外友好协会的大厅里进行,十几位书法家和画家带着他们的作品参加了这场活动。③ 在中国还活跃着中央电视台聘用的非洲记者、非洲舞蹈团体、非洲鼓俱乐部、非洲艺术俱乐部等个人和社会民间组织。

在中国的普通非洲商人除了促进双边贸易之外,也为中国贡献了他们的知识、语言和价值观。一位成功的喀麦隆商人吉泽勒(Gizelle)在商店里向来自中国各城市的顾客介绍非洲手工品和家具,对于在中国扩大业务充满信心。④ 中国有很多像吉泽勒这样成功的非洲商人。义乌小商品市场专门建立了涉外纠纷调解办公室以处理商业分歧。该办公室包括 12 个国家的协调员。塞内加尔商人苏拉和几内亚同事志愿成为协调员。⑤ 他

---

① 张象:《中国—非洲友好歌曲集》,世界知识出版社 2014 年版,第 13 页。
② Liu Jian, "Remembering Nelson Mandel", *Chinafrica*, Vol. 7, Feb. 201, pp. 26 – 27.
③ Chen Yingqun, "Chinese, African artists donate to defeat Ebola", *China Daily*, August 25, 2014.
④ "African Merchants Thrive in China", http://english.cntv.cn/program/newshour/20120720/110441.shtml, 2015 – 02 – 11.
⑤ 陈岚:《老外帮老外,老外不见外》,《浙江法制报》2014 年 6 月 20 日。

们的加入使义乌商场变得更加多元化，也更加和谐。对于在中国的非洲移民而言，也确实存在着一些问题，包括语言交流的困难、中国移民部门的压力、文化适应的困境、周围中国人的误解等。①

相互理解是民间交往的关键。越来越多的非洲年轻人到中国来留学，他们学习多个专业。笔者记得一个来自刚果共和国的学生，他在市场上看到一些电子产品上写着"中国制造"，便决定到中国留学。他现在是北京邮电大学的一名研究生。很多非洲学生都在中国攻读研究生学位，如北京科技大学的塞尔吉·穆德勒（Serge Mundele），也有一些人已进入博士阶段的学习，比如摩洛哥留学生李杉（Erfiki Hicham）和刚果（金）的龙刚（Antoine Roger Lokongo），他们在北京大学国际关系学院学习国际政治专业。另外，一些非洲学生也在进行博士后学习，如来自突尼斯的伊美娜（Imen Belhadj）在北京大学国际关系学院完成博士学位后，又在北京大学外国语学院从事阿拉伯语言文化的博士后研究；尼日利亚的沃多·史蒂文·奥吉蒂（Oodo Stephen Ogidi）在大连理工大学做电子工程的博士后项目。他们将自己国家的文化带到中国，同时也学习中国文化，成为中非之间的文化桥梁。② 加纳政府官员阿杜·阿莫曾在中国学习了五年，他用自己的亲身经历证明了"非洲重塑了中国"，挑战了那种认为非洲人在中非关系中总是扮演着消极角色的传统观点。③

论及自己在中国的学习经历，加纳学生扎赫拉·派蒂（Zahra Baitie）在《大西洋月刊》撰文谈到中国人对非洲人的态度。她指出，虽然中国与非洲政府之间保持着友好关系，然而，"在民间交往方面，依然存在着无知、误解、缺乏宽容……尽管我经常被认作是'黑人'或'非洲人'，但我从未感受到被歧视或者敌视，反而是受到热情友好的对待。因为我

---

① Adams Bodomo, *Africans in China: A Sociocultural Study and Its Implications for Africa-China Relations*, New York: Cambria Press, 2012.

② China Africa Project, "Leading China Scholar Li Anshan Recalls His Experiences Teaching African Students", http://www.chinaafricaproject.com/leading-china-scholar-li-anshan-recalls-his-experiences-teaching-african-students-translation/, 2015 – 02 – 20; Li Anshan, "A Place to Learn, a Place to Realize Dreams", *China Daily*, April 11, 2014.

③ Lloyd G. Adu Amoah, "Africa in China: Affirming African Agency in Africa-China Relations at the People to People level", in James Shikwati, ed., *China-African Partnership-The quest for a win-win relationship*, Nairobi: Inter Region Economic Network, 2012, pp. 110 – 121.

讲普通话，因此能够听懂人们对我说的话，他们基本不会对我区别相待，或是有诽谤的言论"①。这种对非洲人的态度还在一个"观察者"的网站上得到了证实。这个网站刊登了一篇关于那位可以讲法语、英语、阿拉伯语和汉语的非洲人苏拉在义乌小商品市场担任志愿协调员工作的报告，吸引了 136 份动画反馈，其中有 128 个"喜悦"、5 个"新颖"、3 个"感动"，几乎所有网上评论都是正面的。② 当然，在中国也存在着对非洲人的无知和好奇心情况，但种族歧视不多。上海的朱女士在 15 年前收养了一个被遗弃的黑人婴儿，取名"朱军龙"。朱女士艰难地抚养他上了幼儿园、小学和中学。2014 年，朱军龙得到了上海户口，朱女士也成功完成了收养手续。③

与在中国的非洲人社区相似，在非洲也有很多中国移民。中国人在非洲城市中逐渐开始发挥文化交流与文化融合的作用，这些中国人社区成为介绍中国习俗、美食、书法、舞蹈、中医和中药的文化中心。中国电影和电视剧也开始吸引非洲的观众，汉语也在很多大学中成为一门相当受欢迎的课程。在肯尼亚内罗毕大学，汉语成为热门课程。2014 年，笔者在开罗大学孔子学院演讲时，学生用流利的普通话向我提问。津巴布韦大学的学生可以唱汉语歌曲。在非洲的中国人还举行各种赛事。最近，由津巴布韦华人华侨联合总会组织的一场足球赛引起轰动，两支由中非双方球员混合组成的球队进行了友谊比赛。④

随着移民到非洲的中国人和移民到中国的非洲人的增多，草根阶层的接触有了更多机遇。双方共同工作，一起娱乐，直接交流思想。这将会为更广泛的民间交往提供各种渠道。

---

① Zahra Baitie, "On being African in China", http://www.theatlantic.com/china/archive/2013/08/on-being-african-in-china/279136/, 2015-02-02.
② 《义乌涉外纠纷调解委员会，塞内加尔商人转型外籍调解员》, http://www.guancha.cn/video/2015_02_04_308534.shtml, 2015-04-05。
③ 《上海阿婆抚养黑人小孩 14 年，超越血缘的亲情》, http://world.huanqiu.com/photo/2014-06/2736818.html, 2015-03-15。
④ 《中津友谊足球赛在哈拉雷举行，庆祝中津建交 35 周年》, http://gb.cri.cn/42071/2015/02/23/7211s4880002.htm, 2015-03-18。

中国—非洲民间组织的相关社会活动

作为重要的组织者和参与方，民间组织在民间交往方面发挥了重要作用。2003 年，中国前外交部部长唐家璇指出，中国应该认真考虑非政府组织在国际事务中的作用，增强中国在非政府组织领域的话语权。民间组织参与中非发展合作具有重要意义。第一次中非公民对话于 2008 年在肯尼亚举办，由德国伯尔基金会组织，会议取得了丰硕成果。① 近年，民间组织凭借自身优势逐渐参与国内公益和国际发展合作，成为中国今后改革的重点之一。② 本文将引用四个例子来阐述民间组织在促进中非文化联系和交流方面所做的贡献，即中非人民友好协会、中国民间组织国际交流促进会、中国国际扶贫中心和中国扶贫基金会。③

（一）中非人民友好协会

中非人民友好协会（简称"中非友协"）成立于 1960 年，隶属于中国人民对外友好协会，与非洲国家、高层人士和当地政府建立了广泛联系。非洲有 33 个国家设有对华友好协会，包括与中国没有外交关系的布基纳法索。这些友好组织涵盖政治、经济、教育、文化、慈善等多个领域。1979—2011 年，中非友协共邀请了 52 个国家 100 多个代表团来华。特别值得注意的是，一些非洲国家的酋长代表团受邀来访，他们的到访极大促进了中国人对非洲文化的了解，也推动了双方之间的直观感受。

2005 年，南非夸祖鲁纳塔尔省的祖鲁国王兹韦里提尼（Goodwill Zwelithini）一行在中非友协的邀请下访问了中国。他们与福建农业大学建立了友好关系，并表示乐意学习相关的农业技术和汉语。④ 2006 年，

---

① Axel Narneit-Sievers, Stephen Marks and Sanusha Naidu, eds., *Chinese and African Perspectives on China in Africa*, Pambazuka Press, 2010. 这是本次会议的论文集，第五章专论公民社会的参与，参见该书第 213—253 页。

② 民政部负责民间组织的登记和管理，中国民间组织国际交流促进会负责国际非政府组织的交流。

③ 除特别注明外，有关资料和数据均来自这四个组织的网站。

④ 《祖鲁国王"热情拥抱"中国元素：养蘑菇，种水稻，学习中国话很重要》，http://www.nanfei8.com/news/nanfei/2013-03-28/3107.html, 2015-03-01。

加纳的阿散蒂国王奥图福·奥塞·图图二世（Otumfuo Osei Tutu II）率领由酋长、皇室官员和商人组成的代表团访华。他作为克瓦米·恩克鲁玛科技大学的校长与北京理工大学签署了友好合作协议。2009年，赞比亚酋长代表团受邀访问中国，该代表团与中非友协以及其他的中国领导人交流了关于民族政策和新农村建设方面的意见。2010年，喀麦隆丰班巴盟王国苏丹恩乔亚（Ibrahim MbomboNjoya）率传统酋长代表团一行六人访华。在访问期间，他们与中国国家民族事务委员会进行了交流。2011年，尼日利亚约鲁巴族阿德托昆博·斯举瓦德（Adetokunbo Sijuwade）王储和三位伊莱—伊费王子访华，此行的目的是加强与中非友协以及中国企业的合作。2012年，乍得恩贾梅纳区的卡夏拉·穆罕默德·卡塞酋长（Kachallah Mahamat Kasser）率领六人组成的代表团访华。

　　除了组织中非之间的双边互访之外，中非友协也参与到协调各种组织机构的有关中非合作的活动中，也协助举办各种大型会议。它组织了多次中非友好贡献奖，举办了多次中非地方政府合作论坛。第一届中非地方政府合作论坛于2012年举办，来自40个非洲国家的代表团和中国29个省市的代表团参加了此次论坛。现在中非友好协会正在筹办将于2015年8月份举办的第二届论坛。截至2013年4月，中国和非洲国家之间建立了113对友好城市，目前已经达到了120对。[①] 2014年8月12日，由中国人民对外友好协会和南非驻华使馆共同主办的"在北京看南非"摄影展在北京王府井步行街开幕。[②]

（二）中国民间组织国际交流促进会

　　中国民间组织国际交流促进会（简称"中促会"）近年来在国内外引起关注。该组织于2005年建立，在中非民间交往方面成为重要的参与方。在众多活动中，最重要的是该组织举办的中非民间论坛。2011

[①] http：//www.cifca.org.cn/Web/SearchByZhou.aspx? zhouID = 3&zhouName = % b7% c7% d6% de% E3%80%82，2015 - 04 - 05.

[②] "'South Africa in Beijing' Photo Exhibition Launches"，http：//www.capfa.org.cn/en/news _js.asp? id = 840&fatherid = 238，2015 - 03 - 18.

年，在中促会和肯尼亚非政府组织协调委员会的倡议下，首届"中非民间论坛"在肯尼亚首都内罗毕举行。论坛的主题是"发展伙伴关系，共促中非友好"。来自中国和19个非洲国家的200多人参与论坛，会后通过了《内罗毕宣言》。2012年，来自中国和35个非洲国家的300名代表参加了在苏州举办的第二届论坛，论坛的主题为"民意沟通、民间友好、民生合作"。来自北京大学国际关系学院的摩洛哥博士生李杉建议，中非双方非政府组织应创建一种符合中国和非洲实际情况的新的合作模式。2014年，由中促会和苏丹全国组织协会主办的第三届中非民间论坛在苏丹首都喀土穆举办。论坛主题为"分享经验、深化合作、付诸行动——中非人民共同实现减贫脱困的目标"。来自中国和27个非洲国家的200名代表参会，论坛达成共识，提交了《中非民间友好伙伴计划报告书》。

中促会还和非洲非政府组织一起组织了各种活动，邀请一些非洲领导人访问中国。2009年12月，中促会和中国计划生育协会等中方组织与津巴布韦新希望基金会和非洲医疗志愿者协会共同在津巴布韦的哈拉雷实施了旨在预防艾滋病的培训项目。2010年11月，中促会也协调全国防盲技术指导组、中国民主促进会、北京同仁医院、安徽对外经济建设有限公司和海南航空公司在马拉维和津巴布韦开展"非洲光明行"，中国医生为600多名白内障患者进行了手术，还为很多人免费治疗。2011年他们采取了同样的行动，目前这项活动仍在进行。[1]

中促会与非洲非政府组织建立了各种联系，并一起组织了中国—非洲非政府组织研讨会。2009年10月，来自埃塞俄比亚、津巴布韦、南非、乌干达、肯尼亚、苏丹、坦桑尼亚和博茨瓦纳的非政府组织的16名代表应邀访华，还参加了中国—非洲非政府组织研讨会，主题为"增进相互了解，促进交流合作"。2010年，中促会邀请了来自苏丹、肯尼亚、南非、津巴布韦、赞比亚、尼日利亚、毛里求斯、纳米比亚、马拉维、博茨瓦纳和加纳的非政府组织的34位代表访华。代表们参加了中非非政府组织研讨会，讨论了如何促进联合国千年发展目标的实现

---

[1] "Chinese Doctors to Perform Free Eye Operations", http：//www.herald.co.zw/chinese-doctors-to-perform-free-eye-operations/, 2015 – 03 – 14.

问题等，并参观北京市等地的残疾人康复中心，代表团还赴甘肃临夏市和白银市及云南昆明市和楚雄彝族自治州访问，了解中国农村扶贫、弱势群体保护、乡镇企业工会建设、少数民族发展及中国非政府组织活动等情况。2011年4月，肯尼亚卡隆佐·穆西约卡基金会主席波琳·穆西约卡女士受邀率领一个非政府组织代表团访华。来自肯尼亚、乌干达、坦桑尼亚、利比里亚、赞比亚和塞拉利昂的代表们在"促进民间交往、深化友好合作"的主题下参加了中非非政府组织研讨会，并学习中国地方政府和非政府组织在减贫和弱势群体的保护问题上所做出的努力。

（三）中国国际扶贫中心

中国国际扶贫中心也是参与同非洲国家发展项目合作的重要民间组织。2005年9月14日，在联合国成立60周年纪念峰会上，胡锦涛主席宣布中国国际扶贫中心在北京成立，其使命是为全球减贫做出贡献。中国国际扶贫中心是由中国政府、联合国开发署和其他的一些国际组织共同发起的一个国际组织。经过多年的苦心经营，中国国际扶贫中心成为中国在南南合作方面的旗舰组织。它的核心活动包括组织贫困减免方面的交流活动，进行知识、信息和经验共享；为世界范围内从事贫困减免活动的专业人员提供培训和咨询服务；为知识储备、政策分析和建议进行理论性和应用性研究。该中心举办了各种与非洲的发展合作相关的活动，与国际组织在消除贫困方面合作举办了多个会议。通过与经合组织国家发展援助委员会合作，该中心力图向非洲介绍中国的发展和减贫经验。该组织也在非洲举办了各种会议，就农业发展合作及投资环境方面交流经验和教训，并在非洲建立了坦桑尼亚中国国际扶贫中心和莫桑比克中国国际扶贫中心。

表2显示了中国国际扶贫中心从2006年到2013年的工作成就。在七年时间里，该组织实施了108项涉及非洲的活动，其中对非洲政府官员的培训项目高居榜首，占到47个项目。最重要的活动还包括中非经验分享项目，拥有不同类型的主题，如经济特区和基础设施建设、农业发展、投资环境等。该组织还一直举办中非减贫和发展论坛。

表2　　　　中国国际扶贫中心与非洲的国际合作项目
（2006年10月至2013年10月）

年份＼类别	研究项目	培训项目	交流项目	合作项目	总计
2013		5		7	12
2012		9	1	19	29
2011	2	13	1	5	21
2010	3	6	4	3	16
2009	2	3	5	5	15
2008	2	3	1		6
2007		3			3
2006		5			5
总计	9	47	12	39	107

资料来源：笔者根据中国国际扶贫中心年度报告及其他出版物整理。

（四）中国扶贫基金会

中国扶贫基金会成立于1989年。在为中国的减贫工作做出巨大贡献之后，中国扶贫基金会开始在非洲展开活动。民间交往很重要的一个方面就是扶贫。2007年，中国扶贫基金会在几内亚比绍发起了"母婴平安120行动"。2011年，中国扶贫基金会创办了苏丹—中国恩图曼友谊医院，通过与苏丹非政府组织和苏丹政府进行合作，达成了使管理标准化的协议。中国红十字会也在非洲进行了一些医疗援助项目。[1] 2014年，中国扶贫基金会和中国灵山公益慈善促进会共同发起了"微笑儿童非洲项目"。非洲慈善基金在中国扶贫基金会下建立，该项目专门为援助捐款，埃塞俄比亚成为第一个得到援助的国家。灵山公益慈善促进会作为首个捐助机构捐赠了300万人民币，并许诺在随后五年中再捐助1000万人民币，用于埃塞俄比亚儿童免费营养餐。该组织计划在捐款达到50万美金

---

[1] 赖钰麟：《民间组织从事对外援助：以中国扶贫基金会援助非洲为例》，《国际论坛》2013年第1期，第36—42页。

时将援助另一个国家。① 2014 年,该组织与中国的非洲专家、中国前驻非洲大使和来自非洲大使馆的外交官召开了一个咨询会,讨论将在非洲采取的进一步援助行动。

表 3　中国扶贫基金会进行的对外援助项目(2007 年至 2011 年)

时间	项目名称	主要合作伙伴	援助额（万元）	备注
2007 年 12 月	非洲贫困母婴援助（几内亚）	澳门乐善行、第一夫人基金	400	设备
2010 年 3 月	援助苏丹医疗设备	比尔特瓦苏	38.8	医疗设备
2010 年 4 月	苏丹非政府组织扶贫能力建设培训班	中国国际扶贫中心、比尔特瓦苏	56	培训
2010 年 6 月	援助苏丹办公设备	比尔特瓦苏	6.22	办公设备
2011 年 7 月	非洲贫困母婴援助	澳门乐善行、第一夫人基金	350	医疗设备
2011 年 7 月	援建苏丹阿布欧舍医院	中国石油天然气集团公司、比尔特瓦苏	463.5	房屋、设备、家具
2011 年 8 月	非洲之角救援	世界粮食计划署、新浪网	31.6	资金
2014 年 5 月		中国灵山公益慈善促进会	300	资金

资料来源：笔者根据赖钰麟和中国扶贫基金会网站和相关资料整理。

其他的一些民间组织也参与了同非洲合作的活动。2010 年底,在中国青少年发展基金会和世界杰出华商协会的联合资助下,"希望工程走进非洲"项目成立。该项目资助在坦桑尼亚和其他国家建设希望小学,为那些需要改善基础教育的非洲国家提供帮助。2011 年,中国青少年发展基金会在非洲建立了办公室,专门负责在非洲建设希望小学的援助。为

---

① 张木兰:《中国公益的非洲尝试:从政府到民间》,《公益时报》2014 年 5 月 20 日。

了给非洲年轻人进行技术培训,中信安哥拉百年职校应需建立。这所学校为当地青年免费提供培训,为年轻人带来了希望。

民间组织还参与非洲国家的环境保护活动。中国民间组织马拉野生动物保护基金会和东非野生动物保护协会于 2013 年在肯尼亚首都内罗毕签署了合作协议。作为第一个中国在非洲建立的民间组织,马拉野生动物保护基金会致力于非洲栖息地的保护,以保护狮子、大象等濒临灭绝的动物。这两个组织将建立战略合作伙伴关系,共同努力以推动国际协调与合作来促进生态环境和野生动物的保护。东非野生动物保护协会将为马拉野生动物保护基金会提供办公室,双方将合作出版中文杂志,在中国宣传野生动物保护的观念。①

中非民间交往的特点与展望

综上所述,中国和非洲有着相似的历史经历,民间交往也有着很长的历史,从 19 世纪晚期一直持续到今天。总体来说,上面提到的三种民间交往各有特点,也在一定程度重合。中非合作论坛建立后,三种类型的民间交往开始发挥作用,每一种形式都具有自身特点。在中非合作论坛框架下的民间交往具有以下三大优点。第一,活动规模大。通过发动官方组织和不同网络,这些活动可以覆盖多个方面。第二,资金有保障。因为这些活动被涵盖在政府预算之中,因此不用担心资金不足的问题。第三,影响范围广。政府可以调动各种媒体资源来报道这些活动,公众可以看到相关的新闻报道。然而,它也存在着一些不足。最明显的缺陷在于,这种形式由官方运作,往往缺乏扎实的群众基础。文化活动局限于官方层次,很难将草根阶层包含进来。如果政府管理不善,那么这些活动结果就可能是消极的,反而会造成双方人员之间的距离感。

至于通过个人进行的文化联系,只要中国人和非洲人在一起,这种交流就体现在每一个人、每一天和每一个地方。这种类型的联系是文化馈赠与民间交流,具有自然属性,传播得缓慢但很自然,没有刻意的设

---

① 《中国 NGO 与东非公益组织合作保护野生动物》,http://gongyi.sina.com.cn/gyzx/2013-07-03/111543912.html,2015-02-28。

计、组织的干预和政府的计划。人们来去自由，进行语言交流、肢体沟通、问候和欢笑，以日常的方式进行融合。这种行为虽然没有很多直接的效果，却深入到日常生活之中，文化的影响力通常是双向的、长久的、潜移默化的，正所谓"水银泻地，无孔不入"。当然，正因为它是个体之间的互动，其随意性比较强，也缺乏规划和正面的引导，有时难免出现一些负面效应。

民间组织主持的文化交流活动在中非互动中是最为普遍的一种形式。这种形式的交往比个人的交流更有效果。这种形式可以尽量避免政府的介入，因此普通民众更乐于接受。由于民间组织各种各样，民间交往的活动也可以是丰富多彩的，特别是一些官员退出领导岗位后，积极进入各类民间组织中。他们的信息、资源和能量很大，在中非合作中起到了积极作用。然而，民间组织需要找到更好的资金来源，以使各项活动获得可持续发展。因为存在合作伙伴的选择过程，这些组织不得不依靠政府或者是个人来获取资金。

不管在特征方面有多大的不同，中非之间的民间交往仍具有广阔的前景。这涉及各种各样的活动，如文化传播和交流、发展合作、经验分享、医疗援助、贫困减免、教育合作、环境保护等。

2006年中非合作论坛峰会后，《中国青年报》社会调查中心进行了一项中国人对非洲的认识的相关调查，受访人数为5080人。虽然91.6%的受访者表示对"中非合作论坛感兴趣"，但他们对非洲的了解非常有限：只有18.4%的人回答"非常了解"，71.7%的回答"知道一点点"。关于中国人对非洲大陆的印象，第一个印象是"贫穷落后""艾滋病"，然后是"多种多样的野生动物""运动和音乐舞蹈天赋""人类文明的发祥地之一""物产丰富"。关于中国人对非洲的理解，"饥饿""原始""战乱"排在第一位，然后才是"友好""热情"和"活力"。[1]很明显，人们对非洲的印象和理解（准确地说是误解）并不是来自于直接经验，而是来自别处，主要是来自媒体。然而，大多数中国记者对非洲知之甚少，我们怎能期待普通中国人了解非洲的历史和古

---

[1] 《30年后非洲会像今天的中国一样让世界刮目相看》，http：//zqb.cyol.com/content/2006-11/06/content_1563126.htm，2015-03-14。

老文明、非洲在奴隶贸易中的遭遇、非洲在殖民主义时期与西方的接触以及被凌辱的经历等。

非洲人对中国的印象又是怎样呢？非洲人对中国人的印象几乎与中国人对非洲人的印象如出一辙。刘植荣先生在非洲工作和生活了很长时间，与各个不同层次的非洲人打过交道。他在写到非洲人对中国人的理解时，列举出了非洲人对中国人的十个印象：中国人吃苦耐劳、清心寡欲、法律意识淡漠、不注意形象、扰乱市场、不团结、没有宗教信仰、什么都吃、抢夺非洲人的饭碗、中国商品廉价。① 虽然这篇文章只是刘植荣对非洲人理解中国人的转述，但这是来自他与非洲人的亲身接触经历，也可以说反映了非洲人对中国人的印象。上述认知虽然存在以偏概全的问题，但还是比较可靠的。非洲人看到中国建筑工人穿得不够讲究甚至邋遢，当然就得出了"中国人不注意个人形象"的印象。

上述两个事例说明，中国人和非洲人彼此不够了解，进一步说明了双方急需促进民间交往的必要性，让更多的人参与中非合作中，形成一种政府、企业和民间的三方良性和合作体系。只有这样，"中非战略伙伴关系"才会有扎实的依托和广泛的基础。

如前所述，中国学者的研究一般认为，民间交往应得到重视，这有助于增加中国的"软实力"，即在非洲宣传中国文化或者是中国形象，有助于纠正西方对中国的扭曲宣传和非洲人对中国的不当看法。我们有必要首先厘清民间交往的本质和目的。民间交往的本质既不是宣传式的，也不是为了增强亨廷顿所谓的"软实力"，而是文化互鉴、文化馈赠和文化融合。这是互相学习和互相理解的一种方式，绝不是一种"权力"。民间交往的过程是平等进行思想交流的过程，没有优越感和自卑感。民间交往的目的是双向的：理解对方的文化从而为双方建立更好的关系打下基础；使对方更好地理解自己。如果用宣传方式代替民间交往，不但效果是消极的，中非关系可能遭到破坏。

前面分析了三种民间交往形式的特点和存在的问题，也认识到中非之间的民间交往对文化交流的重要性。目前，一种观点认为中非之间的

---

① 刘植荣：《中国人留给非洲的十大印象》，http：//www.aisixiang.com/data/62701.html，2015 – 03 – 11。

蜜月期已经结束，现在正面临着比较困难的时期。这与双方之间出现的一些问题相关。[①] 笔者持相反观点：在中非双方之间，问题越多越好。为什么？如果中非双方之间没有联系，就没有问题；双方关系越广阔、越深入，越会出现更多问题。在平等的关系和相互尊重的条件下，中国和非洲国家可以坐下来，共同讨论问题所在并寻找解决办法。当问题得到解决之后，中非双边关系就会变得更加紧密。民间交往的加强必定会将中非关系的发展注入新的活力。

（原载《西亚非洲》2015年第3期，http：//www.hprc.org.cn/gsyj/wjs/mjdw/201601/P020160115535775681365.pdf）

[①] "The Chinese-African Honeymoon is Over"，http：//www.chinaafricaproject.com/chinese-african-honeymoon/，2015 – 03 – 18.

中国—非洲政治合作的可持续性[*]

内容提要：本文发表于中国外交部下属机构中国国际问题研究院成立 60 周年论文集（2017 年）。文章强调了中非关系的四个基本事实：中非关系的快速发展，中国为非洲提供了一种新的选项，中国在非洲所为（特别是基础设施建设）对非洲人民及各个国家的投资者有利，非洲人对中国（人）的看法普遍持正面态度。作者认为，尽管中非交往中存在着一种看似矛盾的现象，即一方面是经济合作不断拓展，另一方面双方的相互认知极其缺乏，但双方存在着政治合作的历史文化基础，这主要是指双方具有相似的历史经历和文化价值观。作者对"软实力"的概念提出质疑和批判，认为中国应该在国际舞台上提出"平等"和"公正"的道义主张，积极推进非洲国家进入联合国安理会并在这一问题上提出自己的方案。

中非合作的全方位展开向我们提出了新的问题：中非双方如何加强政治合作并使其具有可持续性。本文提出了目前中非关系的四个基本事实，并就双方关系中看似矛盾的现象进行了分析，阐述了中非政治合作具有较为坚实的文化基础。作者不同意在国际政治中使用"软实力"的概念，并说明单以实力为基础的权威是不牢固的，认为中国应在国际政治领域提出具有普世价值的道义原则，并在此基础上推动非洲国家加入联合国安理会常任理事国。

---

[*] 本文原标题为《中国—非洲政治合作的可持续性探讨》，载苏格主编《中国特色大国外交理论与实践（纪念中国国际问题研究院成立六十周年学术文集）》，世界知识出版社 2017 年版，稍有删改。

中国—非洲关系的四个基本事实

目前，尽管国际社会对中非关系存在这样或那样的评论甚至批评意见，但中非关系存在四个世人共知的基本事实。

第一，中国与非洲关系发展迅猛。这一点已十分清楚，不再赘述。

第二，中国为非洲提供了一种新的选择，这主要指两个方面。其一，中国为非洲提供了选择新伙伴的机会。独立以来，非洲国家一直受到其殖民宗主国的各方面制约，多与西方国家为伙伴。中国与非洲关系的快速发展使非洲国家看到了一种新的伙伴关系。其二，近年来中国经济的突飞猛进使非洲人看到了新的希望，他们提出了"向东看"的口号。换言之，中国在各方面的进步为非洲提供了一种新的发展模式的选择。

第三，中国在非洲所作所为特别是基础设施建设对各方有益。截至2015年9月，中国通过援助和融资在非洲已建和在建铁路5675公里，公路4507公里。① 中国还参与了航空设施、桥梁和港口码头的建设。这些基础设施既不是单为中国公司使用，也不仅仅有利于非洲人，而是对所有的国际投资者均有利。

第四，非洲民众对中国的看法基本正面。

2015年皮尤的全球态度调查项目就"对中国的看法"（Opinion of China）这一问题进行抽样调查。结果显示，绝大多数非洲人对中国持肯定态度（favorable）。在列出受访结果的所有非洲国家中，对中国表示好感的在加纳受访者中最高，为80%，其次是埃塞俄比亚和布基纳法索，均为75%，坦桑尼亚为74%，塞内加尔、尼日利亚和肯尼亚三国的受访者中70%对中国表示称赞，处于最低位置的南非也有超过半数的受访者对中国持有好感，52%表示肯定。② 2016年的世界发展信息日（10月24

---

① 《承前启后　继往开来　推动中非友好合作全面发展——王毅部长在第十五届"蓝厅论坛"上的演讲》，外交部网站，2015年11月26日，http://www.mfa.gov.cn/web/wjbzhd/t1318609.shtml，登录时间：2016年11月21日。

② Pew Research Center, "Opinion of China-Do you have a favorable or unfavorable view of China", *Global Attitudes & Trends*, http://www.pewglobal.org/database/indicator/24/survey/17/，登录时间：2016年11月21日。

日），非洲晴雨表发布了一份研究报告。该报告就 36 个非洲国家的民众对中国的态度进行了调查统计，平均 63% 的被调查者对中国持正面看法，其中马里的比例最高，达 92%。① 这些非洲人从哪些方面来感知中国呢？很明显，他们的这种正面态度主要是从与中国人的接触中所形成的印象。这种良好印象无疑为"一带一路"建设等各方面的工作打下了良好基础。

一种看似矛盾的现象

尽管中非关系突飞猛进，中国在经济结构调整和产能合作方面需要非洲，非洲在促进经济发展和工业化方面需要中国，但却存在一种看似矛盾的现象。

一方面，中非关系近年来取得长足进步。

2016 年，中非双边贸易额为 1492 亿美元，中国有望连续八年成为非洲第一大贸易伙伴。② 中国是非洲最大的工程承包方。2015 年，中国企业在非洲完成承包工程营业额 547.8 亿美元，占当年中国对外承包工程完成营业总额的 35.6%。③ 2016 年 1—11 月，中国企业在非洲新签承包工程合同额 652 亿美元，同比增长 7.2%，非洲继续稳居中国对外承包工程第二大市场。同期，中国对外承包工程新签合同额最大的 10 个国家有 4 个在非洲，分别为埃及、安哥拉、阿尔及利亚和埃塞俄比亚；中国对外承包工程新签合同额最大的 20 个项目有 9 个在非洲，其中埃及新首都建设项目、埃及汉纳维燃煤电站项目分别是第二和第三大项目，合同额为 27 亿美元和 26.4 亿美元。④ 截至 2015

---

① Kim Yi Dionne, "Here's what Africans think about China's influence in their countries", Afrobarometer, October 28, 2016, http：//www.afrobarometer.org/blogs/heres-what-africans-think-about-chinas-influence-their-countries.

② 商务部西亚非洲司：《2016 年中非贸易数据统计》，2017 年 3 月 21 日，http：//www.mofcom.gov.cn/article/tongjiziliao/fuwzn/swfalv/201704/20170402557489.shtml，登录时间：2017 年 6 月 5 日。

③ 中华人民共和国商务部：《中国对外投资合作发展报告 2016》，第 89 页，http：//fec.mofcom.gov.cn/article/tzhzcj/tzhz/upload/zgdwtzhzfzbg2016.pdf，登录时间：2017 年 6 月 5 日。

④ 中华人民共和国商务部：《2016 年商务工作年终综述之二十六：中非经贸合作稳中有进》，2017 年 2 月 8 日，http：//www.mofcom.gov.cn/article/ae/ai/201702/20170202511639.shtml，登录时间：2017 年 6 月 5 日。

年9月，中国公司在非洲修建铁路5675公里，公路4507公里。中国援助和融资建设各类学校200多所，每年向非洲提供7000多个政府奖学金名额，举办100多个技术管理研修和培训班。自2000年10月中非合作论坛建立到2015年9月，中国为非洲培训各类实用人才超过8.1万人次。①

另一方面，中国人对非洲的印象极其片面，非洲人对中国人的印象也甚为偏颇。

2006年11月第一届中非合作论坛后，《中国青年报》社会调查中心进行了一项中国人对非洲的认识的相关调查，受访人为5080人。虽然91.6%的受访者表示对"中非合作论坛感兴趣"，但他们对非洲的了解非常有限：只有18.4%的人回答"非常了解"，71.7%的人回答"知道一点点"。关于中国人对非洲大陆的印象，首先是"贫穷落后""艾滋病"，然后依次是"多种多样的野生动物""运动和音乐舞蹈天赋""人类文明的发祥地之一""物产丰富"等。关于对非洲的理解，"饥饿""原始""战乱"排在第一位，然后才是"友好""热情"和"活力"。②

同样，非洲人对中国也存在各种误解。长期在非洲工作的刘植荣先生在写到非洲人对中国人的理解时，列举出了非洲人对中国人的十个印象：吃苦耐劳，清心寡欲，商品廉价，法律意识淡漠，不注意形象，扰乱市场，不团结，没有宗教信仰，什么都吃，抢夺非洲人的饭碗。③虽然这篇文章只是刘植荣先生对非洲人理解中国人的转述，但这是来自他与非洲人的亲身接触经历，可以说真实地反映了部分非洲人对中国人的印象，虽然存在以偏概全的问题，但还是比较可靠的。非洲人看到中国建筑工人穿得不讲究甚至邋遢，当然就得出了"中国人不注意形象"的

---

① 《承前启后　继往开来　推动中非友好合作全面发展——王毅部长在第十五届"蓝厅论坛"上的演讲》，外交部网站，2015年11月26日，http://www.mfa.gov.cn/web/wjbzhd/t1318609.shtml，登录时间：2016年11月21日。

② 《30年后非洲会像今天的中国一样让世界刮目相看》，《中国青年报》2006年11月6日，http://zqb.cyol.com/content/2006-11/06/content_1563126.htm，查询时间：2015年3月14日。

③ 刘植荣：《中国人留给非洲的十大印象》，http://www.aisixiang.com/data/62701.html，查询时间：2015年3月11日。

印象。

以上看似矛盾的现象揭示了一个重要的问题。在经济方面，中国与非洲的交往非常活跃，对非洲的投入也十分巨大。然而，双方在文化交流方面仍处于一种极度缺乏的状况。正如一位马里人所说的：你们在早期帮我们建造了电视台，然而，目前马里电视台播放的却是西方人的节目。中非文化交流何时能正常开展？何时才能兴盛呢？

中非政治合作的历史文化基础

我们知道，中国对非政策是中国国家战略中的有机组成部分。

中国政府目前主要关注两个方面：对内全面深化改革和对外参与全球治理。从近年来国际发展的大势看，中国的主张逐渐获得世界上一些国家的认可，在某种程度上也得到了国际舆论的响应。从中国政府的作为看，对外政策（包括对非洲政策）从被动反应型逐渐转变为主动筹划型，这一点也日益为从事外交工作和学术研究的人所认同。从中非合作的角度看，经贸至上的方针逐渐转变为全面的战略思维。

然而，我们必须承认，在经济和其他领域方面仍然存在巨大落差。我们在发展和推动中非合作方面，要更多地强调双方的共同点，找到双方合作基础的最大公约数。例如，中国与非洲在历史文化上的相似性就表现为多个方面。第一，共为人类文明的发祥地，中国的秦兵马俑与诺克文化的陶器颇为相似，中国的古长城与埃及的神庙、埃塞俄比亚的方尖碑和拉利贝拉岩石教堂同为人类历史上的伟大建筑。中国与非洲早期都曾受到西方人推崇，1642年荷兰外交使团访问刚果王国时曾匍匐在地以表示对刚果国王的尊敬，约150年后英国马戛尔尼对乾隆皇帝单脚跪拜以表示敬意。中国人民与非洲人民同样反抗外来入侵，同样遭到残酷镇压，同样遭受殖民主义和半殖民主义的统治，同样争取民族独立，同样处于发展阶段。

我曾在一篇文章中提到中国与非洲文化的相似性。我认为，两种文化价值观具有的共性有以下方面：集体主义的哲学、敬老尊贤的原则、平等相处的理念、宽容待人的观点。中国与非洲的价值观都强调集体主义而非个人主义。中国与非洲都有尊敬老人的观念，而敬老往往与尊贤联系在一起。敬老尊贤成为中国与非洲共有价值观念之一。这与一味强调理性的社会有所不同。中非文化价值观念都强调平等和共享。尽管"平等"在西方是一个相对近期的概念,也成为近代以来社会运动和历史活动中最重要的关注点之一,但这一概念在中国和非洲社会已有很长的历史。"宽容"是一种传统、一种人生哲学,也是一种处事方式。中国与非洲社会都强调宽容的价值观。①

南非学者梅茨也在探讨非洲哲学与儒家哲学的关系。他认为,儒家传统与非洲传统非常尊重人的社会性,即一个人之所以为人是因为他存在于与他人的关系之中。这种人格并非《鲁宾孙漂流记》中的鲁宾孙那种脱离社会就难以真正生存的人格,而是一种更高级的、只有在真正的社会关系中才能体现出来的人格。换言之,个人的存在只在与他人的关系之中才能实现,因此大方、平和、谦卑、尊重他人是一个人的优秀品质。同理,"和"与"孝"也是重视与他人关系的表现。这种重视相互关系或社区关系的原则与西方社会强调独立、自由、控制、自信、独特、自我表达等不在乎他者存在的行为方式的哲学有很大区别。孔子对"仁"极其重视,这一点与加纳阿肯人对"仁"的重视几乎相同。阿肯人认为,拥有仁(virtue)比拥有金子更好,只要有仁,城镇即会繁荣。② 非洲关于和谐的哲学中没有等级的概念,主要是两个主题:人的相互依存和对他人的同情与帮助。③

---

① 参见李安山《中国与非洲的文化相似性——兼论中国应该向非洲学习什么》,《西亚非洲》2014 年第 1 期,第 49—63 页。
② 撒迪厄斯·梅茨(Thaddeus Metz):《儒家思想与非洲的价值观、现实观与知识观》,《国际社会科学杂志》(中文版)2016 年第 4 期,第 159—170 页。梅茨在文中还分析了儒家传统与非洲传统的不同,特别是对"和"这一境界的实现。根据他的理解,儒家的"和谐"是建立在等级制度的基础上,通过君子或其他上层等级的引导,而非洲人的"和谐"是"通过集团内部的紧密和同情的关系来达到的"。Yvonne Mokgoro, "Ubuntu and the Law in South Africa", *Potchefstroom Electronic Law Journal*, Issue 1, 1998, pp. 15 – 26。
③ See Thaddeus Metz, "Toward an African Moral Theory", *Journal of Political Philosophy*, Vol. 15 (2007), Issue 3, pp. 321 – 341; Thaddeus Metz, "Harmonizing Global Ethics in the Future: A Proposal to Add South and East to West", *Journal of Global Ethics*, Vol. 10 (2014), Issue 2, pp. 146 – 155; Thaddeus Metz, "Values in China as Compared to Africa: Two Conceptions of Harmony", in Hester du Plessis (ed.), *The Rise and Decline and Rise of China: Searching for an Organising Philosophy*, Johannesburg: Real African Publishers, 2015, pp. 75 – 116.

"软实力"之谬与全球治理之道义根基

近年来,"软实力"这一概念日益盛行。然而,这一概念实际上与中国的政治文化传统并不相符。

"软实力"概念的提出与美国对国际秩序的理解和硬实力下降直接有关,主要是放在国际关系框架中使用。这一概念具有强烈的意识形态色彩。越南战争后美国势力的衰落导致了两种不同的判断——英国历史学家保罗·肯尼迪认为美国在与苏联的冷战中消耗了大量的资源,正在走向衰落,而以哈佛大学教授约瑟夫·奈为代表的学者则并不认同这一观点,他们认为美国的实力不仅体现在强大的政治、经济和军事力量上,更体现在文化吸引力、政治价值观吸引力及塑造国际规则和决定政治议题等软实力层面。在1990年出版的《美国注定领导世界?——美国权力性质的变迁》一书中,作者约瑟夫·奈反驳了保罗·肯尼迪提出的"美国衰落论",认为美国的实力不仅体现在强大的政治、经济和军事力量上,更体现在文化吸引力、政治价值观吸引力及塑造国际规则和决定政治议题等软实力层面。虽然美国的硬实力有所下降,但其软实力仍无与伦比,美国依然是拥有最强能力来塑造未来的、最大、最富有的国家。[1]作为卡特政府助理国务卿、克林顿政府国家情报委员会主席和助理国防部长,约瑟夫·奈的官方身份与学术身份合二为一,美国利益在其学术研究中的位置可想而知。随着美国硬实力的相对下降,软实力作为补充力量日益重要。同时,美国在现今国际体系中奉行实力政策,习惯于挥舞大棒以充当国际警察。第二次世界大战结束以来的领导人一直以武力说话,在世界舞台上横行霸道。更重要的是,"实力"(power)这一概念在国际政治话语权中往往与"武力"(militancy)、"统治"(dominance)、"强迫"(force)、"逼迫"(coerce)、"控制"(control)、"暴力"(violence)等词语相连。这实际上是一种"霸道",与中国政治传统与王道哲学相违。在倡导命运共同体的中国话语中,在中国奉行独立自主的和平

---

[1] [美]约瑟夫·奈:《美国注定领导世界?——美国权力性质的变迁》,刘华译,中国人民大学出版社2012年版,"译者序",第1页,"结论",第215页。

外交政策实践中,这种建立在"力"与"利"基础之上的国际秩序是缺乏根基的。

用什么来取代"力"与"利"呢?我想,"德"应该是我们的优先选项。在国际社会强调全球治理的今天,中国应该把国际政治秩序的基础逐渐转移到与世界潮流相符的轨道上来,这需要大智慧。中国政府在改革开放前曾经一度秉持经济为外交服务的原则。改革开放以后,国家的重点放在发展上,外交为经济服务的原则甚为明显。当时我们需要西方的资金和技术,这一原则在改革开放初期起到了重要作用。然而,随着中国综合国力的增强,对外交往领域的扩大,中国在国际事务中承担的义务不断增加,如果仍以这种原则为出发点,不仅会局限中国外交人员的视野,也将极大影响中国作为一个有担当、有作为的大国的形象。中国不能光注重经济利益,必须要推崇道义力量。

古人云:以力服人不如以理服人,以理服人不如以德感人,以德感人不如以情动人。国之交往亦如此。孔子曰:"为政以德,譬如北辰,居其所而众星共之。"① 费孝通先生对文化的理解也有异曲同工之妙:"各美其美、美人之美、美美与共、天下大同。"② 中国在国际舞台上除了应具备自身综合实力外,必须有自己的道义主张,必须高举符合全人类共同利益的道义大旗。只有这样,才能感召天下。"平等"就是一个很好的普世概念。这既是人类一直追求的理想之一,也是历史上各种社会运动的目标之一,同时几乎在各个国家的宪法中都存在这一概念。"主权平等"作为举世公认的国际关系准则,写进了《联合国宪章》等重要国际法文件,联合国大会、世贸组织等重要国际组织的议事规则均为协商一致,成员不分大小、贫弱,一律拥有一票否决权。然而,这个概念和原则在以大国外交为主的国际政治实践中却鲜有存在。在国际舞台上,讲究的

---

① 《论语·为政》。

② "各美其美,美人之美,美美与共,天下大同"是我国著名社会学家、人类学家费孝通先生晚年总结人类和文明发展规律而提出的观点。有些资料提到,这16个字是他在1990年的八十寿辰聚会上提出的,也有些资料说,这是费孝通先生2002年讲到世界上各民族、各文化和平相处时提出的。实际上,这句话至少在1997年就完整出现了。参见《各美其美,美美与共——费孝通先生诞辰106周年》,2016年11月10日,https://sanwen.net/a/ykoplpo.html,登录时间:2016年11月25日。

是"强权即真理"。这既与人类的共同目标不合，也与中国传统政治理念不符。中国应在国际话语权之争和国际政治实践中高举"平等"这一旗帜。

高举道义大旗以推动非洲国家入常

正是建立在平等的国际关系这一信念之上，我们可以理直气壮地推动非洲国家入常。①

联合国成立时，非洲的独立国家只有1—2个，根本没有条件参与联合国的正常工作。然而，70年过去了，非洲大陆已有54个独立国家，非洲联盟也已成为非洲大陆整体利益的合法代表，而这个大陆在代表全人类利益的国际组织——联合国安理会中却无代表。无论从道义还是法理上，这都是说不过去的。近年来，非洲国家已经发出强烈声音，要求联合国安理会进行改革，非洲大陆对在联合国安理会拥有常任理事国代表的需求极为迫切，并在多个场合表达诉求。这种诉求合理合法，也是建立更加公正合理的国际政治体系的需要。

中国经常担心的是两个问题，一是安理会改革会造成对中国不利的局面，致使个别对中国不友好的国家入常。二是非洲国家尚不能推选出自己进入联合国安理会的代表，多个非洲地区大国均希望当这个代表。关于第一点，我们不能因为个别对中国不友好的国家想加入，就因噎废食，不力推联合国安理会改革。中国是一个大国，应有全球意识，决不能算小账。否则，中国难以成为一个真正负责任的大国。非洲国家长期以来帮助中国实现各种外交和政治目标，中国的政治赤字实在是太多了。坚决支持非洲国家入常，既可以体现中国在国际事务中重道义的作为，也可以大大提升中国的国际形象，这也是中非之间政治互信的具体表现。

战后的国际政治经济秩序在维持稳定、发展人类经济和社会方面起

---

① 有关推动非洲国家入常的建议，本人在2010年提交给外交部非洲司的报告中即已提出。2010年5月17—26日，本人受外交部非洲司委任，率领专家代表团（包括舒运国、李旦、牛长松三位老师）对喀麦隆、肯尼亚和坦桑尼亚三国有关中非合作论坛后续行动计划的落实情况进行评估工作。

到了非常重要的作用，这一点不容置疑。然而，一些规则和做法已明显不能适应形势的发展，联合国安理会的架构是明显的案例。这也是如此多的国家提出改革的症结所在。当然，安理会改革不可能一步到位，但中国完全可以将非洲国家加入联合国常任理事作为一个特例提出来，作为优先解决的选项。中国要加入全球治理过程，要提出自己的方案，这是一个很好的抓手。这样，中国可以高举追求平等的国际关系的道义旗帜，引领联合国改革朝着建立更加公正合理的国际新秩序的方向发展。

简言之，非洲国家长期以来在帮助中国方面做出了巨大贡献，中国政治上所欠赤字太多。中国没有理由因为要继续阻止某个国家入常而耽误非洲国家入常。那种认为非洲因内部竞争难以选出适当国家担任安理会常任理事国的看法也不应成为中国消极处理此事的理由或借口。支持和帮助非洲国家入常不可能一蹴而就，却是中非加强政治合作、提升政治互信的极好机会。非洲国家入常后在建立公正合理的国际新秩序的长期过程中会从自身发展的角度出发，必将支持，至少不会反对中国方案。

（原载苏格主编《中国特色大国外交理论与实践（纪念中国国际问题研究院成立六十周年学术文集）》，世界知识出版社2017年版，本文略有改动）

中国与非洲的文化相似性[*]

内容提要：本文原为英文，发表于2012年，经翻译修改后中文版于2014年发表。国人往往认为中国应该成为非洲国家的榜样，非洲人应该向中国学习。事情真的如此吗？文章探讨了中国与非洲文化的相似性并提出了互相学习的问题。对"文化"这一复杂概念的解释借用了理查德·A. 史威德所理解的"文化"，即各社会共同体特定的真、善、美及有效率的价值观。作者从集体主义、敬老尊贤、平等观念和宽以待人入手，认为这些方面的理念和实践体现了中国与非洲在文化方面的相似性。同时，作者不同意学界那种只注意非洲要向中国学习的观点，而提出非洲在一些方面有其自身的特点，值得中国学习，并具体分析了中国应从人与自然的和谐与平衡、强烈的社群观念、妇女权利以及处理边界的技巧等方面向非洲人借鉴。互相学习必须体现在中非合作之中。

变化世界中的中国与非洲

"这是最好的时代，这是最坏的时代。"英国作家狄更斯用这样的语

---

[*] 本文原为英文，参见 Li Anshan, "China and Africa: Cultural Similarity and Mutual Learning", James Shikwati ed. , *China-Africa Partnership—The Quest for a Win-win Relationship*, Nairobi: Inter Region Economic Network, 2012, 版权归本文作者所有。感谢田欣同学将原文译成中文。中文原标题为《中国与非洲的文化相似性——兼论中国应该向非洲学习什么》，《西亚非洲》2014 年第 1 期，稍有删改。

言描述他所处的时代。

今天，我们似乎也生活在这样一个时代。

在发达的西方社会，一方面，人类因高科技而生活在便利之中，一切都变得唾手可得，自由自在似乎成了生活的最理想状态；另一方面，国家成为最为复杂的巨大机器，人们的一切都在其掌控之中，电子眼和监视器让人的生活毫无隐私可言，利维坦成为生活中的现实。一方面，在西方社会，强调民主和平等成为日常生活的圭臬；另一方面，在世界权力舞台上，强制和暴力无处不在，无人机和炸弹可以在任何时候攻击任何地点，国际社会毫无平等可言。

在中国，一方面，我们取得了巨大的经济成就，人民更加富有，生活水平不断提高。我们有更多途径来表达自己的意愿，享有比以往更多的自由，这是"最好的时代"。另一方面，我们正在失去很多美好的东西，例如道德、友谊、慷慨、忍耐、宽容。人们变得短视浮躁，社会变得戾气弥漫。更有甚者，普通人要为食品安全而担心，纯净的空气和清洁的水都成了奢望，人们还要为资源分配和社会稳定的基本条件而担忧。温家宝总理曾指出：中国取得了快速稳定的发展，然而，中国发展中"不平衡、不协调、不可持续的问题依然突出"。[①]

在非洲，我们已经看到许多非洲崛起的信号，如许多国家国内生产总值连续十年以上保持4%—5%的增长，许多国家建立了相对稳定的政治体制，一些国家如卢旺达、埃塞俄比亚、安哥拉在经济上取得巨大进步，赢得了国际社会的赞赏，另一些国家如尼日利亚、苏丹则还清了本国的外债。2010年，麦肯锡全球研究所发表题为《狮子在移动：非洲经济的进步与潜力》的报告，充分肯定非洲近年来的经济增长，并对这个大陆的未来发展进行了乐观预测。在非洲投资比投资中国、印度、越南等亚洲国家的回报率要高出60%，非洲已成为全球投资回报率最高的地区之一；非洲也是全球发展速度最快的地区之一；2008年，非洲家庭花费已经达到8600亿美元，比俄罗斯或印度的家庭消费还要多。非洲大陆的人口红利也颇为可观。非洲的劳动力到2040年将达到11亿人以上。该

---

① 温家宝：《发展中不平衡不协调不可持续的问题依然突出》，March 5, 2011, http://news.cntv.cn/20110305/105099.shtml。

报告称,"2000年以后,非洲经济加速增长,成为世界上第三大经济增长区。""一些国家进行了微观经济改革,这促使经济更快的增长。"2008年,非洲的国民生产总值达到1.6万亿美元,手机用户增长到3.16亿户,营业收入在30亿美元以上的公司达到20家。此外,非洲未经耕种的可耕地面积占到世界60%。① 《经济学家》杂志曾在2000年将非洲称之为"无望的大陆";2011年,它来了个180度的大转弯,将非洲称之为"充满希望的大陆"。2013年春季,皮尤研究中心的"全球态度项目"从3月2日到5月1日在世界39个国家发放问卷以调查全球民众对总体发展趋势的看法,其中包括八个非洲国家(埃及、加纳、肯尼亚、尼日利亚、塞内加尔、南非、突尼斯和乌干达)。调查结果表明:非洲国家的民众在面对挑战的情况下对前景乐观。这无疑是一个好的预测。②

当然非洲也存在诸多严重问题。相当部分非洲普通民众并未享受到经济发展所带来的好处,依然生活在贫困中;在一些自然资源丰富的国家,"资源诅咒"逐渐显现,带来严重的政治灾难和社会动荡;在另一些国家,青年失业率居高不下,热带病、艾滋病和疟疾盛行,温饱问题未能解决,贪污腐败,贫富不均,资金外流。此外,西方势力不断无耻地干涉非洲事务,导致卡扎菲政权倒台,引发萨赫勒地带一场严重的动荡。

当前,国际经济正面临着大萧条后最严重的经济危机。欧元区的衰落给世界经济带来严重影响;美国在金融危机后五年依然保持高失业率。另外,非洲和亚洲的经济虽然也受到了严重影响,但状况相对较好,一直保持着稳步增长。汉语中"危机"一词由两个字组成,表示危险且充满机遇。对于那些准备充分且善于利用自身优势的人,危险时刻通常伴随着机遇。

在这个充满机遇与挑战的时代,中国和非洲的文化是否存在相似性?两者能否互相学习与借鉴?这是本文希望探讨的两个问题。"文化"是一个内涵丰富且意思含糊的概念。塞缪尔·亨廷顿曾在那本给国际学术界

---

① McKinsey Global Institute, "Lions on the Move: The Progress and Potential of African Economies", McKinsey Company, 2010.

② "Despite Challenges, Africans Are Optimistic about the Future", *The Africa Daily*, November 8, 2013. http://www.theafricadaily.com/10/post/2013/11/despite-challenges-africans-are-optimistic-about-the-future.html#.Un9BdmZaNw8.email, 2013-11-10.

带来巨大冲击的著作《文明的冲突与世界秩序的重建》中明确指出，语言和宗教是任何文化或者文明中最主要的两个因素。① 在此，我不愿讨论这两个"关键"因素，而愿从价值观的层面来探讨文化。实际上，早在20世纪50年代，克罗伯和克鲁克洪曾在《文化：关于概念和定义的检讨》一书中探讨了近代以来几乎所有重要的关于"文化"的概念。他们分析了自英国人类学家泰勒的代表作《原始文化》发表以来西方流行的各种文化定义，并将从1871—1951年的164种文化定义概括为六种类型，但最后仍认为文化最好被理解为一种行为系统，其核心要素是由传统观念尤其是价值系统构成，并同时指出了文化的整体性和历史性。② 但我仍然认为，将文化的关键因素归纳于语言和宗教过于机械，并明显带有种族优越感的成分。③ 因此，从价值观念中去探讨文化更具有普遍意义。本文中的"文化"特指"价值观念"，更接近于理查德·A. 史威德所理解的文化：各社会共同体特定的真、善、美及有效率的概念。"要成为'文化'的成分，这些真、善、美并直接生效的概念必须是该社会的遗产且普遍享有的，它们还必须是不同生活方式的构成因素。"④ 本文将分析中国与非洲之间文化层面的相似性；其次简要提及中国和非洲共同面临的挑战；最后探讨中非之间应如何相互学习，特别是中国应向非洲学什么。

中国与非洲的文化相似性

首先，中国和非洲在文化层次有许多相似性，本文将谈到四点：集体主义、敬老尊贤、平等意识，宽以待人。

---

① [美] 塞缪尔·亨廷顿：《文明的冲突与世界秩序的重建》，新华出版社1998年版，第47页。

② Alfred Louis Kroeber and Clyde Kluckhohn, *Culture, A Critical Review of Concepts and Definitions*, Peabody Museum of American Archaeology and Ethnology, Harvard University, 1952.

③ 西方人曾经认为只有基督教是正统宗教，信奉基督教的民族才是文明民族，其他都是蛮族和异教徒。后来，他们不得不承认伊斯兰教。对非洲的传统宗教，他们往往用带有贬义的"Fetish"来形容。

④ Richard A. Shweder, "Moral Maps, 'First World' Conceits, and the New Evangelists", in Lawrence E. Harrison and Samuel P. Huntington, eds., *Culture Matters, How Values Shape Human Progress*, Basic Books, 2000, p. 163.

（一）集体主义

中国与非洲的价值观都强调集体主义而非个人主义。集体主义可以用不同术语来描述，例如地方自治（在东非的斯瓦希里语中即"乌贾马"，Ujama）、村社主义（Communalism）、民族主义、社会主义或其他方式表述出来。在中国，集体主义作为一项基本概念和生存技能已经延续了数千年。孔子曰："大道之行也，天下为公。"①"君子敬而无失，与人恭而有礼。四海之内，皆兄弟也。"② 老子曾将"小国寡民"描述为一种理想社会："小国寡民，使有什伯之器而不用，使民重死而不远徙；虽有舟舆，无所乘之；虽有甲兵，无所陈之；使人复结绳而用之。甘其食，美其服，安其居，乐其俗……"③ 孟子曰："人有恒言，皆曰天下国家，天下之本在国，国之本在家。"④ 虽然孟子将"家"和"国"等同并将这种社会列为自己的理想社会的观点我们难以认同，但其中表现出来的以集体为主而非强调私人利益的观念十分明显，也有其积极之处。此外，现代中国将马克思主义作为其指导性的意识形态，实为这一观念更加符合中国社会的现实。

在近代非洲，各种意识形态影响着非洲社会，从而相应产生了各种思想观念。当然，诚如张宏明指出的，"非洲思想源远流长，如同非洲历史一样，非洲思想亦非起始于地理大发现时期，而是一个持续发展、演变的过程"。⑤ 就集体主义而言，非洲人常说："如果你想走得快，请独自行走，如果你想要走得远，请结伴同行"；"走大家走的路，如果你单独走，你有理由感到伤心。"这些谚语十分贴切地表达了非洲人的集体主义观念：个人的价值与安全都与群体相连。非洲还有更多表示团结合作的重要性，如"人多势大"（莫西族），"团结一致，胜券在握"（莫桑比

---

① 《礼记·礼运》。
② 《论语·颜渊》。
③ 《老子》，第八十章。
④ 《孟子·离娄》。
⑤ 张宏明：《近代非洲思想经纬：18、19世纪非洲知识分子思想研究》，社会科学文献出版社2010年版，第2页。有关对非洲思想观念的话语和论争的研究，See Pieter Boele van Hensbroek, *Political Discourses in African Thought – 1860 to Present*, London: Praeger, 1999。

克），"一个人拉不动一条船"（斯瓦希里族），"蜂喙鸟总是比翼双飞"（祖鲁族）。这组谚语清楚地表达了非洲人重视团结、强调互助的禀性。[1] 非洲大陆产生过各种与集体主义相关的思想，如布莱登的黑人意识与非洲个性，[2] 伦贝迪的非洲民族主义哲学，[3] 恩克鲁玛的泛非主义，[4] 桑戈尔的黑人文化认同，[5] 尼雷尔的乌贾马思想，[6] 马兹鲁伊的非洲和平主义[7]以及曾经一度流行的非洲社会主义等。[8] 非洲领袖或先哲们的这些思想观念既是对非洲传统价值观的继承，也是与世界文明互动的结果。这些思想深深地影响着一代又一代的非洲民众，并在今天的非洲联盟的意识形态产生了重要作用。根据现有的协商一致的非洲共同价值观可以将非洲分为四个层次：个人、国家、地区和大陆。尽管第一层次是个人，即"包括普遍的、不可剥夺的人权在内的价值观"，然而更多内容反映了集体主义，如"宽容""参与治理与开发过程""在需要的时候互相帮助，共同分享""尊严与尊重""正义""公平感""人人平等""尊敬老人""诚信"以及"社会凝聚力和包容性社会"，[9] 等等。

（二）敬老尊贤

中国与非洲都有尊敬老人的价值观念。敬老尊贤是中华传统美德之一。孔子说"为人也孝弟"[10]，古人的注释为"善事父母曰孝，善事兄长

---

[1] 李保平：《传统与现代：非洲文化与政治变迁》，北京大学出版社2011年版，第36页。

[2] E. D. Blyden, *Christianity, Isam and the Negro Race*, Edinburgh University Press, 1967 (1888), pp. 221, 276.

[3] Gail M. Gerhart, *Black Power in South Africa: The Evolution of an Ideology*, London, 1978, pp. 54 – 64.

[4] Kwame Nkrumah, *Africa Must Unite*, London, 1963.

[5] L. S. Senghor, *Negritude or humanisme*, Paris, 1964.

[6] J. Nyerere, *Ugamaa, Essays on Socialism*, London, 1968.

[7] Lindah Mhando, "Pax Africana: Relections on Paradoxes of Violence and African Cultural and Moral Values", in Seifudein Adem, ed., *Public Intellectuals and the Politics of Global Africa: Essays in Honour of Ali A. Mazrui*, London, 2011, pp. 131 – 161.

[8] 有关中国学者对非洲社会主义的研究，参见唐大盾等《非洲社会主义：历史理论实践》，世界知识出版社1988年版；唐大盾、徐济明、陈公元主编《非洲社会主义新论》，教育科学出版社1994年版。

[9] African Union Commission, *Strategic Plan 2009 – 2012*, May 19, 2009.

[10] 《论语·为政》。

曰弟",可见"弟"(悌)是孝的引申,即"孝"包括孝顺父母,也包括尊敬兄长,"弟"成为"孝"的规范体系的组成部分。孔子认为:"孝弟也者,其为仁之本与",即孝敬老人、尊敬兄长是"仁"的根本所在。实际上,无论是一个服务于民众的好人,还是一个不利于社会的坏人,都是将孝敬老人放在自己生活的重要位置。另一位儒家思想家孟子提出的有关敬老爱幼的名言"老吾老,以及人之老,幼吾幼,以及人之幼",[1]明确表达了他人的父母等于自己的父母,一个人不仅要尊敬自己家的老人,也要尊敬其他老人。敬老爱老的孝道精神主要表现在多个方面。首先是不违,即听从父母的教诲,不违抗父母的意志;其次是奉养,即从物质生活的各个方面奉养父母;再次是体贴,即关心和照顾父母的身体健康;最后是感恩,通过"葬之以礼,祭之以礼"的仪式来表达自己对父母的感恩和追思情愫。这种孝道已经成为中华民族的优良传统。

"敬老"在非洲人的观念中也占有重要地位。非洲存在很多表达尊敬老人的谚语,如"一个老人如同一个图书馆"(坦桑尼亚等国),"欲学好谚语,就去问老人"(尼日利亚),"秃头和白发应当受到尊重,因为这是杰出的标志"(利比亚),"人老智慧至"(刚果),"老人能讲出最好的故事"(斯瓦希里语),"老猎人不会落入陷阱"(南部非洲),"老人劝诫是菜里的盐"(加纳)等。[2]

实际上,敬老往往是与尊贤联系在一起的。由于社会的交往需要经验,关系的处理需要智慧,知识的积累需要时间,老人往往成为一个社会的睿智之人、贤达之人。篇幅的关系,在此不再引申。这种观念是一种具有历史感的社会的必然表现,也是人类社会智慧的象征,中国人与非洲人都从他们的传统中认识到:时间创造经验,老年人的知识能够服务于社会,为人们提供经验教训。这也是敬老尊贤成为中国与非洲共有价值观念之一的重要原因。这与一味强调理性的社会有所不同。

---

[1] 《孟子·梁惠王上》。
[2] 李保平:《传统与现代:非洲文化与政治变迁》,北京大学出版社2011年版,第39页。

(三) 平等观念

中非文化价值观念都强调平等和共享。尽管"平等"在西方是一个相对近期的概念，也成为近代以来社会运动和历史活动中最重要的关注点之一，但这一概念在中国社会已有很长的历史。[①] 这一概念蕴藏在中国古代哲学中，并以不同方式表现出来。儒家思想中蕴含着强烈的平等意识。孔子自己便将平等作为其教育原则，提出"有教无类"，[②] 认为无分贵族与平民，不分国界与华夷，只要有心向学，都可以入学受教。中国教育思想中也有"教学相长"的提法，[③] 认为老师与学生之间地位平等，可以互相学习，共同进步。孟子著名的"民本"思想认为人民并不比君主低贱，而是具有平等的地位，他认为"民为贵，社稷次之，君为轻"。[④] 虽然中国是一个等级制十分严格的社会，但平民享有的权利使他们有机会成为统治阶级的一员，相当多的将相出身贫寒，平等的教育为他们提供了一条可以通过自身努力而显达的仕途。平等之所以被认为是社会主义内涵之一并成为中国共产党的指导原则，主要因为这一观念在中国人民中有着深厚的历史根源。

在非洲的传统政治制度中，虽然也存在着严格的等级制度，但平民有自己参政议政的权力，也有自己的组织，在社会和政治生活中占有一定的地位。他们可以根据酋长（或国王）的表现来决定其是否应该继续任职。以加纳为例，早期民族主义学者凯斯利·海福德曾这样描述黄金海岸（今加纳）的平民的作用，必要时，"那些将他（酋长或国王）扶上王位的人们有权根据正当的理由将他从职位上拉下来"。[⑤] 黄金海岸的平民组织称为"阿萨夫"（原译"阿萨乎"），其首领并非官方议事会的成员，但由于他是公认的平民代表，长老议事会对他的意见十分尊重。每次选举时，平民坐在他们的首领后面。当选举委员会将母后提出的候选人公布于众时，选举委员会的发言人问："这是母后说的，大家的意见

---

① 有关平等观念的历史，参见高瑞泉《平等观念史论略》，上海人民出版社2012年版。
② 《论语·卫灵公》。
③ 《礼记·学记》。
④ 《孟子·尽心下》。
⑤ Casely Hayford, *Gold Coast Native Institutions*, London: Frank Cass, 1970 [1903], p. 33.

如何？"平民们回答："我们愿意听长老们的意见。"然后，他们再对长老们的意见表达自己的看法。① 平民享有的这种参政议政的权力在一定程度上制约了王权，并一直保持着黄金海岸政治制度的延续。② 实际上，在非洲的诸多社会，均存在着这种平等的理念和实践。"大树下的民主"这一对非洲民主制的表述是对非洲同时存在的平等观念的最好概括。在非洲联盟发表的含有非洲共同价值观的文件中，"共同分享""尊严与尊重""正义""公平感""人人平等"等表述都说明了平等的重要性。③

人类应当互相关心，互相尊重，这是中国与非洲社会的共同理想。世界历史上，平等原则曾是英、美、法等国人民奋斗的主要目标，也是近代多次革命所追求的理想，直到现在仍受到西方的赞誉。然而，在国际政治中，"强权即公理"的观念无处不在，而"平等"这一原则却鲜被人提及。毛泽东主席在与非洲朋友交谈时提到，中国人与非洲人有着相同的历史经历，也都受到西方国家的轻视和帝国主义的欺凌。中国与非洲国家间的关系是平等的，"我们之间的关系是兄弟关系，而不是父子关系"。④ 邓小平对非洲领导人的态度也是一样，他曾与布隆迪和乌干达的国家领导人结为朋友。⑤ 继任的中国领导人江泽民、胡锦涛都与非洲领导人保持着平等的关系。⑥

---

① K. A. Busia, *The Position of theChief in the Modern Political System of Ashanti*, Oxford University Press, 1951, pp. 10–11. 有关平民组织在加纳政治中的作用，参见李安山《殖民主义统治与农村社会反抗——对殖民时期加纳东部省的研究》，湖南人民出版社1999年版，第108—172页；Anshan Li, "Asafo and Destoolment in Colonial Southern Ghana, 1900–1953", *The International Journal of African Historical Studies*, 28: 2 (1995), pp. 327–357。

② 李安山：《阿散蒂王权的形成、演变及其特点》，载施治生、刘欣如主编《古代王权与专制主义》，中国社会科学出版社1993年版，第161—185页。

③ African Union Commission, op. cit., p. 31.

④ 《毛泽东论外交》，中央文献出版社、世界知识出版社1994年版，第490—492页；黎家松主编：《中华人民共和国外交大事记》第2卷，世界知识出版社2001年版，第432—433、438页。

⑤ 《邓小平文选》第3卷，人民出版社1993年版，第289、290页。

⑥ 笔者于2006年11月10—11日在香港科技大学参加"中国—非洲关联（China-African Links）"国际研讨会时，大会曾邀请尼日利亚驻香港总领事作午餐发言，他在发言时表示："我们就是愿意与中国人打交道。为什么呢？因为无论我们碰到什么问题，双方都可以坐下来谈，平等地讨论以找到解决问题的办法。我们与西方人打交道时没有这种地位。"

（四）宽容待人

中国与非洲都强调宽容的价值观。当孔子的弟子子贡问他什么是生活中最重要的品质时，孔子答曰："是恕乎！己所不欲勿施于人。"① 自己不愿意接受的事，为什么要强加给其他民族呢？当今世界，由于西方国家往往喜欢按照自己的价值标准来评价别人政治、经济、社会和文化，并使用各种手段强加于人，"宽容"和"忍耐"的观念便显得日益重要。在非洲，"宽容"是一种传统、一种人生哲学，也是一种处事方式。非洲很多谚语表达了这一观念，如"应当宽恕请求原谅的人""谁损人利己，谁就会失去友谊""千万不能向朋友提出过分要求""在吵架的房间里，啤酒会变得酸苦难咽"等。② 在处理政治问题时，非洲人的原则是协调和妥协，即通过协商和调解的灵活方式，而非零和游戏，即从政治上去消灭对手。南非的种族隔离制存在了几个世纪，白人种族主义政权对黑人和其他族裔犯下了滔天大罪，但以曼德拉为代表的非洲人国民大会和广大黑人群众却以博大的胸怀和宽容的态度，通过和平方式解决了极其尖锐的种族矛盾，实现了民族和解。这是当今世界的奇迹。这也是为什么曼德拉成为当代世界唯一一位既受到东方人敬仰、也受到西方人推崇的伟人。塞内加尔第一任总统桑戈尔是一位天主教徒，但他在治理自己所属的这个伊斯兰国家近二十年的时间里与穆斯林相安无事。一位非洲酋长告诉我：非洲人可能是世界上唯一一会邀请自己的敌人赴宴的人民。③ 非洲人民深深认识到，只有通过践行宽容这一原则，非洲大陆才能保持其"社会凝聚力和包容性社会"④。

"宽容"作为中国人日常社会交往中一项重要原则，也在中国外交政策上打下深刻烙印。⑤ 中国对非洲的援助一直秉承不附加任何政治条件的

---

① 《论语·卫灵公》。
② 李保平：《传统与现代：非洲文化与政治变迁》，北京大学出版社 2011 年版，第 27、32 页。
③ 笔者与非洲酋长访华团成员的交流，2013 年 11 月 29 日于北京万寿宾馆。
④ African Union Commission, op. cit., p. 31.
⑤ Li Anshan, "Cultural Heritage and China's African Policy", in Jing Men and Benjamin Barton, ed., *China and the European Union in Africa: Partners or Competitors*? Ashgate, 2011, pp. 41 – 59.

原则，这一点引起了西方国家的反复攻击。然而，某些国家喜欢从自身利益出发，以自身的标准来比照其他国家，动辄批评他国。这些批评往往披着"普世价值"或者"国际标准"的外衣，认为西方信条是普世的原则。这种横蛮的做法已经时兴一段时期了，却日益遭到他国的抵制。美国总统奥巴马在访问非洲时，在塞内加尔总统面前批评该国的同性恋政策，遭到塞内加尔总统的抵制；他在南非总统祖马面前对南非与中国合作说三道四，被祖马严词反驳。历史经验告诉我们，对他国的干涉（特别是武装干涉）往往不能解决问题，而是制造更多的问题。

今天，中国与非洲都面临着相似的挑战。在非洲，"传统社群通常意味着归属与分享，但这些社群也面临着贫困、无力、违背人类尊严、社会孤立、性别歧视、贪腐、缺乏效率等一系列问题；从而导致人们为了生存越来越多地转向国家机构和民间社会组织等"。[①] 这种现象既有发展过程中滋生的问题，也有因为国家治理不当而产生的问题。中国社会也面临相同的挑战。一方面，传统社群依然存在，并在社会生活中发挥重要作用。另一方面，每一项传统都在被社会发展进程侵蚀。除了传统与现代化之间的困境，发展本身也蕴含诸多矛盾，例如集体主义与个人主义之间的矛盾、经济发展与环境保护之间的矛盾、国家干预与自由市场之间的矛盾等。如何妥善解决这些矛盾是中国与非洲共同面临的挑战。

非洲值得中国学习

分析了中国和非洲在价值观念和所面临的挑战方面的相似性后，我们可以提出一个问题：中非之间可以相互学习吗？答案是肯定的。

目前，在学术界中，常见的观点是中国的经济社会发展迅速，非洲应该向中国学习。这种观点在中国的知识界中尤其突出，也非常普遍。然而，我可以十分肯定地说：这种观点是十分片面的。事实上，中非之间应当相互学习。首先探讨一下中国能够从非洲学到些什么。

第一，非洲人深信人与自然之间应保持和谐与平衡。人是自然的一

[①] African Union Commission, op. cit., p. 30.

部分，二者之间通过多种方式相互联系。在非洲的传统信仰中，土地属于整个群体，包括逝去的祖先、当前活着的人们以及未来将诞生的后代。土地和人群都属于一个未隔离的世界。非洲妇女之所以多在田间劳作，其原因并非如外界所认为是大男子主义的表现，而是因为人们认为作为孩子母亲的妇女与作为人类母亲的土地之间有着更紧密的联系，她们的劳作会给人们带来更丰硕的成果。当然，非洲还有许多仪式与敬畏土地或崇尚大自然有关。在中国的文化传统中，尽管人们也强调天人合一的观念，但相对恶劣的自然条件和庞大的人口迫使人们不得不从大自然中获取更多的食物和生活必需品，因而人与自然和谐发展的意识并不强烈。新中国成立后，"人定胜天"的观念在实践中带来无法计量的后果。更糟糕的是，自20世纪80年代改革开放以来，中国经济的迅速发展，不断增加的能源、资源需求给自然环境带来巨大的压力。近年来，由于自然对过度开发这一现象的惩罚，迫使中国人重新认识自然，科学发展观逐渐贯彻到国家建设之中。不论怎样，非洲人尊重自然、崇尚自然、与自然和谐共存的理念，值得中国人学习。

第二，非洲人的家庭与社群观念（sense of community）十分强烈，而这恰是当代生活在城市里的中国人正逐渐丢失的。在非洲，无论一个人多么富有，多么有权有势，他都必须承担对家庭和亲人的责任。我们多次听到这样的事情，一些非洲政府官员必须照顾整个家族，招待许多来访的亲人。我的非洲朋友们拿到工资后都会立刻给家人寄去，我的学生也经常给家里寄钱，"否则他们如何生活？"尽管他自己的钱并不多。这种社群观念是一种"上帝制造"的，因为它可以超越居住在一个地方的人群；它也是人制造的，因为它只能通过实实在在的每一个人才能体现。人们来到社区中心进行各种活动，因为这是人们社会、政治、法律、文化中心，是社会交流的平台。毫无疑问，当前中国的农村依然以家庭为纽带，家庭在他们心中占有非常重要的地位。然而，随着城镇化的发展和物质主义的强化，个人主义正在逐渐侵蚀着我们的家庭观念和社区观念。家庭作为社会结构的基本元素在人类发展中扮演着重要角色。从发展的角度看，家庭的地位决定了社会结构的稳定性。强调并保持家庭的重要地位是中国应该向非洲学习的第二点。

第三，在非洲国家，女性通常可以享有更多权利，这一点也值得中国学习。一些听说过非洲女性受到歧视的中国人也许会感到奇怪。然而事实的确如此。和中国女性一样,历史上非洲女性也在维持家庭和保卫国家中发挥过重要作用。非洲联盟委员会的主席恩科萨扎娜·德拉米尼—祖马在就职前所作的一次演讲中提到两个有关非洲女性的历史事实。公元690年,一位名为达希亚·艾尔—卡希纳(Dahia Al-Kahina)的北非自由女战士在抵御阿拉伯人入侵的战斗中,勇敢地指挥军队与阿拉伯人作战,她宁愿牺牲自己的生命也不愿投降阿拉伯人。非洲著名的知识之城——马里的廷布克图(Timbuktu,一译廷巴克图)也是以一位名为布克图(Buktu)的女性的名字命名的,城中的桑科雷(Sankore)清真寺也是由一名女性所建。[①] 19世纪的反殖民斗争时期,非洲女性为她们的民族做出了巨大贡献。尽管历史上的非洲女性(特别是母后或王室女性)在政治制度中扮演过十分重要的作用,但殖民统治的建立将女性彻底排除出了政治领域,导致非洲女性完全丧失了在政治上表现的机会。[②]

我们知道,一些欧洲国家的妇女在历史上长期受到歧视,妇女的选举权和投票权经过长期斗争才取得。法国(1945年)、意大利(1946年)和比利时(1948年)均在现代国家形成后的相当时间内才普遍实行了男女平等的选举制。[③] 非洲国家独立以后,女性的确比欧洲女性更早享有政治权利。不可否认,女性在一些非洲国家依然被轻视,有的国家存在着严重的性别歧视。然而,早在1969年,利比里亚女性安吉·布鲁克斯(Angie Brooks)就已经当选为联合国大会主席,她表示:她为她所在的大陆、她的祖国、她的性别而骄傲。[④] 有"非洲公主"之称的托罗·伊丽

[①] "Lecture by Incoming AU Commission Chairperson, Dr Nkosazana Dlamini-Zuma to the ANC Women's League", July 29, 2012. http://www.safpi.org/news/article/2012/nkosazana-dlamini-zuma-auc-lecture, 2012-08-12.

[②] Kwame Arhin, "The Political and Military Roles of Akan Women", in Christine Oppong, ed., *Female and Male in West Africa*, London: George Allen & Unwin, 1983, pp. 91-98. 尽管学界对此主题研究不多,但阿散蒂母后率领民众抵抗英军侵略的史实却鼓舞着加纳人民。有关英军侵略阿散蒂的史实,See Thomas J. Lewin, *Asante before the British: The Prempean Years*, 1875-1900, Lawrence: The Regents Press of Kansas, 1978, pp. 177-222。

[③] C. L. 莫瓦特编:《新编剑桥世界近代史》第12卷,中国社会科学院世界历史研究所组译,中国社会科学出版社1987年版,第34页。

[④] A. A. Mazrui, ed., *General History of Africa Africa since 1935*, Vol. 8, UNESCO, 1995, p. 915.

莎白·巴加亚·尼亚邦戈女士（Toro Elizabeth Bagnya Nyabongo）从20世纪60年代起就是一位乌干达律师、政治家、外交家、模特及演员。作为乌干达第一位女性律师，她在1974年被任命为乌干达外长。[①] 70年代到80年代，在巴黎的非洲女大使们吸引了其他国家的注意。[②] 如今，越来越多的非洲女性参与到社会和政治活动中，成为举世闻名的诺贝尔奖得主或者国家领导人。两位杰出女性——埃伦·约翰逊—瑟利夫和乔伊丝·班达分别当选为利比里亚总统和马拉维总统。非洲著名政治学家阿里·A. 马兹鲁伊曾在80年代末写道："将来，非洲统一组织一位女秘书长的产生，究竟会先于还是后于任何非洲国家的第一位女总统，我们拭目以待。"[③] 现在，结果已经出来。恩科萨扎娜·德拉米尼—祖马当选为非洲联盟委员会主席。这种女性大量走上政治舞台是世界政治中一个独特现象。在相当多的非洲国家包括非洲联盟，政府中女性任职的比率有法律规定，一些国家和机构为保护妇女就业制定了严格规定。例如，在南非，越来越多的妇女成为公务员，外交部2382名职员中有1300人为女性，1082人为男性。[④] 在这一点，中国某种程度上无法与之相比。中国历史上女性长期处于弱势地位，中华人民共和国成立后，男尊女卑的传统观念得到很大改变，但歧视女性在很多方面依然存在，特别是在近年来的就业中。[⑤] 就妇女在政治生活中的作用而言，1995年在中国召开的第四届妇女大会制定的《行动纲领》中明确规定，女性在各级权力机构中的比例在2000年要达到30%。然而，尽管中国一直在努力，但在各级政治权力机构中，女性比例远远低于这一标准。虽然中国政府为女性保留了一些

[①] Princess Elizabeth of Toro, *African Princess The Story of Prencess Elizabeth of Toro*, London: Hamish Hamilton, 1983.

[②] A. A. 马兹鲁伊主编：《非洲通史：一九三五年以后的非洲》，中国对外翻译公司/联合国教科文组织，2003年，第660—664页。中国第一位女性大使是丁雪松女士，于1979年任中国驻荷兰大使。

[③] 同上书，第663—664页。

[④] Department of Foreign Affairs of South Africa, *Strategic Plan* 2008 – 2011, p. 22. 转引自张伟杰《南非外资战略中的非洲议程：以南非—非盟关系为例》，博士学位论文，北京大学，2012年，第44页。

[⑤] 郭毅玲：《当前我国女性就业歧视原因浅析》，《中华女子学院山东分院学报》2009年第2期，第17—21页。

职位，但女性所占比例一直徘徊在 20% 左右，身居高位的女性更少。世界经济论坛在《2013 年全球性别差距报告》中对 136 个国家进行排名，主要考察妇女在卫生与生存、教育、政治和经济四个领域的地位，非洲不少国家排名在中国之前。在本年度报告中得分相对较高的有莱索托（第 16 位）、南非（第 17 位）、布隆迪（第 22 位）以及莫桑比克（第 26 位）等均挺进前 30 强。中国排名第 69 位。[1]

非洲的边界是殖民时期一项重要遗产。统计资料显示，44% 的非洲现有边界是按照经度划分的，30% 是按照几何直线划分的，只有 26% 属于自然边界，如河流或山脉。[2] 这种边界的产生表明了两点：一是这种边界划分是在柏林、伦敦或巴黎由当时的欧洲殖民大国划分的，是在非洲人民根本不知晓的情况下确定的；二是这种边界的划定并未考虑有关人文地理和疆域位置等因素。这种边界无疑为独立后的非洲留下了诸多严重问题，如同一民族被分隔在不同国家，如巴刚果人被分割为四地，即安哥拉、比属刚果、法属刚果以及加蓬；埃维人分别居住于加纳、多哥和贝宁等。此外，海岸线、河流、矿产、资源、草地等自然资源问题也由此而生。我们可以看到，欧洲的近代国家产生后，因各种边界问题而产生的战争此起彼伏。如果按照非洲的情况，这些问题足以引发许多冲突和战争。然而，非洲统一组织发表的"关于非洲边界不得改变的决议"明确指出，"考虑到边界问题是一种严重的和永久性的不和因素；意识到存在着来自非洲以外的旨在分裂非洲国家的阴谋诡计；还考虑到非洲各国独立时的边界，已成为一个既成事实"等各种因素，"郑重宣布所有成员国保证尊重它们取得民族独立时存在的边界"。[3] 显然，非洲领导人用他们的智慧和宽容避免了诸多战争，拯救了无数生命。中国有 14 个邻国，与一些国家存在着陆地和海洋边界的分歧，甚至导致了一些冲突。从这个方面讲，中国在处理边界问题的方针、态度、方法和技巧上都可

---

[1] *The Global Gender Gap Report 2013*, 2013 World Economic Forum, http://reports.weforum.org/global-gender-gap-report-2013/.

[2] ［埃及］布特罗斯·加利：《非洲边界冲突》，仓友衡译，商务印书馆 1979 年版，第 5 页。

[3] 参见唐大盾选编《泛非主义与非洲统一组织文选（1900—1990）》，华东师范大学出版社 1995 年版，第 173—174 页。

以向非洲学习。

非洲是一个拥有悠久文明史的大陆。[①] 非洲文化如音乐、乐器、舞蹈、绘画、雕刻等为世界做出了巨大贡献。西方已经从中借鉴了很多，而中国则刚刚发现这一宝库。在学习的道路上，中国还有很长的路要走。乐观不仅是非洲人的态度，而且是一种生活方式和价值体系，这也是中国需要学习的重要特质。

自从中非合作论坛提出"文化互鉴"以来，中国学者和非洲学者多强调非洲应向中国学习的诸方面，天平似乎多倒向中国一边。至于非洲应向中国学习哪些方面，学界同行们似乎谈得很多，在此不赘述。中国发展中最重要的成功经验是中国将国家战略中的自主意识与市场经济、社会稳定相结合。这可能是最值得非洲学习的。当然，改革是必要的，但改革也是一个不断学习的过程。不是复制，而是向你的伙伴或者其他国家学习其改革的经验教训。[②] 非洲拥有丰富的人力资源和自然资源，如果领导人能够将个人能力、责任与勤劳的人们结合起来，那么非洲将有一个光明的未来。由于学识和篇幅所限，本文只想就有关中国与非洲文化相似性提出一个整体思路或研究大纲，并试图通过指出中国应向非洲学习的方面以纠正目前中非关系一边倒的趋势，以求教于大方之家。

（原载《西亚非洲》2014 年第 1 期，
http：//www.doc88.com/p‐9478921032795.html）

[①] Cheikh Anta Diop, *The African Origin of Civilization： Myth or Reality*, Lawrence Hill Books, 1974; Graham Connah, *African Civilizations： Precolonial Cities and States in Tropical Africa： An Archaeological Perspective*, Cambridge University Press, 1987.

[②] LI Anshan, "China's Experiences in Development： Implications for Africa", 2009/6/18., http：//www.pambazuka.org/en/category/africa_china/57079, 2010‐10‐02.

中国—非洲合作中的技术转移[*]

内容提要：本文原为英文，后译成中文，均发表于 2016 年。在中非合作过程中是否存在着技术转移？中国的技术转移是否有利于非洲发展？这两个问题在国际学术界存在争论。本文对坦赞铁路、华为集团和中国建筑集团属下的路桥公司的实践进行了探讨，认为虽然中国对技术转移有各种不同的表述，在中非合作中确实存在着技术转移。在修建坦赞铁路期间，技术转移有三种方式：在中国培训、在坦桑尼亚和赞比亚建立培训学校和现场培训，组织和协调者是中国政府，技术转移与政府援助项目相关，其本身被视为政治任务。随着中国战略重点转向经济建设，技术转移的维度、规模和深度发生变化。中国继续培养非洲青年人才，因为人才是技术转移成功的关键。蒙内铁路的技术转移包括三个阶段：铁路建设培训、铁路管理培训和建立铁路技术教育体系。企业进行技术转移既与企业社会责任有关，也是开拓非洲市场的策略，同时为非洲工业化做贡献。随着非洲工业化的发展，更高级的技术转移应逐步推进。

技术是非洲实现工业化所需要突破的重要瓶颈之一。在中非关系的主题中，技术转移是受到较少研究的对象之一。关于这个问题，有两种

---

[*] 原文是英文，参见 Li Anshan,"Technology Transfer in China-Africa Relation: myth or Reality", Journal: Transnational Corporations Review, 8:3（2016）。中文原标题为《从坦赞铁路到蒙内铁路：中非合作中的技术转移》，《国际社会科学杂志（中文版）》2016 年第 4 期，感谢贾丁同学的翻译，稍有删改。

相互矛盾的观点。一种观点认为，对于撒哈拉以南非洲的制造业企业来说，中国不断提高的对非贸易并没有催生出一般人所认为的技术转移的结果，即中国很少甚至没有向非洲国家转移技术。① 另一种观点认为，接受中国商品是重要的技术转移途径，促进了非洲的经济增长，中国企业通过各种方式进行技术转移，并发挥着积极的影响。② 一位学者在分析埃塞俄比亚的技术模仿经验时，甚至用到了所谓"中国模式"的概念。③ 事实是怎样的呢？

  首先，我们有必要对"技术转移"进行界定。技术转移是指技术持有者通过各种方式将其拥有的生产技术、销售技术或管理技术以及有关的权利转移给他人的一种行为。④ 在中国的表述中，"技术合作"常常被用来表达相同的意思，中国重视促进非洲国家的自我发展能力，涵盖工业、农业、管理、教育和社会等各个领域。⑤ 本文试图研究中非关系史中的技术转移。我认为，自1964年《中国政府对外经济技术援助的八项原则》出台以来，技术转移就以不同形式和不同名称（比如技术援助、知识转移、知识共享等），存在于中非合作之中。然而，如果要实现共同发展，中国企业在技术转移的规模和深度上都有很大的改进空间。

---

  ① Juliet U. Elu and G. N. Price, "Does China Transfer Productivity Enhancing Technology to Sub-Saharan Africa? Evidence from Manufacturing Firms", *African Development Review*, Vol. 22, No. S1 (2010), pp. 587 – 598; Hilary Patroba, "China in Kenya: Addressing Counterfeit Goods and Construction Sector Imbalance", SAIIA, The China in Africa Project, Occasional Paper, No, 110, March, 2012; Frank Youngman, "Strengthening Africa-China Relations: A Perspective from Botswana", The Centre for Chinese Studies, Stellenbosch, November 2013, Discussion Paper, p. 11.

  ② Jonathan Munemo, "Examining Imports of Capital Goods from China as a Channel for Technology Transfer and Growth in Sub-Saharan Africa", *Journal of African Business*, Vol. 14, No. 2 (July, 2013), pp. 106 – 116. 正面观点还可参见"授之以渔：中资企业对非技术转移现状调研"项目组《中资企业对非技术转移的现状与前瞻》，《西亚非洲》2015年第1期，第129—142页。

  ③ Elsje Fourie, "China's example for Meles' Ehiopia: When development 'models' land", *The Journal of Modern African Studies*, 53：3 (September 2015), pp. 307 – 308.

  ④ 黄静波：《国际技术转移》，清华大学出版社2005年版，第15—16页。

  ⑤ "技术合作是指由中国派遣专家，对已建成成套项目后续生产、运营或维护提供技术指导，就地培训受援国的管理和技术人员；帮助发展中国家为发展生产而进行试种、试养、试制，传授中国农业和传统手工艺技术；帮助发展中国家完成某一项专业考察、勘探、规划、研究、咨询等。"中华人民共和国国务院新闻办公室：《中国的对外援助白皮书》，2011年4月。

为什么是中国和非洲：两大挑战

2014年底，中国传媒大学的肯尼亚博士候选人（于2015年6月获得博士学位）鲍勃·维克萨（Bob Wekesa）通过电子邮件告诉我，他和一些人正筹划研究"中国媒体在非洲的历史"，并邀请我担任他们的项目评审，他"计划查阅肯尼亚国家博物馆、肯尼亚国会和肯尼亚广播公司的档案中有关新华社、中国国际广播电台和《北京周报》的资料"。看完这封电子邮件，我心中五味杂陈，并回信道："我认为这是一个奇怪的现象。你们难道没有想过研究英国媒体在非洲的历史吗？无论是英国广播公司，还是美国有线电视新闻网，它们都已经在非洲很长时间了，非常值得研究。这很奇怪。"为什么我会感到五味杂陈？我很高兴地看到：有人特别是一位非洲人对中国感兴趣，并想研究中国媒体在非洲的历史。但为什么是中国？为什么不是英国广播公司？不是美国有线电视新闻网？或是环球法语电视五台？这确实暴露出一个很有趣的问题。这封电子邮件或多或少地反映出一种全球语境中的话语权现象，即对中非关系的兴趣。

进入21世纪以来，中非关系一直受到来自国际社会——尤其是西方社会的关注。[①] 这种现象与被西方视为威胁的"中国崛起"有着直接的关系。为什么西方对于中非合作那么担心？这只能从当前国际政治经济转型的角度来解释。[②] 西方国家能拥有现在的地位是受益于殖民历史和随后建立起的不平等的国际秩序。西方国家的霸权并没有随着非洲国家的独立而消失，并且仍然在政治、经济、文化和社会等方面占据着优势地位。例如，有着悠久历史和丰富自然资源的尼日尔，自独立以来，其采矿业，特别是铀矿业，一直受到法国能源巨头阿海珐（AREVA）集团的严格控制，至今仍被联合国列为世界上最不发达的国家之一。又如，已独立半个多世纪的科特迪瓦，仍然要向法国支付本国国会大楼和总统

[①] 在百度，以"中国和非洲"为关键词搜索，相关结果约261万个，搜索"非洲和中国"，约255万个，搜索"中非合作论坛"，约44.2万个。

[②] 李安山：《为中国正名：中国的非洲战略与国家形象》，《世界经济与政治》2008年第4期，第6—15页。

府的租金!① 这些例子只是非洲与西方关系的缩影。保持这种不平等的关系，在战略上对于西方至关重要，但这正受到两股力量的挑战。

自独立以来，一些有独立意识的非洲领导人或被刺杀，或被军事政变推翻，或流亡海外，如卢蒙巴、恩克鲁玛、桑卡拉、卡扎菲、萨利姆等。② 所有这些人物都表现要摆脱西方控制的决心，表达了反对西方统治和维护主权独立的意愿。针对他们的阴谋是由西方或其代理人直接实施的。苏丹的分裂③、利比亚的乱象④、民主刚果的资源战争⑤，不是西方直接干涉所致，就是其在幕后操纵。

制裁、援助等经济手段更是经常被运用。如果不听从西方，就会受到制裁。津巴布韦就是明显例证。⑥ 经济援助也是被经常使用的控制手段。肯尼亚经济学家、内罗毕智囊跨区域经济网络（Inter Region Economic Network）的创始主任詹姆斯·希夸提（James Shikwati）指出，"由美国、欧洲、澳大利亚、日本及其盟友主导的援助业旨在为援助国的利益服务，涉及市场准入，催生非洲移民的因政治、经济、气候巨变产生的

---

① 北京大学的博士生（于 2015 年 7 月获得博士学位）龙刚（Antoine Roger Lokongo，刚果金）告诉我这件事，我无法相信，但他为我提供了资料来源。2013 年 10 月 16 日，我在北京大学为非洲法语国家青年外交官举办的研讨班上作"中非关系史"的演讲时，该消息得到了班上两位来自科特迪瓦的青年外交官的证实。

② 桑卡拉是布基纳法索原总统（1983—1987），一直推行独立自主的道路，后被军事政变推翻。他被江翔大使称为"非洲第三代革命领袖"。参见江翔《我在非洲十七年》，上海辞书出版社 2007 年版，第 147—154 页。萨利姆是坦桑尼亚前总理。当他在 1981 年竞选联合国秘书长时，曾 16 次被美国否决，主要原因是 1971 年 10 月 25 日当中国恢复联合国席位的投票结果在联合国大厅宣布时，他率先在位置上跳了起来，双手挥舞。在 1981 年的这次选举中，中国也同样 16 次否决了美国支持的候选人。Jakkie Cilliers, ed., *Salim Ahmed Salim: Son of Africa*, AU, ACCORD, HD, ISS & MNF, 2016.

③ 2008 年 8 月，与南苏丹政府地区合作司司长巴克·瓦伦蒂诺·沃尔（Baak Valentino A. Wol）先生的会谈。

④ Horace Campbell, *Global NATO and the Catastrophic Failure in Libya*, New York: Monthly Review Press, 2013.

⑤ 龙刚：《美国政策以及民主刚果的资源战争，（1982—2013）》，博士学位论文，北京大学，2015 年。

⑥ The Council of European Union, "Council Decision 2011/101, CFSP of 15 February 2011 Concerning Restrictive Measures Against Zimbabwe", *Official Journal of European Union*, 16 (August 2011)。118 位津巴布韦公民和 11 家津巴布韦公司在制裁名单上。Joseph Hanlon, Jeanette Manjengwa & Teresa Smart, *Zimbabwe Takes Back its Land*, Jacana, 2013, pp. 92 – 93.

恐惧，恐怖主义和疾病引发的对于安全的广泛担忧，获取和控制非洲的丰富资源，以及地缘政治博弈等方面。"① 非洲人开始发问。为什么我们的祖先能够创造奇迹，我们却不行？为什么我们有这么丰富的资源，却仍不发达？我们如何才能发展自己，而不受外人的干扰？他们开始寻找其他路径。"向东看"② 成为非洲的另一选择，西方自 20 世纪 60 年代以来宣扬的发展模式，遇到了极大的挑战。这是非洲自觉的一种表现。

另一支推动当前国际政治经济秩序改革的力量来自金砖国家和其他新兴国家。对于非洲来说，这些国家不仅表明了另一种发展模式，还提供了不同种类的发展合作。在这些国家中，中国占主导地位。一位非洲学者在批判"中国新殖民主义论"时这样阐释中国的作用，"中国的发展模式给非洲国家提供了另一种可行且没有附加条件的选择，这些原因使非洲国家亲近中国，反对美国和西欧"。③ 塞内加尔前总统阿卜杜拉耶·瓦德曾指出，中国模式促进了经济的快速发展，传授给非洲很多东西。④

因此，为了维护其在传统"后院"中的优势地位，西方对中非关系的关注甚至恐惧决不奇怪。

话语权之争

对中非关系存在着各种争论。⑤ 即便是在网络评论中，也能发现有趣的争论。某国际关系学术网站发布过一篇题为"中国在非洲的电讯潮：

---

① 詹姆斯·希夸提：《援助与发展：非洲人为何要有梦想并走出去》，载李安山、潘华琼主编《中国非洲研究评论（2014）》，社会科学文献出版社 2015 年版，第 237—250 页。

② African Center for Economic Transformation (ACET), "Looking East: A Guide to Engaging China for Africa's Policy-makers", ACET, Accra, November 2009. There are Other African leaders who have Also Voiced their Favorable Opinion of the Option.

③ Eginald P. Mihanfo, "Understanding China's Neo-Colonialism in Africa: A Historical Study of the China-Africa Economic Relations", in James Shikwati, ed., *China-Africa Partnership: The quest for a win-win relationship*, Nairobi: IREN, 2012, p. 142.

④ A. Wade, "Time for the West to Practise What it Preaches", *Financial Times*, February 29, 2008.

⑤ Daniel Large, "Beyond 'Dragon in the Bush': The Study of China-Africa Relations", *African Affairs*, 107/426, pp. 45–67. 近期研究参见李安山《中非关系研究中国际话语的演变》，《世界经济与政治》2014 年第 2 期，第 19—47 页。

原因与后果"的文章,文章之下的两则留言很有意思。

其一,"就像西方一样,中国利用永远无法还清的贷款攫取非洲的资源和地区影响力。当终端消费者无力偿还贷款时,这很难称为一个可持续的移动革命。而中国会因其从这些国家资源中获得的利润而最终免除这些贷款。虽然我没有像作者一样花费很多时间来研究中国引领的这一现象,但我只需拿出'法国和欧元没有改变这一地区'的例子,就可以证明我的观点。"(网友:达米安)

其二,"在中国之前,西方都在非洲做了些什么?要求民主制度,却忽略教育水平和文化的差异;引发非洲战乱,销售武器,攫取财富。虽然中国也从非洲获得了资源和地区影响力。但是与西方不同,中国投资基础设施,并且对于东道国的政治制度没有任何附加条件,而基础设施正是非洲经济增长的基础。这就是中国和西方在非洲的区别。中国人带走资源,在非洲留下了学校、铁路、公路和医院;西方人也带走资源,留给非洲的却是战争。"(网友:詹姆)[1]

非洲经济在过去 20 年中平稳增长,年平均增长率在 4% 到 5% 之间。这是否得益于中非关系的发展?南非学者马丁·戴维斯(Martyn Davies)认为,中国与非洲的增长轨迹交织在一起,构成了"新型互补"。"一种远离传统经济伙伴、接近东方和中国的转变在非洲的经济关系中出现了。"[2] 继世界银行和国际货币基金组织的评估之后,美国对外关系委员会最近的一份报告也承认:"中国在非洲的投资有助于刺激经济持续高速增长。"[3]

尽管有众多关于中非关系的解读,但是有一个基本的问题:"非洲人民对中国普遍的看法是什么?"在 2015 年皮尤全球民意调查报告"对中国的看法"中,受访的非洲人表现出对中国的好感。其中,80% 的加纳

---

[1] Alfred Wong, "China's telecommunications boom in Africa: Causes and consequences", http://www.e-ir.info/2015/09/21/chinas-telecommunications-boom-in-africa-causes-and-consequences/. 上网时间:2015 年 11 月 17 日。

[2] Martyn Davies, "How China is Influencing Africa's Development?" in Jing Men and Benjamin Barton, eds., China and the European Union in Africa: Partners or Competitors? Ashgate, 2011, p. 204.

[3] Christopher Alessi & Beina Xu, "China in Africa", Council on Foreign Relations, April 27, 2015. http://www.cfr.org/china/china-africa/p9557. 上网时间:2015 年 10 月 12 日。

人对中国持好感，比例最高，其次是 75% 的埃塞俄比亚人和布基纳法索人，74% 的坦桑尼亚人，70% 的塞内加尔人、尼日利亚人和肯尼亚人，最后是 52% 的南非人。① 这项调查表明，非洲人对中国的态度总体上是积极的。

而对于中非之间的技术转移，观点是不同的。最近国内发表的一篇文章，分析了中国在对非洲技术转移方面受到的负面评价以及中国国有企业在非洲不同地区和不同模式的技术转移。文章认为，中国企业以技术培训、技术合作、中高层员工培养和技术外溢等方式积极参与技术转移。在作者看来，这背后的驱动力有三大来源：市场的约束、企业的动机和政府的推动。中国国有企业的技术转移从四个方面对非洲的发展产生影响：改善了东道国的技术环境，支持了非洲国家的支柱产业；增加东道国劳动力的收入，提高非洲人民的生活水平；带动了当地人的自主创业，促进非洲企业家队伍的成长；帮助非洲发展了新型产业，加快了非洲的工业化进程。②

真相是什么？中国的参与对非洲的发展起到积极作用了吗？为了更好地理解中国对非洲的技术援助和技术转移，让我们来看看坦赞铁路、华为公司和中国公路桥梁建设总公司正在修建的蒙内铁路相关方面的情况。

坦赞铁路：技术援助

坦赞铁路已成为中非关系的现代传奇。虽然其他西方国家和国际组织拒绝了来自坦桑尼亚和赞比亚的请求，但中国却接手了这项任务。中国同这两个非洲国家一起完成了这项巨大的工程，克服了重重困难，65 位中方人员献出了生命。这是中非合作的最佳案例，是各类技术援助和合作的典范。③

---

① "Opinion of China"，http：//www.pewglobal.org/database/indicator/24/. 上网时间：2015 年 10 月 27 日。

② "授之以渔：中资企业对非技术转移现状调研"项目组：《中资企业对非技术转移的现状与前瞻》，《西亚非洲》2015 年第 1 期，第 129—142 页。

③ 有关坦赞铁路的研究，可参见沈喜彭《中国援建坦赞铁路研究》，黄山书社 2018 年版。

铁路运输业是需要高新技术的大型工业。在中国，培养一位合格的机车驾驶员需要6年以上的技术培训，包括3年技术理论和3年辅助驾驶实践。而培养一位高级铁路技术人员则需要10年以上的时间。正如于子桥（George Yu）所描述的那样，中国的工人、技术员和工程师们有一种培养非洲技术人员的"技术使命感"。[1] 1969年尼雷尔总统在友谊纺织厂开业时，称赞了中国的工程师和工人，"这些中国工人帮助建立工厂，并积极培养坦桑尼亚人来接替他们。他们还为我们树立了辛勤工作和无私奉献的榜样"。[2] 技术援助培训模式有三种方式：在中国院校的技术培训，在坦桑尼亚和赞比亚的培训班以及在职培训。

1972年6月，两百位来自坦桑尼亚和赞比亚的学生进入位于北京的北方交通大学参加培训课程，其中，41人是交通运输专业，45人是机车专业，21人是汽车专业，9人是通信专业、9人是信号专业，31人是铁路工程专业，23人是财务专业，共有179人在1975年毕业。回国后，他们在自己祖国的铁路和经济建设中发挥了重要作用。[3]

第二种方式是在坦桑尼亚和赞比亚设立培训学校或培训班来培养非洲人。根据1967年9月5日签署的双边协议，中国政府负责为坦赞铁路培养足够多的建设、管理和维护人员。1971年7月，通讯与路桥专业的培训班在坦桑尼亚的曼古拉（Mangula）成立，1972年2月，交通运输专业的培训班在姆古拉尼（Mgulani）成立。坦赞铁路投入运营以后，特殊培训班在达累斯萨拉姆（Dar es Salaam）和姆贝亚（Mbeya）成立。1975年，坦赞铁路培训学校在赞比亚的姆皮卡（Mpika）成立。[4] 1978年，两个特殊的内燃机和铁路通信培训班也相继成立。中国专家十年时间培养了1257位特殊人才，占坦赞铁路全部技术人员的六分之一。他们于1981

---

[1] George T. Yu, *China's African Policy：A Study of Tanzania*, New York：Praeger Publishers, 1975, p. 109. 坦赞铁路全长1860.5公里，1970年10月开始修建，1976年7月竣工。

[2] George T. Yu, *China's African Policy：A Study of Tanzania*, p. 109. 华东师范大学沐涛教授的团队已将四卷本《尼雷尔文选》译成中文并由华东师范大学出版社在2014—2015年出版。

[3] 张铁珊：《友谊之路：援建坦赞铁路纪实》，中国对外经济贸易出版社1999年版，第378—379页。

[4] Jamie Monson, *Africa's Freedom Railway：How a Chinese Development Project Changed Lives and Livelihoods in Tanzania*, Indiana University Press, 2009, p. 44.

年底完成了工作。①

第三种方式是在职培训，为非洲的工人和技术人员提供更多的现场指导和实践经验。这是坦赞铁路技术援助中最常见的做法，因为这种方式不需要特殊设施且几乎没有成本。非洲工人在现场学习钻井、装配和拆卸技术，大大提高了工作效率。由于语言障碍，中国人更喜欢"无语教学"。"中国技师会鼓励非洲学徒照着他们的做法，组装和拆卸机械，直到学会正确的步骤。"② 这一过程涉及知识传授、技能展示、榜样示范和经验分享等。

1976—1986年，技术合作分为四个阶段。第一阶段的1976—1978年，中国专家扮演了重要的角色。中国技术人员不仅向非洲技术人员提供帮助和指导，还会独立完成工作。坦桑铁路运营的一般规则也在这一时期形成。第二阶段的1978—1980年，发生了两起事件。一场洪水冲毁了坦桑尼亚境内的铁路，南非的种族主义者炸毁了赞比亚境内的两座桥梁。750位中国专家参与了修复工作。第三阶段的1980—1982年，150位中国专家参与铁路运营维护，并在工程、电力等方面提供指导。协议也被延长一年。第四阶段的1983—1986年，中国政府向九家部门共派出250位专家，从事坦赞铁路运营在规划、运输、财务和其他技术领域的工作。③

于子桥描述了1964—1971年中国对坦桑尼亚七大领域（农业、文化和社会、教育和培训、医疗、工业、自然资源、交通和通信）的19种技术援助。工业领域，中国在1966年为技术和管理人员提供培训，在1970

---

① 张铁珊：《友谊之路：援建坦赞铁路纪实》，中国对外经济贸易出版社1999年版，第379页。更多关于坦赞铁路技术转移的研究请参见Liu Haifang and Jamie Monson, "Railway Time: Technology Transfer and the Role of Chinese Experts in the History of TAZARA", in Ton Dietz, Kjell Havnervik, Mayke Kaag & Terje Oestigaard, eds., *African Engagements: Africa Negotiation an Emerging Multipolar World*, Brill, 2011, pp. 226 - 251.

② Philip Snow, *Star Raft: China's encounter with Africa*, London: Weidenfeld & Nicolson, 1988, p.163. 2006年，我受肯尼斯·金（Kenneth King）教授的邀请去香港大学做有关中非关系的演讲，菲利普·斯诺（Philip Snow）教授正在香港大学作访问作者，他将这本书作为礼物送给了我。

③ 张铁珊：《友谊之路：援建坦赞铁路纪实》，中国对外经济贸易出版社1999年版，第380—383页。

年为农机人员提供培训,从 1968 年起又为制鞋人员提供培训。交通和通信领域涵盖广播电台和铁路,中国帮助坦桑尼亚培训施工人员、无线电技术人员和海事人员。①

中国在非洲还有其他的技术援助活动。例如,中国还为坦桑尼亚友谊纺织厂提供了各种培训,包括印染操作、设计制备、雕刻和筛分机的使用。② 在马里的甘蔗种植,在索马里的烟草种植,这些都是欧洲人声称不可能的。③ 中国还促进了非洲的农业生产。显然,坦赞铁路是中国向非洲提供技术援助的一个典型案例。毛泽东主席告诉非洲领导人,这不是一种完全的利他主义行为,非洲国家对帝国主义和殖民主义的反抗,会分散帝国主义者对中国的注意力,从而帮助到中国。更重要的是,中国受到西方的严重孤立,作为政治盟友的非洲国家,将成为中国抗衡西方的重要战略杠杆。

知识共享:从政治团结到经济合作

中非合作伊始,技术援助和知识共享就受到高度重视。1964 年,周恩来总理访问加纳时,在阿克拉的新闻发布会上提出了《中国政府对外经济技术援助的八项原则》:(1)根据平等互利的原则提供援助,不把援助看作是单方面的赐予,认为援助是相互的;(2)严格尊重受援国的主权,绝不附带任何条件,绝不要求任何特权;(3)以无息或低息贷款提供经济援助,需要时延长还款期限,尽量减少受援国负担;(4)对外提供援助的目的,不是造成受援国对中国的依赖,而是帮助受援国逐步走上自力更生、经济上独立发展的道路;(5)帮助受援国建设的项目,力求投资少、收效快,使受援国能够增加收入,积累资金;(6)中国提供自己所能生产的、质量最好的设备和物资,根据国际市场的价格议价。

---

① "Chinese Technical Assistance to Tanzania, 1964 – 71", George T. Yu, *China's African Policy*: *A Study of Tanzania*, New York: Praeger Publishers, 1975, p. 111, Table 5.1.
② George T. Yu, *China's African Policy*: *A Study of Tanzania*, New York: Praeger Publishers, 1975, p. 115.
③ 菲利普·斯诺在其著作《星槎》中题为"穷帮穷"的章节中介绍了中国对非洲进行援助的概况。Philip Snow, "The Poor Help the Poor", *The Star Raft*, pp. 144 – 185。

如所提供的设备和物资，不符合商定的规格和质量，保证退换；（7）对外提供任何技术援助时，保证使受援国人员充分掌握这种技术；（8）派到受援国帮助建设的专家，同受援国自己的专家享受同样的物质待遇，不允许有任何特殊要求和享受。①

如果我们认真分析这些原则，会发现这些原则基本上是对中国应该履行的义务和遵守纪律单方面的约束，比如，中国应该做什么，应该避免什么。这些原则表明，中国援助的目的是帮助受援国逐步实现自力更生和独立发展（第四项）；向受援国提供本国质量最好的设备和材料（第六项）；在提供技术援助方面，帮助受援国的相关人员完全掌握技术（第七项）。很明显，这是一个包含技术、设备和人员培训的技术转移过程。

为什么中国政府在当时大力强调知识共享？这与中国在国际体系中的地位和对世界秩序的未来展望密切相关。所有的发展中国家都或多或少地受到西方主导的政治经济秩序的压迫。中国共产党相信，团结发展中国家，反对不平等的世界体系是解放包括中国人民在内的人类解放的必由之路。促进发展中国家的经济增长，是相互帮助、巩固统一的最佳途径，这不仅是一种经济努力，也是一种政治事业。

无论技术援助、技术转移、知识共享、技术合作或是知识转移，中非合作都包含知识分享的元素。布罗蒂加姆研究了中国在利比里亚、塞拉利昂和冈比亚的农业援助项目，包括知识转移。② 尽管经历过各种各样的失败，但中国帮助非洲国家发展农业项目产生了非常积极的影响。布基纳法索就是一个很好的例子。20 世纪 80 年代末，布基纳法索的三个水稻种植区成为全国闻名的地区，其中一个还从小村庄发展成了人口超过 8000 人的小城市。1987 年，每个农民家庭的净收入达到了 40 万—80 万非洲法郎（约合 1300—2600 美元）。其他地区和周边国家的农民迁移到了富裕的水稻种植区。这一成就与中国专家的辛勤劳动密切相关，他们

---

① 原载《周恩来总理答加纳通讯社记者问：独立富强新非洲必将出现在世界上　中国严格遵守八项原则帮助新兴国家发展民族独立经济》，《人民日报》1964 年 1 月 18 日，转载黄镇《把友谊之路铺向觉醒的非洲》，《不尽的思念》，中央文献出版社 1987 年版，第 364—373 页。

② Deborah Brautigam, *Chinese Aid and African Development: Exporting Green Revolution*, London: Macmillan Press, 1998.

教给当地人民经验、管理技能和组织能力。为感谢中国农业专家，布基纳法索政府于1988年授予他们每人一枚国家勋章。①

知识共享从来不是单向的，它始终是一个双向的过程。事实上，在中国受到西方封锁的时期里，非洲国家曾以各种知识分享的方式帮助中国。前中国驻阿尔及利亚和扎伊尔（今刚果民主共和国）大使周伯萍生动地讲述了两国如何帮助中国解决技术问题的故事。20世纪70年代中期，中国计划修建一条从四川到上海的天然气管道。当时的中国工程师还没有掌握该项目所需的螺柱焊接技术，而当时的阿尔及利亚有一家螺柱焊管厂。周大使与阿尔及利亚国家石油天然气公司的总经理商量，是否可以于1975年派遣中国工程师来到该厂参观学习。这位总经理非常热情，为中国访学团预订了最好的酒店，并安排了整个行程。中国工程师从阿尔及利亚同事那里学到很多，包括沙漠公路的防沙问题等，同时被他们的真挚与友好所感动。在周大使任驻扎伊尔大使期间的1978年到1982年，先后有两支中国访问团参观了扎伊尔的钻石开采公司。两支访问团由扎伊尔矿业部和世界上最大的钻石公司——米巴公司（Société Minière de Bakwanga，简称MIBA）接待。经验丰富的专家介绍了成矿理论、钻石勘探和先进的开采经验。中国访问团还被安排参观了不同的钻石矿。在他们的热情帮助下，中国访问团代表认识到了自己在理论和实践上的不足，并从刚果同事们身上获益匪浅。②

改革开放以来，中国的战略重点转向"和平与发展"，与发展中国家的经济合作也发生了巨大的变化，从经济援助发展为多种形式的互利合作。中国将工作重点从意识形态转向经济建设。其结果是，中国根据经济形势调整了对外援助的规模、程序、结构和部门。1982年，时任国务院总理在访非期间提出了中国同非洲国家开展经济技术合作的四项原则，即平等互利，讲求实效，形式多样，共同发展。对外援助将以更为多样化和灵活的方式提供。③ 1995年，以中国进出口

---

① 江翔：《我在非洲十七年》，上海辞书出版社2007年版，第171—174页。江翔是一位长期在非洲工作的外交官，曾任中国驻布基纳法索大使。

② 周伯萍：《非常时期的外交生涯》，世界知识出版社2004年版，第233—238、298—300页。

③ 李安山：《论中国对非洲政策的调适与转变》，《西亚非洲》2006年第8期，第11—20页。

银行为代表的国家银行开始以向发展中国家提供中长期低息贷款的方式参与对外援助。由于合格的人力资源是技术转移不可或缺的必要条件，中国和非洲国家都非常重视旨在各领域能力建设的培训课程。大部分培训课程的成立都与对外援助的项目有关，企业也开始将技术转移纳入在非洲的业务中。①

布罗蒂加姆在书中这样描述中国的培训项目："在我 2007 年到 2009 年间的非洲旅行中，我经常遇到主动告诉我他们曾在中国接受培训课程的人。"塞拉利昂工商业协会执行官罗达·托伦（Rhoda Toronka）在谈及她在北京为期三周的商会培训经历时，表示"培训课程非常深入"，并承认向中国学习的重要性。② 人力资源开发合作或人才培养已成为中非合作的重要渠道。1953—1979 年，中国与包括非洲国家在内的发展中国家开展了各种各样的人力资源开发合作项目，培养了一大批人才。这些项目涵盖了农业、林业、水利、轻工、纺织、交通和医疗等 20 个部门。为了加强对发展中国家的扶持力度，中国自 1981 年以来，还一直同联合国开发计划署合作，在不同领域开设了不同的培训课程。③ 20 世纪 90 年代，中国为 2667 位来自发展中国家的人员开设了 167 个培训项目。④

众所周知，成功的技术转移依赖于两国——转移国和接受国的人力资源。⑤ 中非合作论坛本着"为非洲国家培养不同学科人才"的目的设立了非洲人力资源开发基金（African Human Resource Development Fund,

---

① 关于援外改革，请参见周弘、熊厚编《中国援外 60 年》，社会科学文献出版社 2013 年版，第 154—158 页。

② Deborah Brautigam, *The Dragon's Gift: The Real Story of China in Africa*, Oxford University Press, 2009, pp. 119 - 120。2011 年，布罗蒂加姆受中国与发展援助委员会项目邀请赴马里首都巴马科参加 "中非农业经验分享会"，会上她将此书赠送给我。此书已有中译本，参见黛博拉·布罗蒂加姆：《龙的礼物：中国在非洲的真实故事》，沈晓雷、高明秀译，社会科学文献出版社 2012 年版。

③ 人力资源开发合作是指"中国通过多双边渠道为发展中国家举办各种形式的政府官员研修、学历学位教育、专业技术培训以及其他人员交流项目"。国务院新闻办：《中国的对外援助》，2011 年 4 月。

④ 周弘、熊厚编：《中国援外 60 年》，社会科学文献出版社 2013 年版，第 158 页。

⑤ Yejoo Kim, "China-Africa technology transfer: a matter of technology readiness", 17 February, 2014. http://www.ccs.org.za/wp-content/uploads/2014/02/CCS_Commentary_China_Africa_Tech_2014_YK1.pdf.

简称 AHRDF)。① 2000—2003 年，中国在特别基金框架内为非洲举办了形式多样的培训课程和项目。第二届中非合作论坛期间，中国进一步增加为非洲人力资源开发基金提供的资金，在各领域为非洲培养 1 万名人才。2004 年和 2005 年，中国先后为非洲培养了 2446 名和 3868 名人才，涵盖了贸易投资、经济管理、电信网络和新农业技术等领域。② 2006 年，温家宝总理访问埃及时强调，技术援助同经济援助和经济合作相结合，是为了加强非洲的自我发展能力，中国将帮助非洲培养技术人员和管理人员。③ 2010—2012 年，除了培训非洲人，中国还向 50 多个国家派出两千多位专家，"开展技术合作、可应用技术转移、帮助这些国家提高在农业、手工制作、广播电视、清洁能源、文化和体育方面的技术管理能力"。④

知识共享也存在于医疗领域。中国医疗队在非洲工作期间，中国医生也将自己的专业知识传授给当地的医务人员，帮助非洲国家改善医疗卫生服务。在坦桑尼亚，为了让非洲学员更好地了解针灸，中国医疗队队员让当地学员在自己身体上实践，从而可以直接提供技术指导。中国医疗队以这种方式培养了大量的医疗人员。中国医疗队充分利用当地媒体去宣传自己的医学知识。⑤ 中国医生还帮忙建立了医疗专业及技术设备。针灸现在在突尼斯、喀麦隆、莱索托、纳米比亚和马达加斯加很流行。中国不间断地举办培训项目，在非洲或中国向非洲的医疗专家和政府官员教授预防和治疗疟疾的知识。来自宁夏回族自治区的医疗队员在

---

① "Programme for China-Africa Cooperation in Economic and Social Development"，第一届中非合作论坛。http：//www. focac. org/eng/ltda/dyjbzjhy/DOC12009/t606797. htm，上网时间：2015 年 12 月 28 日。

② 李安山：《论中国对非洲政策的调适与转变》，《西亚非洲》2006 年第 8 期，第 19 页。

③ 《温家宝在埃及举行记者会》，《中华人民共和国国务院公报》，2006，http：//www. gov. cn/gongbao/content/2006/content_346289. htm. 上网时间：2015 年 12 月 24 日。

④ 国务院新闻办：《中国的对外援助（2014）》，2014 年 7 月，北京，http：//news. xinhuanet. com/english/china/2014 - 07/10/c_133474011. htm. 上网时间：2015 年 12 月 14 日。关于非洲留学生的综合研究，请参见 Li Anshan & Liu Haifang， "Evolution of the Chinese Policy of Funding African Students & an Evaluation of its Effectiveness"，Draft of UNDP Project，2014. 案例研究请参见 K. King， "China's Cooperation in Education and Training with Kenya, a Different Model?" *International Journal of Educational Development*，30（2010），pp. 488 – 496.

⑤ 刘继锐编：《中国医疗队在坦桑尼亚》，山东省卫生局，1998 年，第 74—78 页。

贝宁提供医疗服务。他们除了日常工作之外，还开办各种各样的医疗培训课程。为了帮助当地的医务工作者，他们还编写了《非洲小儿脑型疟疾防治100例》，供贝宁医生参考。截至2008年，中国医疗队在阿尔及利亚开设20多个培训课程和30多个讲座，培养的300多位医务人员已成为当地医疗机构的骨干。凭借着辛勤工作和奉献，中国医疗队赢得了这些国家政府和人民的尊重和赞扬。①

华为：技术转移

21世纪，非洲的电信业飞速发展。《聚焦非洲》（*AfricaFocus Bulletins*）报道，坦桑尼亚的移动金融服务在五年中实现了前所未有的增长。2008年，只有不到1%的成年人有机会接触到移动金融服务，到2013年9月这一数字已达到90%。同样，积极使用数据也表现出类似的增长，2013年9月，有43%的成年人积极使用这项服务。数据显示，截至2014年6月30日，非洲约有2.98亿人使用互联网，相当于人口的16.5%。渗透水平（level of penetration）最高的国家是马达加斯加（74.7%）、摩洛哥（61.3%）、塞舌尔（54.8%）、埃及（53.2%）、南非（51.5%）和肯尼亚（47.3%）。互联网用户数量最多的国家是尼日利亚（占整个非洲用户数量的23.6%）、南非（15.5%）、埃及（8.4%）、肯尼亚（7.1%）和马达加斯加（5.8%）。②非洲互联网用户的快速增长与中国电信公司的作用有着密切的关系。这表明非洲信息和通信技术的未来发展潜力巨大。③

中非关系已经扩大到各个领域。涉及技术转移的最典型的例子就是华为技术有限公司。随着非洲互联网使用量的迅速增加，华为和中兴，这两家中国信息和通信技术公司在非洲大陆变得非常活跃。华为1998年

---

① 详细内容请参见李安山《中国援外医疗队的历史、规模及其影响》，《外交评论》2009年第1期；Li Anshan, *Chinese Medical Cooperation in Africa: With Special Emphasis on the Medical Teams and Anti-malaria Campaign*, Uppsala: Nordic African Institute, 2011.

② "Africa: Internet Usage Rising Rapidly", AfricaFocus, http://www.africafocus.org/docs15/ict1509.php. 上网时间：2015年11月14日。

③ "The African Internet Effect-Everything it Touches Turns Different", http://www.balancingact-africa.com/news/en/issue-no-795#sthash.RvtY3yy0.dpuf. 上网时间：2015年11月13日。

进入非洲，2006 年在非洲 40 多个国家的销量突破 20 亿美元，并于 2007 年分别在非洲南部、东部和西部设立了地区办公室。① 华为在非洲的成功高度依赖于它对当地情况的适应，包括近几年的技术转移。换言之，华为的技术转移与其经营战略紧密相关。华为在非洲采取的一些技术转移措施与其全球企业社会责任计划紧密相关。现在各种各样的项目在非洲大陆实施。最受欢迎的是"未来种子"计划。作为一项帮助青年远程通信人才的项目，该计划已经在 40 多个国家实施，超过 1 万名来自 100 多所大学的学生从中受益。

肯尼亚的"未来种子"计划自 2011 年推出，合作伙伴包括肯尼亚莫伊大学、乔莫·肯雅塔农业技术大学、内罗毕大学、肯尼亚萨法利通信公司（Safaricom Ltd.）、肯尼亚信息通信部（通过肯尼亚信息和通信技术委员会）和高等教育部。该计划包括评估大学课程，培训以及旨在提高本土化创新的安卓应用挑战组织。在第一阶段，该计划提供奖学金、培训和实习机会。②

2014 年，华为升级了肯尼亚的"未来种子"计划，旨在帮助来自各地高校的掌握基本信息与通信技术的一流工科学生提升技能，并为他们提供学习和应用新技术的机会。被选中的学生将前往中国接受中国文化和语言的培训，并在华为大学接受顶级信息技术专家在创新的信息与通信技术方面的指导。③ 2015 年 10 月，更多的学生被选派到华为总部接受培训。40 名学生参加了为期两个月的实习计划，并将有 100 名学生在未来三年参加该实习计划。该计划的目标是招收来自肯尼亚大学高年级的成绩优秀的工程专业学生，并帮助他们掌握必要的行业技能。2014 年 6

---

① "Huawei Technologies: A Chinese Trail Blazer in Africa", http://knowledge.wharton.upenn.edu/article/huawei-technologies-a-chinese-trail-blazer-in-africa/; "Huawei Going Strong in Africa", http://www.oafrica.com/mobile/huawei-going-strong-in-africa/. 上网时间：2015 年 11 月 11 日；Alfred Wong, "China's Telecommunications Boom in Africa: Causes and Consequences".

② "Telecom Seeds for the Future" Program, http://pr.huawei.com/en/social-contribution/charitable-activities/hw-u_202448.htm#.Vkr9tMLotes.

③ "Kenya: Nine Kenyan Students to Benefit From Huawei's 'Seeds for the Future' Program", http://allafrica.com/stories/201412090706.html. 上网时间：2015 年 10 月 25 日；"Huawei Technologies: A Chinese Trail Blazer in Africa", http://knowledge.wharton.upenn.edu/article/huawei-technologies-a-chinese-trail-blazer-in-africa/. 上网时间：2015 年 10 月 25 日。

月，肯尼亚信息通信技术管理局与华为签署了一份谅解备忘录，以培养本地的信息和通信技术人才，加强知识转移，促进对信息和通信技术部门更大的理解和兴趣，完善和鼓励数字社区的区域建设和参与。到目前为止，已有28位工程专业的肯尼亚学生从该计划中受益。这28名受益者中，有四人在华为肯尼亚代表处工作，另有两人在肯尼亚教育网和麦肯锡咨询有限公司工作。其余的人已回到大学继续完成学业。①

华为也在乌干达和加纳推出了该计划。2012年，华为与乌干达马凯雷雷大学（Makerere University）签订合作协议，为优秀学生提供奖学金和信息通信技术的培训，并为研究项目提供赞助。一个安卓应用挑战组织也建立起来。该计划为11名学生提供了实习机会，还为10名学生提供了信息和通讯技术的培训。未来预计将有数百名当地学生从该计划中受益。2015年4月2日，新阶段的计划在乌干达实施，十位年轻的学生被"未来种子"计划选中，赴华为总部接受顶级培训。此外，华为还向乌干达卡拉莫贾区的学生捐赠了40台台式电脑。此举受到乌干达政府的高度赞扬。乌干达总统约韦里·穆塞韦尼评价说："华为是一家全球领先的信息和通信技术公司，我们感谢华为在改善信息通信技术发展和弥合数字鸿沟方面为乌干达做出的贡献。展望未来，我希望华为继续投资，为乌干达培养更多的信息和通信技术人才，特别是随着'未来种子'计划的推出，将有助于乌干达信息通信技术产业的长期发展和建设。"② 华为还在加纳选拔了15名学生参加该计划。现在有3700名加纳学生在中国留学，近500名接受中国政府的资助。③

华为一直强调改善教育条件。2015年10月，华为在埃塞俄比亚推动了一项计划，旨在促进亚的斯亚贝巴的学校之间的资源共享和教育交流。

---

① "Chinese firm trains Kenyan Students on ICT", http://www.focac.org/eng/zfgx/t1305735.htm. 上网时间：2015年10月25日； "China Tour an eye Opener for Kenyan Engineering Students", http://www.icta.go.ke/china-tour-an-eye-opener-for-kenyan-engineering-students/. 上网时间：2015年11月18日。

② "Uganda: Huawei's 'Seeds for the Future' Program Launched in Uganda", http://allafrica.com/stories/201504030275.html, 上网时间：2015年10月25日。

③ "China's Huawei to Offer more Training opportunities for African Students", http://news.xinhuanet.com/english/2015-06/28/c_134362929.htm, 上网时间：2015年10月25日；及 "China's Huawei to Offer Botswana's Youth Technical Training", http://news.xinhuanet.com/english/2015-06/05/c_134301459.htm, 上网时间：2015年10月25日。

亚的斯亚贝巴校园网项目将通过信息通信基础设施将 65 家教育机构联合起来，包括 64 所中学和 1 所大学。亚的斯亚贝巴市教育局已为该项目的实施投资达 2.4 亿埃塞俄比亚比尔（约合 1150 万美元）。华为帮助埃塞俄比亚教育系统成功地实施了该项目。在长期的信息通信技术能力建设合作的基础之上，华为还将在埃塞俄比亚未来的教育能力建设方面提供帮助。[1]

华为还为客户提供培训。华为在肯尼亚内罗毕的工业区建立了一个完全成熟的区域培训中心，为购买华为系统的客户提供培训。大多数的培训任务是由肯尼亚工程师前往客户公司完成的，偶尔也会由来自中国的专家负责。同样，华为也会在中国或本地提供现场的培训。华为还在肯尼亚推行了"她带领非洲"计划[2]和"校园网"计划[3]，前者是第一个为非洲女性企业家提供机会访问中国，并与业界领袖对话的项目，后者则是通过信息通信技术和特殊培训项目等手段把教育机构联合起来。

蒙内铁路的技术转移

肯尼亚蒙巴萨—内罗毕铁路（以下简称蒙内铁路）项目于 2014 年 12 月开工。为了培养本地铁路职工，发展完整的铁路专业教育体系，承建蒙内铁路的中国公路桥梁建设总公司（以下简称中国路桥公司）建立了一个综合性的三级培训体系，包括铁路建设技术培训，铁路运营/管理培训和铁路工程教育体系。整个培训项目是同当地机构合作的。

第一级包括三个阶段，即各种技术的综合培训，与当地培训机构合办培训基地，如与雷内笛卡尔培训机构（RDTI）的合作以及在中国的

---

[1] "China's Huawei Boosts Schools's Connectivity via Project in Ethiopia"，http：//www.focac.org/eng/zfgx/t1305384.htm，上网时间：2015 年 10 月 28 日。

[2] "5 tech-entrepreneurs Chosen for Exclusive Huawei She Leads Africa Innovation Visit to China"，http：//africanbrains.net/2015/07/14/5-tech-entrepreneurs-chosen-for-exclusive-huawei-she-leads-africa-innovation-visit-to-china/，上网时间：2016 年 1 月 29 日。

[3] "Ethiopia School Net Project Builds Desktop Cloud with Huawei"，http：//www.huawei.com/en/EBG/Home/videos/global/2015/201512111618，上网时间：2016 年 1 月 20 日。

高级培训班。现在约 1.8 万人次的肯尼亚人参加了第一级的培训。第一阶段是向不同领域的人员培训不同的技术。第二阶段是建立了一个具有学徒关系的培训基地，一名中国技术员师傅带一名肯尼亚工人学徒。中国师傅负责肯尼亚学徒的技术技能实践，而雷内笛卡尔培训机构负责学徒的理论学习。培训利用晚上和周末的时间在工地进行。经选拔的优秀学徒将在中国商务部的资助下赴中国深造。2015 年 7 月到 12 月，13 位被送到中国参加"2015 年发展中国家铁路工程建设管理与施工研修班"的肯尼亚人在西南交通大学学习，他们都圆满地完成了学业，并获得了大学颁发的证书。2016 年第二批 20 位学员的选拔工作已经完成。

  第二级是专门针对铁路运营和管理的培训，也包括两个阶段。蒙内铁路计划于 2017 年通车运行（实际于 2017 年 5 月 31 日通车），需要大量的工程师和技术人员。然而，肯尼亚铁路专业既没有职业技术教育，也没有本科教育。因此，第二级的培训是非常重要的，其第一阶段的培训班于 2016 年 4 月开班。10 位来自肯尼亚铁路局下属培训学校的教师被送往中国的西南交通大学接受铁路技术专业的培训，同时，10 位中国教授已经抵达肯尼亚任教。第一期培训班为期四个月，共有 105 名学生参加交通运输专业、机车专业和通信专业这三个专业的学习。中国路桥公司计划斥资 1000 万元建立一家铁路技术培训中心，在 7 年内为肯尼亚培养 3000 名技术人员。现在，中国路桥公司正准备铁路管理第二阶段的培训，包括关键岗位培训、教师职业教育培训和在职铁路职工的适应性培训。关键岗位涉及列车运行、列车维修、管理和技术人员。当地教师的铁路职业教育培训将在五年之内分七次在中国完成，目的是使肯尼亚教师可以承担未来的培训任务。在职铁路职工的适应性培训包括安保培训、标准化操作培训、季节性培训以及新技术、设施、规则、流程和应急管理能力的培训等。

  第三级还处在帮助肯尼亚建立铁路工程专业的规划阶段。肯尼亚目前没有这样的专业。中国路桥公司希望能够借中国完善的铁路工程教育体系，帮助肯尼亚建立铁路专业。现在，该计划已经得到了内罗毕大学和中国大使馆的积极响应，西南交通大学也已承诺积极参与内罗毕大学铁路管理高层次人才的培养。①

在其他领域，中国国有企业也推动着技术转移。苏丹曾经是石油进口国，但在中国石油天然气集团公司的帮助和自身的努力下，现在已经拥有完整的石油"勘探—生产—提炼—出口"体系。一开始，中石油公司就设立了帮助苏丹建立石油工业体系的目标，它首先实施了一项人才培养计划。从1998年开始，中石油公司先后从苏丹喀土穆大学（Khartoum University）选拔了35位教师和专家，赴中国学习石油专业，他们全部获得了博士学位或石油相关专业的学位，回国后成为苏丹石油工业的支柱。自2006年起，中石油公司又与苏丹能源矿业部签署多份协议，为苏丹培训石油专家，并为此提供资金支持。苏丹政府表示，帮助苏丹培养了一批石油人才是中石油公司对苏丹人民最重要的贡献。中石油公司对苏丹投资项目的本土化已达到95%，而苏丹石油工程建设和技术服务的本土化也达到了75%。② 在参观喀土穆北部的喀土穆炼油有限公司期间，我得知新员工进入公司以后，一半上班，一半参加培训课程。经过十多年的努力，苏丹已拥有炼油专业的工程师和技术人员。现在，苏丹的工程师们不仅在喀土穆炼油公司和中石油在苏丹的项目中发挥着重要作用，他们也成为苏丹石油工业的支柱。在非洲还有其他的技术转移项目，比如索马里的贝莱特温—布劳公路项目（The Belet Uen-Burao Highway）、喀麦隆的拉格都水电站项目（The Lagdo Hydro-power Station）、毛里塔尼亚的努瓦克肖特友谊港（Nouakchott's Friendship Port）项目、博茨瓦纳的铁路升级项目和埃塞俄比亚首都亚的斯亚贝巴的戈泰拉立交桥项目（The Gotera Interchange）等。

中国还与非洲伙伴联合办学，建立职业学校，培训专业的技术人员。例如，中国—埃塞俄比亚联合学校已经开设的课程包括工程、电气、电子、汽车、计算机、纺织和服装。③ 在中国国内，天津职业技术师范大学

---

① "CSR Report of Mombasa-Nairobi Railway Project", China Road and Bridge Corporation, 2016.

② 张安平、李文、于秋波：《中国与苏丹石油合作模式的实证分析》，《西亚非洲》2011年第3期，第3—11页。

③ "Largest China-foreign joint school to founded in Ethiopia", http://www.china.org.cn/international/news/2008-12/24/content_17003029.htm. 上网时间：2015年11月11日。

已经培养了许多不同领域的年轻非洲技术人员和工程师。在乌干达和安哥拉也建有同样的培训中心和学校。有超过 6000 名非洲学生受到中国奖学金的资助,还有更多的学生自费前来学习。他们中的大部分人学习科学和技术的课程。①

表 1　　　　　　1996—2011 年在华非洲留学生统计

年度	中国奖学金人数	自费人数	总数
1996	922	118	1040
1997	991	224	1215
1998	1128	267	1395
1999	1136	248	1384
2000	1154	234	1388
2001	1224	302	1526
2002	1256	390	1646
2003	1244	549	1793
2004	1317	869	2186
2005	1367	1390	2757
2006	1861	1876	3737
2007	2733	3182	5915
2008	3735	5064	8799
2009	4824	7609	12433
2010	5710	10693	16403
2011	6316	14428	20744
Total	36918	47443	84361

数据来源:中国教育部《中国教育年鉴》,还可参见 Li Anshan & Liu Haifang, "Evolution of the Chinese policy of funding African Students & an evaluation of its effectiveness".

在高等教育和大学设施方面帮助非洲国家是另一种合作的方式。例如,正在坦桑尼亚达累斯萨拉姆大学进行的基础设施改造,包括建造一

---

① Li Anshan, "A place to learn, a place to realize dreams", China Daily, 2014/4/11, http://africa.chinadaily.com.cn/africa/2014-04/11/content_17426913.htm. 上网时间:2015 年 12 月 26 日。

个既用作公共图书馆,又用作资源中心的现代图书馆,图书馆内配有一个可容纳 2100 人的会议室和一个可容纳 500 人的孔子学院中心。该图书馆藏书量将超过 80 万册,并可供 6000 人使用。整个工程由中国拨款资助。①

结 论

概言之,我们可以在中非合作中发现技术转移和知识共享。无论是技术援助、技术合作、知识转移或知识共享,都在中非关系中长期存在,它们以不同的方式帮助非洲国家发展。

修建坦赞铁路期间,技术援助是中国政府战略规划的一部分。由于"以领导为中心"的特点,技术援助由中国几个部委协作分工,并由高层领导直接协调。在非洲方面,该项目由坦桑尼亚和赞比亚政府规划,并受到周边国家的支持,非洲领导人在谈判商议的同时,也向中国政府发出了邀请和请求。虽然该项目最初被设计成一个经济项目,但突破南非和其他白人政权的封锁具有非常重大的政治意义。修建坦赞铁路期间,坦桑尼亚、赞比亚和中国的三边关系以及各种形式的技术转移,不仅表现出南方国家的团结,也加强了南南合作。

这一时期技术转移的主要特征有三。第一,无论规模大小,技术转移的组织者和协调者是中国政府;第二,技术转移总是与中国政府援助项目相关联,涉及工业、农业、基础设施和医疗等领域;第三,即便知识传播的实施载体是个人企业或机构,技术转移本身也被视为一项政治任务。

随着对外开放政策的实行,中国的战略重点转向经济建设,这也使技术转移的维度、规模和深度发生了变化。中国继续培养非洲青年技术人才,因为人才是技术转移成功的关键。在其他方面,与早期的技术援助不同,新世纪的技术转移通常由国有企业实施,华为这样的民营企业

---

① Silivester Domasa, "Tanzania: UDSM Launches 90 Billion/ – State-of-the-Art Multi-Storage Library", *Daily News* (Tanzania), June 3 2016. http://allafrica.com/stories/201606030383.html. 上网时间:2016 年 7 月 18 日。

的参与是一种例外，也是创新。与民营企业相比，国有企业与中国政府有更多的直接联系，因此像中石油公司和中兴公司这样的国有企业，更有义务去履行技术转移的职责。此外，技术转移也是企业开拓非洲市场的途径之一。技术转移与企业社会责任同样重要，并反映在企业的本地化过程中。公司所关心的是扩大市场，赢得更多客户。技术转移被视为一种可以吸引更多当地人的战略举措，包括吸引非洲消费者和代理商。通过这种做法，企业将为当地社区的发展提供更好的条件，进而为非洲工业化做出贡献。因此它是一个带有政治任务的经济措施。

然而，就目前的技术转移而言，还有很大的改善空间，以实现互利共赢。现在，华为、中兴和几家国有企业已经意识到了技术转移在当地经济发展和自身业务发展中的重要性，更多的中国企业应该跟上这股趋势。除了农业和工业，技术转移和知识共享应该覆盖更多的领域，而随着非洲工业化的发展，更高级的技术转移也应该循序渐进地推动。

在中非峰会通过的《中非合作论坛——约翰内斯堡行动计划（2016—2018）》中，"技术转移"和"技术合作"受到极大的重视，在文中出现了12次，涵盖农业、工业、民用航空、能源和资源、税收、物流等领域。此外，相似的表达"知识共享"出现了两次，"分享经验"出现了四次。例如，航天领域合作的"分享发展经验"（4.5.3）和加强安全方面的"经验分享"（6.1.4）。此外，行动计划还指出："双方将重视知识共享和技术转移，将在技术创新政策、科技园区建设等方面开展交流，鼓励科研机构和企业深入合作。"（4.5.2）①

这是一个令人鼓舞的前景。非洲将在自己的努力与朋友的帮助下再次崛起。

（原载《国际社会科学杂志》（中文版）2016年第4期，http://www.doc88.com/p-4475692593935.html）

---

① 4.5.2. of "The Forum on China-Africa Cooperation Johannesburg Action Plan（2016-2018）", 2015/12/25. http://www.focac.org/eng/ltda/dwjbzjjhys_1/hywj/t1327961.htm. 上网时间：2015年12月27日。

中国—非洲教育合作[*]

内容提要： 本文原是英文，发表在佛罗里达的杂志上，后翻译成中文，均发表于2018年。中非关系的快速发展使教育合作成为题中应有之意。作为教育合作的重要内容之一，中国的非洲留学生不断增加并成为在华非洲移民的重要群体。通过对非洲留学生的研究、历史、政策及效果、来华动机及贡献等方面的分析，作者发现非洲留学生在华经历以及中国对留学生的政策与中国的发展息息相关。非洲留学生来华学习的热情日益提高，他们成为中非关系的积极参与者，大力推动了中国的国际教育合作。非洲留学生通过他们在中国的主观能动性及他们与中国人之间的交往，不但将非洲的文化价值观带给了中国，而且为非洲大陆发展做出了巨大贡献。

研究、争论与观点

当前，国际社会对中非关系表现出浓厚的兴趣，不同问题、各种观点和话语争论应运而生。[①] 非洲移民也成为学术界的热门话题。人们普遍

---

[*] 本文原为英文（African Students in China: Research, Reality, and Reflection），载美国佛罗里达大学的《非洲研究季刊》（*African Studies Quarterly*, Volume 17, Issue 4, February 2018, pp. 5–44）。感谢《非洲研究季刊》准许本文翻译修改后重刊。中文原标题为《非洲留学生在中国：历史、现实与思考》，《西亚非洲》2018年第5期。感谢林丰民教授、许亮博士、刘庆龙和李臻在写作过程中提供的帮助，感谢沈晓雷博士精到细致的翻译。本文为2016年度国家社会科学基金重大项目"中非关系历史文献和口述史料整理与研究"（16ZDA142）阶段性成果。

[①] 李安山：《中非关系研究中国际话语的演变》，《世界经济与政治》2014年第2期，第19—47页。

认为非洲人社群只是近年才在中国出现,然而中国人与非洲人之间的交往可谓历史悠久。① 中非双边贸易额迅速增长,从 2000 年的 108 亿美元到 2014 年的 2200 多亿美元。中国的非洲人社群也在这一时期快速发展起来,商人也成为在华非洲人社群中最大的群体。相关研究集中于在华非洲商人以及在广州和义乌的经济活动。② 也有人对他们在香港和澳门的商贸活动进行了研究。③ 有的研究涉及非洲移民的生活、社会或宗教活动,他们与中国人之间的隔阂,中国政府对非洲移民的管理,中国人对他们的反应,他们将自己的看法带回祖国及中国发展对全球的影响。④ 最新的

---

① Li Anshan, "African Diaspora in China: Reality, Research and Reflection", *The Journal of Pan African Studies*, Vol. 7, No. 10, 2015, pp. 10 – 43; Li Anshan, "Contact between China and Africa before Vasco da Gama: Archeology, Document and Historiography", *World History Studies*, Vol. 2, No. 1, 2015, pp. 34 – 59.

② 参见[加纳]亚当斯·博多姆《非洲人在中国:研究概述》,载李安山《中国非洲研究评论(2013)》,社科文献出版社 2014 年版,第 109—121 页;[加纳]博艾敦:《非洲人在中国:社会文化研究及其对非洲—中国关系的影响》,李安山等译,社会科学文献出版社 2018 年版。"Adams Bodomo" 原译为"亚当斯·博多姆"或"亚当斯·博多莫",现译为"博艾敦"。

③ 关于在中国香港和澳门的非洲商人,参见[加纳]亚当斯·博多莫《全球化时代的非中关系:在华非洲商贸团体的角色》,肖玉华译,《西亚非洲》2009 年第 8 期,第 62—67 页;G. Mathews and Yang, Y., "How Africans Pursue Low-end Globalization in Hong Kong and Mainland China", *Journal of Current Chinese Affairs*, Vol. 41, No. 2, 2012, pp. 95 – 120; I. Morais, " 'China Wahala': The Tribulations of Nigerian 'Bushfallers' in a Chinese Territory", *Transtext(e)s Transculture: Journal of Global Cultural Studies*, No. 5, 2009, pp. 1 – 22; Adams Bodomo, and Roberval Silva, "Language Matters: the Role of Linguistic Identity in the Establishment of the Lusophone African Community in Macau", *African Studies*, Vol. 71, No. 1, 2012, pp. 71 – 90。

④ B. Bertoncello and S. Bredeloup, "Chine-Afrique ou la valse des entrepreneurs-migrants", *Revue européenne des migrations internationals*, Vol. 25, No. 1, 2009, pp. 45 – 70; Manon Diederich, "Manoeuvring through the Spaces of Everyday life. Transnational Experiences of African Women in Guangzhou, China", Dissertation, University of Cologne, 2010; A. Müller, "New Migration Processes in Contemporary China—The Constitution of African Trader Networks in Guangzhou," *Geographische Zeitschrif*, Vol. 99, No. 2, 2011, pp. 104 – 22; H. Ø. Haugen, "Nigerians in China: A Second State of Immobility", *International Migration*, Vol. 50, No. 2, 2012, pp. 65 – 80; S. Bredeloup, "African Trading Posts in Guangzhou: Emergent or Recurrent Commercial Form?", *African Diaspora*, Vol. 5, No. 1, 2012, pp. 27 – 50; Y. Yang, "African Traders in Guangzhou", in G. Mathews, G. L. Ribero and C. A. Vega, eds., *Globalization from Below: The World's Other Economy*, Routledge, 2012; H. Ø. Haugen, "African Pentecostal Migrants in China: Marginalization and the Alternative Geography of a Mission Theology", *African Studies Review*, Vol. 56, No. 1, 2013, pp. 81 – 102; Li Anshan, "African Diaspora in China: Reality, Research and Reflection", pp. 22 – 25.

研究重点则逐步从广东和港澳转移到其他地区。①

　　留学生是在华非洲人的第二大群体。20世纪60年代,14个非洲独立国家派遣留学生来中国学习,直到1966年底因"文化大革命"而关闭所有高校为止。加纳学生伊曼纽尔·哈维是其中一员。他撰写了第一本关于非洲留学生在中国的著作,抱怨诸种令人不愉快的现象,如政治灌输、语言困难、教育水平、社会生活、种族歧视。② 他指出有许多非洲留学生在1961—1962年回国,但有人对此提出了异议。③ 随后,他们对此问题的研究完全中断。"文化大革命"爆发后,非洲留学生都回国了。对中国非洲留学生的近期研究往往要回顾历史,或对中国当时的社会背景加以解释。④ 1972年,中非教育合作重启。为支持坦赞铁路的建设,中国为坦、赞两国培训技术人员。有几部著作对坦赞铁路的文件、档案和来自非洲的受训人员等进行了研究。⑤ 吉莱斯皮是第一位对来华非洲留学生进行系统研究的学者,他的著作将非洲留学生置于南南合作的背景之下,强调中非教育交流项目具有知识转移功能。⑥ 还有学者研究了20世纪80年代非洲留学生与中国学生之间的冲突,并对中国人的"种族歧视"现

---

　　① Adams Bodomo, *Africans in China: Guangdong and Beyond*, New York: Diasporic Africa Press, 2016.

　　② Emmanuel Hevi, *An African Student in China*, London: Pall Mall Press, 1963.

　　③ Bruce D. Larkin, *China and Africa 1949–1970: The Foreign Policy of People's Republic of China*, Berkeley: University of California Press, 1971.

　　④ 程映虹:《一个非洲留学生的六十年代中国印象》,《凤凰周刊》2014年第14期, http://www.ifengweekly.com/detil.php? id=4901, 2017-06-24。有关坦赞铁路建设期间的培训和技术合作,参见沈喜彭《中国援建坦赞铁路研究》,黄山书社2018年版,第六章。

　　⑤ 张铁珊:《友谊之路:援建坦赞铁路纪实》,中国对外经济贸易出版社1999年版; Jamie Monson, *Africa's Freedom Railway: How a Chinese Development Project Changed Lives and Livelihoods in Tanzania*, Bloomington and Indianapolis: Indiana University Press, 2009; Liu Haifang and Jamie Monson, "Railway Time: Technology Transfer and the Role of Chinese Experts in the History of TAZARA", In Ton Dietz, et al., *African Engagements: Africa Negotiating an Emerging Multipolar World*, Leiden and Boston: Brill, 2011, pp. 226–251.

　　⑥ Sandra Gillespie, *South-South transfer: A study of Sino-African exchange*, New York: Routledge, 2001.

象进行了批评。①

自中非合作论坛建立以来，非洲留学生的数量急剧增加。中国学者或在中国的非洲学者对当前来华非洲留学生的研究颇感兴趣。北京大学非洲研究中心是中国最早关注这一问题的机构，通过调研和查阅教育部档案在内的资料，对来华非洲留学生进行了初步研究。② 当前，这一研究集中在4个领域，即文化适应、中非合作、教育管理以及专业教学（包括语言、数学和工程）。如果将"非洲留学生"作为关键词在中国期刊网上（2003—2014年）进行搜索，共有47篇相关的期刊文章和硕士论文。关于文化适应的有5篇，教育管理6篇，汉语教学14篇，其他文章则与中非关系有关。有些报告和回忆文章也讲述了非洲留学生在中国的经历。③ 中国奖学金制度是国际教育合作的成功做法，尤其在培养非洲留学生方面贡献卓著。④

有关采用跨文化研究方法探讨非洲留学生的案例值得一提。一些文章以2003年一项对非洲和西方留学生在中国的"国外学生学习压力调查"为基础，该项调查对象是中国3个城市的高校的200名留学生。问卷提出了30个问题，分为人际关系、个人问题、学术问题和环境问题四类，回收156份问卷，其中非洲留学生82份（男生46份，女生36份），西方留学生74份（男生32份，女生42份）。该项调查的目的是为了评估不同性别群体（男生/女生）和不同文化群体（非洲人/西方人）在压

---

① Raymond Seidelman, "The Anti-African Protests: More Than Just Chinese Racism", *The Nation*, February 13, 1989; Barry Sautman, "Anti-Black Racism in Post-Mao China", *The China Quarterly*, No. 138, 1994, pp. 413 – 437; M. J. Sulliven, "The 1988 – 89 Nanjing Anti-African Protests: Racial Nationalism or National Racism?" *The China Quarterly*, No. 138, 1994, pp. 438 – 457; Li Anshan and Liu Haifang, "The Evolution of the Chinese policy of funding African Students and An Evaluation of the effectiveness", Draft report for UNDP, 2013.

② 参见《中非教育合作与交流》编写组《中国与非洲国家教育合作与交流》，北京大学出版社2005年版。

③ 李保平：《关于中非教育合作的几个问题》，http://www.docin.com/p – 747065460.html, 2017—06—02；李安山：《我的那些非洲学生》，程涛、陆苗耕《中国大使讲非洲故事》，世界知识出版社2013年版；"Leading China scholar Li Anshan recalls his experiences teaching African students", China Africa Project. 2013, http://www.chinaafricaproject.com/leading-china-scholar-li-anshan-recalls-his-experiences-teaching-african-students-translation/, 2014 – 06 – 04.

④ 刘海方：《中国对非洲留学生奖学金政策沿革与绩效研究》，李安山主编《中国非洲研究评论（2015）》，社会科学文献出版社2017年版，第141—192页。

力感受方面的差异性。结果显示，留学生均存在跨文化定位问题，不同群体对上述四类压力的整体感受无甚差别，但在每类压力的感受程度上存在差异。调查结果还表明，对于男生和女生而言，学术与人际关系方面的压力都是最常见的压力，日常困扰则给他们带来了最大的压力与挑战。[1] 另有一位研习心理学的非洲留学生，为研究非洲留学生在中国所经历的文化冲击与适应性，也展开问卷调查。他分发了220份调查表，共收回181份。其研究结论是：非洲留学生在中国经常会经历文化冲击，应对这一问题最好方法是加强与中国人的交往；学历和性别的不同影响冲击程度，本科大学生和女生经历的文化冲击要超过研究生和男生。[2] 还有的研究涉及非洲留学生的文化适应、文化差异及其影响以及不同的时间观与家庭观等问题。[3]

至于中非教育合作所发挥的作用，科特马等人认为中国高校在双边合作中发挥了重要作用，金将在华非洲留学生作为中国软实力的一个指标，豪根分析了中国招收非洲留学生的政策及其成效。[4] 其他学者认为，

---

[1] Ismail Hussein Hashim, et al., "Cultural and Gender Differences in Perceiving Stressors: A Cross-cultural Investigation of African and Western Students at Chinese Colleges", *Psychological Science*, Vol. 26 No. 5, 2003, pp. 795 – 799; I. H. Hashim and Yang. Z. L, "Cultural and Gender Differences in Perceiving Stressors: A Cross-cultural Investigation of African and Western students in Chinese colleges", *Stress and Health*, Vol. 19, No. 4, 2003, pp. 217 – 225.

[2] 狄斯马：《外国留学生在中国的适应性》，硕士学位论文，南京师范大学，2004年。

[3] 关于文化适应，可参见易佩、熊丽君《来华非洲留学生跨文化适应水平实证研究》，《沈阳大学学报》（社会科学版）2013年第3期，第364—368页；龚苏娟《来华非洲留学生的跨文化适应研究——以义乌工商职业技术学院为例》，《开封教育学院学报》2014年第2期，第127—130页。关于文化差异及其影响，可参见龙霞、熊丽君《中非文化差异对非洲来华留学生教育的影响——以安哥拉来华留学生为例》，《重庆第二师范学院学报》2014年第1期，第133—136页；关于不同的时间观与家庭观可参见叶帅《非洲留学生与中国学生在时间观、家庭观方面的跨文化对比研究》，《科教文汇》（上旬刊）2011年第11期，第30—31页。

[4] Meskela Ketema et al., "The Research on Educational Cooperation Between China and Africa: An African Perspective", *Studies in Foreign Education*, Vol. 36, No. 1, 2009, pp. 50 – 53; Kenneth King, *China's Aid and Soft Power in Africa The Case of Education and Training*, Suffolk: James Currey, 2013; H. Ø. Haugen, "China's Recruitment of African University Students: Policy Eficacy and Unintended Outcomes", *Globalisation, Societies and Education*, Vol. 11, No. 3, 2013, pp. 315 – 344.

中国的教育援助是中非合作的重要组成部分,为非洲提供了重要的支持。[1] 还有一些学者讨论了中国在大学中或社会上对非洲留学生或研究生的管理问题。[2] 从事语言教学的老师探讨了如何以更好的方式教授非洲留学生汉语的问题。[3] 非洲留学生也发表了一些关于在中国的经历的文章,认为他们在中国社会中的行为能够发挥自身的能动性。[4]

有人对教学方法提出了批评和改进意见,还有人对中国的非洲留学生政策的效果持不同看法。一种观点认为,获得政府奖学金的非洲学生通常都会对他们在中国的经历感到满意,这使人们感觉有望通过教育项目增进中非之间的友好关系。尽管还存在一些缺点及可改进的空间,但在促进中非合作、帮助非洲进行能力建设和改善中国形象等方面,中国的政策相对比较成功。[5] 有人认为,中国并没有实现其政策目标,因为非洲留学生对他们所获得的教育质量感到失望,"对教育经历的失望妨碍了中国推广其价值观,并因此而破坏了中非教育交流在软实力方面所具有

---

[1] 李保平:《关于中非教育合作的几个问题》;徐辉:《中非合作论坛框架下的教育合作》,《教育发展研究》2007 年第 9 期,第 1—7 页;贺文萍:《中非教育交流与合作概述——发展阶段及未来挑战》,《西亚非洲》2007 年第 3 期,第 13—18 页;楼世洲、徐辉:《新时期中非教育合作的发展与转型》,《教育研究》2012 年第 10 期,第 28—33 页。

[2] 程伟华等:《非洲来华留学研究生教育问题与对策》,《学位与研究生教育》2012 年第 8 期,第 54—58 页;郑江华等:《高等院校非洲留学生校园安全管理研究》,《天津职业技术师范大学学报》2012 年第 4 期,第 72—74 页;郑江华等:《高校外国留学生社区系统管理的构建——以天津职业技术师范大学非洲留学生的管理实践为例》,《职业技术教育》2013 年第 23 期,第 66—68 页;郑江华:《面向非洲留学生的复合型应用人才培养模式探索》,《天津职业技术师范大学学报》2013 年第 4 期,第 64—70 页;安然等:《非洲留学生需求与招生宣传模式》,《高教探索》2007 年第 5 期,第 110—113 页。

[3] 宋硕:《浅谈零起点非洲留学生的汉字教学》,《长春理工大学学报》(社会科学版) 2011 年第 3 期,第 165—167 页;林伦伦、任梦雅:《非洲留学生汉语学习观念的社会语言学调查》,《韩山师范学院学报》2010 年第 5 期,第 32—37 页。

[4] Lloyd G. Adu Amoah, "Africa in China: Affirming African Agency in Africa-China Relations at the People to People Level", in James Shikwati ed., *China-Africa Partnership The Quest for a Win-Win Relationship*, Nairobi: Inter Region Economic Network, 2012, pp. 104 – 15; Antoine Roger Lokongo, "My Chinese connection", *CHINAFRIC*, No. 50, 2012.

[5] Li Anshan and Liu Haifang, "The Evolution of the Chinese Policy of Funding African Students and An Evaluation of the Effectiveness"; 牛长松:《中国政府奖学金非洲来华留学满意度调研》, http://www.docin.com/p-1445264169.html, 2017-06-25;刘海方:《中国对非洲留学生奖学金政策沿革与绩效研究》。

的潜力"。①

这种采取问卷调查的方式并提出具体建议的跨文化理论研究,具有一些相同特征。它们都从留学生的个人经历收集数据,研究者可能是非洲留学生。这类研究的缺点在于,它们通常以对某地方、某大学或某个国家的非洲留学生的个案研究为基础,因此必然存在局限性。如何在个案研究中应用相关理论也是一个问题。双向移民既是机遇,也是挑战。中国文化与非洲文化具有相似性,相互学习,尤其是人文交流通常会使双方彼此受益。② 然而,我们仍然缺乏对这一问题的扎实研究。

历史、现实与趋势

非洲留学生在中国的历史始于 1956 年,当年有 4 位埃及留学生来到中国;2016 年,中国有 61594 名非洲留学生,60 年来变化巨大。这一历史可分为四个阶段:1956—1966 年("文化大革命"关闭所有高校);1972—1977 年;1978—1995 年;1996 年至今。③

非洲留学生在 1956—1966 年与中国进行了初步接触。1953 年,在日内瓦举行的国际保卫青年权利大会上,中国青年代表团与来自埃及、阿尔及利亚、突尼斯、摩洛哥、马达加斯加和法属西非的代表团进行了广泛接触并建立了联系。中国与埃及在 1956 年 5 月 30 日建交前便于 4 月 15 日签署了文化合作协定。④ 中埃教育项目始于互换学者与留学生。4 名埃及留学生在 1956 年来到中国,其中 3 人在中国著名画家李可染的指导下学习中国国画,并在中央美术学院学成归国后成为埃及著名画家。⑤

1957 年,11 名来自喀麦隆、肯尼亚、乌干达和马拉维(这些国家尚未独立)的留学生来到中国学习。在 20 世纪 50 年代,共有 24 名非洲留

---

① H. Ø. Haugen, "China's Recruitment of African University Students: Policy Eficacy and Unintended Outcomes".
② 李安山:《中非关系研究中国际话语的演变》,《世界经济与政治》2014 年第 2 期,第 19—47 页。
③ 李保平:《关于中非教育合作的几个问题》;贺文萍:《中非教育交流与合作概述——发展阶段及未来挑战》;刘海方:《中国对非洲留学生奖学金政策沿革与绩效研究》。
④ 江淳、郭应德:《中阿关系史》,经济日报出版社 2001 年版,第 524 页。
⑤ 李保平:《关于中非教育合作的几个问题》;江淳、郭应德:《中阿关系史》,第 530 页。

学生在中国政府奖学金的资助下来华学习。60年代，中国开始与赢得独立的非洲国家开展教育合作，非洲留学生或技术人员是根据不同协议或项目来中国学习。与此同时，中国也派遣了一些文化代表团前往非洲，学习非洲舞蹈，非洲国家也派遣年轻人来中国深造。1960年，在华非洲留学生的数量增加到95人。在"文化大革命"爆发的1966年，共有来自14个非洲国家的164名留学生。"文化大革命"期间高校关闭后，非洲留学生不得不返回各自国家。①

前文提到的加纳学生哈维对在中国经历的"种族主义"及其他不愉快的经历进行了抱怨。② 他对中国的负面描述引起西方国家的喝彩，而加纳总统恩克鲁玛是一位社会主义者。最重要的是，西方国家当时正在寻找一些有关中国的负面资料，哈维的书可谓适逢其时。从另一个角度看，哈维的抱怨也无可厚非。首先，60年代初中国国内遭受了经济灾难。尽管非洲留学生像所有留学生一样，在中国享受一些普通老百姓无法享受的特权和更高的生活水平，但中国当时正处于中华人民共和国成立后经济发展处于最困难的时期，无法进一步改善他们的生活条件。其次，当时的社会条件决定了教条主义、社会禁忌和法律法规在非洲留学生与中国民众尤其是非洲男性与中国女性之间建立了某种"隔离带"。最后，无处不在的特殊政治氛围创造了一个社会交往的真空，使外国留学生的生活变得非常枯燥无味。③ 然而，这也恰恰是非洲留学生观察中国的最好机会，也是他们第一次与中国人交往的时期。

70年代，中非关系的特征是中非兄弟友谊的观念深入人心，因为这一时期的许多非洲留学生都与坦赞铁路有关。60—70年代的两个重大事件极大增进了中非关系：中国向非洲派遣医疗队和修建坦赞铁路。中国自1963年向阿尔及利亚派遣首批医疗队起，共向47个非洲国家派遣了医疗队。④ 为打破南非白人种族隔离政府的封锁，中国政府支持坦赞修建铁路。坦赞铁路的重大贡献不仅在于将赞比亚的矿产运输到达累斯萨拉姆

---

① 《中非教育合作与交流》编写组：《中国与非洲国家教育合作与交流》。
② Hevi, op. cit.
③ 程映虹：《一个非洲留学生的六十年代中国印象》。
④ Li Anshan, *Chinese Medical Cooperation in Africa: With Special Emphasis on the Medical Teams and Anti-Malaria Campaign.* Discussion Paper 52, Uppsala: Norkiska Afrikainstitutet, 2011.

港，从而为经济建设提供了帮助，而且提高了当地民众的生活水平。修建坦赞铁路还为中非交往提供了机会。当时，6000多名中国技术人员和工人加入了筑路劳动大军，从而促进了中国人与非洲人之间的相互了解。为了帮助坦赞铁路的运营，中国同意从1972年6月开始为两国培训工程师。坦、赞两国接受培训的200名技术人员来到中国。来华学生的目的是为将来的坦赞铁路运营服务，并在北京交通大学等院校接受培训。他们首先学习公共交通方面的基础课程，然后接受包括交通、机车、通信、信号、铁道等专业的专业培训。这些人中的179人在1975年9月学成回国。1973年，中国全面恢复招收留学生。1973—1974年分别招收37名和61名非洲留学生。毛泽东主席在1974年会见赞比亚总统卡翁达时提出"三个世界理论"，非洲留学生在1975—1976年分别增加到113人和144人。截至1976年年底，中国从21个非洲国家招收了355名留学生，中国政府提供的奖学金相应增加。这些留学生回国之后，在各自国家的交通及其他领域发挥了重要的作用。[1]

1978—1995年为非洲留学生在华发展的第三个阶段，双方交往逐步增加。改革开放后，中国恢复了与非洲国家之间的教育合作。然而，当时中国的经济状况并不好，国际留学生相对较少。1978年，中国共招收了1236名国际留学生，95%获得了中国政府奖学金。这些留学生中有121名来自非洲，约占留学生总数的10%。当时，共有400余名非洲学生在中国学习，约占在华外国留学生的1/4。相关统计数据表明，非洲留学生的数量在80年代呈上升的态势，但1989年除外，即从前一年的325名下降到249名。随后，其数量一直在200与300名之间徘徊，一直没有超过300名。[2] 这种情况应该与20世纪80年代末非洲留学生与中国学生的冲突尤其是1988年发生在河海大学的事件有关。

随着留学生的增加，问题接踵而至。对许多中国人而言，他们第一次看到外国人，出于新奇原因，不免对外国留学生尤其是非洲留学生指指点点。由于诸多因素，如非洲留学生抱怨生活条件，美国与中东之间

---

[1] Liu Haifang and Monson, "Railway Time: Technology Transfer and the Role of Chinese Experts in the History of TAZARA".

[2] 《中非教育合作与交流》编写组：《中国与非洲国家教育合作与交流》。

的政治分歧，社会价值观不同，以及中国人对非洲人怀有偏见或误解等因素，双方关系一度紧张。① 抱怨与不满引发冲突甚至游行。20 世纪 80 年代，非洲留学生与中国学生在天津、南京、北京和上海等地爆发了冲突。非洲留学生通过各种方式表达其不满，如游行、罢课、绝食抗议和请愿等。这类事件被有些学者称之为"国家种族主义"。② 从今天的角度来看，社会制度、价值观和文化层面的差异可能是主要原因。作为一个相对内敛的民族，中国人很不习惯男女在公共场所过于亲密，但非洲留学生在这一问题上要开放得多。引发冲突的原因通常是非洲男学生与中国女青年的亲密行为，中国老百姓颇不习惯。当然，中国在当时正经历剧烈的社会转型。中国学生通常 6 个人住一间宿舍，他们对外国留学生两人住一间宿舍的待遇感到不满。此外，外国留学生还有奖学金，在其他方面也享有更好的条件。因此，中国学生和普通民众自然而然会抱怨外国留学生获得的特殊待遇。如果再有其他不公平的事或对社会的不满，他们便会借此发泄负面情绪，并因此引发冲突。

表 1　　　　　　　**1976—1995 年非洲来华留学生**　　　　　　（单位：人）

年份	奖学金生	自费生	合计
1976	144	0	144
1977	142	0	142
1978	121	0	121
1979	30	0	30
1980	43	0	43
1981	80	0	80
1982	154	0	154
1983	230	0	230
1984	247	0	247
1985	314	0	314
1986	297	0	297

---

① Li Anshan and Liu Haifang, op. cit.
② Sautman, op. cit; Sulliven, "The 1988 – 89 Nanjing Anti-African Protests: Racial Nationalism or National Racism?", *The China Quarterly*, No. 138, 1994, pp. 438 – 457.

续表

年份	奖学金生	自费生	合计
1987	306	0	306
1988	325	0	325
1989	249	2	251
1990	252	6	258
1991	272	15	287
1992	267	20	287
1993	225	58	283
1994	220	246	466
1995	256	721	977
总计	4174	1068	5242

资料来源：《中非教育合作与交流》编写组：《中国与非洲国家教育合作与交流》，北京大学出版社2005年版。

表2　　　　　　　1996—2015年非洲来华留学生　　　　　（单位：人）

年份	奖学金生	自费生	合计
1996	922	118	1040
1997	991	224	1215
1998	1128	267	1395
1999	1136	248	1384
2000	1154	234	1388
2001	1224	302	1526
2002	1256	390	1646
2003	1244	549	1793
2004	1317	869	2186
2005	1367	1390	2757
2006	1861	1876	3737
2007	2733	3182	5915
2008	3735	5064	8799
2009	4824	7609	12433
2010	5710	10693	16403
2011	6316	14428	20744

续表

年份	奖学金生	自费生	合计
2012	6717	20335	27052
2013	7305	26054	33359
2014	7821	33856	41677
2015	8470	41322	49792
总计	67231	169010	236241

资料来源：《中非教育合作与交流》编写组：《中国与非洲国家教育合作与交流》，北京大学出版社2005年版；《中国教育年鉴》，2003—2015年各年；教育部国际合作与交流司：《来华留学生简明统计》（2012—2015年）。

非洲自费留学生的数量在20世纪90年代前半期持续增加。1990年只有6名非洲自费留学生，1991年达到15名。1992年和1993年分别增加到20名和58名。1994、1995两年更是大幅增加到246名和721名。越来越多的非洲年轻人希望到中国深造，其中的原因可能包括学费比较低和更容易获得签证。1996年之后，非洲留学生在中国进入了快速发展的时期。

1996年之所以如此重要，原因在于时任中国国家主席江泽民当年5月访问了肯尼亚、埃塞俄比亚、埃及、马里、纳米比亚和津巴布韦。这是中国国家元首第一次访问撒哈拉以南非洲国家。在访问期间，江泽民提出构筑中非关系面向21世纪长期稳定、全面合作的五点建议：真诚友好、平等相待、团结合作、共同发展、面向未来。此次访问使中国政府奖学金大幅增加，来华非洲留学生从1995年的256人增加到1996年的922人。如果加上当年招收的118名自费生，来华非洲留学生的数量第一次超过了1000人。①

中非合作论坛在2000年举办后，中非教育合作成为一项重要的议题。截至2002年年底，共有85800名外国留学生在华学习，其中非洲留学生有1646名。② 到2009年，在华外国留学生的数量超过了23万人，其中非

---

① 《中非教育合作与交流》编写组：《中国与非洲国家教育合作与交流》。
② 《中国教育年鉴》编辑部：《中国教育年鉴》（2003），人民教育出版社2003年版，第343页。

洲留学生为 12433 人。① 上述数据表明，非洲留学生人数的增长与国际留学生人数的增长有着密切的关系。1996—2011 年，共有 84361 名非洲留学生来中国学习，其中 36918 人获得了中国政府奖学金，47443 人为自费生。

2005 年也是一个转折之年，当年非洲自费留学生的数量（1390 名）超过了奖学金留学生的数量（1367 名）。这与奖学金项目的成功以及中国自 2003 年开始在埃及和南非举办教育展览会有关。然而，这一变化也与国际留学生的整体情况保持了同步的态势。② 2011 年，非洲自费留学生达到 14428 名，这已经是中国政府奖学金生（6316）的两倍多。2015 年，共有 8470 名非洲留学生获得了中国政府奖学金，而自费留学生的数量则达到了 41322 名。非洲留学生大都攻读学位，其数量增长迅速。2014 年，有 84% 的非洲留学生明确表示要在中国获得学位，只有 16% 的学生选择没有学位的课程。

非洲留学生的发展趋势具有三个特征。首先，非洲留学生的人数增长迅速，且与国际留学生的总体增长趋势保持一致。其次，非洲自费生的增长速度比中国政府奖学金生的增长速度更快。最后，绝大多数非洲留学生都在攻读学位。

相关政策、实施与成效

中国在 20 世纪 50 年代便开始接受外国留学生。然而，直到 70 年代末，中国与非洲国家开始教育合作的政策仍以意识形态为导向，团结非洲国家，在第一个阶段反对以美国为首的资本主义阵营，在第二阶段反对美国与苏联两个霸权国家。改革开放后，中国开始步入国际教育合作的舞台。作为一个后来者，中国政府制定了针对国际留学生的政策并逐

---

① 《中国教育年鉴》编辑部：《中国教育年鉴》（2010 年），人民教育出版社 2011 年版，第 440 页。

② 2005 年，175 个国家的 133869 名自费生来华学习，占留学生总数 94.88%，与 2004 年相比增长 28.56%。2009 年，238184 名留学生在 610 所中国高校和科研机构学习，其中 219939 名为自费留学生。参见中国教育年鉴编辑部《中国教育年鉴》（2009 年），人民教育出版社 2009 年版，第 440 页。

步加以实施。中国虽然没有针对不同国家的国际学生制定具体的国际教育合作政策或法律，其政策却是国际关系的产物，也必然与其战略紧密相关，甚至由其战略所决定。

1978年，国务院发布了一份文件，要求国人对外国留学生更友好，允许留学生上街买东西，甚至允许他们与中国人结婚。① 20世纪80年代，管理外国留学生的基本规章、条例与政策开始建立起来。1985年，国务院批转国家教育部、外交部、文化部、公安部、财政部共同签发的《外国留学生管理办法》。中国政府认识到"接受和培养外国留学生，是我国应尽的国际主义义务……一项具有战略意义的工作"，要求各部委和各级政府认真贯彻执行。该管理办法共有八章43款条文，内容涵盖总则、录取工作、学籍管理及教学工作等方面，还包括思想政治工作和政治活动管理、生活和社会管理及组织领导等。②

中国政府将外国留学生视为中国社会的一部分，对他们的管理非常细致。管理政策涵盖的领域相当广泛，包括课程、汉语教学、教学资料和体育锻炼等。作为一份重要文件，该管理办法使用了很多年。1999年7月21日，教育部针对中小学接受外国留学生的管理发布了文件。③ 2000年，中国政府出台了《高等教育接受外国留学生管理规定》。该文件有八章，新增了"奖学金制度"与"入出境和拘留手续"两章，更具可操作性。与此前的规定相比，这些规定要更加系统。④

2017年3月，教育、外交和公安三部委针对国际留学生联合发布了新的管理办法并自2017年7月1日起正式施行。该文件的宗旨是"规范学校招收、培养、管理国际学生的行为，为国际学生在中国境内学校学习提供便利，增进教育对外交流与合作，提高中国教育国际化水平"，共涵盖四个

---

① 教育外、外交部、公安部：《关于做好外国留学生社会管理工作的请示》，1978年4月29日。还可参见刘海方《中国对非洲留学生奖学金政策沿革与绩效研究》。

② 国务院批转国家教育委员会、外交部、文化部、公安部、财政部：《外国留学生管理办法》的通知（国发［1985］121号），1985年10月14日，http：//www.chinalawedu.com/news/1200/22598/22615/22822/2006/3/he999524311118360023570-0.htm，2017-06-05。

③ 《中小学接受外国学生管理暂行办法》（教育部第4号令），1999年7月21日，http：//www.pkulaw.cn/fulltext_form.aspx? Gid=23504，2017-06-05。

④ 《高等教育接受外国留学生管理规定》，《教育部、外交部、公安部令第9号》2000年1月31日，http：//www.moe.edu.cn/s78/A20/gjs_left/moe_861/tnull_8647.html，2017-07-05。

层面：学前教育、初等教育、中等教育和高等教育。尽管地方政府负责相关具体工作，但国务院行政管理部门统筹管理国际留学生工作，其中包括制定招收、培养国际学生的宏观政策，指导、协调地方政府的具体工作，外交、公安等行政部门按照职责分工负责相关管理工作。①

相关法律法规已涵盖所有外国留学生，此外，中国政府针对非洲留学生也出台了一些具体措施，以应对某些特殊事件和突发事情。例如，20世纪80年代初上海发生了当地市民与非洲留学生冲突事件。有些中国人辱骂非洲留学生，多地亦有类似冲突事件发生。1983年2月，教育部部长不得不紧急约见非洲使团长及17国驻华使节，解释上海市民与非洲留学生之间出现的问题。非洲使节指出，中国政府不仅要教育普通市民，也要教育警察，避免非洲留学生无故受到警察盘查并训斥情况的发生，非洲留学生很讨厌这些事情。如果这种情况继续下去，中非友好关系将遭到损害。因此，各地政府部门也针对与非洲留学生有关的具体问题公布了一系列的文件。②

20世纪90年代中期，一些非洲留学生在中国毕业后没有回国，而是在第三国找了工作，这并不符合中国政府最初设定的帮助非洲国家进行能力建设的目标。1996年，中国教育部发布文件，要求管理机构在非洲留学生毕业前直接与其驻华大使馆联系他们的返程票事宜，以推动他们直接回国，这已成为惯例。最近一份报道指出："由于中国的签证制度，绝大多数国际留学生在毕业后都无法滞留中国。这防止了智力流失，意味着在中国接受教育的这一代非洲留学生——与在法国、美国或英国接受教育的非洲留学生相比——更有可能带着他们获得的新知识和技能返回母国。"③ 2005年，胡锦涛主席在参加联合国成立60周年首脑会议发展筹资高级别会议时，

---

① 《学校招收和培养国际学生管理办法》（教育部、外交部、公安部令第42号），2017年3月20日，http：//www.gov.cn/xinwen/2017-06/02/content_5199249.htm，2017-06-06。鉴于该管理办法涵盖了所有教育机构，1999年和2000年发布的两份管理规定被废止。

② Li Anshan and Liu Haifang, "The Evolution of the Chinese Policy of Funding African Students and An Evaluation of the Effectiveness". 具体案例可参见刘海方《中国对非洲留学生奖学金政策沿革与绩效研究》，第167—171页。

③ "China tops US and UK as Destination for Anglophone African Students", *The Conversation*, June 28, 2017. http：//theconversation.com/china-tops-us-and-uk-as-destination-for-anglophone-african-students-78967，2017-06-30。

承诺中国将在未来三年增加对发展中国家特别是非洲国家的援助:"中国将在今后三年为发展中国家培训培养 3 万名各类人才,帮助有关国家加快人才培养。"① 鉴于中国政府奖学金与中国的国际战略密切相关,因此它也反映了中国政策所关注的重点。

正如我们从统计数据所看到的那样,在 2005 年之前,获得中国政府奖学金的非洲留学生的数量通常要少于欧洲留学生的数量。然而,这种情况自 2006 年也就是国家主席胡锦涛作出上述承诺的第二年开始改变。尽管非洲留学生与欧洲留学生在 2006 年获得中国政府奖学金比例相同,但前者的实际数量(1861 名)首次超过后者(1858)。中国一直在持续推进相关政策。2006 年中非合作论坛北京峰会决定,每年向非洲留学生提供的中国政府奖学金由 2000 人次增加到 4000 人次。在 2009 年举办的中非合作论坛第四届部长级会议上,中国政府奖学金的名额再次增至每年 5500 名,2010 年的数量达到 5710 名。② 2012 年中非合作论坛第五届部长级会议上,中国政府宣布在未来三年提供政府奖学金名额 1.8 万个。这是非洲留学生获得中国政府奖学金的数量增长如此迅速的原因。2011 年获得中国政府奖学金的非洲留学生的数量为 6316 人,2015 年则达到了 8470 人。③

为了实施这一政策,代理机构、高校、地方政府以及各相关部门都制定了不同的办法。④ 就中国政府奖学金而言,一直没有相关的评估体系,直到国家教育委员会在 1997 年发布《外国留学生奖学金评审暂行办法》。该暂行办法首次明确规定,必须根据特定标准对奖学金生进行评审,评审决定为"通过"和"未通过"两种。⑤ 2000 年,教育部发布了

---

① 胡锦涛:《在联合国成立 60 周年首脑会议发展筹资高级别会议上的讲话》,2005 年 9 月 15 日,http://politics.people.com.cn/GB/1024/3696504.html,2017-06-12。

② Li Anshan, et al., *FOCAC Twelve Years Later: Achievements, Challenges and the Way Forward*, Uppsala: Nordic Africa Institute, 2012.

③ 《中国教育年鉴》编辑部:《中国教育年鉴》,人民教育出版社 2010—2016 年各年。

④ Li Anshan and Liu Haifang, "The evolution of the Chinese policy of funding African students and an evaluation of the effectiveness".

⑤ 《外国留学生奖学金评审暂行办法》,国家教育委员会发布,1997 年 3 月 28 日,http://www.bjfao.gov.cn/affair/oversea/wglxsfg/23801.htm,2017-06-05。

两份涉及中国政府奖学金年度评审制度和评审方式的文件。① 在标准日益明确及有资格招收外国留学生的高校的自主权越来越大的情况下，接受外国留学生的高校现在获得了对留学生进行评审的真正权力。同年，2342名中国政府奖学金生参加了年度评审，2314名（98.8%）通过，28名没有通过。在未通过的留学生中，17名来自亚洲，2名来自非洲，2名来自美洲。② 就高校而言，要想获得提供中国政府奖学金的资格，需要通过严格的标准。通常只有那些拥有高水平教育、具有外语教学能力的教授以及有足够教育设施的高校才能招收国际学生。2015年，根据"中国政府奖学金—高校自主招生项目"，只有279家指定的高校有权接受个人申请奖学金。③

中国政府希望积极参与国际教育合作。因此，各部委、省政府、市政府乃至企业都开始提供各种类型的奖学金。由于篇幅关系，本文谨以上海市政府奖学金为例加以说明。

20世纪90年代末，中国在国际学生教育方面的整体框架已搭建完成，且与中国文化和中国自身的教育制度实现了兼容。今后，中国需要不断改进国际教育合作水平，以期成为最受外国留学生欢迎的留学目的地之一。与此同时，随着经济全球化的加速推进，那些能够说中文或比较了解中国的青年人才前往中国留学的需求也在不断增长。中国国际学生的数量持续快速增加。2016年，他们的数量增长到442773人，比2015年增加45138人（增长比例为11.35%）。其中非洲留学生增长11802人，达到61594人，增长比例为23.7%。④ 中国的国际教育越来越受到非洲学生的欢迎。

---

① 《教育部关于实施中国政府奖学金年度评审制度的通知》（教外来〔2000〕29号），2000年4月26日，http：//www. moe. edu. cn/s78/A20/gjs_left/moe_850/tnull_1183. html，2017 – 06 – 05。
② 《中国教育年鉴》编辑部：《中国教育年鉴》（2002年），人民教育出版社2002年版。
③ 中国国家留学基金管理委员会：《中国政府奖学金申请》，2015年8月12日，http：//en. csc. edu. cn/laihua/newsdetailen. aspx? cid = 66andid = 3074。
④ 教育部：《2016年年度我国来华留学生情况统计》，http：//www. moe. edu. cn/jyb_xwfb/xw_fbh/moe_2069/xwfbh_2017n/xwfb_170301/170301_sjtj/201703/t20170301_297677. html，2018 – 01 – 26。

表3　　　　　　　　　上海市政府奖学金—A类　　　　　　（单位：元）

学生类型	学科分类	学费	住宿费	生活费	综合医疗保险费	合计
本科生	一类	20000	8400	30000	800	59200
	二类	23000	8400	30000	800	62200
	三类	27000	8400	30000	800	66200
硕士生	一类	25000	8400	36000	800	70200
	二类	29000	8400	36000	800	74200
	三类	34000	8400	36000	800	79200
博士生	一类	33000	12000	42000	800	87800
	二类	38000	12000	42000	800	92800
	三类	45000	12000	42000	800	99800

注：（1）全额奖学金包括学费、住宿费、生活费和综合医疗保险费；（2）一类学科包括哲学、经济学、法学、教育学、文学、历史学、管理学；二类学科包括：理学、工学、农学；三类学科包括：医学、艺术学。

资料来源：中国国家留学基金管理委员会：《上海市政府奖学金—A类》，http：//www.csc.edu.cn/Laihua/scholarshipdetailen.aspx? cid=105andid=1293，2016-03-28。

非洲发展的理论和实践长期受西方国家的主导。自独立以来，只有少数非洲国家成功地实现了发展，大多数则陷入困难的境地。[1] 近年来，世界经济剧烈动荡，国际力量对比发生了巨大改变。一方面，美国金融危机和欧洲债务危机使西方经济面临困境；另一方面，新兴经济体成为世界经济的推动力量。因此，"向东看"成为一些非洲国家的趋势。[2] 那些希望寻找脱贫道路的非洲国家愿意向亚洲国家学习减贫和发展经验。中国为非洲政府提供了另外一种可资借鉴的发展模式。尼日利亚历史学

---

[1] 正如约翰·霍普金斯大学发展学教授黛博拉·布罗蒂加姆所指出的那样："尽管西方国家经常改变它们对非洲的发展建议、项目和方式……中国却从未宣称知道非洲必须如何发展。中国认为不应对援助施加任何政治和经济条件，各国应自主寻找摆脱贫困的道路。当前，西方主流经济学家也对过去几十年针对援助施加的许多条件的价值产生了疑问。" See Deborah Brautigam, *The Dragon's Gift: The Real Story of China in Africa*, New York: Oxford University Press, 2009, p.308.

[2] African Center for Economic Transformation (ACET), *Looking East: A Guide to Engaging China for Africa's Policy-Makers*, Vol.II. Key Dimensions of Chinese Engagements in African Countries, 2009, http://acetforafrica.org/site/wp-content, 2018-02-26.

家费米·阿科莫拉夫对此解释道："非洲现在可从新的世界经济大国那里学习经验：首先且最为重要的是：这完全是有可能的！不管我们承认与否，中国的经济表现都是一个奇迹。它表明只有拥有信心、决心和愿景的人将会取得什么样的成就。"①

中国经验是发展本国经济只能依靠本民族的努力和决心。历史上没有哪个国家的经济是靠外国人发展起来的。② 非洲各国向中国学习的办法之一是派遣其年轻人到中国深造。2005 年，卢旺达政府与中国教育部签署协议，用卢旺达的政府奖学金为卢旺达培养大学生。同年，坦桑尼亚政府也与中国国家留学基金管理委员会签署协议，在中国高校用坦桑尼亚的奖学金培养坦桑尼亚留学生。③

原因、动机与目的

为何会有越来越多的非洲学生前往中国深造？原因多种多样，如中国所提供的优惠条件、非洲青年人各种不同的动机以及个人发展的实际目标等。④ 其中，进一步了解中国和从中国学习更先进的技术，是非洲青年前往中国深造的主要原因。

西方国家长期主导非洲媒体，且编造了各种与中国有关的谎言甚至谣言。卡特政府时期负责人权问题的美国前助理国务卿罗伯塔·科恩 1991 年在《纽约时报》发文是一个典型例子。⑤ 她没有标明消息来源，但由于她是美国前政府高官，这则关于"中国囚犯劳工"的谣言不胫而走。⑥ 英国

---

① Femi Akomolafe, "No One is Laughing at the Asians Anymore", *New African*, No. 452 (June), 2006, pp. 48 – 50.
② 李安山：《"向东看"鼓舞非洲自主自强》，《光明日报》2013 年 3 月 28 日。
③ 《中国教育年鉴》编辑部：《中国教育年鉴》（2006 年），人民教育出版社 2006 年版。
④ 刘海方：《中国对非洲留学生奖学金政策沿革与绩效研究》。
⑤ 科恩在 1991 年写道："我了解到在贝宁修建公路的中国建筑公司使用囚犯。据悉，70%—75% 的建筑工人是囚犯……这家企业名为江苏建设公司……该企业的报价之所以能比所有竞争者都低很多，是因为其劳动力成本非常便宜。" See Roberta Cohen, "China Has Used Prison Labor in Africa", *New York Times*, May 11, 1991.
⑥ Yan Hairong and Barry Sautman, "Chasing Ghosts: Rumours and Representations of the Export of Chinese Convict Labour to Developing Countries", *The China Quarterly*, No. 210, 2012, pp. 398 – 418；严海蓉、沙伯力：《中国在非洲：话语与现实》，社会科学文献出版社 2017 年版。

广播公司不负责任的报道《中国在安哥拉修建的"鬼城"》是另一个例子。① 该篇报道中的住宅区在开盘后不久,便被销售一空。② 非洲人过去对中国所知甚少,绝大多数青年来中国都是为了亲眼看看中国。中国的快速发展对非洲青年人非常有吸引力。2008 年的北京奥运会将中国前所未有地展现在非洲人面前,他们吃惊地从电视上看到了一个令人印象深刻的中国。③ 对于那些希望进一步了解中国的发展,尤其是其现代科技的发展经验的非洲青年人而言,北京奥运会成了助推剂。他们希望了解为何中国能够连续多年成为非洲最大的贸易伙伴,为何能够成为世界第二大经济体。中国的商品、电视节目、孔子学院以及在非洲工作的中国人等,都使非洲青年对中国的兴趣日益增大。

中国大力开展国家教育合作无疑是推动大量非洲学生前往中国的重要原因。近年来,中国政府一直在努力加强与非洲国家之间的关系,并且采取了一系列措施来鼓励非洲留学生熟悉中国,如建立孔子学院、教授汉语以及利用奖学金等优惠条件来吸引非洲留学生。④ 截至 2017 年,中国共在 33 个非洲国家建立了 48 所孔子学院和 27 个孔子课堂,通过它们提供各种不同水平的汉语教学课程。⑤

许多非洲留学生在申请中国政府奖学金或进入中国高校就读之前都会学习汉语。⑥ 例如,伊美娜(Belhadj Imen)博士先是在突尼斯的汉语

---

① Louise Redvers, "Angola's Chinese-Built Ghost Town", July 2, 2012, http://www.bbc.com/news/world-africa - 18646243, 2017 - 06 - 24.

② 凯兰巴卫星城距安哥拉首都罗安达约 30 公里,是一个新建的混合性住宅项目,共有 750 栋 8 层公寓楼,十几所学校和 100 多家零售店,可入住 50 万人。该住宅区建成后不久便售罄。在没有公开出售之前就在报道中称这一尚未完工的住宅项目"没有居民",是一个"鬼城",即便不是恶意诋毁,也是一种严重的偏见。在 2017 年 4 月 26 日中国人民大学举办的中非医疗合作研讨会上,笔者与安哥拉记者维纳西奥·罗德里格兹(Venancio Rodrigue)交换了看法,他证实英国广播公司(BBC)的报道就是在歪曲事实。

③ 非洲留学生告诉笔者,他们在 2008 年奥运会期间从电视看到一个与想象截然不同的中国,这给他们留下了深刻印象。

④ Liu Haifang, "China-Africa Relations through the Prism of Culture—The Dynamics of China's Cultural Diplomacy with Africa", Journal of Current Chinese Affairs (China aktuell), No. 3, 2008, pp. 9 - 44.

⑤ 关于中国在非洲孔子学院的发展状况,参见杨薇、翟风杰、郭红、苏娟《非洲孔子学院的语文文化传播效果研究》,《西亚非洲》2018 年第 3 期,第 140—160 页。

⑥ 牛长松:《中国政府奖学金非洲来华留学满意度调研》。

桥比赛中获得第一名，然后中国政府为她提供了在北京大学中国语言文学系学习的奖学金。由于北京大学是中国最好的大学之一，该校许多国际留学生在申请入学或奖学金之前都必须学习汉语。其他有资格招收国际留学生的高校也是如此。大约有130名非洲留学生在上海应用技术大学土木工程和建筑学等专业学习，他们在第一学年要熟练掌握汉语并接受语言水平测试。这是包括非洲学生在内的国际学生在中国攻读学位的正常途径。在中国人民大学学习哲学与国际贸易的留学生克里斯蒂安·金（Christian King）告诉中央电视台："我开始是在津巴布韦学习汉语，学起来非常难。声调和汉字都极具挑战性，但在中国待了几年后，我已说得很流利了。我现在喜欢说汉语。"①

中国的奖学金也推动了非洲留学生前往中国。鉴于非洲在中国国际战略中的重要性，中国政府提供的奖学金越来越向非洲学生倾斜。就政府奖学金生而言，亚洲留学生的数量一直最多。考虑到地缘政治的因素以及许多海外华人生活在亚洲邻国，这很正常。欧洲能够获得中国政府奖学金的国家尽管比非洲少，但其奖学金生的数量一直位居第二。这种情况从2006年开始改变，非洲自此成为获得中国政府奖学金第二多的地区。

如表4所示，2006年分配给非洲与欧洲的中国政府奖学金的比例基本相同。2007年，非洲人的数量上升为2733人，比欧洲人多出了626个名额。非洲的中国政府奖学金生逐年增加。目前，共有51个非洲国家的学生有资格申请中国政府奖学金（欧洲国家为39个）。2010年，共有22390名留学生获得了中国政府奖学金，其中亚洲11197名（占比50.01%），非洲5710名（占比25.5%），欧洲3238名（占比14.66%），美洲1761名（占比7.87%），大洋洲439名（占比1.96%）。② 很明显，非洲学生已成为中国政府奖学金生的第二大群体。

除了中国政府奖学金外，还有其他类型为国际留学生提供的奖学金，

---

① "Africans Learning Chinese Can Boost Cooperation Channels", March 23, 2015, http://english.cntv.cn/2016/03/23/ARTIvEEYI0kItdGxV6F2JBK0160323.shtml, 2017 - 06 - 23.

② 《中国教育年鉴》编辑部：《中国教育年鉴》（2011年），人民教育出版社2012年版。

如省级奖学金、部委奖学金、高校奖学金以及企业和慈善机构为实现特定目标而提供的奖学金。中国政府奖学金可以免除所有留学生的各类费用,包括学费、教材费、校内住宿费、医疗保险费和一次往返国际机票。此外,国际留学生每月还有津贴。随着中国经济的持续发展,奖学金的资助标准在近年来也多次提高。[①] 越来越多的非洲留学生获得中国政府奖学金或其他类型的奖学金。2005年以来,非洲自费留学生的数量已经大大超过中国政府奖学金生。2015年,共有49792名非洲留学生在中国留学,其中只有8470名为中国政府奖学金生,41322名则为自费生。笔者曾在北京北部的上地地区遇到了一位赞比亚留学生。他在北四环外五道口的一所语言学校学习汉语。我对此很吃惊,因为他看起来很年轻,孤身一人来到中国,且住在一个离市中心很远的居民区。他表示自己一定要学好汉语。

表4　非洲与欧洲获中国政府奖学金生的对比情况(2003—2010年)

单位:人

年份	奖学金总人数	非洲	占比(%)	欧洲	占比(%)
2003	6153	1244	20.2	1442	23.4
2004	6715	1317	19.6	1880	28.0
2005	7218	1367	18.9	1761	24.4
2006	8484	1861	21.9	1858	21.9
2007	10151	2733	26.9	2107	20.8
2008	13516	3735	27.6	2628	19.4
2009	18245	4824	26.44	3022	16.56
2010	22390	5710	25.5	3283	14.66

资料来源:《中国教育年鉴》编辑部:《中国教育年鉴》(2011年),人民教育出版社2012年版。

---

① 教育部:《我国提高来华留学生政府奖学金资助标准》,2015年1月22日,http://old.moe.gov.cn//publicfiles/business/htmlfiles/moe/s5147/201501/183255.html,2017-06-25。

非洲人决定学习汉语有各种动机。例如，有人羡慕中国高校的声望，也有人则希望借此攻读特定专业。① 中国通过先进技术推动发展的经验让非洲青年备受鼓舞。中国企业在非洲大规模修建道路、桥梁、医院、学校、大坝、炼油厂和现代铁路。华为公司在非洲取得了巨大成功，中国在卫星领域与尼日利亚合作。中国企业本地化吸引了非洲青年。笔者遇到过不少正在攻读研究生的非洲才俊，如在北京科技大学留学的塞奇·穆德勒（Serge Mundele）和在大连理工大学电气工程专业做博士后的尼日利亚学者奥杜·斯蒂芬·奥基迪（Oodo Stephen Ogidi）。非洲留学生中也有一些人选择学习社会科学相关专业，如摩洛哥留学生李杉（Erfiki Hicham）在北京大学国际关系学院获得了博士学位。突尼斯学者伊美娜先是在北京大学获得了中国语言文学的硕士学位和国际政治的博士学位，然后又在阿拉伯语系做博士后研究。

所有这些现象使中国成为非洲青年学生出国深造的理想国家。近年来，日益增多的非洲留学生开始从事专业研究。② 根据2014年的调查，2000位非洲留学生中84%将攻读学位定为求学目标：41.61%申请医学专业，21.59%申请工程专业，13.94%选择经管类专业。③ 一名于2007年来到中国的刚果（布）的留学生告诉笔者，他从市场上看到几款电信产品均为"中国制造"，决定来中国。他梦想成为国家的电信部部长，他现在是北京邮电大学电信专业的一名本科生。

非洲青年学生选择来华留学，当然还有一些较为实际的原因，包括中国的学费及相关费用较低，比西方国家更容易得到学生签证等。此外，如果曾学过汉语并了解中国文化，那么回国后较容易在华为等中国大公司找到一份体面的工作。诚然，由于中国人对非洲所知甚少，因此大部分人在非洲人的肤色问题上都显得较为陌生。

---

① Kenneth King, *China's Aid and Soft Power in Africa*: *The Case of Education and Training*, Suffolk: James Currey, 2013; Chak-Pong Gordon Tsui, "African university students in China's Hong Kong: Motivations, aspirations, and further exchanges", In Adams Bodomo ed., *Africans in China*: *Guangdong and Beyond*, New York: Cambria Press, 2016, pp. 119-37.

② Adams Bodomo, "African Students in China: A Case Study of Newly Arrived Students on FOCAC Funds at Chongqing University", PPT Outline, University of HongKong, 2011, p. 29.

③ 《来华留学网、中国教育在线联合发布2014年来华留学调查报告》，http://www.eol.cn/html/lhlx/content.html, 2017-06-25。

然而，中国人民的友谊与温情也会鼓励非洲的青年人前往中国学习。①

作用、贡献与能动性

非洲留学生在中国正在成为一个很大的群体，他们发挥着什么作用？他们为中国与非洲，或者为中非关系做出了什么样的贡献？

人类历史就是移民史。尽管国际留学生通常不被视为移民或移民社群的成员，但他们与移民社群的联系却显而易见。非洲留学生在此发挥了中非文化沟通与交流乃至深化中非关系的桥梁作用。作为在华非洲人社群的第二大群体，他们经常会在非洲文化与中国文化之间发挥沟通的功能。一旦来到中国并开始校园生活，他们便会通过与同学的交谈、与官员和普通中国人的交往、学术讨论以及社交活动等方式开展文化交流，并在不同的文化之间发挥桥梁的作用。

在新的环境中，非洲的年轻人经常会面临新的挑战，且不得不经历文化冲击。② 文化交流或文化适应因此显得非常重要，因为这发生在日常生活、学习过程和社会交往中，而且有助于与中国人建立良好的关系。③ 文化适应是对新环境的积极反应，也是一个相互学习的过程。笔者曾指导过许多非洲留学生，包括来自突尼斯、摩洛哥和刚果（金）的三位博士。他们告诉我自己所经历的各种事情，有的充满了无知和偏见，有的则满是友好和温情。莫西（Moses）来自尼日利亚，专业为汉语教学。他

---

① 关于在中国这是不是种族主义的问题，不同的人表达了不同的看法。一位加纳留学生讲述了她在中国的经历，说道："经常有人问我是否发现中国人是种族主义者，但他们像看'西洋景'似的对待我——给我照相，摸我头发和皮肤，盯着我看——并不意味着他们就有种族主义的心态。我的回答是我发现他们很好奇。我所经历的许多事情都源于无知，而非种族主义。尽管我经常被视为'黑人'和'非洲人'，但我从未有被歧视或敌对的感觉，相反，我觉得自己受到了热情和友好的对待。因为我会说普通话，我通常都能听懂人们在说我什么，他们很少会轻视或蔑视我们。" Zahra Baitie, "On Being African in China", *The Atlantic*, August 28, 2013, also https://www.theatlantic.com/china/archive/2013/08/on-being-african-in-china/279136, 2017 – 07 – 26.

② 狄斯马：《外国留学生在中国的适应性》。

③ Hashim, et al., op. cit.

在 2013 年来华后起了一个标准的中国名字"吴文仲"。他小时候在尼日利亚学习中文,在中国学习期间爱上了中国文化。他学会了各种表演,包括一些传统艺术如相声和舞狮,参加过综艺节目和才艺大赛。莫西在 2014 年参加了河北省"冀之光"外国留学生汉语技能暨中华才艺大赛,展示功夫本领,背诵中国古诗,还与其他留学生一起表演了自编自导的相声。凭借超群的表演和技巧,他获得"最佳创意奖""最佳口才奖"和"古诗词背诵二等奖",还因出色展示中国文化而获得了"最佳全能王"的奖项。他因流利的普通话和对中国文化的了解而被中国朋友称为"中国通"。①

非洲留学生关于母国的文化知识也有助于中国多元文化的发展。非洲学生与中国学生之间进行着重要的文化交流。非洲留学生正在学习中国的语言、文化和职业技能。② 他们同时还在传播非洲的文化、价值观和技能。③ 中国学生也能在各种场合学习非洲文化。中国的城市里已经建立了各种非洲文化俱乐部,如非洲舞蹈俱乐部、非洲音乐俱乐部和非洲鼓俱乐部等,不少是非洲留学生的功劳。④ 喀麦隆留学生捷盖许多年前在喀麦隆获得了博士学位后,又来到中国深造。他在中国被喀麦隆文化与中国文化之间的相似性所吸引,因此开始学习中国艺术。他利用各种活动将非洲文化介绍给中国人,他甚至还用喀麦隆布料做了一件唐装。捷盖被称为"中非艺术交流使者"。他现在正努力将非洲电影引进到中国。⑤ 北京大学每年都会举办国际文化节,非洲留学生们会在文化节上布置展台,骄傲地向中国观众介绍他们的文化。⑥ 笔者的学生龙刚在国际文化节

---

① 杨梦洁等:《"中国通"吴文仲的汉语梦》,2016 年 11 月 28 日,http://www.chinanews.com/sh/2016/11-28/8076600.shtml,2017-06-01。

② Kenneth King, op. cit..

③ Lloyd G. Adu Amoah, "Africa in China: Affirming African Agency in Africa-China Relations at the People to People Level", in James Shikwati ed., *China-Africa Partnership: The Quest for a Win-Win Relationship*, Nairobi: Inter Region Economic Network, 2012, pp. 104 – 115.

④ James Shikwati ed., *China-Africa Partnership: The Quest for a Win-Win Relationship*, Nairobi: Inter Region Economic Network, 2012, pp. 93 – 97.

⑤ 《聚焦中非合作论坛:喀麦隆人捷盖的中国生活》,http://tv.cntv.cn/video/C10616/3ce5c25b1bfc476095406544b5971b8a,2017-09-06。

⑥ 《非洲留学生代表在北京大学文化节上的发言》,http://www.fmprc.gov.cn/zflt/chn/zxxx/t1094003.htm,2017-06-23。

表演非洲鼓，许多中国学生都想跟他学习。为了将非洲文化介绍给普通中国人，北京大学非洲研究中心与《半月谈》（内部版）共同推出了"走进非洲文化"系列专栏。迄今为止，该专栏共发表了15篇以非洲文化为主题的文章，涉及非洲的世界遗产、文化、电影、酋长的作用、桑戈尔、诺贝尔奖获得者索因卡、伊本·白图泰和埃塞俄比亚文明等。有些文章的作者为非洲留学生。①

一些研究显示，伦敦的中国留学生在中国文化和英国文化之间以及英国华人社群与英国社会之间发挥了桥梁作用。② 非洲留学生也发挥了相同的作用。他们不仅成为非洲文化与中国文化之间的桥梁，而且还成为在华非洲人社群与对中非关系感兴趣的中国人之间的桥梁。③ 正是在非洲留学生的努力下，中国人已经开始熟悉非洲人的价值观、想法、舞蹈、鼓乐、绘画和雕塑。笔者的学生王涵杰的学士学位论文标题是《浅析非洲鼓乐在华的流行与分布》。当我问她为什么要写这个题目时，她笑着告诉我说她是北京大学金贝鼓协会的成员。④ 武汉是华中的重要城市，西方品牌广告颇为流行。曾有人问当地妇女对非洲文化产品的看法，她们的回答是"很酷"。"她们的选择表明她们对时尚的品位与偏好非常前卫，很有世界性，甚至很现代。非洲文化在武汉的这种影响力在很大程度上是由武汉大学每年举行的金秋国际文化节所推动的。"⑤

尽管有些非洲留学生在中国高校毕业后选择去第三国工作，但许多

---

① Shikwati ed., *China-Africa Partnership*; Li Anshan, "A Long-Time Neglected Subject: China-Africa People-to-People Contact", in Garth Shelton, FunekaYaziniApril, and Li Anshan eds., *FOCAC 2015: A New Beginning of China-Africa Relations*, Pretoria: Africa Institute of South Africa, 2015, pp. 446 - 475.

② 武斌：《当代留学生与海外华人社会：关于英国诺丁汉华人社会的实证研究》，《华侨华人历史研究》2015年第2期，第1—11页；武斌：《留学生在海外华人社区建设中的作用：基于英国诺丁汉华人社会的调查》，《华人研究国际学报》2016年第8卷第2期，第13—30页。

③ Silvye Bredeloup, "West-African Students Turned Entrepreneurs in Asian Trading Posts: A new facet of Globalization", *Urban Anthropology*, Special Issue on African Global Migration, Vol. 43, No. 1/2/3, 2014, pp. 17 - 56.

④ 王涵杰：《浅析非洲鼓乐在华的流行与分布》，载李安山主编《中国非洲研究评论（2012）》，社会科学文献出版社2013年版，第442—458页。

⑤ Amoah, op. cit., p. 108.

人还是决定回国，以便为自己的国家做出贡献。① 除了进入各行各业工作外，他们当中有些人成为公务员，成了政府高官。截至 2005 年，8 位曾获得中国政府奖学金的非洲留学生担任部长或部长以上的职位，8 位担任驻华大使或参赞，6 位担任国家总统或总理的秘书，3 位担任对华友好协会的秘书长，其他领域的专家与精英更是不胜枚举。② 以北京大学为例，曾在北大留学的穆拉图·特肖梅·沃图（Mulatu Teshome Wirtu）曾担任埃塞俄比亚议会联邦院议长，现为埃塞俄比亚总统。露西（Lucy Njeri Manegene）毕业后在肯尼亚外交部工作，马尼塔（Rakotoarivony R. J. Manitra）现在马达加斯加驻华大使馆工作，丽塞博·莫西西里（Mapulumo Lisebo Mosisili）获得硕士学位后回到了莱索托，现在是莱索托劳工部的常务秘书。③ 北京大学的非洲留学生还在加纳和刚果（金）政府、贝宁的大学和尼日利亚、马里等国的驻华使领事馆担任要职。

非洲留学生在中国的另外一个重要经历，是他们在校园里建立了与其他非洲人的联系。当回答英国广播公司为何要来中国的问题时，北京大学非洲留学生联谊会的乌干达留学生米卡·卡布果（Mikka Kabugo）表示，他是通过一名在乌干达的中医了解中国的。当他来到中国之后，他发现北京简直就是一个地球村，在这里他能够与来自其他非洲国家的留学生交流对非洲问题的看法。非洲留学生之间的这种交流有助于扩展他们的国际视野。他们在北大非洲留学生联谊会里与其他国家留学生一起，从泛非主义的视角来研究非洲问题并思考如何才能给非洲大陆带来帮助。④ 此外，他们还通过上课、讨论以及非洲留学生联谊会与北京大学非洲研究所中心联合举办的各种研讨会，在国际事务、非洲形势、中非关系等议题方面学到很多知识。

继北京大学的非洲留学生成立组织之后，清华大学的非洲留学生也

---

① Bodomo, "African Students in China"; Li Anshan and Liu Haifang, "The Evolution of the Chinese policy of funding African Students and An Evaluation of the effectiveness", Draft report for UNDP, 2013.
② 《中非教育合作与交流》编写组编：《中国与非洲国家教育合作与交流》，第 20—21 页。
③ 丽塞博·莫西西里给李安山的邮件，2013 年 2 月 12 日；李安山：《我的那些非洲学生》。
④ BBC World Service Newsday, "Why are African Students Flocking to Chinese Universities?" June 29, 2017, http://www.bbc.co.uk/programmes/p0577s49?ocid = socialflow_facebook, 2017 – 06 – 30.

在 2017 年 5 月 25 日即非洲日建立了清华大学非洲留学生联席会，会员分别来自 27 个非洲国家。在成立仪式上，非洲留学生讨论了各种问题，如尼雷尔总统和恩克鲁玛总统的思想，听取了清华大学医学院留学生查巴拉拉（Chabalala）博士关于非洲大陆对知识发展共享的报告和国际关系学系副教授、清华—卡内基全球政策中心驻会研究员唐晓阳关于中非关系结构性变迁的讲话。约翰·阿考科帕瑞（John Akokpari）教授主持了研讨会，就移民社群中的非洲留学生能否成为他们国家发展的创变者展开了讨论。此外，中国还有一些其他院校也成立了非洲留学生组织。①

非洲留学生通常是他们国家首批开展对华贸易的人。加纳的博艾敦教授指出，非洲与中国间贸易进程始于在华留学的非洲人，他们毕业后开始从事对华贸易。② 尽管他们最初没有多少资本，但其优势是拥有扎实的社会与语言背景。他们会逐渐成为非洲与中国贸易的中间商，并因此而为双方的经济活动做出贡献。尼日尔政府负责兽医事务的官员阿卜杜勒（Abdul）医生是典型例子。他获得尼日尔—中国友好奖学金。拿到学位后，他决定改行从事不熟悉但却更有利的新职业。自 2000 年起，他开始从广州向非洲和欧洲出口药品及相关的兽医用品，这些产品直接来自于他在中国学习期间已熟悉的中国北部的药厂。他取得成功后，重新建立了与尼日尔政府的联系。由于能够流利地说汉语，阿卜杜勒医生现在担任尼日尔的荣誉领事，负责反映在中国高校就读的尼日尔奖学金生的需求。他认为自己的角色已经从"智力流失"变为"智力引进"。布莱德鲁普（Bredeloup）认为，这种情况得益于两方面：中国经济快速发展所创造的机遇和非洲公务员地位的改变。与阿卜杜勒相似的例子还有刚果（金）的帕特里克（Patrick）和马里的阿齐兹（Aziz）等人。③ 广东和浙江一些非洲自费生甚至中国政府奖学金生在学习期间即开始了有生以来的第一次贸易活动，并最终成为在中国定居的商人。④

---

① Kenneth King, op, cit..

② Adams Bodomo, "African Diaspora Remittances are Better Than Foreign Aid Funds", *World Economic*, Vol. 14, No. 4, 2013, pp. 21 – 28; Haugen, "China's Recruitment of African University students".

③ Bredeloup, op. cit..

④ Adams Bodomo, *Africans in China: A Sociocultural Study and Its Implications on Africa-China Relations*, New York: Cambria Press, 2012; Amoah, op. cit.; Haugen, "China's Recruitment of African University Students".

人们普遍认为，中国一直在主导中非关系的发展进程，非洲在塑造或影响不断深化的中非关系方面没有主动性。一位非洲留学生的研究推翻了这一观点。阿莫阿（Adu Amoah）曾是加纳政府的官员，后到中国留学并娶了中国妻子。作为武汉大学非洲留学生代表委员会的会长，他用自己的观察和经历展示了非洲留学生是如何把握他们在中国的生活的。他认为武汉正在浮现一个生机勃勃的非洲移民社群，"其可能有助于在当前的中国塑造一个非洲移民社群"，"这一非洲移民群体主要由留学生构成"，"包括那些求学的人和那些毕业后留下来的人，这些人都很有活力"。他以武汉为例讲述了在中国的非洲人是如何通过时尚、异族通婚和相互学习语言（非洲人可以教中国学生学习英语）等方式，通过管理非洲人的企业如非洲人经营的夜总会等，对中国的社会现实产生影响。非洲人可以用汉语解释他们自己的世界观与经历，"我们有必要去破除大众话语和学术话语中……所谓非洲'即将面临危机'的解释，尤其是要破除非洲在中非关系中只是无能的、恭顺的和乞讨的伙伴"这样一种想法。①

非洲留学生极大地促进了非洲与中国之间的合作并为双方的文化交流做出了重大贡献，并推动了中国高校的国际化进程。② 当然，非洲留学生也经历了文化冲击、思念故乡、社会适应、精神压力与挫折以及日常生活中的各种困难与问题。此外，他们还会遭受少数中国学生和其他国际留学生的误解和偏见，在学习过程中会遇到语言问题。中国教师的英语并不是都能听懂，这使非洲留学生学习起来会更加困难。③ 很明显，未来在华非洲留学生还有更多改进的空间。

结　论

本文的主题是非洲留学生在中国与中国的国际教育合作，涉及三方面行为体：中国、非洲国家与非洲留学生。在此我们可向中国政府、非

---

① Amoah, op. cit., p. 110.
② 刘海方：《中国对非洲留学生奖学金政策沿革与绩效研究》，载李安山《中国非洲研究评论（2015）》，社会科学文献出版社 2017 年版，第 141—192 页。
③ Hashim et al., op. cit.

洲国家及非洲留学生提出一些问题作为启示，以引起各方重视和思考，并寻求更好的应对之策。

对于中国方面而言，重要的一点是应该清楚非洲并不是一个整体，而是由54个国家组成的大陆，每个国家都有不同的情况与需求。[①] 非洲留学生也不是一个整体，而是不同的个体。除了奖学金之外，鉴于非洲留学生所处的是一个宗教文化、社会生活和饮食习惯截然不同的社会环境，中国政府是否为他们提供了适宜的生活条件？中国教师是否拥有足够的能力来向非洲留学生传授知识？是否有一些好的措施以便于非洲留学生向中国社会介绍他们自身的文化？非洲留学生是否有足够的机会与中国学生交换看法和交流经验？中国无疑需要更好地解决上述及其相关问题。

对于非洲国家特别是非洲政府而言，它们必须牢记那些学成回国的学生都是热爱自己的祖国，希望利用他们在中国学到的知识为国家做贡献的人。非洲各国政府是否对自己国家的留学生在中国的学术、科研和生活给予了足够的关心，是否为他们的学习和日常生活需求提供了更好的条件？各国使领馆是否为它们在中国的留学生提供了合适的沟通渠道，是否会照顾他们的利益，是否会有效地应对他们的合理需求？各国政府是否为非洲留学生毕业回国提供了很好的机遇？[②] 它们需要为那些愿意回国做贡献的人准备更好的条件。人才是最重要的实力，要实现国家腾飞，应该依靠他们。

对于在华非洲留学生，我们应该提醒他们，中国政府为他们提供奖学金或提供学习机会，是希望他们有朝一日回国服务。他们在中国学习不仅是为了实现自己的梦想，还肩负着祖国的期望与家庭的希望。他们是否充分利用了他们的奖学金，是否尽最大努力去刻苦学习以迎接未来的挑战，进而为他们的未来做好准备？他们是否抓住了一切机会向中国

[①] ［贝宁］塞道藏·阿皮蒂：《中非教育合作政策：非洲对中非教育合作有何期待？》，沈晓雷译，载李安山、刘海方主编《中国非洲研究评论（2012）》，社会科学文献出版社2013年版，第326—329页。

[②] 笔者曾指导过好几位来自非洲的博士生。他们当中有些回国后费了好大的劲才找到一份体面的工作。令人不解的是，其中有个学生甚至被要求将他的博士论文从中文翻译成法文，以证明他的学术能力。

老百姓或其他国家的留学生介绍非洲文化或他们国家的文化？他们是否从中国的发展和其他国家的发展中吸取了经验与教训，并因此而准备在回国实现他们梦想的时候，好好利用这些经验与教训？

2017 年 6 月 28 日，"对话"网站发布了一篇名为《中国超过美国和英国成为以英语为母语的非洲留学生的首选目的国》的报道。根据联合国教科文组织的统计，"美国和英国每年约接受 4 万名非洲留学生。中国在 2014 年超过这一数量，成为非洲留学生在海外学习的第二大目的国，仅次于接受 9.5 万多名非洲留学生的法国。"近年来，越来越多的非洲青年来中国学习，数量持续增加。他们成为非洲文化的载体，双边商贸往来的中介以及非洲与中国之间的桥梁。"现在谈论这些新的变化可能会对非洲大陆的地缘政治产生何种影响还为时尚早。"[1]

非洲留学生无疑正在创造一个新的世界。融入东道国社会并不意味着放弃自身文化。他们可以在两种文化之间建立联系，并从一块"飞地"变成一座"桥梁"。非洲留学生在华经历以及中国对留学生的政策与中国的发展息息相关。非洲留学生来华学习的热情日益提高，他们不仅成为中非关系的积极参与者，也大力推动了中国的国际教育合作。非洲留学生通过他们在中国的主观能动性及他们与中国人之间的交往，将非洲的文化价值观介绍给了中国。中国各方面在为他们的成功和就业提供机会。[2] 他们也通过在华所学技能正在为自己国家做出贡献。

（http：//www.xyfzqk.org/UploadFile/Issue/nsbhrsyn.pdf）

---

[1] "China Tops US and UK as Destination for Anglophone African Students", *The Conversation*, June 28, 2017.

[2] 2017 年 11 月 11 日，"Amanbo 杯"首届中非合作留学生创业大赛及中非双创论坛在深圳圆满收官。这次比赛由私营企业发起和赞助，从头到尾均由民间组织负责，是高校与社会机构首次联合起来，通过培养非洲青年人才而推动中非合作而做出的努力。参见王楠、李菁《首届中非合作创业大赛及中非双创论坛圆满收官》，2017 年 11 月 14 日，http：//www.chinafrica.cn/chinese/focus/201711/t20171114_800109951.html，2017–11–26。2017 年 11 月 15 日，中国人民对外友好协会和对外经济贸易大学在北京共同主办了以"一带一路"与非洲青年就业为主题的非洲在华留学生就业交流会。这是专门为中国企业招聘非洲留学生而举办的活动。参见许炀《友·工作——非洲在华留学生就业交流会》，2017 年 11 月 15 日，http：//ge.cri.cn/20171116/c5c7ee5f–147e–a879–c315–8114acae8e4c.html，2017–11–26。

在非洲的华侨华人：人数、职业及影响[*]

内容提要：本文发表于 2016 年。随着中非关系的升温，国际上出现诸多关于非洲华侨华人的讨论和研究。华侨华人的增长与中国对外开放的政策直接相关。比较而言，移民非洲的中国人实际并不多且多保留中国国籍。华侨华人对非洲各国的影响不同，对各阶层利益的影响各异，他们的行为对中国形象有所影响，或正面，或负面。西方一些人在观察甚至研究非洲华侨华人时，往往将他们作为一个政治议题来解读，从而影响了其观察和分析的客观性。尽管近年非洲华侨华人中出现了回流或再迁移的现象。有学者据此认为在非洲的华侨华人会逐步减少，但作者的观点相反，认为随着建立在中非产能合作基础上的投资的加强，非洲华侨华人的数量仍会持续增加。

1937 年，英国诗人奥登访问中国的前一年，他在题为《夜色漫步》的诗中写道："我将爱你，亲爱的，我将爱你／直到中国与非洲相遇／直到

---

[*] 本文原标题为《国际政治话语中的中国移民：以非洲为例》，《西亚非洲》2016 年第 1 期。这是中国全国归国华侨联合会的国家出版基金支持的重大项目《世界华侨华人通史》编写工作的阶段性研究成果。中国华侨历史研究所路阳博士和中国社会科学院的杨立华研究员为本人提供有关资料来源，特此致谢。本文是在作者发表于诺丁汉大学中国政策研究所网站的英文短文"中非双向移民的十个问题"（10 Questions about Migration between China and Africa, http://blogs.nottingham.ac.uk/chinapolicyinstitute/2015/03/04/10-questions-about-migration-between-china-and-africa/）中的相关部分的基础上补充修改而成，特此说明。

大川逾于山/鲑鱼吟于道。"① 看来，他将中国与非洲相遇看作河水淹没山川或鲑鱼在街上唱歌一样不可能。他当时并不知道，中国与非洲早在数个世纪前已经相遇。② 近年来，中非关系的快速发展促进了双方之间的移民往来，非洲华侨华人引起了国际学术界的关注，也带来了一些误解，甚至成了一个"政治议题"。

学术界习惯于将"华侨华人"作为一个整体概念。新移民的出现使"华侨华人"与"中国国际移民"的概念逐渐重合。尽管这种情况并不理想，也存在定义问题，但社会科学总是以社会现实为基础，这一点难以改变。本人正是在这一观点的基础上使用"移民"，专指中国国际移民。③ 本文试图以非洲华侨华人为例，探讨西方话语对中国移民的政治化倾向，从国际政治如何引发学术兴趣开始，进而分析非洲华侨华人的人数及相关特点、他们的职业及其对当地社会带来的影响以及华侨华人与中国形象和中国对非政策的关联。

西方霸权、政治话语和研究议题

对"中国"的理解有多种，如"政治中国""文化中国""血脉中国"等。④ 同样，对华侨华人的相关称谓甚多，中文有以下名称："华侨""华人""华侨华人""华人华侨""海外侨胞""外籍华人""新移民""中国国际移民""海外移民""侨民""新侨""老侨""归国华侨"

---

① 奥登（W. H. Auden，1907—1973），英国左翼青年作家领袖，被认为是继叶芝和艾略特之后英国的重要诗人。
② 沈福伟：《中国与非洲—中非关系二千年》，中华书局 1990 年版；Li Anshan, "African Diaspora in China: Reality, Research and Reflection", *The Journal of Pan African Studies*, 7: 10 (May, 2915), pp. 10 - 43; Li Anshan, "Contact between China and Africa before Vasco da Gama: Archeology, Document and Historiography", *World History Studies*, 2: 1 (June 2015), pp. 34 - 59.
③ 有关定义，参见李明欢《国际移民的定义与类别——兼论中国移民问题》，《华侨华人历史研究》2009 年第 2 期，第 1—10 页；张秀明、密素敏：《国际移民的最新发展及其特点——兼析国际移民与华侨华人的概念》，《华侨华人历史研究》2014 年第 3 期，第 1—10 页。
④ 王缉思：《"同一个世界，同一个梦想"——中国与国际秩序》，《中国国际战略评论 2015》，世界知识出版社 2015 年版，第 2—3 页。

"归侨侨眷""海外归侨"等，也有更明确的"华裔"和"华族"。① 英文有"overseas Chinese""Chinese abroad""Chinese overseas""Chinese ethnic group""ethnic Chinese""Chinese in diaspora""Chinese diaspora""diasporic Chinese"② "Sojourning Chinese""Chinese（im）migrants""new（im）migrants""overseas compatriot"，有时直接用"Chinese people""Chinese communities""ethnic Chinese overseas""ethnic overseas Chinese"等，更明确的称谓有"returned overseas Chinese""overseas Chinese descendant"等。中国对"华侨"有明确界定，"华人"则有广义和狭义之分。学者在使用时往往连用，即"华侨华人"或"华人华侨"。③ 台湾学界亦如此，只不过统一称为"华侨"。这种情况的出现既有习惯因素，也有政治考量，也是社会现实的复杂性使然。然而，"华人"已在当地定居入籍，中国只是其祖籍国，有的甚至并不认同中国。④ 非洲华侨华人中绝大部分是近期移民非洲的"新侨"，指改革开放后进入非洲的中国人。

近年来，由于中国人不断涌向非洲，华侨华人也成为国际上的一个"政治议题"，有时甚至被理解为中国对外扩张的工具。一些西方或私人基金会专门提供资助来研究这一问题。⑤ 何以如此？本人认为，虽然全球

---

① 吴前进对华侨、华人和华族的概念进行了梳理。参见吴前进《国家关系中的华侨华人与华族》，新华出版社2003年版，第5—18页。

② "Diaspora"原用来特指犹太人在其他国家的群体，后来逐渐用于其他国家或民族散居在外的群体。对此词的含义，有不同看法。王赓武先生认为，"diaspora"的含义也被政治化，反映了一些人的偏见。参见Asian Affairs Interview with Wang Gunwu, "Diaspora, a Much Abused word", http：//www. asian-affairs. com/Diasporas/wanggungwu. html.（查阅日期：2015年10月8日）。然而，"Diaspora"在国际移民研究中已逐渐被接受。本人参与的联合国教科文组织《非洲通史》（第九卷）国际科学委员会编写的第九卷的主题之一就是African Diaspora。

③ 《中华人民共和国归侨侨眷权益保护法》中明确规定："归侨是指回国定居的华侨。华侨是指定居在国外的中国公民。侨眷是指华侨、归侨在国内的眷属。""华人"的广义概念，既可包括所有的中国人（华夏人之简称），也可包括华侨及华裔，成为描述广义祖先来自中国的所有华裔之总称。狭义主要指生活在海外的、拥有外国国籍的华人，多被称为"海外华人"或"外籍华人"。"华侨华人"多用于中国国内，"华人华侨"往往是中国移民在居住国自称时所用。

④ 有关华侨华人的主观认同和客观认同，参见李安山《华侨华人学的学科定位与研究对象》，《华侨华人历史研究》2004年第1期，第1—15页。

⑤ Giles Mohan and Dinar Kale, "The Invisible hand of South-South Globalisation: Chinese Migrants in Africa", 2007. Report for the Rockefeller Foundation Prepared by the Development Policy and Practice Department, The Open University, October 2007; Terence McNamee, et al. , *Africa in Their Words: A Study of Chinese Traders in South Africa, Lesotho, Botswana, Zambia and Angola*, The Brenthurst Foundation, Discussion Paper, 2012/13, pp. 36, 42.

化促进了对国际移民和跨国主义的研究，但对华侨华人的研究实与发达国家对中国崛起的恐惧有密切关系。中非关系的快速发展日益引发国际社会的广泛关注，不断增加的非洲华侨华人也顺理成章地推动了西方各方人士的重视和学术界的研究兴趣。

那么，为什么一些西方国家对中非关系的快速发展感到恐惧呢？这与现实的国际政治经济秩序有着密切关系。[1] 近代以来，西方凭借宗教、武力和意识形态的侵蚀，在非洲建立起相当巩固的政治统治和经济剥削制度，这种西方霸权并未随着非洲独立而消失。对非洲的剥削可以说是西方富裕社会的基础之一。举例而言，尼日尔这个具有古老文明的西非国家，独立后还一直被法国控制着经济命脉和矿产资源（如 ARIVA 公司对铀矿的垄断），它现在是最不发达国家之一；科特迪瓦在独立半个多世纪后，其总统府和国会大厦每年仍需向法国人交付租金，这真是前所未闻。[2] 这些只是非洲与西方国家关系的一个缩影。从历史上看，西方在全球经济的霸权是建立在对非洲以及其他落后地区的盘剥之上。对西方国家而言，这种霸权地位必须确保。

然而，两种力量正在撼动西方的优势地位。非洲国家独立以来，多位有思想并有勇气力图摆脱西方控制的非洲领袖被暗杀、推翻或排挤，如卢蒙巴、恩克鲁玛、桑卡拉、卡扎菲、萨利姆·艾哈迈德·萨利姆等。这些阴谋或是直接由西方大国出手，或是由其代理人实施。近年来苏丹的分裂、[3] 利比亚的陷落、[4] 刚果（金）内战[5]同样或是由西方直接干预，或是背后有西方大国的影子。经济上的手段更是层出不穷，经济制裁和

---

[1] 参见李安山《为中国正名：中国的非洲战略与国家形象》，《世界经济与政治》2008 年第 4 期，第 6—15 页。

[2] 刚果（金）博士生龙刚（Antoine Roger Lokongo）告诉我这一信息，我表示难以置信，他向我提供了资料来源。2013 年 10 月 16 日，我在给北京大学举办的"非洲法语国家青年外交官研讨班"上课时，经两位来自科特迪瓦的外交官核实，才确定了这一信息的可靠性。

[3] 北京大学非洲研究中心调研组与位于朱巴的苏丹政府南部地区合作部双边司司长巴克·瓦伦蒂诺·沃尔（Baak Valentino A. Wol）的访谈，2008 年 8 月。

[4] Horace Campbell, *Global NATO and the Catastrophic Failure in Libya*, New York: Monthly Review Press, 2013.

[5] 龙刚：《美国利益与刚果（金）资源战争关系研究》，博士学位论文，北京大学国际关系学院，2015 年。

经济援助是两种最为常见的手段。如果你不听话或敢于挑战西方霸权，经济制裁随之而来，津巴布韦是一个典型。[1] 至于所谓的经济援助，则是一种更为常用的控制手段。正如肯尼亚学者希夸提指出的："由美国、欧洲、澳大利亚、日本及其同盟国主导的援助的目的是为了捐助国自身的利益。"[2] 随着非洲国家出现"向东看"的政治思潮，第二次世界大战以来由西方主导的非洲发展模式面临着严重挑战。这可以说是非洲国家的觉悟。

改革现存的国际政治经济秩序的另一种推动力量来自包括中国在内的新兴国家。它们不仅以自身的发展为非洲国家指出了一种替代发展模式，也正在加强与非洲的合作并大大促进了非洲经济发展。在这些新兴国家中，中国以其独特的政治制度和惊人的经济发展尤为突出。"中国的发展模式不仅具有可操作性，而且没有附加条件，从而为非洲国家提供了一种发展的替代模式。"[3] 塞内加尔前总统瓦德明确指出："促进经济迅速发展的中国模式可以教给非洲很多东西。"[4] 与此同时，中非合作在范围、规模、速度和影响都是空前的，这种合作正在推动着非洲经济的全面发展。正如南非学者马丁·戴维斯指出的：非洲与中国的经济增长曲线有很强的关联性，非洲经济符合中国的走出去战略，非洲愿意接受中国的投资，非洲正远离传统经济体，转向东方与中国。[5] 美国对外关系委

---

[1] 有关欧盟制裁津巴布韦的措施，参见 The Council of European Union, "Council Decision 2011/101, CFSP of 15 February 2011 Concerning Restrictive Measures Against Zimbabwe", *Official Journal of European Union*, 16（August 2011）. 有关美国制裁津巴布韦的立法，可参见美国财政部网站；有关制裁津巴布韦的名单，可参见美国驻哈拉雷大使馆网站。共有118位津巴布韦公民和11家津巴布韦公司受到制裁。Joseph Hanlon, Jeanette Manjengwa & Teresa Smart, *Zimbabwe Takes Back its Land*, Jacana, 2013, pp. 92 – 93.

[2] 詹姆斯·希夸提：《援助与发展：非洲人为何要有梦想并走出去》，载李安山、潘华琼主编《中国非洲研究评论2014》，社会科学文献出版社2015年版，第238页。还可参见李安山《国际援助的历史与现实：理论批判与效益评析》，同上书，第121—141页。

[3] Eginald P. Mihanfo, "Understanding China's Neo-Colonialism in Africa: A Historical Study of the China-Africa Economic Relations", in James Shikwati, ed., *China-Africa Partnership: The quest for a win-win relationship*, Nairobi: IREN, 2012, p. 142.

[4] A. Wade, "Time for the West to Practise What it Preaches", *Financial Times*, February 29, 2008, http: //www.ftchinese.com/story/001017597/en. 查阅日期：2015年9月20日。

[5] Martyn Davies, "How China is Influencing Africa's Development?" in Jing Men & Benjamin Barton, eds., *China and the European Union in Africa: Partners or Competitors?* Ashgate, 2011, pp. 187 – 205.

员会的近期报告指出,"中国的投资不断帮助刺激着非洲的高速经济增长"①。

这样,改变非洲命运的两种趋势使西方的霸权地位受到前所未有的威胁。有鉴于此,西方国家针对中非关系的各种谣言、诱导和误读层出不穷。国际政治话语对社会各界的导向不断增多,这种政治催化剂也推动了学术研究的兴趣。我们来看看不实的媒体报道,包括谣言、诱导和误读。最荒唐的谣言出自一位前美国高官之口。原卡特政府负责人权事务的助理国务卿罗伯塔·科恩在《纽约时报》上发表了《中国在非洲使用囚犯劳工》一文,宣称"中国人不仅出口由囚犯制造的产品,而且还派遣囚犯出国工作"。② 如果说科恩女士当时尚未预料到中非合作的快速发展而仅仅是从攻击中国人权的角度来造谣的话,这一恶意诋毁却在全世界不胫而走,对后来加速发展的中非经济合作带来了不小的障碍。③

具有诱导性的报道同样具有很强的杀伤力。德国《明镜》周刊曾发表了一篇煽动性极强的文章《武器与石油和肮脏交易:中国如何将西方排挤出非洲》(*Waffen, Öl, dreckige Deals-wie China den Westen aus Afrika drängt*)。作者用这种刺激的标题和歪曲的事例来诱导民众:中国在非洲进行的是见不得人的勾当,中国目的是将西方排挤出非洲。然而,这两个陈述均非事实。这种诱导性遭到正直学者的抵制。2011年,亚历克斯·伯格、戴博拉·布罗蒂加姆和菲利普·鲍姆加特纳在德国发展研究所撰文《为什么我们如此批判性地针对中国介入非洲?》,分析了为何西方总是一味批判中国在非洲的行为,批判了该文的不实之词,试图纠正这种一边倒的情况。④ 然而,《明镜》周刊的阅读对象比较大众化,其发行量也远超德国发展研究所的刊物,有如罗伯塔·科恩的诋毁一样,破坏性已经造成。

---

① Christopher Alessi & Beina Xu, "China in Africa", Council on Foreign Relations, April 27, 2015. http：//www.cfr.org/china/china-africa/p9557. 查阅日期:2015年10月12日。

② Roberta Cohen, "China Has Used Prison Labor in Africa", *New York Times*, May 11, 1991.

③ 对相关谣言的批驳,参见严海蓉、沙伯力《关于中国的修辞法?——对中国向发展中国家输出囚劳谣言的分析》,载李安山、刘海方主编《中国非洲研究评论2012》,社会科学文献出版社2013年版,第137—164页。

④ Alex Berger, Deborah Brautigam and Philipp Baumgartner, "Why Are We So Critical about China's Engagement in Africa?" *DIE* (German Development Institute), August 15, 2011.

当然，光靠诋毁并不能阻碍中非关系的快速发展。正当西方对中非全方位合作一筹莫展之时，戴博拉·布罗蒂加姆的著作《龙的故事——中国在非洲的真实故事》出版。这位从研究中国对西非农业援助的美国学者提供了一个与新闻媒体的诋毁和曲解完全不同的答案。① 然而，她对中非合作的客观解释并不能满足西方政府。这样，中非关系这一西方各国政府十分关心的问题，很快成为国际学术界一个新的研究领域。华侨华人在这场学术讨论中成为热点的"政治话语"之一，随着中非关系的推进而持续升温，与不断"政治化"的中国话题如影随形。

"帝国"传言：非洲华侨华人的人数分析

2005 年，黛安娜·盖姆斯发表文章，将在非洲的中国人称为"新经济帝国主义者"，这应该是西方媒体第一次用"帝国主义"来形容中国在非洲的活动。② 随后，西方媒体谴责中国在非洲侵犯人权，有关中国实行"新殖民主义"或"帝国主义"的各种报道不断出现。例如，英国记者彼得·希钦斯挑衅性地提出中国正在非洲创造一个"奴隶帝国"。③ 美国驻安哥拉大使馆的官员甚至在罗安达的公众论坛上宣称中国要在非洲创建一个"新的奴隶帝国"。④ 2014 年李克强总理访问非洲后，西方记者又重拾"中国人入侵非洲"的话题。⑤ 美国学者霍华德·弗伦奇于 2014 年出版《中国的第二个大陆：百万移民如何在非洲建立一个新帝国》，为这一

---

① ［美］戴博拉·布罗蒂加姆：《龙的礼物——中国在非洲的真实故事》，沈晓雷译，社会科学文献出版社 2012 年版。还可参见李安山《中国的援非故事：一位美国学者的叙述》，《外交评论》2010 年第 5 期，第 12—19 页。

② Dianna Games, "Chinese the New Economic Imperialists in Africa", *Business Day*, February 21, 2005.

③ Peter Hitchens, "How China Has Created a New Slave Empire in Africa", *Daily Mail*, September 28, 2008. http://www.dailymail.co.uk/news/article-1063198/PETER-HITCHENS-How-China-created-new-slave-empire-Africa.html. 查阅日期：2015 年 9 月 20 日。

④ Jesse Ovadia, "China in Africa: A 'Both/And' Approach to Development and Underdevelopment with Reference to Angola", *China Monitor*, August 2010, pp. 11-17.

⑤ Ian Johnson, "The Chinese Invade Africa", *ChinaFile*, September 28, 2014. http://www.chinafile.com/library/nyrb-china-archive/chinese-invade-africa. 查阅日期：2015 年 9 月 16 日。

政治话语的讨论作了一个小结。①

尽管这些"帝国"称谓用词夸张以引起舆论的关注，带有新闻记者的职业特点，但这些报道和著述的潜台词却十分明显：中国正在利用大量移民和工人在非洲建立自己的帝国。② 情况真是如此吗？由于本文讨论的主题是华侨华人，因此有必要看看中国人在非洲究竟有多少？与其他国家在非洲的移民相比，他们处于何种位置？关于海外华侨华人的人口数量，中国政府目前的估计为6000万人。③

非洲华侨华人为数并不多，但21世纪以来增长很快。1996年，非洲的华侨华人只有13.6万人。④ 笔者当时指出：由于中国经济发展需开拓新的市场，非洲发展具有巨大潜力，东亚快速发展以及华侨华人在世界各国树立的吃苦耐劳的形象，欧美国家开始实施严格的移民政策和非洲国家相对宽松的移民政策，这些因素促使中国人走向非洲，中国人移民非洲将形成势头。⑤ 2002年非洲华侨华人是25万人，⑥ 2006—2007年为55万人。⑦ 根据新华社报道，2007年高达75万中国人在非洲"超期"居住或工作。⑧ 2009年，非洲华侨华人的估计数为58万—82万人。⑨ 李新峰认

---

① Howard W. French, *China's Second Continent: How a million migrants are building a new empire in Africa*? Knopf, 2014.

② 有关对中国在非洲建立"帝国"的批判，参见 Yan Hairong & Barry Sautman, "'The Beginning of a World Empire'? Contesting the Discourse of Chinese Copper Mining in Zambia", *Modern China*, 39: 2, 2013, pp. 131–164.

③ "根据我们最新统计，现在海外华人华侨有6000多万人。"周建琳：《裘援平冀华侨华人借苏州国际精英创业周回国圆梦》，http://news.xinhuanet.com/yzyd/overseas/20140711/c_1111571076.htm。查阅日期：2015年10月12日。

④ 李安山：《非洲华侨华人史》，中国华侨出版社2000年版，"附录六：非洲国家（地区）华侨华人人数统计表（五）非洲国家（地区）华侨华人的分布"，第568—569页。

⑤ 同上书，第513—514页。

⑥ 丘进主编：《华侨华人蓝皮书》，社科文献出版社2011年版，第24页。

⑦ 王望波、庄国土编著：《2008年海外华侨华人概述》，世界知识出版社2010年版，第7页；李鹏涛：《中非关系的发展与非洲中国新移民》，《华侨华人历史研究》2010年第4期。

⑧ Giles Mohan, Ben Lampert, May Tan-Mullins & Daphine Chang, *Chinese Migrants and Africa's Development: New Imperialists or Agents of Change*, London: Zed Books, 2014, p. 3；吴晓琪：《一百万中国人在非洲摸爬滚打》，http://data.163.com/12/1017/01/8DVTB39G00014MTN.html。查阅日期：2015年9月15日。

⑨ Edwin Lin, "'Big Fish in a Small Pond', Chinese Migrant Shopkeepers in South Africa", *International Migration Review*, 48: 1 (June 2014), p. 181.

为，非洲华侨华人的数字在 2012 年达到 110 万。① 可以看出，非洲华侨华人人数在不到 20 年的时间里增长了 9 倍。②

尽管非洲华侨华人人数增长很快，但有三点不容置疑。

第一，相对于华侨华人在全球其他地方的分布，非洲华侨华人的数目很小。例如，根据近年来中国大陆与台湾相关部门的统计数据，2013 年，亚洲各国共有 3000 万华侨华人，美洲约有 790 万，欧洲为 250 万，只有几个岛国的大洋洲也有 100 万华侨华人。仅仅在美国，2010 年已有 402 万华侨华人。③ 如果从国家分布数看，华侨华人在非洲每个国家大约平均只有 2 万人。这个数字无法与在美国或加拿大华侨华人（150 万）相比。

第二，中国移民与其他国家在非洲的移民数字也无法相比。我们知道，中国人和印度人移民南非的历史较长，遭遇也相似。④ 然而，由于南非和印度历史上同属大英帝国，印度人迁移南非的条件相对宽松，人数一直远比华人多。根据印度官方的调查，南非的印度移民人数在 20 世纪末至少达到 100 万。⑤ 根据海外印度人事务部网站的资料，截至 2015 年初，印度侨民共计 28455026 人，非洲的印度侨民约占 10%，计 2760438 人。其中印度移民最多的国家为南非，已达 155 万，其次是毛里求斯，为 891894 人。⑥ 虽然海外华侨华人的总数（按 6000 万人计）肯定比印度人多，但非洲的中国移民远不及印度移民。在南非的华侨华人 2008 年约为

---

① 李新烽：《非洲华侨华人数量研究》，《华侨与华人》2012 年第 1—2 期，第 7—12 页；李新烽：《试论非洲华侨华人数量》，http：//iwaas. cass. cn/dtxw/fzdt/2013 – 02 – 05/2513. shtml。查阅日期：2015 年 8 月 20 日。

② 根据台湾方面的统计，1990 年华侨数字为 2529.5 万，其中非洲华侨为 9.9 万；2000 年的数字分别为 3504.5 万和 13.7 万；2009 年的数字分别为 3946.3 万和 23.8 万。Peter S. Li & Eva Xiaoling Li, "The Chinese overseas population", in Tan Chee-Beng, ed., *Routledge Handbook of the Chinese Diaspora*, Routledge, 2013, Table 1.1, p. 20.

③ 数字取自 *Statistical Yearbook of the Overseas Community Affairs Council*, Taipei, 2013；贾益民主编：《华侨华人蓝皮书：华侨华人研究报告（2014）》，社会科学文献出版社 2014 年版。

④ 李安山：《论早期南非华人与印度移民之异同》，《华侨华人历史研究》2006 年第 3 期。

⑤ High Level Committee on the Indian Diaspora and India and Indian Council of World Affairs, *Report of High Level Committee on the Indian Diaspora*, 7.29.2001, p. 84. http：//indiandiaspora. nic. in/diasporapdf/chapter7. pdf. 查阅日期：2015 年 9 月 14 日。

⑥ "Population of Overseas Indians"，参见海外印度人事务部网站的统计，http：//moia. gov. in/writereaddata/pdf/Population_Overseas_Indian. pdf. 查阅日期：2015 年 9 月 14 日。

30万人,[①] 2008—2009年估计为35万人,[②] 2011年达到50万,[③] 远不及155万印度人。英国总人口为6400万,根据2011年南非政府的人口统计,在南非的英国人达160万。[④]

第三,这些所谓的中国移民中,入籍非洲国家的人极少;绝大部分为建筑业公司的雇员,或是从事其他行业的短期工人。以南非和安哥拉这两个中国移民最多的国家为例。在南非,已经成为当地公民的华人人数很少,1994年以前抵达南非的华人仅10000—12000人左右。[⑤] 此外,申请成为南非公民并获批的华人很少。1985—1995年,仅7795名中国人获得南非国籍。[⑥] 在安哥拉经商的中国人中约87%表示他们肯定要回中国,相当多的中国人均在当地从事工程项目或短期经商。[⑦] 其他国家也如此。[⑧]

[①] Sanusha Naidu, "Balancing a Strategic Partnership? South Africa-China Relations", in Kweku Ampiam & Sanusha Naidu, eds., *Crouching Tiger, Hidden Dragon? Africa and China*, University of KwaZulu-Natal Press, 2008, p. 185.

[②] Yoon Park, "Recent Chinese Migrations to South Africa: New Intersections of Race, Class and Ethnicity", in Tina Rehima, ed., *Representation, Expression and Identity: Interdisciplinary Perspectives*, Inter-Disciplinary Press, 2009, p. 153; Edwin Lin, "'Big Fish in a Small Pond', Chinese Migrant Shopkeepers in South Africa", p. 182.

[③] *Mid-Year Population Estimates*, Statistical Release, Pretoria: Statistics South Africa, 2011. Edwin Lin, "'Big Fish in a Small Pond', Chinese Migrant Shopkeepers in South Africa", p. 182. 关于南非华人新移民人数的变化,参见朴尹正《荣誉至上:南非华人身份认同研究》,吕云芳译,广东人民出版社2014年版,第164—167页。

[④] "Census 2011, Census Brief", from https://en.wikipedia.org/wiki/British_diaspora_in_Africa. 查阅日期:2015年9月14日。

[⑤] Andrew Leonard, "What color are Chinese South Africans?" June 20, 2008. http://www.salon.com/2008/06/19/chinese_declared_black/. 查阅日期:2015年8月30日。李安山对南非华侨华人的统计数1994年为26000人,1995年为27500人,这包括一些新移民,参见李安山《非洲华侨华人史》,"附录六:非洲国家(地区)华侨华人人数统计表(一)""南非华侨华人人数统计表(1693—1995)",第562—563页。

[⑥] Melanie Yap, and Dianne Leong Man, *Colour, Confusion and Concessions: The History of the Chinese in South Africa*, Hong Kong University Press, 1996, p. 510.

[⑦] Terence McNamee, et al., *Africa in Their Words: A Study of Chinese Traders in South Africa, Lesotho, Botswana, Zambia and Angola*, The Brenthurst Foundation, Discussion Paper, 2012/13, pp. 36, 42. 高欣、尹丽、汲东野:《中国人在非洲》,《法治周刊》2013年4月23日,http://www.legalweekly.cn/index.php/Index/article/id/2568. 查阅日期:2015年9月10日。

[⑧] 例如,2011年2月从利比亚撤出的35860名中国人中,绝大部分是中资公司的工程承包人员。外国学者的调研也得出类似印象。French, *China's Second Continent*, pp. 68, 70, 114, 195, 206。

上述分析表明，非洲华侨华人的人数并不像西方渲染的那样。他们真是多得可以建立一个帝国了吗？答案是否定的。

脸谱化的非洲华侨华人的职业

华侨华人在海外的传统形象多用"三刀"（菜刀、剪刀和剃刀）来形容，新形势使其成分在发生变化。然而，西方对非洲华侨华人的描绘仍带着某种偏见。法国学者马蒙将中国到非洲的新移民归纳为三类：一类是暂时的劳工移民、企业经营者（通常指经商者）移民和短暂逗留者（指为了寻找机会能够到欧洲或北美地区的移民）。他认为移民政策在国际关系中日益重要，中国人移民非洲与中非合作政策密切相关。第一种移民与中国确保原材料供应的政策相关，第二种移民是中国推行扩大出口市场政策的产物。他认为中国对非政策主要着眼于三个目标：获取石油和矿产等自然资源、扩大中国出口市场及在各类国际组织中增加对中国的外交支持，即确保中国的经济增长和扩大中国的政治影响力。[1]

朴尹正认为中国移民有四类，在马蒙的三类外加上农业工人。她认为大多数在非洲的中国人为现代旅居者或跨国公民。关于中国人与当地人的关系，作者指出西方媒体的负面报道、反对党的政治手段、中国工人与当地人隔绝以及中国人与非洲人之间的商业竞争等导致了一些反华现象，但除了少数人外，非洲人还是尊重中国人的。中国移民在塑造观念、构建新的认同和改变生活等方面在南非发挥着核心作用。[2] 她的观点也不断变化。[3] 有的学者甚至认为近期到南非的中国人绝大多数为教育水

---

[1] Emmanuel Ma Mung Kuang：《流向非洲的中国新移民》（The new Chinese migration flows to Africa），发表在《社会科学情报》（*Social Science Information*）2008 年第 47（4）期；Emmanuel Ma Mung Kuang, "Chinese Migration and China's Foreign Policy in Africa", *Journal of Chinese Overseas*, 4: 1 (May 2008), pp. 91-109.

[2] Yoon Jung Park, "Chinese Migration in Africa", The South African Institute of International Affairs, China in Africa Project, Occasional Paper No. 24.

[3] 例如，她在另一篇文献中将南非华侨华人分为三类：富裕的台湾工业家，从北京和上海来的中等管理者阶层，福建来的贫穷劳工以及第三、四代华人。Yoon Park, "Recent Chinese Migrations to South Africa: New Intersections of Race, Class and Ethnicity", pp. 153-168.

平极低且没有技能的农民。①

穆罕默德根据布基纳法索华侨华人的移民目的和特点将他们分为四种人：长期居留者、外派人员、小本经营者和冒险者。② 这些归类基本认为华侨华人中只有三类人：企业家、商贩和劳工。③ 一谈起尼日利亚的华侨华人，胡介国作为企业家和商界的典型总会被提到，甚至认为他的成功是布罗德曼有关中国在非洲投资理论的最好诠释。④ 中小商贩因其人数众多而往往成为学者调研的主要对象；⑤ 作为商贩的华侨华人是中国在非洲推进的排头兵。⑥ 几乎所有关于中国移民的报道和研究都要涉及劳工。

这种带有脸谱化的分类有明显的缺陷。非洲的中国新移民所从事的行业领域较广，在不同的国家又有所差别。总体而言，非洲老华人华侨主要从事餐馆、杂货店、小型加工等行业，而新移民涉及的领域相对更加广泛，有零售业、餐饮业、贸易业、旅游业、运输业、纺织业、制造业、医药业等各种行业。⑦ 他们中有临时工、企业主、项目经理、农民、再次移民等。⑧ 最为突出的现象是，新移民中的工薪阶层和农业移民开始

---

① Edwin Lin, "'Big Fish in a Small Pond', Chinese Migrant Shopkeepers in South Africa", *International Migration Review*, 48: 1 (June 2014), p. 182.

② 季夫·穆罕默德:《中国人在布基纳法索：民间的中非合作》，载李安山、潘华琼主编《中国非洲研究评论 2014》，社会科学文献出版社 2015 年版，第 158—182 页。

③ Table 2. 1. Typologies of Chinese migrants in Africa. Giles Mohan, Ben Lampert, May Tan-Mullins & Daphine Chang, *Chinese Migrants and Africa's Development: New imperialists or agents of change*, London: Zed Books, 2014, pp. 48 – 49.

④ ［法］塞尔日·米歇尔、米歇尔·伯雷:《中国的非洲：中国正在征服黑色大陆》，孙中旭、王迪译，中信出版社 2009 年版，第 18—24 页；［德］弗朗克·泽林:《中国冲击：看中国如何改变世界》，强朝晖译，社会科学文献出版社 2013 年版，第 52—163 页。有关胡介国的介绍，参见李安山编注《非洲华侨华人社会史资料选辑（1800—2005）》，香港社会科学出版社有限公司 2006 年版，第 470—474 页。

⑤ Terence McNamee, et al., *Africa in Their Words: A Study of Chinese Traders in South Africa, Lesotho, Botswana, Zambia and Angola*, The Brenthurst Foundation, Discussion Paper, 2012/13; Edwin, "'Big Fish in a Small Pond': Chinese Shopkeepers in South Africa", pp. 181 – 215.

⑥ Ofeibea Quist-Arcton, "Army Of Shopowners Paved China's Way In Africa", NPR, August 1, 2008. http://www.npr.org/templates/story/story.php?storyId=93143915. 查阅日期：2015 年 9 月 20 日。

⑦ 何敏波:《非洲中国新移民浅析》，《八桂侨刊》2009 年第 3 期，第 50 页。

⑧ Li Anshan, "China's Africa policy and the Chinese immigrants in Africa", in C. Tan, ed., *Routledge Handbook of the Chinese Diaspora*. London: Routledge, 2013, pp. 59 – 70。

出现，知识分子也崭露头角。

非洲华侨华人中出现了工薪阶层，即白领，这是一个新现象。根据主持《南非华人报》的郭飞耀先生介绍，工薪阶层生活中的主要花费同国内相同职业的人们一样：供房和供车。"工薪阶层，普通华人在南非一个月能赚 6000—8000 兰特，但是他们的生活成本比较高。"[①] 当然，这种情况在南非比较突出。另一种类型是农业移民。在苏丹、津巴布韦、赞比亚、坦桑尼亚、南非以及西非等国都有中国农民从事农业工作。这主要是因为中国农民有着较为先进的耕种技术，中国农民在国内所拥有的耕种土地较少，在非洲机会很多，因此一些中国农民开始前往非洲从事粮食作物或蔬菜种植。这些人并不多，占地也不大，但开始构成一个可以感知到的华侨华人群体。[②] 另一个因素是以前一些中国援助非洲的农业项目经营不太成功，体制改革后经过转型继续运作，如马里塞古的甘蔗园和制糖企业、坦桑尼亚的剑麻农场和赞比亚的农场。这些农场企业的经营者都是新移民。

还有一个行业为研究者所忽视，即知识分子、专业技术人员和宗教人士。在非洲存在着一批华侨华人知识分子，中间不乏出类拔萃者。南非皇家学会会员孙博华教授为其中之一。他任职于南非开普半岛科技大学，也是该校的校务委员。孙博华于 1983 年毕业于西安公路学院（现合并为长安大学），1986 年在西安冶金建筑学院获得硕士学位，1989 年在兰州大学获得博士学位。1989—1991 年，他在清华大学从事博士后研究，师从中国著名力学家、中国科学院学部委员、中国工程院首批院士张维教授。1991 年，孙博华以研究员身份留学荷兰，1992 年以洪堡学者身份在德国从事研究。2000 年，37 岁的他被南非半岛理工学院聘为终身教授，成为南非历史上最年轻的工程学教授之一，同时担任几个国际刊物

[①] 《中国人在南非过得怎么样?》，2010 年 6 月 10 日，新华网。http：//news. xinhua-net. com/overseas/2010 - 06/10/c_12204548. htm。查阅日期，2015 年 9 月 14 日。

[②] 齐顾波、罗江月：《中国与非洲国家农业合作的历史与启示》，《中国农业大学学报》（社会科学版）2011 年第 12 期，第 11—17 页；Barry Sautman, "Friends and Interests：China's Distinctive Links with Africa", Center on China's Transnational Relation Working Paper No. 12, The Hong Kong University of Science and Technology, p. 30. 本人在坦桑尼亚、苏丹等地调研时注意到这一现象，中文各大网站也多有关于中国人在非洲种地的报道。

和丛书的编委和主编。孙博华在应用力学、智能复合结构和微机电系统等领域造诣很深,特别是在壳体理论、智能压电驱动器,微机电陀螺芯片上成就显著,曾先后发表近百篇有影响力的学术论文,另外还编著有四部英文专著。孙博华博士因在应用力学、智能结构和微机电陀螺芯片等研究领域的突出成就,在 2010 年当选为南非科学院(ASSAf)院士,并于同年入选为南非皇家学会会员。孙博华每年都要回国多次,与中国科学院、清华大学等科研院校及瑞声声学公司等单位进行学术交流合作。他曾担任暨南大学国际学院的首任院长等教职和广州国际科学技术交流协会理事长等职务。[1]

此外,南非比勒陀利亚大学电气电子与计算机工程学院教授、南非工程院院士夏晓华先生也是杰出华人,他同时兼任新能源系统中心主任、南非国家研究基金会(NRF)一级研究员。[2] 世界科学院院士、南非科学院院士、中国台湾"中山大学"西湾讲座教授徐洪坤教授,[3] 南非福特海尔大学理学院院长、中国矿业大学兼职教授、地质学家赵金宝教授[4]等均为著名科学家。这些学者代表着新一代华侨华人的佼佼者,他们均与国内各高校保持着密切联系,经常回国讲学交流,用实际行动促进中非双方的教育和文化合作。这些顶尖级学者为南非带来了知识、技术和荣誉。当然,还有一些来南非学习和就业的中国留学人员。

这些专业人员和知识分子在华侨华人中日益增多,主要得力于中国教育国际化水平的提高。[5] 非洲的华侨华人中有一些受过高等教育的专业技术人员,主要包括参加过中国援非活动(如援非医疗队和援非经济合

---

[1] 《孙博华当选南非科学院院士》,2010 年 10 月 27 日,科学网,http://news.sciencenet.cn/htmlnews/2010/10/239359.shtm。查阅日期:2015 年 9 月 12 日。

[2] 《南非工程院院士夏晓华教授讲座》,http://news.cqu.edu.cn/news/article/article_61739.html。查阅日期:2015 年 9 月 12 日。

[3] 《世界科学院院士徐洪坤教授加盟我校》,http://newspaper.hdu.edu.cn/Article_Show.asp?ArticleID=8341。查阅日期:2015 年 9 月 12 日。

[4] 《赵金宝》,http://baike.baidu.com/link?url=V0UwINDLEnti0Stf7d4fTnofc2_OiCgjoAiSrnKHSpWNM8Cx5qyeHU6INYP_HL_KhFBD6zaI5SDkj-rnokc7M。查阅日期:2015 年 9 月 12 日。

[5] 王辉耀、苗绿主编:《国际人才蓝皮书:海外华侨华人专业人士报告(2014)》,社会科学文献出版社 2014 年版。

作项目）的专业技术人员完成使命后留在非洲，也包括一些辞职后来到非洲的技术人员。① 在非洲还有一些专职的宗教人士，特别是一些佛教人士。1992年，中国台湾佛光山应南非华人之邀前往弘法，并于南非政府所献六公顷的土地上兴建"南华寺"。此后，一些国家的佛教寺庙相继建立。华人佛教徒在非洲弘扬佛法，从事慈善事业，广结善缘，在当地颇受民众欢迎。②

中国移民的影响：冲击抑或合作

中国人来到非洲是改革开放的产物，是中非关系迅速发展的必然结果，同时，对外来投资和移民采取欢迎态度也是非洲各国自身的需要，否则我们难以解释为什么大部分非洲国家近年对外国人采取各种鼓励的签证措施。华侨华人的存在是一种客观现实。他们对非洲民众的生活带来什么影响？积极影响还是消极影响？

由于相当部分的中国移民是以商贩的身份来到非洲，他们给当地民众带来的影响十分直接：便宜商品。普通非洲民众第一次可以穿上新衣服或用上新家具。德国记者泽林在拉各斯看到一位尼日利亚男子在唐人街买床垫，于是问道为何要到中国店买东西。尼日利亚人回答："我不是冲着中国人来买东西。我买它，是因为它又便宜又好。"③ 然而，中国人的到来和便宜商品对原来的非洲店铺和靠进口中国商品的非洲商贩造成

---

① 关于前医疗队员，参见 Elisabeth Hsu, "Medicine as Business: Chinese Medicine in Tanzania", in C. Alden, D. Large, R. S. de Oliveira, eds., *China Returns to Africa: A Rising Power and a Continent Embrace*, London: Hurst, 2008, pp. 221–235. 关于专业技术人员，参见南部非洲上海工商联谊总会编《追梦：上海人在非洲》，2014年，书中收集不少知识分子和专业技术人员来非洲创业打拼的记录。中国台湾也有一些农技人员完成援非任务后留在非洲，有的则在欧美学习后直接来到非洲。台湾的一些援非医疗队员也出版著作，如黄煜晏《拥抱45度的天空：爱、关怀——魔术医生的非洲行医手记》，台北：高实书版集团2012年版；殷小梦《寻医者：一张白色巨塔往非洲大陆的航海图》，台北：宝瓶文化实业有限公司2013年版。

② 《台湾佛光山在非洲》，http://tieba.baidu.com/p/2766687084? pid=43192323660&see_lz=1.《南非博茨瓦纳华人寺庙"博华寺"奠基，使馆派员出席》，中新社，2011年5月31日。http://www.foyuan.net/article-795234-1.html. 查阅日期：2015年10月19日。

③ ［德］弗朗克·泽林：《中国冲击：看中国如何改变世界》，强朝晖译，社会科学文献出版社2013年版，第179页。

了冲击。

　　这样,"中国商人导致非洲人破产"成为西方和非洲社会批评中国移民非洲的一大焦点,另一个常见的观点是他们抢了非洲人的饭碗。约瑟夫·厄恩斯特通过对坦桑尼亚和乌干达为例,认为大量签证过期后不归的中国移民正在主宰非洲经济。这些人签证过期后,继续非法留在非洲从事商业和贸易活动,以极低的价格出售商品,且非法运营,不缴纳税费,从而导致当地商人无法与之竞争,大量破产。① 媒体上也有大量关于这一问题的报道,如莱索托当地人与中国店主之间的紧张关系;中国商人因在尼日利亚卡诺从事尼日利亚不允许外国人从事的纺织品贸易而被谴责为"食腐者";中国商人在坦桑尼亚、乌干达、赞比亚、纳米比亚等国都因与当地人竞争而遭到排斥等。丹尼尔注意到华人在非洲比较难以融合。② 此外,便宜纺织品使肯尼亚、尼日利亚、南非等国的纺织业大受冲击。③ 对这一问题,有必要弄清产生的根源。温家宝总理2006年访问南非时,南非方面反映了纺织业因大量中国廉价纺织品进口而面临倒闭

---

① Joseph Earnest, 'Influx of Chinese immigrants invades Africa driving locals out of business', http://www.newscastmedia.com/africa-for-the-chinese-francis-galton.html. 查阅日期:2015年9月1日。

② Ngoan'a Nts'oana, "Lesotho Media and the Growing Intimidation of Chinese Shop Owners", http://africasacountry.com/2013/02/14/lesotho-media-and-the-growing-intimidation-of-chinese-shop-owners/;"Nigeria accuses Chinese traders of 'scavenging' in Kano", http://www.bbc.co.uk/news/world-africa - 18169983. Andrew Bowman, "Africa's Chinese diaspora: under pressure", http://blogs.ft.com/beyond-brics/2012/08/08/africas-chinese-diaspora-under-pressure/# axzz2 LX3 BhPzw; Daniel, "The difficult integration of Chinese migrants in Africa", http://www.unaoc.org/ibis/2010/08/12/the-difficult-integration-of-chinese-migrants-in-africa/. 查阅日期:2015年9月1日。

③ 在有的非洲国家,这些受冲击的轻工业是早期定居非洲的华人企业。查济民先生20世纪60年代从香港来尼日利亚投资,设立统一尼日利亚纺织有限集团公司(UNTL),该厂不断发展壮大,成为尼日利亚最大的纺织企业,其产品被认为是"尼日利亚制造"的典型代表。密执安州立大学历史系博士生刘少楠2014年夏在尼日利亚的实地调研发现,中国廉价纺织品2000年之后主要通过走私的方式大量进入尼日利亚,对于查氏集团的纺织厂造成巨大冲击,该厂一度关闭。参见刘少楠致李安山函,2015年9月18日。关于中国商品特别是纺纱品对肯尼亚和尼日利亚等国的影响,参见 P. Kamau, "China's impact on Kenya's clothing industry", in A. Harneit-Sievers, S. Marks & S Naidu, eds., *Chinese and African Perspectives on China in Africa*, Pambazuke Press, 2010, pp. 108 - 127; E. Ikhuoria, "The impact of Chinese imparts on Nigerian traders", *ibid.*, pp. 128 - 138。

的事实，中国政府决定自我约束两年削减向南非输出的31种纺织品。① 然而，中国的份额减少后，马来西亚、越南、孟加拉等国生产的廉价纺织品照样流入非洲。提高南非产品的竞争力才是正道。可以说，中国移民带来的影响是多方面的。

在达喀尔加雷—彼得森社区（Gare Petersen），店铺多数是中国人开的，共约200家。塞内加尔商人对中国商人存在着不同意见，流动商贩支持他们的买卖活动，进口商认为中国人构成了威胁。消费者群体无统一看法。有的认为便宜货可使非洲人享受新商品，并可参与更多经济活动。反对者认为，便宜商品使塞内加尔人产生了依附。2005年在达喀尔发生了反对中国人的游行，随后又发生了声援中国人的游行。支持中国人游行的组织者、消费者协会的领导人穆罕默德·恩道（Mohammed Ndao）认为：中国廉价商品为当地人提供了多种选择，批评那些认为中国商业活动不合法的人忽略了自己在这种经济活动中受益，这是一种排外主义。苏珊·谢尔德通过对53名中国商人的采访后认为，中国商人为达喀尔的非正式经济做出了社会文化多元化的贡献，为处于边缘化的青年人和消费者提供了机会，给当地商人带来了竞争，同时对塞内加尔社会带来了冲击，使当地社团组织对外来人的看法产生了分歧和变化，从而使我们可以更深地理解灰色经济在全球化过程中的作用。②

中国人给非洲带来了积极影响，推动了中国与非洲的合作及南南全球化的发展。③ 中国商人不但为非洲提供了大量廉价商品，也为当地小生意提供了机会。中国人的商店对非洲人的消费至关重要，他们并没有取

---

① Wyndham Hartley, "China Willing to Limit Exports", *Business Day* (Johannesburg), June 22, 2006; "China Willing to Restrict Textile Exports to S. Africa", 2006年6月22日。http://www.fmprc.gov.cn/zflt/eng/zt/wjbff/t259620.htm. 查阅日期：2015年10月13日。Naidu, "Balancing a Strategic Partnership? South Africa-China Relations", p. 183。

② Suzanne Scheld, "'The China Challenge': the Global Dimensions of Activism and the Global Economy in Dakar", in Ilda Lyndell, ed., *Africa's Informal Workers: Collective Agency, Alliances and Transnational Organizing in Urban Africa*, London: Zed Books, 2010, pp. 164–168. 与美国学者D. Z. Osborn的电邮和在哈佛大学参加有关中非关系研讨会时与塞内加尔学者Adama Gaye的谈话也证实了此事。2007年5月31日—6月2日。"非正式经济"即我们指的"灰色经济"。

③ Giles Mohan, Dinar Kale, "The Invisible hand of South-South Globalisation: Chinese migrants in Africa", A Report for the Rockefeller Foundation Prepared by The Development Policy and Practice Department, The Open University, October 2009.

代当地现存的商业，而是开办新的商品市场。纳米比亚的中国批发商是奥希坎戈的商业繁荣的重要组成部分，他们被称为"创造性先锋"（creative pioneers）。① 中国和尼日利亚在加纳和贝宁的移民创业精神各异，但在劳动分工和比较优势基础上合作，对当地的减贫和将廉价商品送到偏远地区作用显著。② 1995 年，中国人在佛得角开了第一家商店。2005 年有关移民在佛得角所做贡献的民调表明，对中国人评价最高。85% 的佛得角人对亚洲移民（实际上主要指中国人）的贡献持正面评价，比对欧洲移民的评价（74%）要高。作者发现，当地人对中国来的移民表明了"一种惊人的正面看法"（a strikingly positive view）。③ 为何如此？中国进口商品对当地生产未造成影响，商品价格便宜使当地购买力提高，并未导致大批佛得角人失业。中国移民并未对佛得角民族认同产生影响，未强化当地内部争斗。确实存在着一些抱怨，当地居民对来自中国商品质量和劳资关系有所不满。④

布基纳法索的中国商人约 600 人，几乎全部"由寻找新经济机遇的私企经营者构成"。尽管中布两国没有外交关系，华侨华人在实际操作上有些困难，但与当地人合作融洽。大型中国企业的缺失减少了当地人对所谓战略意义的担忧。这样，"与当地人合作不仅是中国企业家所采取的贸易策略的必要条件，还是确保他们经营活动得以长期巩固和成功最有效的途径"。这里存在着个人之间的合作、通过中间人的合作、中资企业与当地企业之间的合作以及中国企业与行政机构代表人之间的合作。"这种合作的例子在布基纳法索的中国企业中随处可见。"尽管两国没有外交关系，中国企业却找到了与当地人合作

---

① Gregor Dobler, "South-South Business Relations in Practice: Chinese Merchants in Oshikango, Namibia", Unpublished Paper, May 2005.

② Dirk Kohnert, "Are the Chinese in Africa More Innovative than the Africans? Comparing Chinese and Nigerian Entrepreneurial Migrants' Cultures of Innovation", German Institute of Global and Area Studies Working Papers, No. 140.

③ Jorgen Carling and Heidi Ostho Haugen, "Mixed Fates of a Popular Minority: Chinese Migrants in Cape Verde", in C. Alden, D. Large, R. S. de Oliveira, eds., *China Returns to Africa: A Rising Power and a Continent Embrace*, London: Hurst, 2008, pp. 319 – 337.

④ Ibid., pp. 319 – 337.

共赢的适当方式。①

中国移民是否对非洲人的生计造成经济上的威胁？的确，尼日利亚的中国新移民中的纺织品商贩或加纳北部小金矿的中国矿工，已对当地居民的生存造成消极影响，但非洲各国与中国政府都已经在设法解决这个问题。② 布伦瑟斯特基金会的调研报告显示：在南部非洲，中国商人在当地雇用的本土人相当多。报告发现，在南非、安哥拉、博茨瓦纳、莱索托和莫桑比克5个国家，华人店铺有一个共同特点，雇用的当地非洲人比中国人多。③ 胡介国经营的企业也表明，他雇用的非洲人远比中国人多。④ 莫汉等人有关非洲华侨华人的研究也说明了这一事实。⑤ 中国企业承揽的大型项目更是雇用了许多当地劳工。举例来说，在2014年8月完工的长达1344公里的本格拉铁路，就是一千名中国工人（其中有超过20人在工程期间死亡）和十万名安哥拉工人经历近十年辛勤劳动与协力合作的成果。正如一位在安哥拉的北京建工集团的工程师所言："据说当地一共有人口两千万左右，中国人就占到26万。不过基本都是过去做项目或经商的流动人员，没有移民过去留下的……工程类的多，还有一些搞外贸生意的。"⑥

华侨华人：中国形象和中国对非政策

中国企业和中国人在非洲做出的贡献不容置疑。这一点被非洲政府、

---

① 季夫·穆罕默德：《中国人在布基纳法索：民间的中非合作》，载李安山、潘华琼主编《中国非洲研究评论2014》，社会科学文献出版社2015年版，第158—182页。

② 刘少楠在加纳北部的实地调研反映了当地民众的另一种观点。参见刘少楠《加纳人对中国和中国人的认知》，载李安山、林丰民主编《中国非洲研究评论2013》，社会科学文献出版社2013年版，第309—330页。

③ Terence McNamee, et al., *Africa in Their Words: A Study of Chinese Traders in South Africa, Lesotho, Botswana, Zambia and Angola*.

④ ［法］塞尔日·米歇尔、米歇尔·伯雷：《中国的非洲：中国正在征服黑色大陆》，第19页；［德］弗朗克·泽林：《中国冲击：看中国如何改变世界》，第153页。

⑤ Giles Mohan, Ben Lampert, May Tan-Mullins & Daphine Chang, *Chinese Migrants and Africa's Development: New imperialists or agents of change*, pp. 85, 98.

⑥ 高欣、尹丽、汲东野：《中国人在非洲》，《法治周刊》2013年4月23日，http://www.legalweekly.cn/index.php/Index/article/id/2568. 查阅日期：2015年9月10日。

人民和新闻界所肯定，也引起了西方政界、媒体和学者的注意。①

　　既然如此，为何前面提到的卡特前助理国务卿罗伯塔·科恩有关中国劳工是囚犯的谣言能在国际上特别是非洲引起巨大反响呢？除了谣言制造者是一位颇有身份的美国官员以及各大西方媒体的推助外，这与中国各建筑公司的形象和工人的作为有着密切关系。第一，中国在海外的各大建筑公司相当一部分以前并未要求统一着装，而这些建筑工人多是新招募的农民工，他们在国外因整日劳动，并不讲究工作服的工整。第二，工人不谙当地语言，加之多住在工地，与当地民众很少来往，加深了神秘感。另一个重要因素是在非洲各国负责建筑工程的中国工人一般都要加班，为了按时完工三班倒的情况甚多。形成工地上机器不停运转，工人轮流休班的情况，但在工地围墙以外的当地人看来，这是整天做事。② 据此，当地人认为这种情况不正常，从而使他们比较容易相信中国工人是囚犯的谣言。当然，中国人吃苦耐劳的精神也给非洲人留下了很深的印象。③

　　有一项有关中国人和西方人在非洲当地适应情况的调研。通过对9个国家（博茨瓦纳、埃及、埃塞俄比亚、加纳、肯尼亚、尼日利亚、南非、苏丹、赞比亚）1902人的调查，结果显示，457人认为中国人远比西方人适应当地情况，500人认为他们比西方人适应，344名受访者认为两者差不多，还有179名受访者认为回答"不知道"，认为中国人在非洲不如西方人适应当地情况的比例很少，只有422人，其中认为远没有西方人适应的228人，认为中国人不如西方人的194人。此调查结果认为，

---

① Christopher Alessi & Beina Xu, "China in Africa", Council on Foreign Relations, April 27, 2015. http://www.cfr.org/china/china-africa/p9557. 查阅日期：2015年10月12日。

② 由于一些非洲国家对工程审批手续的时间长达半年或更长时间。项目有效时间大打折扣，只能靠加班来完成。非洲工人很少愿意加班，即使给加班费也枉然。中非合作论坛后续行动评估小组在喀麦隆、坦桑尼亚和肯尼亚与中国企业交流时听到的发言，2010年5月17—26日；与中国航空规划建设发展有限公司项目经理郭敬的交谈访谈，2010年8月16日下午。

③ 在沙伯里和严海蓉对8个非洲国家的调研中，非洲人对中国人"勤劳"（hardworking）的认知度最高，均在60%以上。Barry Sautman & Yan Hairong, "African Perspectives on China-Africa Links", in J. S. Strauss & Martha Saavedra, ed., China and Africa: Emerging Patterns in Globalization and Development, The China Quarterly Special Issues (New series, No. 9), Cambridge University Press, 2009, Table 10, p. 194。

50%以上的非洲人认为中国人对当地适应超过西方人，只有22%的人认为中国人在适应当地这一点上不如西方人。该调查在其他相关问题上对中国的正面反馈也相当明显。①

非洲人对中国人确实存在着诸多误解。② 然而，他们对中国的总体印象是正面的。盖洛普与皮尤对这一问题做过多次调查，结果都显示非洲人对中国总体印象良好。2015年皮尤的全球态度调查项目就"对中国的看法"（Opinion of China）这一问题进行抽样调查。结果显示，绝大多数非洲人对中国持肯定态度（favorable）。在列出受访结果的所有非洲国家中，对中国表示好感的在加纳受访者中最高，为80%，其次是埃塞俄比亚和布基纳法索，均为75%，坦桑尼亚为74%，塞内加尔、尼日利亚和肯尼亚三国的受访者中70%对中国表示称赞，处于最低位置的南非也有超过半数的受访者对中国持有好感，52%表示肯定。③ 由于这种调查结果反映的是非洲人对中国的整体感受，这种正面的态度可以理解为既包括对中国企业的好感，也包括对中国移民的肯定。

一些新移民投入到当地的社会公益活动以促进中非合作。例如，南非的上海侨界领袖姒海先生自己出资拍摄了一部南非华侨华人在南非打拼的纪录片，从而使当地民众更了解华人在当地的奋斗史。津巴布韦的赵科等人为促进华侨华人与当地居民的融洽关系，组织中津足球友好赛。一些国家的华侨华人团体积极开展各种慈善活动如助学工程和组织文艺活动，或是与中国企业和援非医疗队合作进行各种义诊和救治活动。④ 这种自觉行动既表现出为定居国服务的意识，也可以纠正对中国人海外形象的不良看法，还可以改变自己的生存环境。

---

① Barry Sautman & Yan Hairong,"African Perspectives on China-Africa Links", pp. 178 – 209.

② 有关中非因缺乏交流而产生的各种误解，可参见李安山《中非合作的基础：民间交往的历史、成就与特点》，《西亚非洲》2015年第3期。有关新移民在南非的文化冲突，参见陈凤兰《文化冲突与跨国迁移群体的适应策略——以南非中国新移民群体为例》，载张秀明主编、乔印伟副主编《追逐梦想：新移民的全球流动》，中国华侨出版社2014年版，456—473页。

③ "Opinion of China", http：//www.pewglobal.org/database/indicator/24/. 查阅日期：2015年10月12日。

④ 南非华人网 http：//www.nanfei8.com/huarenzixun/nanfeishilingguan/2015 – 09 – 04/20391.html. 查阅日期：2015年10月12日。津巴布韦华人网 http：//www.zimbbs.com/thread – 8823 – 1 – 1.html. 查阅日期：2015年10月12日。

有种观点认为，华侨华人是中国国家战略的一部分。① 研究显示，这种观点与真实情况不符。朴尹正否认中国人移民非洲受到中国政府支持，认为前往南非的大多数中国人是独立移民，来自不同地区，教育水平不同，拥有不同阶层背景，他们的目的是希望提高生活水平。② 一份关于南部非洲中国商人的调研报告认为华侨华人的情况多元，远比西方人想象的复杂。这些华侨华人与使馆联系很少，似乎与中国对非政策没有多少关系；他们表达了对中国大使馆的不满，受访者中95%回答未得到过中国使馆的帮助；中国使馆也并不掌握他们的准确人数，他们对使馆存在着不信任感。作者由此得出结论：中国人移民非洲并非中国大战略的一部分。③ 本人在2011年指出："中国在非洲什么都不缺，就是缺战略。"④ 这是有感而发，也与中非关系逐步推进的事实相符。然而，非洲的中国移民与中国政策是否存在着关联性？上述研究已经说明：答案是肯定的。⑤

结　论

我们可以得出以下结论。

第一，华侨华人的增长与中国对外开放的政策直接相关，中国人移民非洲与中国的非洲政策有各种关联。他们在中非合作方面发挥的作用将日益扩大，这表现在经济增长、政治作用和文化影响方面。

第二，非洲华侨华人对非洲带来的影响并非一种，也非单向：对各国的影响不同，对各阶层利益的影响不同，不同利益集团对他们的评价也不同。非洲各方也通过反馈来影响他们。

---

① Emmanuel Ma Mung Kuang, "Chinese Migration and China's Foreign Policy in Africa", *Journal of Chinese Overseas*, 4: 1 (May 2008), pp. 91 – 109.

② Yoon Jung Park, "Chinese Migration in Africa", The South African Institute of International Affairs, China in Africa Project, Occasional Paper No. 24.

③ Terence McNamee, et al., *Africa in Their Words*: *A Study of Chinese Traders in South Africa, Lesotho, Botswana, Zambia and Angola*, The Brenthurst Foundation, Discussion Paper, 2012/13.

④ 李安山：《中国走进非洲的现实与真相》，《社会观察》2011年第8期。

⑤ Li Anshan, "China's Africa policy and the Chinese immigrants in Africa", C. Tan, ed., *Routledge Handbook of the Chinese diaspora*. London：Routledge，2013，pp. 59 – 70.

第三，中非关系并非通常的两分法那样简单，在中国/非洲、官方/民间、国企/民企、商人/消费者、成功者/失败者等矛盾之间有诸多因素，各对矛盾并非截然对立。中国移民来源多元，职业多样，知识分子群体开始出现。这些移民多保留中国国籍。错综的后果影响和复杂的社会关系促使不同力量重新组合，也使不同因素互相作用。

第四，西方一些人在观察甚至研究非洲华侨华人时，往往将他们作为一个政治议题来解读，喜欢将华侨华人在非洲的负面影响放大，甚至从自己臆想的政治角度来解释一些经济现象或社会现象，从而影响了其观察和分析问题的客观性。

近年非洲华侨华人中出现了一些新情况。男性移民需要成家、赚了钱无人继承开始思乡、子女教育、经济不景气、社会治安不理想，[1] 这些情况促使一些华侨返回或再迁移。有学者据此认为，"非洲华侨华人的数量不会继续增加，而会在目前的数量上略有减少"。[2] 我认为，这一看法理由不充分。上述现象确实存在，最近非洲一些国家货币贬值直接影响到移民的收入，回流现象相对明显。然而，中非经济关系的基础逐渐从重视贸易转到包括贸易、投资和金融等多方位合作。2015年12月南非中非峰会将使建立在中非产能合作基础上的投资会大大加强。此外，中非民间交往与文化交流也将促进中国人到非洲从事各种活动。大部分非洲国家仍愿以宽松的移民政策吸引外资。从各种迹象看，非洲华侨华人的数量仍会持续增加。

（http://www.xyfzqk.org/UploadFile/Issue/uslgao0d.pdf）

---

[1] 陈肖英：《南非中国新移民面临的困境及其原因探析》，载张秀明主编、乔印伟副主编《追逐梦想：新移民的全球流动》，第474—489页。

[2] 李新烽：《非洲华侨华人数量研究》，第11—12页。

后　　记

　　2016年5月20—23日，中国社会科学院国际移民与海外华人研究中心与闽南师范大学协商在福建省漳州市华侨饭店联合举办"'一带一路'与海外华人国际学术研讨会"。在会议上我有幸遇见中国社会科学出版社编辑张林女士。她十分热情地邀请我写一本有关中非关系的书，并说明这是该出版社"中国战略家丛书"的组稿。我听后很惊讶，表示我不是什么"战略家"，对这方面的认识也有差距。然而，她坚持并建议我将自己从事多年的研究感想整理出来即可，不超过30万字，时间比较充裕。我只好硬着头皮应诺下来。此后，她不断将已出版的丛书寄给我参考，如张蕴岭先生的《在理想与现实之间：我对东亚合作的研究、参与和思考》、陶文钊先生的《破解大国冲突的宿命——中美新型大国关系研究》等。

　　2019年7月，三年多时间过去了，我对这一重要任务仍感茫然。7月5日，我致函张林编辑，主题是"沉重的战略！！！"，并对迟迟不能交稿表示歉意："不知不觉又过了一年，你交给我的艰巨任务一直在原地踏步。我想了很久，光写中非关系可能过于单调，也有点旧调重弹的担心。国人似乎更需要对非洲的认识或是知识启蒙，中国对非战略的基础也在此。有一些初步想法，想听听你的意见……"随后谈了自己对这个重要写作任务的一些看法，列出了16个小标题。信函结尾时，我颇为不安地表示："这件事一直没有完成，如芒刺在身，整个人都不舒服呵。"

　　张林女士两天后回函，表示："没想到让您背上沉重的负担，十分抱歉。您的提纲我觉得没有问题，唯一想补充的是您个人与非洲的联系，您去非洲参与的重要活动，您对非洲的看法。或者您在写其他部分的同时，加入一些个人的情境。"她是一位善解人意的同仁，7月8日又回了电邮："还有一个办法，如果您把之前您发表过的文章集结一下，以某个主题为逻辑线索，做一本合集，我觉得也可以。"她的这一建议使我颇为意外，觉得是个好办法。然而，另一家出版社希望出我的专辑，其中包括三本论文集，即《非洲历史研究的中国视角：李安山自选集》《世界历史研究的中国视角：李安山自选集》和《全球化背景下的中非关系：研究话语与历史现实》。我向她表示了自己的担心："如果选已发表的论文，只能在这些文章中选，有重复的可能。"她回信安慰我："可以的，只要不是完全重复就可以。代表您的最高水平就行。"

随后，在张林女士的细心指导下，我一步一步对书稿的结构和文字进行修改，她以高度负责任的态度不断提出各种意见。这样，《我的非洲情缘：中非关系的话语、政策与现实》在张林编辑的精心策划下得以顺理成章地完成，我的包袱也放下了。拙作既是本人对中非关系史的学习心得，又是对中国学者争夺国际话语权的客观反映，还是参与中国对非政策咨询过程的内心感悟，更是对中非友好合作现实的真实记录。通过个人的学习和实践，我可以这样说：在构建人类命运共同体的过程中，非洲需要中国，中国更需要非洲。

最后，向在本书撰写过程中提供各种帮助的同人特别是张林编辑表示衷心的感谢。

李安山
2019 年 10 月 17 日